本书获湖南省“十四五”教育科学研究基地——
长沙师范学院“学前教育（教师培养）研究基地”出版资金资助

英国教育史研究丛书
易红郡　主编

从个人实验到国家主导

19世纪英国幼儿学校的发展研究

唐　超　著

FROM PRIVATE EXPERIMENTATION TO GOVERNMENT DOMINATION

Research on the Development of Infant Schools in 19th-Century Britain

河北大学出版社
·保定·

出 版 人：朱文富
选题策划：何 东
责任编辑：李 达
助理编辑：陈浩苏
装帧设计：赵 谦
责任校对：兰彩红
责任印制：常 凯

图书在版编目（CIP）数据

从个人实验到国家主导 ：19 世纪英国幼儿学校的发展研究 / 唐超著 . -- 保定 ：河北大学出版社，2021.11
（英国教育史研究丛书 / 易红郡主编）
ISBN 978-7-5666-1937-2

Ⅰ. ①从… Ⅱ. ①唐… Ⅲ. ①学前教育－教育史－研究－英国－19 世纪 Ⅳ. ① G619.561.9

中国版本图书馆 CIP 数据核字 (2021) 第 237298 号

CONG GEREN SHIYAN DAO GUOJIA ZHUDAO
19 SHIJI YINGGUO YOU' ER XUEXIAO DE FAZHAN YANJIU

出版发行：河北大学出版社
地址：河北省保定市七一东路2666号 邮编：071000
电话：0312-5073003 0312-5073029
网址：www.hbdxcbs.com
邮箱：hbdxcbs818@163.com
印 刷：保定市正大印刷有限公司
幅面尺寸：170 mm × 240 mm
字 数：367 千字
印 张：27.25
版 次：2021年11月第1版
印 次：2021年11月第1次印刷
书 号：ISBN 978-7-5666-1937-2
定 价：105.00 元

总　　序

2000—2003 年我在北京师范大学攻读博士学位期间，就选择了英国教育史作为自己的研究领域，后来陆续出版了四部关于英国教育史方面的著作。我从 2013 年开始招收博士生，由于一直是在教育原理方向招生，因此刚开始有几位博士生选题时没有关注英国教育史。后来，根据张斌贤教授、刘铁芳教授的建议，我开始有意识地要求学生选择英国教育史专题作为博士学位论文的选题，以便形成较为稳定的团队研究方向。在迄今毕业的 8 位学术型博士生中，已有 5 位从事英国教育史研究，他们根据自己的专业兴趣选题，并已通过博士学位论文的答辩。这套丛书就是他们研究成果的汇集，研究领域涉及现代英语教育的变迁、英国幼儿学校的发展、英国大学开放教育、英国职前教师教育、英国学校音乐教育等。此外，我的博士学位论文也纳入了这套《英国教育史研究丛书》。虽然 2005 年 1 月我的博士学位论文已由湖南教育出版社正式出版，但当时的发行量相当少，面世的仅有二百余册；2013 年 12 月至 2014 年 12 月我在伦敦大学教育学院访学时，又找到了不少新的英文文献。因此，该书纳入这套丛书重新出版时进行了比较大的修改，篇幅也有所增加。

目前国内教育史学界关于美国教育史的研究居多，研究成果也较为丰富，并且形成了以北京师范大学和河北大学为主的美国教育史研究基地。英国是位于西欧一隅的小岛国，它在人类文明史上具有重要地位。英国最早实现了工业化，成为近代大工业的先行者；英国最早实行政治变革，为西方民主制度树立了榜样。英国的教育同样引人注目，英国既是当今世界教育强国之一，也是全球范围内最具吸引力的留学目的地之一。据统计，过去 20 年我国赴英留学生的数量大幅增加，我国赴英留学生已成为非欧盟学生中的主力军。英国大学的悠久历史和优良传统，以及英国高等教育质量的良好声誉，是中国学生选择赴英留学的重要动机。当今英国教育的发展，与其教育传统及变革密不可分，研究英国教育的历史和传统，有助于我们更深刻地认识英国教育的特质，以及英国教育走向现代化的机制。然而，目前国内关于英国教育史的研究略显单薄，相关成果并不多见，类似的研究丛书似乎没有。《英国教育史研究丛书》的出版，不仅弥补了这方面的不足，为外国教育史学科建设贡献微薄之力，而且能为我国教育改革和发展提供一些历史参照。由此可见，无论从出版价值、社会效益还是理论意义而言，《英国教育史研究丛书》的出版都是一种有益的探索。

这套丛书首次出版包括以下五册。

易红郡著的《从冲突到融合：20 世纪英国中等教育政策研究》。该书将教育史研究和政策分析相结合，将 20 世纪英国中等教育政策的发展划分为三个不同的时期，从教育政策的角度详尽、系统地研究了不同时期英国中等教育的历史变迁，并从政治学、社会学、经济学、历史学、文化学等方面，着重分析了 20 世纪以来不同时期英国中等教育政策的变动与得失，总结了英国中等教育政策发展的经验，探讨了影响英国中等教育政策形成的内外因素及其内在机制。

粮建中著的《从民族性到全球化：英国“现代英语”教育的变迁研究》。该书主要从英格兰民族国家的建立、民族文学的发展和民族语言的形成等方面分析英国“现代英语”教育变迁的背景，重点探讨 16 世纪之后英国“现代英语”教育的民族特性，以及 17 世纪之后英国“现代英语”教育的文化殖民特性；进而分析 18 世纪末和 19 世纪英国“现代英语”教育的全球化视野及其影响因素；最后从语言文化教育、民族身份教育和国家发展战略等维度，反思英国“现代英语”教育的价值及局限性。

唐超著的《从个人实验到国家主导：19世纪英国幼儿学校的发展研究》。该书将19世纪英国幼儿学校的发展历程分为四个阶段，分别是新拉纳克幼儿学校的实验（1800—1823）、民间幼儿学校运动的兴起（1824—1838）、民办公助下幼儿学校的推进（1839—1869）及国家主导下幼儿学校的普及（1870—1900），主要考察了不同阶段幼儿学校的教育实践及其发展特点。研究表明，19世纪英国幼儿学校的性质是从民间慈善转变为国家福利，教育场所则经历了从家庭、教会到社会的转移，同时教育的内容也逐渐走向世俗化。

李慧迎著的《战后英国大学开放教育资源研究：基于质量文化的视角》。该书将战后英国大学开放教育资源的发展置于特定的历史背景之下，并以质量文化为分析视角，考察五种不同形式的开放教育及开放教育资源，即海外办学中的开放教育资源、开放大学的开放教育资源、产业大学的开放教育资源、开放学习项目中的开放教育资源、慕课中的开放教育资源；进而分析其内部质量保障机制和内外部的质量评估过程；最后总结战后英国大学开放教育资源的特点及动因，从中得出对我国开放教育资源发展的启示。

周亦斌著的《传承与嬗变：英国都铎时期学校音乐教育的演进研究》。该书以英国都铎王朝时期（1485—1603）的主要学校为研究对象，首先考察了西方学校音乐教育的缘起（古希腊时期）、英国学校音乐教育的肇始（中世纪早期），以及英国学校音乐教育的变迁（中世纪晚期）；其次将英国都铎时期学校音乐教育的演进划分为恢复（1485—1547）、重构（1547—1558）及渐变（1558—1603）三个阶段，阐述了每一阶段学校音乐教育的形态及其成因；最后分析了英国都铎时期学校音乐教育演进的趋势，并总结其演进的特征。

《英国教育史研究丛书》只是一个剪影，我们力图从不同的视角勾勒英国教育发展的历史轨迹；出版《英国教育史研究丛书》也是我们的一种尝试，后续有关英国教育史的研究成果也会纳入其中。我们希望能继续深化和推进这一领域的研究，期待得到外国教育史学界同人的指导，同时形成自己团队的研究特色。但由于我们的研究水平和能力有限，尤其是语言表达风格各异，丛书中还存在不少瑕疵，敬请各位学者和读者批评指正！

最后，感谢吴式颖先生、史静寰教授、张斌贤教授、杨汉麟教授、贺国庆教授、朱文富教授、肖朗教授、刘宝存教授、刘铁芳教授等在上述 5 位作者博士论文答辩过程中给予的悉心指导。感谢朱文富教授在这套《英国教育史研究丛书》出版过程中给予的大力支持。感谢河北大学出版社马力老师、何东老师的精心策划！

易红郡

2021 年 10 月 3 日

目　录

绪　　论

一、研究缘起

在漫长的人类文明史中，幼儿教育主要由家庭承担。19 世纪前，大众的幼儿教育意识比较淡薄，虽然古希腊先哲设想过幼儿教育，但并没有广泛影响大众。在各级各类教育机构中，幼儿教育机构诞生得比较晚，从 J. F. 奥柏林（J. F. Oberlin）1770 年在法国创建的编织学校算起，至今也不过 250 多年的历史。19 世纪初，随着文明的进步和生产力的快速发展，社会各界的幼儿教育意识逐渐觉醒，各类幼儿教育机构在世界各地开始建立，其中 1816 年罗伯特·欧文（Robert Owen）在英国创办的幼儿学校和 1837 年弗里德里希·福禄贝尔（Friedrich Fröbel）在德国创办的幼儿园是两个影响较大的幼儿教育机构。在即将跨入 20 世纪时，爱伦·凯（Ellen Key）曾预言，20 世纪是儿童的世纪，事实证明了她的推论。20 世纪，幼儿教育被多数国家纳入教育体系之中，幼儿教育事业在各国蓬勃发展，大众的幼儿教育意识不断加强。为了保障世界各国儿童的生存权、保健权和受教育权，1949 年，联合国设立了国际儿童节，这标志着幼儿教育事业的蓬勃发展。进入 21 世纪，幼儿教育的发展出现全球化、多元化的特点，人们普遍认识到，幼儿阶段是一个独特的阶段，幼儿应该享有不同的教育；幼儿阶段的教育对于幼儿的发展起着重要作用；幼儿教育的质量关系着人类社会的繁衍和延续；幼儿教育是一项国家事业。笔者选择 19 世纪英国幼儿学校作为研究对象，主要原因可以归纳为以下几点。

首先，基于 19 世纪英国社会的复杂性及幼儿学校发展的特殊性考量。教育是社会大系统中的一个重要子系统，随着人与社会的发展而发展。幼儿学校为什么会产生？复杂的社会会对幼儿学校产生怎样的影响？对于这些问题的探索，19 世纪是一个绝佳的历史时期。19 世纪是属于英国的世纪，经过 100 年在各方面的变革，英国从农业社会转型为工业社会，在全世界率先进入现代化，成为世界头号强国，引领了世界发展潮流。英国幼儿学校在 19 世纪也随时代变迁经历了多次变革。第一所幼儿学校在 19 世纪初由欧文创办，随后萨缪尔·怀尔德斯平（Samuel Wilderspin）主导了幼儿学校运动，1839 年国家开始实质性地资助幼儿学校发展，1870 年幼儿学校被纳入国家义务教育系统中。与此同时，英国较大的全球影响力把幼儿学校的理念传播到了法国、德国、匈牙利、新西兰、美国和印度等地。幼儿教育与国家变革在时间上的同时性，让 19 世纪成了一个极佳的研究时间段。19 世纪英国社会多变的政治、经济、文化环境及人口结构，让我们可以更加全面和深刻地了解社会发展与幼儿教育发展之间的关系。

其次，关于幼儿学校早期的发展历史，国内缺乏详细的研究。200 多年前，幼儿学校在教育目的、内容、方法、教学条件等方面表现出什么样的特点？查阅资料发现，无论是教育史界还是学前教育界都对这一主题关注较少。幼儿教育一直不是教育史研究的主阵地，教育史学者往往向“上”看，更多关注初等教育、中等教育和高等教育。而学前教育界目前倾向于向“外”看，关注国外的幼儿教育理论与实践。翻阅有限的文献资料如《外国学前教育史》《外国幼儿教育史》时发现，有关 19 世纪英国幼儿学校的论述主要集中在欧文幼儿学校和怀尔德斯平幼儿学校的教育理论方面，而对于他们二人幼儿学校的发展历程和社会背景则鲜有涉及。1851 年英国引入幼儿园以后，幼儿学校的历史几乎没有文献涉及。大部分书籍把幼儿园当成叙述的主体，似乎在那个时期幼儿学校消失了。与之形成鲜明对比的是，国外有大量关于19世纪英国幼儿学校的研究，相关著作有近30本，如《英国幼儿教育历史》《幼童教育史》《幼儿学校发展史》《幼儿教育史》等。研究的主题包括不同时期幼儿学校的课程、幼儿学校的发展历程和英国幼儿学校的影响等。大量的细节描述展示了19世纪英国幼儿学校发展的丰富历程，这也说明了这一时期的重要性。

最后，来源于笔者对当前我国幼儿教育发展中一些现象的思考。自2008年选择攻读学前教育硕士学位以后，笔者就一直关注幼儿教育，工作后也一直在高校教授学前教育专业的课程。近10年的学习和工作经历让笔者深刻地体会到我国幼儿教育事业的迅猛发展。从国家的政策来看，从《幼儿园教育指导纲要（试行）》到《3—6岁儿童学习与发展指南》再到《中共中央 国务院关于学前教育深化改革规范发展的若干意见》，关于学前教育相关政策、条例的数量越来越多，所涉范围也越来越广。从学前教育机构的发展来看，全国幼儿园的数量从2008年的13.4万所发展到2017年的25.5万所，入园人数从2 474.96万人增加到4 600.14万人。① 仅10年，这两项指标几乎翻了一倍。成绩斐然的同时，也出现了入好园难、入园贵、课程质量不高、教师素养不够和教育不公平等问题，近年来更是屡屡曝出虐童事件、家长彻夜排队抢占入学名额的现象。在课程方面，存在着盲从国外经验、追赶时髦、讲求特色的现象。美国的高瞻课程、意大利的瑞吉欧方案教学、德国的华德福教育、新西兰的学习故事等都涌进了我国。幼儿园在发展过程中遇到的问题是必然还是偶然？哪些因素会影响幼儿园教育？哪些问题可以避免发生？在学前教育事业快速发展的形势下，是否可

---

① 国家统计局：《各级各类学历教育在校学生数》，国家统计数据，http://data.stats.gov.cn/easyquery.htm? cn=C01，访问日期：2018年12月28日。

以稍微停下脚步，思考一下前行的方向？笔者期望通过研究 19 世纪英国幼儿学校从产生到普及的历程给我国当前的幼儿教育提供一些思考。

事物的发展不是一蹴而就的，人们往往关注事物的当下与未来，而忽略历史，而事物当下的状态需要经过漫长的积累。幼儿学校发展的细节随着历史前进，其轨迹已逐渐模糊，有必要在浩瀚资料中进行爬梳，对资料进行搜集、整理和分析，重新展示那段尘封的历史。

二、研究目的与意义

（一）研究目的

本书的研究目的在于阐明 19 世纪英国幼儿学校产生、发展及变革的过程，总结 19 世纪幼儿学校发展的特点，揭示幼儿学校的发展规律，以便更好地理解这一段独特的历史，拓展对英国幼儿教育史的认识。阿诺德·汤因比（Arnold Toynbee）指出，当一个领域资料稀缺时，核查与记录特定的事实便可能是一切。在资料众多而无法一一列举、用时又没有多到不能加以考察的研究领域，阐明与制定规律就既可行，也有必要。[①] 从国内研究成果来看，本书属于第一种情况；从国外的资料来看，又属于第二种情况。所以本书将融合两种情况下的要求，既要对国外众多的资料进行核查和梳理，阐明特殊的历史事实，也要在此基础上总结和归纳历史规律。因为历史现象的特殊性并不代表不需要对普遍性进行考察，“历史学家同样必须关注普遍性与特殊性，而特殊性只有在与普遍性相关联时，它才能真正地被理解”[②]。

通过对 19 世纪英国幼儿学校发展史实的分析，了解当时社会各界

---

① 参见阿诺德·汤因比《历史研究》（上卷），郭小凌等译，上海人民出版社，2010，第 48 页。

② 伯恩斯、皮卡德：《历史哲学：从启蒙到后现代性》，张羽佳译，北京师范大学出版社，2009，第 103 页。

的幼儿教育观也是本书努力达到的目标之一。幼儿学校的教学内容、教学方法、发展规模等自然是历史研究的主要对象，但在这些实体背后，存在着大量不在场的东西，如人的心态和观念。甚至有观点认为，“历史学的任务就是运用我们自己的想象力去了解他人的心态”①。张世英曾深刻地指出：“真理和人生的最高意义不在于死盯住当前的在场的东西，而在于超越这种在场的东西的有限性，体悟到在场与不在场的一致性。”② 幼儿学校的发展与各界的教育观是相互影响的，幼儿学校的发展影响了人们的教育观，而教育观的变化也体现在幼儿学校的发展中。它们是如何相互影响的？不同时期社会各界有着怎样的教育观？本书试图一探究竟。

（二）研究意义

1. 理论意义

首先，丰富我国教育史在幼儿阶段的研究内容。教育史是教育的记忆，没有它，我们就不可能对当代教育问题有一个全面的了解。当前，我国教育史界普遍存在着对英国幼儿教育史的忽视。文献显示，教育史学历史悠久、研究者较多，但因为内容的广泛，使得研究者的精力主要集中在“教育思想”“高等教育”“教育政策”“初等教育”等方面，比较缺乏对幼儿阶段的研究。研究幼儿学校，丰富教育史在幼儿阶段的内容，可以让人们更加立体地了解 19 世纪英国教育的状况。

其次，拓宽幼儿教育的研究范围。当前，我国幼儿教育研究成果多集中在“幼儿教育的现状与对策”“幼儿教育课程”“幼儿教师教育”“幼儿教育政策”等方面，有关幼儿教育史的研究比较少。在教师发展专业委员会 2018 年学术年会上，虞永平教授呼吁：“未来要多关注学前教育史的研究。”现有的外国幼儿教育史研究更加关注幼儿园创办之后

---

① 伯恩斯、皮卡德：《历史哲学：从启蒙到后现代性》，张羽佳译，北京师范大学出版社，2009，第 33 页。

② 张世英：《哲学导论》（第 6 卷），北京大学出版社，2016，第 128 页。

幼儿教育的发展情况，对于幼儿园创办之前出现的幼儿学校没有过多的重视。幼儿学校的研究成果大部分掺杂在教育通史、教育思想史、比较教育中，已有成果简单化、碎片化、轮廓化，不完整性突出、同质性严重，至今没有一本关于英国幼儿教育的专著，也没有博士论文。本书以 19 世纪英国幼儿学校为研究对象，展示幼儿学校发展中取得的成功和遇到的曲折，尝试揭示幼儿学校的发展与当时政治、经济、文化之间的关系，有助于更加全面地了解英国幼儿教育史，理解幼儿机构发展与社会其他因素之间的关系，进一步丰富和完善英国幼儿教育史研究。

最后，采用“从后思索”的方式分析幼儿教育内涵，拓展内涵的阐释视角。当前，我国关于幼儿教育概念的阐释主要从哲学、人类学、心理学等学科理论进行演绎，是一种“从前思索”的方式。这使得幼儿教育的概念模糊不定，每个人似乎都知道幼儿教育的本质是什么，但难以下一个准确的定义。虽然在 19 世纪，出现过多种形式的幼儿机构，但学者普遍认为这些机构具备现代幼儿教育的某些特点又有别于其他招收幼儿的机构。幼儿学校可以称得上现代幼儿机构的“种子”。19 世纪已经过去，在认识那一时期的活动时，研究者主体无法直接面对客体，只能采取一条同实际发展相反的道路，即“从后思索”，逆向溯因，也就是说，“在回溯历史的过程中，是从发展过程完成的结果开始的”①。本书从 19 世纪幼儿学校发展的结果出发，试图客观地展现幼儿学校发展的历程，考察幼儿教育的雏形，归纳幼儿学校在不同时期的特点，并把幼儿学校与其他幼儿教育机构进行比较，分析幼儿学校在历史潮流中，哪些方面发生了改变，哪些方面一直延续下来，以此把握幼儿教育的核心价值与特点，丰富关于幼儿教育本质的认识。

---

① 中共中央马克思恩格斯列宁斯大林著作编译局编《马克思恩格斯选集》（第二卷），人民出版社，1995，第 23—24 页。

2. 实践意义

一方面，本书搜集了一些前人并未使用的素材，为他人研究19世纪英国幼儿教育提供了更多的资料选择，丰富了幼儿教育史教学素材。国内关于19世纪幼儿学校的研究较为简单，成果也比较单一，主要见于各种幼儿教育史著作。各类史书中的参考文献大多类似，数量也不多，主要是一些英国幼儿教育通史资料，如罗伯特·R. 拉斯克（Robert R. Rusk）的《幼儿教育史》（*A History of Infant Education*）、纳内特·惠特布雷德（Nanette Whitbread）的《幼儿学校的进化史》（*The Evolution of the Nursery-Infant School*）、菲利普·麦坎南（Phillip McCann）与弗朗西斯·A. 杨（Francis A. Young）的《萨缪尔·怀尔德斯平与幼儿学校运动》（*Samuel Wilderspin and the Infant School Movement*）。笔者在搜集资料的过程中，发现了一些没有引起国内学者注意的文献，著作有T. 雷蒙德（T. Raymont）在1937年出版的《幼童教育史》（*A History of the Education of Young Children*）与大卫·西蒙（David Salmon）的《幼儿学校的历史及理论》（*Infant Schools Their History And Theory*）等；论文有D. A. 特纳（D. A. Turner）的《1870：国家与幼儿学校系统》（"1870: The State and the Infant School System"）、卡什帕·伯格（Kaspar Burger）的《1816—1881英国幼儿学校的历史及其与法国托儿所关系》（"Entanglement and Transnational Transfer in the History of Infant Schools in Great Britain and Salles D'asile in France, 1816-1881"）。此外，还有一些政府报告和社会统计，如19世纪英国伦敦地区的教育事业报告和政府督导的年度报告等，这些有助于研究者更全面地了解幼儿学校的发展，同时有益于学前教育专业学生更深入地了解幼儿教育的发展。

另一方面，本书关于影响幼儿学校发展的因素分析，对当前我国幼儿教育的发展具有指导意义。当今我国社会变化快，新事物层出不穷，大众的教育意识提升迅速，教育思想多元，幼儿教育如何发展得到了多方关注，大力发展学前教育事业的意愿已深入社会各界。但学界并没有统一的幼儿发展理念，对于幼儿教育最重要的是什么，学者之间也有争论。幼儿教育的重要性决定了它的发展容错性较低，不能随意摸着石头过河。从教育历史中反观当今教育，是教育史研究的责任和任务，正如修昔底德（Thucydides）认为的那样，写作的目的就是要“提供一个关于过去的确切知识以帮助人们解读未来”①。本书对19世纪英国幼儿学校发展之路的展示，对影响幼儿学校发展的因素分析，可为管理者明确幼儿园的发展方向，为国家调控幼儿教育的发展提供些许思路。

三、概念界定

核心概念的澄清是进行有效学术探讨的前提，也对论文的整体研究起到了奠基性作用。因此，严谨科学的概念是论文写作的基石和基础。本书中有几组概念需要澄清。

（一）幼儿学校与幼儿园

之所以要对幼儿园进行专门的界定，是因为幼儿学校与幼儿园概念之间的相近关系。它们同属于幼儿教育机构，但又有所区别。在历史当中，幼儿学校和幼儿园完全是两个不同的概念。

1837年在德国勃兰根堡，福禄贝尔创建了一所专门为幼儿教育服务的机构，1840年将其命名为“幼儿园”（kindergarden），意思是儿童的花园，这是世界上第一所以“幼儿园”命名的学校。随后幼儿园传播到世界各地。幼儿园在传入我国后，名称经历了几次变更：清末（1903年）开设蒙养院，民国初改称蒙养园；1922年11月北洋政府教

---

① 伯恩斯、皮卡德：《历史哲学：从启蒙到后现代性》，张羽佳译，北京师范大学出版社，2009，第9页。

育部颁布《学校系统改革令》，又改蒙养园为幼稚园；1951 年中央人民政府政务院在《关于改革学制的决定》中规定："实施幼儿教育的组织为幼儿园。"自此，幼儿教育的专门机构一直使用幼儿园这个名称。目前，幼儿园在我国已发展成最主要的学前教育机构，学界一般把它定义为实施幼儿保育和教育的专门机构①，主要招收 3—6 岁的学龄前儿童。《世界教育辞典》中把幼儿园定义为"以上小学前的幼儿为对象，以有计划地为其谋求身心健康发展为宗旨的场所"②。有组织、有特定的场所、为特殊年龄服务是幼儿园的特性。在不同国家幼儿园的概念和名称也不相同。在美国，幼儿园为学龄前一年（4—6 岁）儿童开展适应他们身心发展的活动。③ 在法国，幼儿园被称为母亲学校，教育 2—5 岁的幼儿。在英国，幼儿园这一名称在 1918 年统一更名为"保育学校"（nursery school），主要招收 2—4 岁学龄前儿童。④ 苗曼指出，在英国"kindergarten"并不是一个泛化的幼儿园称谓，而主要用于指称一些直接或间接具有福禄贝尔教育元素或教育特征的幼儿园。英国直接以"kindergarten"命名的幼儿园非常少，尤其在公办的幼教机构名单中几近于无。当前，英国含有"kindergarten"这一命名元素的幼教机构主要指与森林幼教理念相关联的森林幼教基地或森林幼儿园。⑤

19 世纪英国幼儿学校是一类幼儿教育机构的名称而非所有幼儿教

---

① 参见教育大辞典编纂委员会编《教育大辞典》（第 2 卷），上海教育出版社，1990，第 232 页。

② 平冢益德主编《世界教育辞典》，黄德诚等译，湖南教育出版社，1989，第 570 页。

③ 参见乔治・S. 莫里森《当今美国儿童早期教育（第八版）》，王全志等译，北京大学出版社，2004，第 25 页。

④ 参见平冢益德主编《世界教育辞典》，黄德诚等译，湖南教育出版社，1989，第 570 页。

⑤ 参见苗曼《英国幼教机构的分型及对我国幼儿教育的启示》，《江苏师范大学学报（哲学社会科学版）》2018 年第 1 期。

育机构的统称。当今，幼儿学校是英国公立幼教体系的主要组成部分。很多英国儿童在3岁或4岁时会直接进入幼儿学校的预备班，然后等到5岁时再正式进入幼儿学校。很多幼儿学校有自己对接的小学，还有的与小学连接非常紧密，共同拥有统一的校区和同一位校长。① 1816年欧文在新拉纳克建立的一所招收幼儿的机构，被公认为英国第一所幼儿学校，它由招收1—3岁幼儿的第一预备学校和招收3—6岁幼儿的第二预备学校构成。② 之后这种专门对幼儿进行教育的学校由怀尔德斯平推广开来，主要招收2—8岁的贫困幼儿。1870年《福斯特法案》（又称《初等教育法》）要求对5—7岁的幼儿实施义务教育，此后幼儿学校成了英国为贫困阶级子女提供初等教育的重要机构。并非所有接纳幼儿的学校都称为幼儿学校。19世纪英国本土还存在多种招收幼儿的机构，如导生制（兰卡斯特·贝尔制）学校（Monitorial System of School）、普通学校（Common School）、乞儿学校（Ragged School）、主日学校（Sunday School）、妇媪学校（Dame School）等，它们的招生对象并不限于幼儿，它们有的没有独立的场所。罗伯特·戴维斯（Robert Davis）在考察幼儿学校的概念时指出，幼儿学校是为3—5岁或3—6岁的幼儿提供护理和教育的机构，但是在英国的语境中，幼儿阶段还指5—8岁，在小学最初的几年。③ 苗曼依据办学内涵接近的原则认为，在与英国的学术交流中我国幼儿园应译为“infant school”而不是“kindergarten”才更妥帖。④

关于19世纪幼儿学校是属于初等教育阶段还是学前教育阶段的问

---

① 参见苗曼《英国幼教机构的分型及对我国幼儿教育的启示》，《江苏师范大学学报（哲学社会科学版）》2018年第1期。

② 参见马健生主编《比较教育》，高等教育出版社，2010，第129页。

③ See Robert Davis,“Government Intervention in Child Rearing:Governing Infancy,” *Educational Theory* 60,no.3(2010):287.

④ 参见苗曼《英国幼教机构的分型及对我国幼儿教育的启示》，《江苏师范大学学报（哲学社会科学版）》2018第1期。

题，我国学者持不同的观点，学前界一致把幼儿学校与幼儿园作为学前教育史或幼儿教育史中的重要部分进行论述，如杨汉麟的《外国幼儿教育史》，唐淑、何晓夏的《学前教育史》，周采的《比较学前教育》，宿静茹等人编写的《中外学前教育史》等。还有学者认为，英国的幼儿学校是世界上最早的学前教育机构。[①] 马健生认为，幼儿学校开创了近代史上对 6 岁以下儿童实施专门的、真正意义上的幼儿公共教育的先河。[②] 在综合类的教育史著作中，作者常在论述初等教育发展时把幼儿学校与导生制、主日学校等一同阐述，而不介绍幼儿园，如贺国庆、于洪波、朱文富主编的《外国教育史》，陈锋主编的《外国教育史》，诸慧芳主编的《外国教育史纲要》，袁锐锷著的《外国教育史新编》。一些教育专题史中也有关于幼儿学校的论述，单中惠主编的《西方教育问题史》把欧文的幼儿学校视为幼儿教育机构进行阐述。[③] 1870 年《初等教育法》颁布后，英国的幼儿学校主要附属在小学中，是正规教育体系的一部分，属于初等教育阶段，实施 5—7 岁幼儿阶段的教育。[④] 从史书的编纂方式可以看出，19 世纪的幼儿学校与幼儿园类似，具有现代学前教育、幼儿教育的特性，同时也具有初等教育的属性。

19 世纪英国幼儿学校与幼儿园是两种重要的幼儿教育机构，它们的差异可以用一个表格（见表绪-1）进行粗略比较。

表绪-1　幼儿学校与幼儿园的差异

项目	幼儿学校	幼儿园
招生对象	1—8 岁贫困家庭的幼儿	3—6 岁中产阶级家庭的幼儿

① 参见陈文华主编《中外学前教育史》，科学出版社，2007，第 163 页。

② 参见马健生主编《比较教育》，高等教育出版社，2010，第 129 页。

③ 参见单中惠主编《西方教育问题史》，人民教育出版社，2011，第 18—24 页。

④ 参见 T. 胡森、T. N. 波斯尔斯韦特《教育大百科全书》（第 6 卷），张斌贤等译，西南师范大学出版社，2006，第 275 页。

续表

项目	幼儿学校	幼儿园
产生时间	1816 年	1840 年
代表人物	欧文、怀尔德斯平	福禄贝尔、伦克夫妇
教学设施	游戏场、阶梯教室、长廊	恩物、教师、活动场、苗圃
办学特点	接近或类似小学低年级	采用游戏
办学发展	1870 年后并入小学	成为专门的学前教育机构

综合以上分析，本书所述的幼儿学校特指有专门场所、有组织的、专门对贫困家庭 8 岁以下幼儿进行教育的学校。

（二）幼儿教育与学前教育

幼儿教育与学前教育是一对非常相近的概念，在我国常出现混用或者干脆把它们画上等号的现象。《幼儿教育词典》中写道："幼儿教育又称'学前教育'，旧称'幼稚教育'，是对入小学前的幼儿实施的教育。"①《中国教师新百科（幼儿教育卷）》指出："幼儿教育是对入小学前儿童进行的教育，也称'学前教育'，是促进 0—7 岁儿童身心全面、健康与和谐发展的各种活动与措施的总和。"② 《教育辞典》指出："学前教育亦称幼儿教育，是指幼儿入小学前在幼儿园所受的教育。"③南京师范大学的李静认为，狭义的学前教育是指对 3—6 岁或 3—7 岁儿童在幼儿园（或其他名称的幼儿教育机构）实施的教育，也称幼儿教育。④

---

① 李沐明主编《幼儿教育词典》，黑龙江科技出版社，1987，第 4 页。

② 袁贵仁主编《中国教师新百科（幼儿教育卷）》，中国大百科全书出版社，2003，第 1 页。

③ 朱作仁主编《教育辞典》，江西教育出版社，1988，第 190 页。

④ 参见熊伟《"学前教育""幼儿教育"与"早期教育"等基本概念内涵界定及应用》，《陕西学前师范学院学报》2017 第 9 期。

有些学者认为学前教育包括幼儿教育。例如，学前教育是指从出生到 6 岁儿童的教育，包括 3 岁前的婴儿教育和 3—6 岁的幼儿教育两个有机联系的过程。① 学前教育指对胎儿至进入小学前的儿童所进行的教育、组织的活动和施加的影响，它的教育对象包括胎儿、婴儿（0—3 岁）和幼儿（3—6 岁或 3—7 岁）。② 学前教育，一般是指从出生到学龄前儿童的教育现象与教育活动。其中从出生到 3 岁为婴儿期教育阶段，也称先学前期；3—6 岁或 3—7 岁为幼儿期教育阶段，也称学前期。③ 关于学前教育的概念，比较有影响的说法还有："是对出生至入学前的儿童的教育。"④ 北京师范大学教育系学前教研室组编的《学前教育学》也是同样的表述。⑤ 朱宗顺、陈文华认为，学前教育是对学龄前儿童所实施的保育和教育活动的总称。⑥ 黄人颂认为，学前教育是从出生到 6 岁左右，入小学前的儿童所接受的教育，主要教育机构包括托儿所和幼儿园。⑦ 从以上我国学者的定义来看，学前教育广义上是指学龄前的教育已得到普遍认可。在国际上，有些国家关于学前教育的概念与我国有些不同，主要区别在入学的年龄上，我国的法定入学年龄是 6 岁，所以我国学者普遍认为学前教育指的是 6 岁前的教育。在美国，0—8 岁的教育为幼儿教育，5 岁入幼儿园就算正式入学，学前教育仅指入学前 1 年的教育。在英国，小学招收 5—11 岁的儿童，3—5 岁是基础阶段教育时期。目前在联合国及世界各国的文献中，已逐渐

---

① 参见虞永平、王春艳主编《学前教育学》，高等教育出版社，2012，第 2 页。

② 参见李生兰《学前教育学》，华东师范大学出版社，2006，第 1 页。

③ 参见阎水金主编《学前教育学》，上海教育出版社，1998，第 1 页。

④ 教育大辞典编纂委员会编《教育大辞典》（第 2 卷），上海教育出版社，1990，第 156 页。

⑤ 参见北京师范大学教育系学前教研室组编《学前教育学》，北京师范大学出版社，1990，第 2 页。

⑥ 参见朱宗顺、陈文华主编《学前教育学》，北京师范大学出版社，2012，第 9 页。

⑦ 参见黄人颂主编《学前教育学（第 2 版）》，人民教育出版社，2010，第 3 页。

用“幼儿教育”一词来取代“学前教育”和“早期教育”这两个概念。①

幼儿教育概念的关键在于对“幼儿期”（infancy）的界定。“infancy”来源于拉丁文“infantia”，原意指不会说话，并不是指某一明确的年龄段。② 对于幼儿期年龄的划定，主要是根据某一行为或者外部特征来区分。不同的学科对于幼儿期的定义也不相同，根据人的生长发育规律，卫生学把儿童的生理年龄划分为新生儿、婴儿、幼儿和少儿等几个阶段。教育学中，肖全民和周香主编的《幼儿教育概论》指出：“幼儿教育是指幼儿园和其他专门开设的幼儿教育机构面向 3—6 岁年龄阶段的幼儿所实施的教育。”③ 李季湄认为，对 3—6 岁年龄阶段所实施的教育就称为幼儿教育，狭义的幼儿教育则指幼儿园教育。④ 以上论述显示，教育学界普遍认为幼儿期是指 3—6 岁的阶段。在心理学界，李燕和赵燕主编的《学前儿童发展心理学》、张莉主编的《幼儿学习与教育心理学》、中国人民大学心理研究所组织编写的《发展心理学（第二版）》都把幼儿阶段定位在 3—6 岁。林崇德认为，3—6 岁或 3—7 岁是儿童进入学校以前的时期，因为这是进入幼儿园的时期，所以又称之为幼儿时期。⑤ 个别学者把 1—3 岁称为幼儿期，3—6 岁称为学前前期。⑥ 而有些美国心理学者把 6 岁前的时期分为婴儿期（0—2 岁）和学前期

① 参见袁贵仁主编《中国教师新百科（幼儿教育卷）》，中国大百科全书出版社，2003，第 1 页。

② See Robert Davis, "Government Intervention in Child Rearing: Governing Infancy," *Educational Theory* 60, no. 3(2010): 286.

③ 肖全民、周香主编《幼儿教育概论》，北京师范大学出版社，2012，第 2 页。

④ 参见李季湄主编《幼儿教育学基础》，北京师范大学出版社，2007，第 1 页。

⑤ 参见林崇德《发展心理学》，浙江教育出版社，2002，第 224 页。

⑥ 参见魏曙光主编《学前心理学》，南开大学出版社，2014，第 2 页。

（2—5 岁或 2—6 岁），而没有提到幼儿期。① 在医学中，《中医大辞典》认为，幼儿是指 1 周岁到 3 周岁的儿童。②《临床医学多用辞典》这样表述："幼儿期是指出生 1 周岁后至满 3 周岁之前的时期。这一阶段小儿体格生长发育速度较婴儿期稍减慢，饮食多样化，智能发育较快，语言、思维和社交能力逐渐增强；幼儿活动能力渐增而识别危险能力尚不足。"③ 罗伯特·戴维斯认为在某些医学当中，幼儿期是指从出生到 1 岁，在标准的教育话语中，从大约 3 岁到 7 岁或 8 岁。④ 从以上定义可以看出，教育学和心理学领域所认为的"幼儿"要比医学中的"幼儿"年龄大，1—6 岁或 1—7 岁都可以称为幼儿。年龄段的划分也会因为时代的不同而改变。本书中，把幼儿界定为 1—7 岁或 1—8 岁的儿童，以便更加接近 19 世纪英国社会对于幼儿的理解。

除了年龄段的特殊性，幼儿教育还应有其教育价值上的独特性，"促进幼儿全面、健康与和谐发展"是幼儿教育的另一特性之一。泰莎·布莱克斯通（Tessa Blackstone）认为，现存的幼儿教育概念始于 1850 年，在这一年，现代幼儿教育的三个关键观点才出现，分别是：幼儿阶段是义务教育前的一段特殊时期，幼儿需要特殊安排的保健和教育，相信孩子在自己家以外的地方待上一段时间符合社会的利益。⑤

笔者梳理文献时发现，英国在 1870 年《福斯特法案》之前，并无

---

① 参见西格曼、瑞德尔《生命全程发展心理学》，陈英和译，北京师范大学出版社，2009，第 5 页。

② 参见李经纬等主编《中医大辞典》，人民卫生出版社，1995，第 555 页。

③ 柯天华、谭长强主编《临床医学多用辞典》，江苏科学技术出版社，2006，第 658—659 页。

④ See Robert Davis, "Government Intervention in Child Rearing: Governing Infancy," *Educational Theory* 60, no. 3(2010): 286.

⑤ See Tessa Blackstone, "Some Issues Concerning the Development of Nursery Education in Britain," *Paedagogica Europaea*, *Pre-School Education in Europe* 9, no. 1(1974): 172-183.

强制的入学年龄，所以并不存在学前教育一说。尽管很多学者认为英国幼儿学校是现代学前教育的雏形，但为尊重历史事实，本书把幼儿学校归为“幼儿教育”而非“学前教育”。词语的概念在不同历史时期、不同文化环境中有不同的内涵。本书中的幼儿教育，其语境是在 19 世纪的英国，与当代我国语境中的幼儿教育有两处不同，一是年龄特征，不限于 3—6 岁，而是一个更加宽泛的范围（1—8 岁）；二是教育目的，并不需要具备“促进幼儿全面、健康与和谐发展”的现代幼儿教育作用。为明确研究边界，本书中的幼儿教育是指在招收 1—8 岁幼儿的社会教育机构中所实施的教育。

（三）英国与英格兰

英国全称大不列颠及北爱尔兰联合王国（The United Kingdom of Great Britain and Northern Ireland），简称联合王国（United Kingdom），由欧洲西部的一些岛屿组成，主体位于不列颠群岛，四周环绕着大西洋、爱尔兰海、凯尔特海、英吉利海峡和北海。本书中的英国是对 19 世纪整个英国的概括，概念较为宽泛，其所表达的行政范围是指英国在 19 世纪时期的疆域版图，主要包括英格兰、威尔士、苏格兰、北爱尔兰及尚未独立的爱尔兰，不包括海外殖民地。在整个联合王国的历史发展过程中，其主要疆域一直是在英格兰地区，19 世纪也不例外，英格兰在经济、人口和疆域等方面都占据了英国的大部分比例，本书的主体对象也是英格兰地区的幼儿学校，文中的英国主要指英格兰。

四、文献综述

19 世纪英国幼儿学校是幼儿教育的重要组成部分，近代以来，英国幼儿教育的发展通过教育机构的变革来体现。为了更好地了解幼儿学校的发展历程，本书将搜集到的资料按照三个方面进行梳理，即关于 19 世纪英国幼儿教育的研究，关于 19 世纪英国幼儿学校的研究，以及关于 19 世纪英国其他幼儿教育机构的研究。

（一）关于 19 世纪英国幼儿教育的研究

这方面的研究主要见于各种教育史类的书籍，为国内外大量的学前教育史和幼儿教育史类著作提供了较为丰富的信息。

1. 19 世纪英国幼儿教育发展的研究

以某一时期为限，根据重要事件的发生顺序阐述幼儿教育发展，是绝大多数历史研究的组织方式。雷蒙德在 1937 年出版的《幼童教育史》是笔者搜集的资料中关于 19 世纪英国幼儿教育发展叙述最全面的一本书，作者对 19 世纪英国幼儿教育的发展提供了一个较为全面的视角。该书把 19 世纪英国幼儿教育分为“新拉纳克实验”“早期幼儿学校”“福禄贝尔和早期幼儿园”三个时期。作者不是简单地以人头史的方式罗列 19 世纪英国幼儿教育的主要人物，也不是仅介绍不同时期各类型幼儿教育机构，而是把幼儿教育放在一个更大的环境与组织中考察。在阐述欧文幼儿学校之前，作者分析了当时的社会环境、大众对学校的需求、安德鲁·贝尔（Andrew Bell）和约瑟夫·兰卡斯特（Joseph Lancaster）的先驱贡献、宗教的作用、社会组织团体、监视学习制度及工厂法案的影响，让我们对当时的社会背景和幼儿生存状况有了较全面的了解。除了更为翔实的背景介绍，作者还较为系统地考察了一些机构和国家制度对幼儿教育的影响。在介绍怀尔德斯平的幼儿学校时，就描述了 1834 年、1835 年、1838 年特别委员会有关教育的事实，同时也向读者详细介绍了早期国家督查、《修正法典》等制度和政策对幼儿教育的影响。[①] 该书对于人们了解 19 世纪英国幼儿教育的发展有着重要的参考价值。

罗伯特·R. 拉斯克的《幼儿教育史》通过对教育思想家和实践家

① See T. Raymont, *A History of the Education of Young Children* (London, New York, Toronto: Longmans, Green and Co., 1937).

的描述来展示幼儿教育历史。该书出版于 1933 年，是作为苏格兰格拉斯哥地区学前教师培训教材使用的，早在民国时期就由周兢中翻译并出版。该书主要是线索式的撰写方式，一共分为两大部分内容，第一部分依次介绍了一些著名的教育家如 J. A. 夸美纽斯（J. A. Comenius）、让-雅克·卢梭（Jean-Jacques Rousseau）、裴斯泰洛齐（Pestalozzi）、福禄贝尔、玛利娅·蒙台梭利（Maria Montessori）、约翰·杜威（John Dewey）的幼儿教育思想；第二部分按照时间的顺序介绍了一些对幼儿教育机构的发展有着重要作用的人物，涉及 19 世纪英国幼儿学校的有欧文、怀尔德斯平、詹姆斯·布坎南（James Buchanan）和大卫·斯托（David Stow）。虽然布坎南和斯托在其他的资料中也有涉及，但将二人以单独章节与欧文和怀尔德斯平并列介绍，可以看出他们二人在作者心中的地位。此书用大量的回忆录、书信等史料介绍了不同人物在推动幼儿学校发展中的一些具体细节，如布坎南是如何走向幼儿教育事业，他和欧文之间的关系等，而非只介绍他们的教育思想和学校的教学模式，这些细节可以让我们更好地了解英国幼儿学校的发展。①

国内并无专门研究 19 世纪英国幼儿教育史的著作，但这一阶段的历史受到了部分学者的重视，大量的学前教育史、幼儿教育史、外国教育史等书籍都可以找到相关的论述。幼儿教育中的重要人物和幼儿教育机构是国内学者阐述的重点。杨汉麟与周采教授在这方面的研究较为权威，出版了多本著作，在 1993 年出版的《外国幼儿教育史》中，他们介绍了 19 世纪工业革命与幼儿教育的关系、怀尔德斯平的幼儿教育理论、幼儿园在英国的发展及 1833 年和 1870 年的教育政策。② 这本书并没有把欧文单独列出，而是放入怀尔德斯平的幼儿学校中进行介

---

① See Robert R. Rusk, *A History of Infant Education* (London: University of London Press, Ltd., 1933).

② 参见杨汉麟、周采《外国幼儿教育史》，广西教育出版社，1993。

绍，体现了怀尔德斯平对幼儿学校的重要性。以这种方式论述的还有2012出版的《外国学前教育史（第2版）》，这本书同样把19世纪英国幼儿教育史分为19世纪上半叶和下半叶。在上半叶中简要地描写了当时英国的社会背景，在重要人物方面着重书写了怀尔德斯平的思想和贡献，介绍了英国政府的一些幼儿学校政策；在下半叶着重叙述了福禄贝尔幼儿园在英国的发展。[①] 杨汉麟教授独著的《外国幼儿教育史》的内容与前面两本大体一致，只是把欧文创办的幼儿学校与怀尔德斯平的幼儿学校运动分开阐述。[②] 除了以上两位的著作，具有代表性的还有唐淑与何晓夏主编的《学前教育史》[③]、冯晓霞著的《世界教育大系（幼儿教育）》[④]、单中惠和刘传德著的《外国幼儿教育史》[⑤]，这些书的内容类似，同样按照时间的顺序，介绍了一些关键人物和政策法案。《美、英、日、印四国学前教育体制的比较研究》一书从政治、经济、社会、人口四个方面对19世纪英国幼儿教育发展的背景进行了描述，让我们对当时英国幼儿教育机构所处的环境有了更全面的了解。此外，该书还介绍了19世纪与学前教育相关的重要法案、报告。[⑥]

内容最为翔实、细节最为丰富的国内著作是刘翠荣、梁忠义等人翻译日本世界教育史研究会编的《世界幼儿教育史》，该书以福禄贝尔幼儿园的引入为界，把19世纪英国幼儿教育分成了先驱性阶段和福禄贝尔幼儿园运动阶段。在先驱性阶段论述了欧文与维罗达斯比（其他著作一般翻译为怀尔德斯平）谁是英国幼儿教育机构创始人，指出欧

---

① 参见周采、杨汉麟主编《外国学前教育史（第2版）》，北京师范大学出版社，2012。

② 参见杨汉麟《外国幼儿教育史》，人民教育出版社，2011。

③ 参见唐淑、何晓夏主编《学前教育史》，辽宁师范大学出版社，2001。

④ 参见冯晓霞《世界教育大系（幼儿教育）》，吉林教育出版社，2000。

⑤ 参见单中惠、刘传德《外国幼儿教育史》，上海教育出版社，1997。

⑥ 参见霍力岩等《美、英、日、印四国学前教育体制的比较研究》（上册），北京师范大学出版社，2013。

文的幼儿学校是英国第一所幼儿机构，维罗达斯比为 19 世纪英国幼儿教育机构的促进者。该书描述了欧文幼儿学校的建立背景、构成、教育目的、教育内容、教育方法，较充分地阐述了维罗达斯比的生平、其与欧文的关系、幼儿学校的教育目的、教育内容、教育方法等。此外还介绍了国家与幼儿学校之间的关系。在 19 世纪中后期的英国幼儿教育史中，作者主要介绍了福禄贝尔幼儿园在英国的传播、伦克夫妇在英国的幼儿园的实践和伦敦福禄贝尔协会的活动等。该书把福禄贝尔运动在英国的发展划分为引入期、停滞期和 19 世纪 70 年代后的复活与发展期。①

一些综合类教育史为我们把握幼儿教育与其他阶段教育之间的关系提供了帮助。作为最早进入现代化的国家，英国本土对于 19 世纪英国教育的研究颇为丰富。除了上述一些幼儿教育史类的书籍外，还有一些综合类的教育史和专题史研究，在这些著作中，或多或少地提到了幼儿教育的发展。霍华德·C. 巴纳德（Howard C. Barnard）在 1947 年出版的《英国教育简史（1760—1944）》（*A Short History of English Education from 1760-1944*）中介绍了 1760—1944 年英国初等、中等、大学等各级教育状况及不同时期的教育思想与政策。其中，幼儿教育内容并未独立，而是归于各个时期的初等教育中进行介绍。在 19 世纪初等教育的发展中，作者简要介绍了妇媪学校、导生制学校、欧文幼儿学校、怀尔德斯平幼儿学校、福禄贝尔幼儿园等教育机构的特点。书中关于 19 世纪时间段的划分也有助于我们了解当时英国教育发展的历程。作者把 19 世纪划分为前期、中期和后期三个阶段，前期和中期并没有确定的年份界点，大约以四五十年代为界，但在中期和后期有了一个明显的标志，就是 1870 年的《福斯特法案》，这与大部分

① 参见日本世界教育史研究会编《世界幼儿教育史》（上册），刘翠荣等译，吉林人民出版社，1986。

资料中的观点一致。[①] 《英格兰和威尔士的教育》（*Education in England and Wales*）一书论述了英国教育制度、教育管理、初等教育、中等教育及残疾儿童教育等内容。[②] S. J. 柯蒂斯（S. J. Curtis）和麦特·E. A. 布特伍德（Myrtle E. A. Boultwood）合著的《1800 年后英国教育史》（*An Introductory History of English Education since 1800*）把幼儿教育史放入初等教育中进行阐述。按时间顺序，作者论述了初等教育发展过程中的重要事件及一些学校的教育状况。虽然在研究中作者并没有把 19 世纪进行分期，但仍然能从书的编写方式中发现幼儿教育发展的一些关键节点，如工厂法案、纽卡斯尔委员会、1862 年《修正法典》和 1870 年《福斯特法案》。[③] W. B. 史蒂芬森（W. B. Stephens）对 1750—1914 年英国各阶段的教育进行了研究，其中阐述了 19 世纪英国幼儿学校的兴起及幼儿学校的运动。[④]

P. M. 马斯格雷（P. M. Musgrave）考察了 1800 年之后英国教育的发展，重点阐述了英国国家教育制度形成的过程。[⑤] 博奇纳夫（Birchenough）对 1800 年至 20 世纪初英格兰和威尔士地区的初等教育发展进行了研究，将 100 多年的时间分为四个阶段，分别是 1800—1833 年的慈善教育时期，1833—1847 年的国家初步干预时期，1847—1870 年的国家督导时期，以及 1870 年之后的新时期，每个时期都涉及

---

① See Howard C. Barnard, *A Short History of English Education from 1760-1944* (London: University of London Press, Ltd., 1947).

② See F. Parker and P. B. June, *Education in England and Wales* (New York & London: Garland Publishing. Inc., 1991).

③ See S. J. Curtis and Myrtle E. A. Boultwood, *An Introductory History of English Education since 1800* (London: University Tutorial Press, Ltd., 1960).

④ See W. B. Stephens, *Education in Britain 1750-1914* (New York: Palgrave Macmillan, 1998).

⑤ See P. M. Musgrave, *Society and Education in England since 1800* (New York and London: Routledge, 2007).

了幼儿学校的发展。① 约翰·劳森（John Lawson）将 19 世纪英格兰的初等教育发展分为 1830 年前的社会变迁时期，1830—1869 年的国家及民间努力时期，以及 1869—1900 年的政策时期。② 玛丽·斯特尔特（Mary Sturt）研究了英格兰和威尔士初等教育制度的建立过程，回答了英国普及基础教育的观念是如何形成的。③

贫困儿童的教育问题是英国学者一直关注的问题，帕梅拉·席尔瓦（Pamela Silver）和哈罗德·席尔瓦（Harold Silver）对 1824—1974 年英国国立学校中的贫民教育问题进行了研究。他们把 19 世纪国立学校的发展分为四个阶段，分别是 1824—1840 年的创办期，1840—1860 年的学校快速发展期，1863—1870 年《修正法典》影响下的学校发展期，以及 1870 年《福斯特法案》颁布至 19 世纪末。④ 这种历史分期反映了《修正法典》和 1870 年《福斯特法案》对于当时教育的重大影响，这为本书的历史分期提供了思路和依据。

历史研究不仅是历史事件的重现，在事物的发展中总结某一事物的本质也是历史研究的任务之一。布莱克斯通从历史的角度阐述了现代幼儿教育的概念。⑤ 拉里·普罗彻纳（Larry Prochner）在研究加拿大、澳大利亚、新西兰的幼儿教育史时简述了幼儿学校在英国的发展

① See Birchenough, *History of Elementary Education in England and Wales* (London: W. B. Clive, 1914).

② See J. Lawson and H. Silver, *A Social History of Education in England* (London: Routledge, 2007).

③ See Mary Sturt, *The Education of the People : A History of Primary Education in England and Wales in the Nineteenth Century* (London and New York Routledge, 2007).

④ See P. Silver and H. Silver, *The Education of the Poor : The History of a National School 1824-1974* (London, Boston: Routledge & K. Paul, 2007).

⑤ See Tessa Blackstone, "Some Issues Concerning the Development of Nursery Education in Britain," *Paedagogica Europaea , Pre-School Education in Europe* 9, no. 1 (1974): 172-183.

历程，阐述了英国幼儿学校中“娱乐”与20世纪“游戏”的区别：20世纪自由玩耍的概念强调个人在各种活动中做出自由的选择，而幼儿学校是利用娱乐进行学习。①

还有一些儿童的专题研究展示了幼儿教育发展的不同视角。马丁·威斯特（Martin West）从经济学的视角考察了政府干预幼儿学校发展的原因。② J. J. 芬德利（J. J. Findlay）著的《英格兰的儿童：对社会历史和教育的贡献》（*The Children of England : A Contribution to Social History and to Education*）在第八章《工业革命和学校系统》中向我们描述了一个更宏大的社会场景。他阐述了当时英国工业和幼儿教育的关系，以及工厂中的学校与公立学校之间的关系，并提出早期控制儿童的三大因素：家庭、教堂和职业。这三大因素都通过一系列的实践来争夺儿童以实现自己的理念。他认为，普通家庭当时并不重视教育，也不认为教育会给他们的子女带来好处。③

通过以上文献的搜集和研读，19世纪英国幼儿教育发展的轮廓逐渐清晰，欧文创办的幼儿学校、怀尔德斯平的幼儿学校，以及幼儿园是19世纪英国幼儿教育机构的主要类型。国家对于幼儿教育的介入主要有以下几个事件：1839年，部分幼儿学校开始接受国家的资助；1861年，《纽卡斯尔报告》认同了幼儿教育的地位；1862年，《修正法典》使得幼儿教育的发展受到挫折；1870年，《福斯特法案》把幼儿学校纳入国家教育体系；1876年，《初等教育法》实施强制入学政策；

① See Larry Prochner, *A History of Early Childhood Education in Canada, Australia, and New Zealand* (Vancouver, Toronto: The University of British Columbia, 2009).

② See Martin West, "State Intervention in English Education, 1833-1891: A Public Goods and Agency Approach," *Discussion Papers in Economic and Social History*, no. 37 (2000), https://www.researchgate.net/publication/5201296_State_Intervention_in_English_Education_1833-1891_A_Public_Goods_and_Agency_Approach.

③ See J. J. Findlay, *The Children of England : A Contribution to Social History and to Education* (London: Methuen & Co. Ltd., 1923), p. 130.

1891 年，《初等教育法》正式实施免费教育。与国外的研究相比，国内的研究深度比较浅，视角也比较少，大多是关于不同阶段幼儿教育是什么样的，而没有对为什么会这样发展，以及发展到什么程度的研究，这为进一步研究留下了空间。

2. 19 世纪英国幼儿教育思想的研究

教育实践是教育思想的体现，科林伍德（Collingwood）还曾有过“一切历史都是思想史”的论断。约翰·洛克（John Locke）、卢梭、裴斯泰洛齐和福禄贝尔等人的幼儿教育思想都对 19 世纪英国的幼儿教育有着深刻的影响，但在英国本土能称得上具有幼儿教育思想的，从文献中看，主要是欧文和怀尔德斯平。

（1）欧文幼儿教育思想的研究

作为幼儿学校的开创者，欧文对幼儿教育思想和实践所做的贡献被广泛认可。彼得·戈登（Peter Gordon）发表了一篇以《罗伯特·欧文》命名的文章，他把欧文的思想分为新社会观时期、在新拉纳克的幼儿学校实践时期、新和谐社会实验时期及社会主义最后时期四个阶段。文章阐明了欧文幼儿教育思想的形成和发展过程。欧文教育思想集中体现在新拉纳克幼儿学校实践时期，作者没有归纳欧文幼儿教育思想的特点，但通过对幼儿学校教育实践的描述，我们可以发现欧文提倡幼儿全面发展、注重教育环境、反对体罚及采用直观教学方法的教育理念。①

大卫·里奥波特（David Leopold）详细阐述了欧文在不同阶段的思想及在新拉纳克的教育实验。他阐述了欧文的“性格形成说”，归纳出欧文思想的两个重要原则：人的性格是由遗传与环境相互作用的结果，天性与培养是影响儿童发展的重要因素；除了一些身体机能的缺

---

① See Peter Gordon, "Robert Owen," *The Quarterly Review of Education* 24, no. (1/2)(1994):279-296.

陷，人发展的好坏取决于周围环境的优劣。[①] 在《教育学的历史与哲学基础——传记式介绍》一书中，吉拉尔德·古特克（Gerald Gutek）把欧文称为乌托邦式的理论家和共产主义教育家。书中首先介绍了欧文所处的历史背景，着重分析了当时英国工业化进程中的经济状况；其次作者回顾了欧文的生平，着力从他的职业生涯中找出其思想的进化过程；再次分析了欧文的人类本质理论和社会理论；最后挖掘了欧文在新拉纳克学校所做的实验。[②]

欧文教育思想是我国学者研究的重点，在教育思想的阐述中，作为一个实践家，他的思想就是他学校实践的体现。唐淑主编的《学前教育思想史》把欧文的"性格形成学说"当成近代英国学前教育重要的思想进行阐述，主要介绍的内容有欧文的教育实践活动、教育的内容和方法，并结合当时的社会背景论述了欧文幼儿学校的教育目的及影响。书中提到，在内容上，欧文幼儿学校重视智育和德育；在方法上，欧文要求幼儿教师要以人道主义的态度对待孩子，反对惩罚或责骂。这本书可以称得上国内关于欧文幼儿教育理论论述较详细的资料。易红郡著的《英国教育思想史》详尽地描述了欧文在新拉纳克的幼儿教育实践，书中揭示了欧文"为培养理性和全面发展的人"而创办幼儿学校的初衷，描述了幼儿学校中的建筑、场地，介绍了舞蹈、音乐、军训等教学方式，阐明了"要幼儿接受将来必须要知道的知识"的教育任务和"注重形象化与谈话"的教学方法。[③] 单中惠主编的《西方教育思想史》阐明了欧文"性格形成学说"的内涵，概括了幼儿学校的教育目标、教育内容、教育过程和教师要求，分析了关于"人的全面

---

① See V. Celia Lascarides and Blythe F. Hinitz, *History of Early Childhood Education* (New York, London: Falmer Press, 2000), p. 77.

② 参见吉拉尔德·古特克《教育学的历史与哲学基础——传记式介绍》，缪莹译，湖南教育出版社，2008，第 319—339 页。

③ 参见易红郡《英国教育思想史》，华东师范大学出版社，2017。

发展学说”。[①] 徐小洲、赵卫平主编的《外国教育思想通史》（第七卷）详细地介绍了欧文幼儿学校的教育实践活动，论述了欧文的“性格形成学说”包含“意志自由论”和“环境决定论”两方面内容，阐明了“人的全面发展与教育”中的教育内容与目的，以及“教育与劳动相结合”的具体实施方法。[②] 王天一等着重介绍了欧文在新拉纳克的教育实践，详细阐述了幼儿学校的创办过程，论述了欧文“性格形成学说”的教育思想及后期转向共产主义思想后产生的教育与生产劳动相结合的实践与理论。[③] 林玉体把欧文的教育思想特色概括为“环境万能说”和“顺应自然，不重人为惩罚”。[④] 李志锋阐述了欧文教育与生产劳动相结合的理论，分析了环境决定性格学说，介绍了全面发展理论和强调直接经验的教学论。[⑤] 李定仁阐述了欧文性格形成的学说内容并分析了其影响，介绍了欧文以改造社会为本的教育目的，“德、智、体”全面发展的学说，以及进行劳动教育的方式。[⑥]

在对欧文教育思想的评价方面，李明德认为欧文有四个贡献：历史上较早地为工人办教育，推动了工人阶级争取教育权的斗争；为工人阶级的子女创办公共学前教育机构，促进了幼儿教育的发展；实行全面发展；实行学习和生产劳动相结合。这些为马克思主义教育学说的创立提供了宝贵的材料。李明德进一步指出，欧文教育思想的方法

---

① 参见单中惠主编《西方教育思想史》，教育科学出版社，2007。

② 参见徐小洲、赵卫平主编《外国教育思想通史》（第七卷），北京师范大学出版社，2017，第180—194页。

③ 参见王天一、夏之莲、朱美玉编著《外国教育史》（上册），北京师范大学出版社，1993，第364—370页。

④ 参见林玉体《西方教育思想史》，九州出版社，2006，第515—523页。

⑤ 参见李志锋《罗伯特·欧文：一位伟大的教育家》，《江西师范大学学报（哲学社会科学版）》1995年第5期。

⑥ 参见李定仁《空想社会主义者欧文的教育思想》，《西北师大学报（社会科学版）》1979第3期。

论是形而上学的，“环境决定论”和“教育万能论”的一个致命弱点是不懂得革命实践的意义，不懂得环境的改变和性格的改变只能在革命实践中才能得到统一。[①]

（2）怀尔德斯平幼儿教育思想的研究

怀尔德斯平是英国幼儿学校运动中非常重要的人物，他自诩为幼儿教育系统的发明人，但关于他思想的研究远少于欧文，教育思想史的著作中也没有对他的论述。如果把他的思想放入全人类幼儿教育思想发展历程中，确实难以有单独的位置，但如果把范围缩小到19世纪的英国，那么就不得不提他。

怀尔德斯平在幼儿学校的实践反映了他的幼儿教育思想。在为数不多的研究中，菲利普·麦坎南和弗朗西斯·A. 杨合著的《萨缪尔·怀尔德斯平与幼儿学校运动》一书最具代表性。[②]《萨缪尔·怀尔德斯平与幼儿学校运动》一书追溯了怀尔德斯平早年的生活经历及斯维登伯格主义对他思想的影响，详细阐述了他的教育理念。麦坎南的《萨缪尔·怀尔德斯平及早期幼儿学校》（“Samuel Wilderspin and the Early Infant Schools”）一文像是《萨缪尔·怀尔德斯平与幼儿学校运动》一书的缩减版，重点论述了怀尔德斯平的办学宗旨、教育理念及幼儿学校的教学模式。[③]

杨汉麟在介绍近代英国幼儿教育发展历程中简要地介绍了怀尔德斯平的幼儿教育思想。他指出，怀尔德斯平深受洛克思想的影响，其德育目标在于预防贫穷幼儿的道德堕落，智育目标致力于贫民子女

---

① 参见李明德、金锵主编《教育名著评介》，福建教育出版社，1992，第189—192页。

② See Phillip McCann and Francis A. Young, *Samuel Wilderspin and the Infant School Movement* (London and New York: Routledge, 2017).

③ See W. P. McCann, “Samuel Wilderspin and the Early Infant Schools,” *British Journal of Educational Studies* 14, no. 2(1966): 188-204.

“知识改善”，他对教师要求很高，希望他们具备“受人欢迎”“生气勃勃的气质”“很大的忍耐性、温顺、坚韧、冷静”的人格，并了解关于人性的知识及通晓音乐，还要不断地研究幼儿心理。① 周晓慧在其硕士论文《英国近代幼儿教育思想的演进及其启示》中指出，怀尔德斯平注重游戏，强调研究幼儿心理，提倡幼儿学校要有男教师，注重幼儿个人德育，选取国语、算术、自然、社会、音乐、宗教等作为课程内容。②

3. 19 世纪英国相关教育法案的研究

教育法案是国家机器调控教育发展的有力工具，在回顾 19 世纪英国幼儿教育的历史中，我们发现一些法案深刻地影响了幼儿教育的发展。其中 1862 年的《修正法典》和 1870 年的《福斯特法案》的影响最为突出。

（1）1862 年《修正法典》

亨利·米蒂奇（Henry Midgley）介绍了 1862 年《修正法典》中“结果支付”制度的内涵及深刻影响。值得一提的是，大部分的研究者对《修正法典》持批判态度，但米蒂奇却以《修正法典》颁布的目的为评价依据，对《修正法典》的影响进行分析，指出如果从减少政府教育开支、提高升学率方面考量，那么《修正法典》取得了一定的成绩。③ 王璐研究了《修正法典》对督导作用及形象的影响。她认为，该法典加大了督导的权利，使他们的作用从指导者变成了考试者，法典带来了一些积极的影响，学生旷课的情况有所好转，提高了初等学校

---

① 参见杨汉麟《外国幼儿教育史》，人民教育出版社，2011，第 119—121 页。

② 参见周晓慧《英国近代幼儿教育思想的演进及其启示》，硕士学位论文，沈阳师范大学，2018。

③ See Henry Midgley, "Payment by Results in Nineteenth-Century British Education: A Study in How Priorities Change," *The Journal of Policy History* 28, no. 4 (2016): 680-706.

在某些方面的办学质量，减轻了宗教教学的压力。但是，该法典的消极影响更为严重，社会各界都对它进行了批评，指责它造成了除 3R 之外其他方面教育内容的消失，加大了学生的学业负担。[①] 荣艳红分析了《修正法典》产生的原因，自 1833 年后，英国教育拨款的数量不断攀升、拨款需求不断扩大，政府却由于克里米亚战争的负面影响面临着紧缩财政的压力，在此背景下英国政府应该依据什么原则、采取什么手段，为各阶层的人们提供优质和经济的初等教育的问题催生了《修正法典》。她详细地介绍了《修正法典》的内容，包括教育拨款的计算方式、考试的具体细节，让我们对《修正法典》有了更深入的了解。最后阐述了《修正法典》对于教师、学生、课程教学的影响。[②] 对于该法典的作用，安迪·格林（Andy Green）认为，《修正法典》更多地强调了经济性而不是效率，更不是教学质量。[③]

（2）1870 年《福斯特法案》

它是英国幼儿教育发展中里程碑式的法案，在一些英国史中都会有专门的章节进行阐述，足以显示该法案的重要性。该法案把幼儿学校纳入国家教育体系之中，深刻影响了幼儿教育的发展。单中惠认为，正是该法案的颁布，标志着英国建立了公共教育制度，并一举奠定了国民教育制度的基础。[④] 有学者指出，该法案使英国的初等教育形成公立体制与民办体制并存的格局。[⑤] 克莱顿·罗伯茨等人在撰写庞大的《英国史》（下册）时也用了一段文字描述该法案的作用和意义，指出

---

① 参见王璐《英国教育督导与评价：制度、理念与发展》，高等教育出版社，2010，第 26—28 页。

② 参见荣艳红《“按成绩拨款”：1862 年英国教育修正法典及其影响》，中国教育史研究六十年学术研讨会会议论文，2009。

③ 参见安迪·格林《教育与国家的形成：英、法、美教育体系起源之比较》，王春华等译，教育科学出版社，2004，第 306 页。

④ 参见单中惠主编《外国素质教育政策研究》，山东教育出版社，2004，第 108 页。

⑤ 参见吴遵民编著《教育政策国际比较》，上海教育出版社，2009，第 63 页。

自 1870 年后，英国形成了两套教育体系，一个是完全靠地方税收和学费维持、由地方学校管理委员会管理的学校，一个是靠学费、捐款和中央政府拨款维持的教会学校。①

《福斯特法案》的背景、内容和影响是学者研究的重点。安迪·格林指出，1869 年由激进自由主义者和国教反对派共同建立了国家教育同盟（National Education League），他们要求建立一个免费的、强制性的、非宗教且享受地方财政资助的全国性教育体系，《福斯特法案》就是这些新生力量斗争的结果。安迪·格林认为，该法案最重要的是制定了由地方选举产生学校董事会的条款。他指出，该法案也许不够系统，但它的确及时地建立了一个名副其实的全国性教育体系。事实上，该法案与教育同盟的要求相去甚远，既没有提供免费的强制性初等教育，也没有尝试建立一个统一体系，本质上是与自由捐助体系妥协的折中方案。②《英格兰简史》中提到 1868 年威廉·格莱斯顿（William Gladstone）担任首相后，首先进行的就是教育改革，提出教育应该世俗化，最终造成《福斯特法案》引进“寄宿学校”，只要是教会学校不够用的地方，就会创办寄宿学校。③

刘成等人对《福斯特法案》的内容进行了阐述，简要描述了法案颁布后官学的快速发展，指出该法案扭转了大众教育不受国家重视而受制于教会的现状，在一定程度上推动了英国教育的发展。④严亚男采用文献法和历史分析法，从 19 世纪英国社会的整体背景出发，以危机和变革为线索，阐述了 19 世纪英国政治、经济及社会的概况，展现出

① 参见克莱顿·罗伯茨、戴维·罗伯茨、道格拉斯·R. 比松《英国史》（下册），潘兴明等译，商务印书馆，2013。

② 参见安迪·格林《教育与国家的形成：英、法、美教育体系起源之比较》，王春华等译，教育科学出版社，2004，第 329 页。

③ 参见西蒙·詹金斯《英格兰简史》，钱峰译，化学工业出版社，2016，第 245 页。

④ 参见刘成等《英国通史》（第五卷），江苏人民出版社，2016。

一幅英国社会的宏观图景，介绍了当时英国初等教育的状况。严亚男指出，19 世纪后半叶，社会转型、社会对教育权利的呼唤及之前教育措施的失败经验，是《福斯特法案》问世的必然原因。严亚男论述了法案酝酿过程中的多方争论，最后详细地解释了法案的内容。[①] 也有人指出，国家职能需求改变、国际竞争日益激烈、民主力量和世俗力量的增长，以及初等教育的发展陷入了困境是该法案出台的原因。[②] 陈瑶认为，教会、私人办学在数量和质量上已不能满足教育的需要，初等教育必须依靠国家，政府的前期干预并没有达到预期效果，改革势在必行。工人阶级的崛起、人口的不断增加和普及教育思想的渗透都促使了《福斯特法案》的诞生。法案颁布后，教育的领导体制发生的改变，促进了学前教育和师范教育的发展。[③] 刁小伟阐述了法案的五个方面的内容，用数据说明了法案颁布后公立学校的数量大量增加，大众的识字率也显著提高。[④] 李倩把百余条《福斯特法案》的内容归纳为"地方承办学校"和"议会拨款"两大部分，指出条款主要提到"学区的划分""对设施不全的教区进行资助""学校委员会""不同类型学校补助方式及标准"和"教学中的宗教问题"等五个方面的内容。[⑤]

在《福斯特法案》颁布的原因分析上，国内倾向从宏观的社会背景或者政治经济条件分析，国外则从微观局面分析。D. W. 西尔维斯特（D.

---

① 参见严亚男《英国〈1870 教育法〉的历史探析》，硕士学位论文，华东师范大学，2013。

② 参见李倩《十九世纪英国初等教育普及研究》，硕士学位论文，华中师范大学，2009，第 34—36 页。

③ 参见陈瑶《1870 年英国〈初等教育法〉评述》，中国教育史研究六十年学术研讨会会议论文，2009。

④ 参见刁小伟《试论 19 世纪英国的初等教育及政府对策》，硕士学位论文，华东师范大学，2007。

⑤ 参见李倩《十九世纪英国初等教育普及研究》，硕士学位论文，华中师范大学，2009，第 38 页。

W. Sylvester）从对法案做出贡献的人物入手，对罗伯特·劳（Robert Lowe）与《福斯特法案》的关系进行了研究。西尔维斯特分析了当时英国大众的教育状况和政府对教育的态度，阐述了在法案诞生过程中罗伯特·劳的作用，指出他的贡献被人忽视。① 西尔维斯特的研究重新评估了罗伯特·劳在教育中的地位，也让人更加深刻地了解到该法案的制定过程和一些条款的由来。

休·莱姆金（Hugh Lamkin）在其硕士论文《1870—1891 年在英格兰和威尔士，选举权对于基础教育的建立有什么意义?》中采用定量的方法，对法案制定过程中的会议记录进行分析，阐明选举权与英国教育体系建立之间的关系。莱姆金论述了该法案的重要性，如提高了人们的识字率，建立了初等教育体系等，这些与其他人的观点相似。在分析会议记录时，莱姆金发现了一个比较意外的现象：除了大众对于教育的呼吁，建立教育体系的第二大原因竟是出自道德的考虑。此外，文中大量引用了 W. E. 福斯特（W. E. Forst）在草案讨论会议上的讲话，让我们得以知晓福斯特的思想，如他指出了英格兰和威尔士教育的落后，不建议采用免费教育等观点。莱姆金最后指出，政客们在英格兰和威尔士建立基础教育的原因和动机是多方面的，而且极其复杂。大家公认的原因是："基础教育是促进国家繁荣和防止英国落后于竞争对手所必需的"和"必须发展基本义务教育以减少犯罪和懒惰"。② R. 斯泽尔特（R. Szreter）对《福斯特法案》为何规定 5 岁是义务教育入学年龄进行了研究，展示了当时国家对于幼儿教育的态度。③

---

① See D. W. Sylvester, "Robert Lowe and the 1870 Education Act," *Journal of the History of Education Society* 3, no. 2(1974): 16-26.

② See H. Lamkin, "What Was the Significance of Enfranchisement on the Establishment of Elementary Education in England and Wales between the Years 1870-1891?" (MA thesis., Utrecht University, 2016).

③ See R. Szreter, "The Origins of Full-Time Compulsory Education at Five," *British Journal of Educational Studies* 13, no. 1(1964): 16-28.

（二）关于 19 世纪英国幼儿学校的研究

对 19 世纪英国幼儿教育历史的研究揭示了幼儿学校的独特地位。我国专门研究幼儿学校的成果比较少，还没有专著，仅有几篇硕士论文。国外的研究视角多样，层次丰富，这为本书提供了很好的基础，在笔者搜集的文献中，关于 19 世纪英国幼儿学校的研究主要有以下几个主题。

1. 19 世纪英国幼儿学校发展历程的研究

以事物发展过程中的关键事件与人物为主线的叙述方式是幼儿学校发展史常见的编纂方式。卡什帕·伯格研究英国幼儿学校与法国托儿所的关系时，梳理了英国幼儿学校的发展历史，比较清晰地勾勒了幼儿学校的发展轮廓。他指出，英国幼儿学校最初由欧文创办，然后由怀尔德斯平推广从而形成体系，1861 年纽卡斯尔委员会的报告，标志着幼儿学校得到了国家的认同，之后的《福斯特法案》则把幼儿学校纳入国家教育体系之中。与他观点相似的有阿尔贝塔·穆克尔斯（Alberta Munkers），其在梳理保育学校的历史时，按照时间的次序阐述了欧文、布坎南、怀尔德斯平的观点，幼儿园及 1870 年后幼儿学校的基本状况。在阐述不同时期的幼儿学校时，穆克尔斯主要介绍了它们在教学方法和内容方面的不同，同时更关注幼儿学校的教学理论，而非幼儿学校事业的发展。①

在最初欧文幼儿学校的实验时期，卡什帕·伯格阐述了社会背景及创办幼儿学校的宗旨。在怀尔德斯平时期，伯格用浓重的笔墨描述了幼儿学校的推广过程。从伯格的描述中，我们还得以知晓裴斯泰洛齐的思想、教育协会对幼儿学校发展的促进作用。同时也了解到社会对幼儿学校的批判阻碍了它们的迅速发展。此外，伯格进一步对比了

---

① See Alberta Munkers,"History,Status,and Outlook of the Nursery School Movement"(MA thesis.,Boston University,1927).

怀尔德斯平与欧文的教育理念，指出欧文是为了理想的社会，而怀尔德斯平是为了解决现实中秩序的混乱问题，并从教学的方法、内容方面对二者进行了比较。[①] 在幼儿园传播至英国后，很多历史书就没有记载幼儿学校的发展状况了，伯格的研究补充了这一方面的资料。他介绍道，幼儿园引入后，激起了人们对幼儿学校中采用福禄贝尔的方法还是维持原教育方式的争论。伯格除了客观描述，还归纳了幼儿学校成为一个新教育系统的原因：为无人照顾的儿童提供更好的教育，采用与小学不同的方法，强调道德教育的宗旨。伯格进一步指出，鉴于怀尔德斯平与欧文在教学方法上的不同，英国并没有一个严格意义上统一的幼儿教育体系。

以断代史的方式对英国幼儿学校进行研究的代表是纳内特·惠特布雷德，他在 1972 年出版的《幼儿学校的进化史》研究了 1800—1970 年英国幼儿学校的发展。全书分为 19 世纪和 20 世纪两大部分，在第一部分中，作者把英国幼儿教育分为四个阶段，分别是 1800—1840 年的工业化和慈善事业阶段，1836—1862 年的发展和挫折阶段，1850—1900 年中产阶级的幼儿园阶段和 1870—1902 年的幼儿学校扩张阶段。这种划分法，时间段并不是紧密地相互衔接，如在 1836—1840 年及 1850—1962 年，有些时间重复，但从事物的发展历史看，这种分段有其合理的一面。事物的发展不是跳跃性的，而是具有过渡性，作者的这种分段法，融合了刚性的时间划分和幼儿学校发展的特点，具有一定的创新性。在 1800—1840 年，作者简要介绍了英国幼儿教育机构在初期的多种形式，如导生制学校、妇媪学校、欧文的新拉纳克学校、怀尔德斯平的幼儿学校。在 1836—1862 年的发展和挫折阶段，着重介绍了当时幼儿教育的理念、裴斯泰洛齐的影响、本国与殖民地幼儿教

① See Kaspar Burger, "Entanglement and Transnational Transfer in the History of Infant Schools in Great Britain and Salles D'asile in France, 1816-1881," *History of Education* 43, no. 3(2014): 304-333.

育协会、蒸汽时代儿童的状况、幼儿班级及《修正法典》对幼儿学校发展的影响。1850—1900 年，作者称之为中产阶级的幼儿园阶段，介绍了当时的社会阶级结构、福禄贝尔的思想、幼儿园运动、幼儿园教师和管理人员，以及大众关于幼儿教育的新态度。在这 50 年间，作者又以《福斯特法案》为标志介绍了最后 30 年幼儿学校的扩张。[①]

以幼儿学校的创办者为叙述主线的方式对幼儿学校进行研究的有斯旺西教师学院的大卫·西蒙所著的《幼儿学校的历史及理论》。这本书作为当时的教师培训教材来使用，第一部分与其他教育史的写作风格类似，以重要人物为主线叙述了 19 世纪幼儿学校发展的历史。19 世纪写到了欧文、布坎南、怀尔德斯平、大卫·斯托、裴斯泰洛齐主义者、幼儿园在英国的扩张等，大卫·西蒙总结了早期幼儿学校的一些缺陷，如缺乏师资、错误地使用《圣经》、自身不够完善等。书的第二部分类似现在教育心理学的内容，介绍了幼儿的早期心理、感知觉与习惯、思维与语言、个性化发展，以及福禄贝尔的理论等。[②] 格拉斯哥教会学校的校长詹姆斯·利齐（James Leitch）所著的《教育家的实践及其教育体系》（*Practical Educationists and Their Systems of Teaching*）介绍了大量 19 世纪英国教育家的实践，如安德鲁·贝尔和约瑟夫·兰卡斯特创办的导生制学校、怀尔德斯平的幼儿学校、大卫·斯托的教师培训学校及阿道司·伦纳德·赫胥黎（Aldous Leonard Huxley）的科学教育。与其他著作不同的是，利齐没有把欧文的教育实践写入书中，他可能认为欧文的"性格养成学校"并没有那么大的

---

① See Nanette Whitbread, *The Evolution of the Nursery-Infant School* (London and Boston: Routledge & Kegan Paul, 1972).

② See David Salmon, *Infant Schools Their History and Theory* (London, New York, and Bombay: Longmans, Green, and Co., 1904).

影响力。[①] 这也验证了日本世界教育史研究会编的《世界幼儿教育史》中提到的关于英国现代幼儿机构创立者之争的事实。

特纳通过梳理 19 世纪英国幼儿学校成为一个国家系统的过程，揭示了社会及国家对幼儿学校观念的变化，提出了一些有关幼儿学校的关键观点。他认为，在公众心目中确立幼儿学校理念的关键时期是 1816—1836 年。在 1840 年前，除了欧文和怀尔德斯平，特纳还介绍了布坎南在威斯敏斯特的学校、大卫·高德（David Goyder）在布里斯托的学校、詹姆斯·庞特·格里夫斯（James Pierpoint Greaves）在伦敦建立的学校、威廉·威尔逊（William Wilson）在沃尔瑟姆斯托（Walthamstow）的幼儿学校、威廉·艾伦（William Allen）及托马斯·比尔比（Thomas Bilby）等人创办的幼儿学校。在 1840—1870 年，特纳肯定了一些协会与督导对幼儿学校发展的贡献。特纳阐述到 1870 年后，幼儿教育的理念被广泛推广，一些学校机构开始对幼儿学校的场所和教学方式进行规定，1905 年督导团把提倡幼儿学校的观点写入了教师手册中，这也标志着幼儿学校正式取代妇媪学校。[②]

此外，还有一些学者从不同的视角对幼儿学校的发展进行了研究。例如，A. F. B. 罗伯茨（A. F. B. Roberts）从新的视角对英国幼儿学校运动进行了研究。一是从社会需求的方面对幼儿学校的起源进行考察，认为幼儿学校的建立并不是因为教育观的改变，而是为了维护当时城市的社会秩序；二是从阶级立场的角度进行分析，指出幼儿学校的发展并不是一帆风顺，刚开始并不受一些工人阶级的影响；三是通过入学率的统计，指出新型的幼儿学校并没有那么受欢迎，幼儿学校运动被人为地夸大了，妇媪学校在福禄贝尔幼儿园引入之后影响力一直都

---

① See James Leitch, *Practical Educationists and Their Systems of Teaching* (Glasgow: James Maclehose, 1876).

② See D. A. Turner, "1870: The State and the Infant School System," *British Journal of Educational Studies*, no. 2(1970): 151-165.

在，且规模不小。[①]

笔者在搜索关于19世纪英国幼儿学校资料的过程中发现，目前国内还没有相关的专著，关于这方面内容，主要掺杂在外国教育史、外国幼儿教育史的著作当中；一些论文在涉及英国学前教育史时偶尔会有提及，但都没有深刻、专门的研究，研究者更加关注当代英国学前教育。笔者主要从各类教育史著作、文章及一些专题史中发现、提炼和归纳幼儿学校的相关内容。周采主编的《比较学前教育》简略地提到了英国幼儿学校的发展，书中提到19世纪初一些慈善家着手建立幼儿学校，最早由欧文在1816年创办，1820年怀尔德斯平在伦敦创办了一所幼儿学校，此后他用了20年的时间来推广幼儿学校，在19世纪中期幼儿园引入之后，英国的幼儿教育机构出现了双轨制的局面，幼儿学校成了以收容工人阶级和贫困家庭子女为对象的机构。[②] 一些学者把幼儿学校看作初等教育的一部分进行了介绍，王天一等在阐述英国初等教育发展时，提到了幼儿学校的慈善性质、创办者及其后来的幼儿学校运动。[③] 贺国庆等人提出英国幼儿学校由欧文创办，然后在怀尔德斯平、大卫·斯托、梅约（Mayo）等人的努力下，在英国不断发展起来。[④]

李清萍在其硕士论文《麦克米伦姐妹与英国保育学校》中，追溯了欧文幼儿学校和怀尔德斯平幼儿学校作为现代保育学校产生的先驱作用，分别介绍了欧文幼儿学校创办的背景、教学理论，怀尔德斯平

① See A. F. B. Roberts, "A New View of the Infant School Movement," *British Journal of Educational Studies* 20, no. 2(1972): 154-164.

② 参见周采主编《比较学前教育》，人民教育出版社，2012。

③ 参见王天一、夏之莲、朱美玉编著《外国教育史》（上册），北京师范大学出版社，1993。

④ 参见贺国庆、于洪波、朱文富主编《外国教育史》，高等教育出版社，2009，第185页。

幼儿学校的哲学基础、教学内容、招生对象、教学方法对教师的要求和著作的影响。[①] 华中师范大学江铃的《英国近代幼儿学校运动研究》一文对福禄贝尔幼儿园引入之前的幼儿园运动进行了研究，阐述了开创者欧文、推动者怀尔德斯平的贡献及思想。[②]

此外，还有一些 19 世纪的专题史也涉及了部分幼儿学校的内容。如施义慧所著的《童年的转型：19 世纪英国下层儿童生活史》根据学校的类别，研究了 1800—1870 年英国的主日学校、家庭幼儿学校、工厂学校、特殊儿童的专门教育机构等，向我们详细展示了 19 世纪英国下层儿童的教育生涯。[③] 英国的理查德·奥尔德里奇（Richard Aldrich）著的《简明英国教育史》介绍了从中世纪到 20 世纪英格兰和威尔士的教育史，对影响教育发展的各种因素都做了简要分析，其中对幼儿教育的介绍包含在各个章节中。[④]

2. 19 世纪英国不同类型幼儿学校的研究

有关英国教育史类的书籍都会有对不同时期英国幼儿学校的描述，这里就不再赘述此类文献，这部分重点介绍专门研究某一类型幼儿学校的文献。

（1）欧文幼儿学校

伊丽莎白·布莱德伯恩（Elizabeth Bradburn）在欧文学校建立 150 年之际，重新对欧文在新拉纳克的幼儿学校进行了评价。布莱德伯恩考察了欧文建立幼儿机构的原因，肯定了欧文幼儿学校的一些方面，如学校中建筑的理念、选择教职工的方法、创设友好的心理环境、幼

---

① 参见李清萍《麦克米伦姐妹与英国保育学校》，硕士学位论文，华中师范大学，2012。

② 参见江铃《英国近代幼儿学校运动研究》，硕士学位论文，华中师范大学，2011。

③ 参见施义慧《童年的转型：19 世纪英国下层儿童生活史》，南京大学出版社，2012。

④ 参见奥尔德里奇《简明英国教育史》，诸惠芳、李洪绪、尹斌苗译，人民教育出版社，1987。

儿自由的游戏、不强迫幼儿午睡、邀请校外人士分享经验等。同时对欧文幼儿学校为何会没落进行了阐述，布莱德伯恩认为欧文幼儿学校中教学内容和类型不够丰富，更加重视如何教而不是幼儿如何学。布莱德伯恩从个人的哲学理念出发，对欧文幼儿学校失败的原因做了深层次的分析。[①] 大卫·里奥波特在详细阐述欧文教育思想时，描述了幼儿学校中的教学设计及教学方式。他还阐述了幼儿学校后期发展的状况，指出威廉·麦克卢尔（William Maclure）的影响比欧文本人更大，是他引入了受过裴斯泰洛齐法培训的教师，并建立了“实用”而非“装饰”的学校。[②]

创办幼儿学校是欧文主要的社会实践活动，有关欧文的研究都用浓重的笔墨介绍他的幼儿学校。《罗伯特·欧文》一文阐述了欧文创办幼儿学校之前，他岳父在拉纳克工厂中实施的一些教育举措，为我们了解欧文创办幼儿学校的基础提供了资料。文章详细介绍了欧文学校的环境布置、建筑、教师、入学的人数、教学方法、教学内容等。尤为珍贵的是，文章中有大量教学方法及教具使用的细节，如“小块木头被用来帮助孩子理解加减法；文字和图画卡片辅助阅读教学，黄铜字母用于学习字母表；算术是用裴斯泰洛齐的单位表和正方形表中的分数理论来教的，每个正方形被分成若干相等的部分”。这些细节可以让人感受到欧文是如何践行卢梭、洛克及裴斯泰洛齐等人教育思想的。此外，这篇文章还介绍了欧文在创办幼儿学校之前去法国、瑞士等地的学校考察，这对我们了解欧文教育理论的形成有很大帮助。有关欧文学校衰败的原因，作者也提供了新的解释，他认为欧文关于“音乐和舞蹈优于宗教”的说法，以及后来诋毁欧文不信教的谣言，致使欧

---

① See Elizabeth Bradburn, “Britain's First Nursery-Infant School,” *The Elementary School Journal* 67, no. 2(1966): 57-63.

② See David Leopold, “Education and Utopia: Robert Owen and Charles Fourier,” *Oxford Review of Education Aquatic Insects* 37, no. 5(2011): 619-635, 624.

文的事业受损。[①]

还有一些教育著作也涉及了欧文幼儿学校，如帕姆·贾维斯（Pam Jarvis）、洛里斯·斯威尼亚斯基（Louise Swiniarski）和温蒂·霍兰德（Wendy Holland）合著的《早期幼儿教育先锋人物》（*Early Years Pioneers in Context*）介绍了欧文的教育理论及其贡献。[②] J. F. C. 哈里森（J. F. C. Harrison）在《罗伯特·欧文及其追随者在英国和美国》（*Robert Owen and the Owenites in Britain and America*）一书中详细阐述了欧文的一生及其社会实践，还深入全面地介绍了当时的经济、政治、文化背景，让我们对幼儿学校有了更加立体的了解。[③]

我国关于欧文幼儿学校的研究在之前提到的各类幼儿教育史、学前教育史著作中都有记载，不再赘述。专门研究欧文学校的有石卉的《欧文幼儿学校及其影响》，作者研究了欧文幼儿学校产生的社会背景、理论基础、发展历程、学校内部设置、师资、教学内容及方式，最后分析了欧文幼儿学校对后续英国幼儿学校发展的影响。[④] 相较于国外丰富的研究视角，我国关于欧文幼儿学校的研究大多是掺杂在其教育思想当中，把欧文在新拉纳克的幼儿教育实践当成是欧文个人教育思想的体现，但在历史中，一些教师也对欧文创办的幼儿学校进行了改革。

（2）怀尔德斯平幼儿学校

怀尔德斯平是 19 世纪英国幼儿学校发展的重要人物，但关于他的研究要比欧文少很多，有关他的地位和评价的表述也略有不同。一些

---

① See Peter Gordon, "Robert Owen," *The Quarterly Review of Education* 24, no. (1/2)(1994): 279-296.

② See Pam Jarvis, Louise Swiniarski and Wendy Holland, *Early Years Pioneers in Context* (London and New York: Routledge, 2017).

③ See J. F. C. Harrison, *Robert Owen and the Owenites in Britain and America* (London: Routledge and Kegan Paul Ltd., 1969).

④ 参见石卉《欧文幼儿学校及其影响》，硕士学位论文，河北大学，2006。

教育史书籍没有记载他，而有的研究又说他是英国幼儿学校运动的最大贡献者。由于一场大火，他在美国的资料被烧毁，造成了不同历史时期对他的评价不同，幸亏他的后代通过挖掘苏格兰、爱尔兰等地有关怀尔德斯平教育演讲的大量报告，我们才得以了解怀尔德斯平的贡献。之前提到的《萨缪尔·怀尔德斯平与幼儿学校运动》一书共 16 章，时间跨度达 50 年。书中介绍了英国幼儿学校早期状况对怀尔德斯平的影响、怀尔德斯平在伦敦幼儿学校的实践，并详细阐述了怀尔德斯平是如何通过旅行推广幼儿学校，以及如何通过著述不断传播他的理论。作者回应了雷蒙德对怀尔德斯平的片面评价，认为他仅以怀尔德斯平第一本书展示的机械教学方法而加以评价，却忽视了后面的十几个版本的书。[①]《萨缪尔·怀尔德斯平与幼儿学校运动》是了解怀尔德斯平幼儿学校最重要的一本书，其丰富的细节和翔实的内容深刻地反映了当时幼儿学校运动的发展。

《萨缪尔·怀尔德斯平及早期幼儿学校》一文详尽地阐述了怀尔德斯平对幼儿学校的贡献。文章第一部分介绍了怀尔德斯平幼儿学校的创办及早期发展历程。同时，文章生动地描述了 1820 年怀尔德斯平第一次当老师的经历，阐述了怀尔德斯平的幼儿教育实践，肯定了他对幼儿学校的贡献，并指出他的一些不足，如缺乏系统的哲学和教育学基础，在实践当中表现出折中主义等。[②]

（3）其他类型幼儿学校

自欧文创办幼儿学校后，英国的一些地区纷纷效仿。G. 杰弗里·梅钦（G. Jeffrey Machin）详细阐述了在伦敦威斯敏斯特建立的第一所幼儿学校。梅钦着重介绍了当时建立幼儿学校的政治背景，让我们比

---

① See Phillip McCann and Francis A. Young, *Wilderspin and the Infant School Movement* (London and New York: Routledge, 2017), p. 16.

② See W. P. McCann, "Wilderspin and the Early Infant Schools," *British Journal of Educational Studies* 14, no. 2(1966): 188-204.

较清晰地了解了不同政党和阶级对教育的态度。同时也翔实地描述了这所幼儿学校的教学宗旨、教学方法、教学内容和环境布置，并与欧文的学校进行了比较，介绍了它们的不同之处：威斯敏斯特幼儿学校并没有像欧文学校那样具有示范作用，也没有雄厚的财政资源来维持像新拉纳克幼儿学校那样高标准的设施。威斯敏斯特幼儿学校最初的住宿条件较为简陋，早期不收任何费用，完全依靠私人慈善事业。威斯敏斯特幼儿学校与欧文的学校的课程内容类似，都有阅读、写作、算术、音乐、舞蹈、歌唱和自然史等，但侧重点不同，在威斯敏斯特幼儿学校，除了强调宗教教学外，阅读和写作技巧也得到了更多的关注。梅钦还高度赞扬了布坎南的贡献，认为他在 1839 年去南非前，一直对幼儿学校影响很大。①

幼儿学校在早期就推广到了苏格兰地区。阿托斯克·贝特查库（Atsuko Betchaku）在重新评估托马斯·查尔莫斯（Thomas Chalmers）早期教育实验对苏格兰的影响时，阐述了大卫·斯托在幼儿教育方面的贡献。同时，简要地介绍了大卫·斯托建立幼儿学校的初衷、招生对象，以及对怀尔德斯平幼儿学校的传播及改进的方式，还介绍了苏格兰幼儿学校的教育模式与查尔莫斯理论之间的关系。② 除了在推广幼儿学校方面的贡献，大卫·斯托还被认为是苏格兰地区教师教育的先锋，尤其在幼儿教师培训方面，有很多著作和文章对其进行了介绍。马乔里·柯珊科（Marjorie Cruickshank）用大量的篇幅描述了大卫·斯托的幼儿教育系统，以及他所创办的教师培训学校的教

---

① See G. Jeffrey Machin,"The Westminster Free Day Infant Asylum: The Origins of the First English Infant School," *Journal of Educational Administration and History* 20, no. 2(1988): 43-56.

② See Atsuko Betchaku,"Thomas Chalmers, David Stow and the St John's Experiment: A Study in Educational Influence in Scotland and Beyond, 1819-C. 1850," *Journal of Scottish Historical Studies* 27, no. 2(2007): 170-190.

学内容、教学方法和影响。柯珊科对大卫·斯托“发现儿童的天性”“预防胜于治疗”的倡议及“建立了教师培训学校的模板”给予了高度评价，但也对他过分强调口头提问的教学方法和在走廊中大规模的教学模式提出了批评。柯珊科指出，大卫·斯托的影响逐渐湮没在历史长河中，苏格兰教育中的传统重新得到肯定，孩子们的需求逐渐被忽视。①

有关幼儿学校发展的学位论文不是很多，艾琳·W. 基奥（Irene W. Keogh）的博士学位论文《曼彻斯特 1850—1920 年幼儿教育的发展》（“The Evolution of Infant Education in Manchester 1850-1920”）研究了 19 世纪后半叶曼彻斯特地区幼儿学校的发展。文章在第一章介绍了 19 世纪初幼儿运动的先驱及早期的幼儿学校，第二章介绍了 1850—1920 年曼彻斯特地区幼儿学校的发展，第三章介绍了福禄贝尔主义者在 1850—1910 年的工作，第四章考察了 1850—1920 年保育学校在曼彻斯特的发展，第五章研究了曼彻斯特的学校董事会对幼儿学校发展的贡献，第六章介绍了曼彻斯特地区培训幼儿园教师的大学，第七章介绍了曼彻斯特大学在 1890—1920 年的幼儿教师培养，最后一章考察了幼儿教师在曼彻斯特培训的状况。② 基奥指出，1834 年前曼彻斯特存在四种主要的教育机构，即捐资学校（Endowed School）、日制学校（Day School）、私立学校（Private School）和主日学校。在这个时期，大众普遍没有对 5 岁以下幼儿进行教育的意识，人们认为这个年龄的幼儿由母亲照料比较好，很多幼儿也被忽视，经常被遗弃在街上。1832 年怀尔德斯平到曼彻斯特地区宣传幼儿学校，从 1834 年开始，有关怀尔德斯平幼儿学校的报道开始出现在曼彻斯特的统计报告中，从

① See M. Cruickshank, “David Stow, Scottish Pioneer of Teacher Training in Britain,” *British Journal of Educational Studies* 14, no. 2(1966): 205-215.

② See Irene W. Keogh, “The Evolution of Infant Education in Manchester 1850-1920,” (PhD diss., University of Manchester, 1999).

那个时候起，幼儿学校开始在曼彻斯特发展。基奥认为在 19 世纪 50 年代，幼儿学校运动的思想已渗透到曼彻斯特的教育中，教师的方法和行为发生了转变。文章还介绍了重要的法案对幼儿学校发展的影响，如 1862 年《修正法典》和 1870 年《福斯特法案》。从这篇论文可以看出，曼彻斯特地区的幼儿学校发展虽然有其特殊性，但与其他史料中英国幼儿学校发展的历史基本相符，同时反映了怀尔德斯平对幼儿学校推广的贡献。文章虽然向我们详细地展示了幼儿学校在某一地区的发展历程，但是基奥并没有用过多的笔墨去描述不同时期曼彻斯特的幼儿学校在教育方法和内容上是否有变化。

3. 19 世纪英国幼儿学校影响的研究

英国在 19 世纪与世界各地广泛开展贸易，很多国家成为其殖民地，英国幼儿学校也渗透到了其他地区。早在 19 世纪 30 年代初，传教士们已经在殖民地对儿童进行教育，他们曾提出为较小的儿童开设幼儿学校的想法。《帝国、教育和本土儿童：19 世纪幼儿学校在三个英国殖民地地区的传播》（*Empire, Education, and Indigenous Childhoods: Nineteenth-Century Missionary Infant Schools in Three British Colinies*）一书是我们了解英国幼儿学校对英国殖民地影响的重要文献，此书以加拿大北部、新西兰和印度地区为研究对象，集中阐述了幼儿学校对殖民地幼儿教育的影响，说明了传教士在殖民地进行教育的普遍性。全书共分为五个部分，第一部分的重点是介绍传教士的变革梦想及殖民地的现实背景；第二部分追溯了欧洲儿童教育思想和英国幼儿学校的起源；第三部分到第五部分通过具体的案例，分别介绍了幼儿学校在印度、加拿大北部和新西兰的发展情况，阐述了传教士在英国不同殖民地的早期教育的理想和实践。从书中可以看出土著儿童的教育和传教事业密不可分，教会创办的幼儿学校是当时众多教育实验中最大胆和最富有创新精神的。[①] 这本书的作者之一，拉里·普罗彻纳（Larry Prochner）是研究英国殖民地幼儿教育的知名学者，他写了多本相关著作。他与尼娜·豪（Nina Howe）共同编写的《加拿大早期幼儿护理与教育：过去、现在及未来》（*Early Childhood Care and Education in Canada*：*Past*，*Present*，*and Future*）一书，在第一部分梳理了1820—1966年加拿大早期幼儿教育的历史，介绍了加拿大早期幼儿教育的起源。[②] 在另一本著作《加拿大、澳大利亚和新西兰早期幼儿教育历史》（*A History of Early Childhood Education in Canada*，*Australia*，*and New Zealand*）中，普罗彻纳阐述了英国三个殖民地国家的早期幼儿教育历史。[③]

新西兰虽然距离英国十分遥远，但作为英国的殖民地，其教育在19世纪初就受到了英国的影响。海伦·梅（Helen May）研究了新西兰在19世纪的早期教育，指出在1832年，传教士在新西兰建立了第一所英国式的幼儿学校，使用的是怀尔德斯平的方法。海伦·梅还介绍了19世纪40年代新西兰幼儿学校的教学内容和方法。此外，英国的移民也为新西兰的幼儿学校做出了贡献，其中就有布坎南。海伦·梅提到了在殖民地创办幼儿学校的一些困难，并指出多样性是幼儿学校在新西兰殖民地最主要的特点。[④]

---

① See Helen May, Baljit Kaur and Larry Prochner, *Empire*, *Education*, *and Indigenous Childhoods*: *Nineteenth-Century Missionary Infant Schools in Three British Colonies* (Burlington: Ashgate Publishing Limited, 2014).

② See Larry Prochner and Nina Howe, *Early Childhood Care and Education in Canada*: *Past*, *Present*, *and Future* (Vcancouver: UBC Press, 2000).

③ See Larry Prochner, *A History of Early Childhood Education in Canada*, *Australia*, *and New Zealand* (Vancouver, Toronto: The University of British Columbia, 2009).

④ See Helen May, "Nineteenth Century Early Childhood Institutions in Aotearoa New Zealand: Legacies of Enlightenment and Colonisation," *Journal of Pedagogy*, no. 2 (2015): 21-39.

印度作为英国在亚洲主要的殖民地之一，其幼儿教育很早就受到了英国的影响。巴尔吉特·考尔（Baljit Kaur）采用了新的资料，讲述了 1830—1851 年印度幼儿教育的故事。他提出早在 19 世纪 30 年代，传教士就把幼儿学校引入印度，旨在教育来自低种姓和低阶层或处于悲惨境况的儿童和妇媪。他们的主要目标是通过基督教的传播，按照怀尔德斯平提出的路线进行道德拯救。在政府的大力支持下，幼儿学校在经过多次讨论后，吸引了来自更优越背景的男孩。在此期间，政府官员、传教士及部分公共部门共同为儿童提供教育。①

美国一直与英国关系密切，深受英国文化的影响，幼儿学校思想早在 1818 年就传到了美国。1824 年欧文在离开新拉纳克后，去美国开展“新和谐运动”；1826 年开办一所示范幼儿学校，幼儿学校的主张在美国迅速传播开来。② 1826 年美国成立了幼儿教育协会，一些大城市如费城、波士顿等都相继建立了幼儿学校。③ 由查（Youcha）认为，兰纳姆儿童保育中心继承了欧文在印第安纳州建立的幼儿学校传统。④

19 世纪，欧洲各国之间的联系比较频繁，不同的教育思想和实践也在各国之间传播。卡什帕·伯格研究了英国幼儿学校对法国的影响，提出幼儿学校早在英国制度化之前就传到了法国，影响了托儿所的建立。⑤ 奥托·瓦格（Ottó Vág）介绍了英国幼儿学校对匈牙利学前教育

---

① See Baljit Kaur, “Keeping the Infants of Coolies Out of Harm's Way: Raj, Church and Infant Education in India 1830-51,” *Contemporary Issues in Early Childhood* 5, no. 2 (2004): 221-235.

② 参见杨汉麟《外国幼儿教育史》，人民教育出版社，2011，第 144 页。

③ 参见王明鹤《幼儿园运动在美国（1856—1920）》，硕士学位论文，华东师范大学，2005。

④ See V. Celia Lascarides and Blythe F. Hinitz, *History of Early Childhood Education* (New York and London: Routledge, 2000), p. 80.

⑤ See Kaspar Burger, “Entanglement and Transnational Transfer in the History of Infant Schools in Great Britain and Salles D'asile in France, 1816-1881,” *History of Education* 43, no. 3 (2014): 304-333.

的影响。[①]

（三）关于19世纪英国其他幼儿教育机构的研究

19世纪英国招收幼儿的教育机构类型繁多。按照资金来源划分，有收取少量学费的慈善学校，也有全部靠私人缴费的学校；依据办学的场地分类，有些学校具有独立的场所，有些学校附属于教会或家庭之中；按照教育性质可分为宗教学校和世俗学校。对不同类型幼儿教育机构的文献进行梳理，能够从侧面展示幼儿学校在19世纪的发展历程。

1. 主日学校的研究

1780年罗伯特·雷克斯（Robert Rex）创办了主日学校，主日学校为19世纪英国儿童教育做出了突出贡献。[②] 这是一种由宗教慈善组织在星期日为贫困儿童提供免费教育的机构，主要招收5—15岁的贫困儿童，到19世纪中期，多达半数以上的儿童在主日学校注册学习。

对主日学校的史料进行搜集、整理，然后对教学内容和教学方式进行文字性描述是常见的研究方式，这种方式难以精确地提供主日学校发展状况的信息。K. D. M. 斯奈尔（K. D. M. Snell）选择了量化的方法对主日学校运动中的一些元素进行研究，他采用英国1851年教育报告数据，分析了主日学校在县郡一级的发展。通过对数据的多元回归分析，得出结论，即主日学校的入学率与童工盛行比较相关，不同的职业也会影响入学率；在资产更集中的地区，主日学校的入学率更

---

① See Ottó Vág, "Public Preschool Education in Hungary: A Historical Survey," *Paedagogica Historica* 20, no. 1(1980): 251-265.

② 关于主日学校的起源，史学界有不同的说法，有些史学家认为第一所主日学校出现在1625年，但直到罗伯特·雷克斯连续创办4所主日学校后，主日学校才传播开来，使得罗伯特·雷克斯成为人们认可的主日学校运动的奠基者。

高。[①] 斯奈尔的研究深刻地揭示了主日学校在不同地区的发展状况，同时采用了可信的数据，提供了一些独特的认识。

赵勇的硕士论文《英国主日学校办学模式研究（1780—1803）》清晰地勾勒了早期主日学校的轮廓，文章首先介绍了雷克斯创办主日学校的过程，点明了主日学校“注重规范学生品行”的培养目标。其次重点阐述了主日学校的教学模式：教师队伍来自中产阶层和神职人员，注重宗教情怀的培养，辅之粗浅的文化知识，采用班级授课制教学。最后介绍了主日学校的一些管理体制和运行机制。[②] 主日学校作为一种解决童工教育问题所做出的尝试，很快就在英国蓬勃发展起来。徐志强考察了主日学校运动的背景、发展与影响，指出社会转型、宗教复兴与新的儿童观，促使了主日学校的创办与兴起，中产阶级的资金支持、积极办学的行为主导了主日学校的发展，大量的工人阶级也把子女送到学校中，促进了主日学校的蓬勃发展。[③] 徐志强关于 19 世纪初社会背景的分析和学校运动影响因素的论述，为本书提供了一些背景资料和思路启示。

2. 妇媪学校的研究

妇媪学校，作为一种家庭式的幼儿教育机构，最早可以追溯到 16 世纪，直到 20 世纪初，这类学校才正式被社会教育机构取代。在 400 多年漫长的历史中，妇媪学校为儿童的教育做出了重大贡献。埃尔伍德·克柏莱（Ellwood Cubberley）在其著作《教育的历史》（*The History of*

① See K. D. M. Snell, “The Sunday-School Movement in England and Wales: Child Labour, Denominational Control and Working-Class Culture,” *The Past and Present Society* 164, no. 1(1999): 122-168.

② 参见赵勇《英国主日学校办学模式研究（1780—1803）》，硕士学位论文，吉林大学，2014。

③ 参见徐志强《英国主日学校运动的背景、发展与影响》，《历史教学》2011 年第 14 期。

Education）中指出："妇媪学校在英国诗歌和散文中出现的频率如此之高，是因为它在英国基础教育的开端扮演了非常重要的角色。"①

自罗伯特在《幼儿学校运动的新视角》一文中得出妇媪学校的贡献更多地在社会秩序而非教育的结论后，J. H. 希金森（J. H. Higginson）便对妇媪学校的价值展开了进一步的研究。希金森的文章并不像传统的学术论文那样鲜明地提出观点并进行阐述，而是通过搜集有关妇媪学校的报告、统计调查、人物传记、文学作品、书信作品和一些高龄老人的口述资料，用第三者的口吻来展示妇媪学校的状况。希金森展示了妇媪学校中教师的形象、教学的环境、教学的内容，虽然没有直接回应罗伯特，但可以隐约感觉到他不太认同罗伯特关于妇媪学校没有太多贡献的观点。

对于罗伯特和希金森关于妇媪学校地位的争论，D. P. 雷斯特-麦基（D. P. Leinster-Mackay）做出了回应。他在《妇媪学校：需要重新审视》（"Dame Schools：A Need for Review"）一文中指出，"妇媪学校"的概念并不限于某一阶级；官方对妇媪学校的评价并不都是负面的；在一些妇媪学校中确实提供了基础的教育；批评妇媪学校的标准并不合适；1870 年《福斯特法案》并没有"杀死"妇媪学校，它们依旧存在。②

关于妇媪学校教育的作用，G. R. 格里格（G. R. Grigg）通过教育报告、传记材料、人口普查报告，追溯了这些小型学校的起源和发展。格里格回答了这些学校为什么受到强烈的批评。格里格认为妇媪学校虽然没有达到督导、政府人员和中产阶级人士的期望，但其可以为工薪阶层社区提供很多东西。在 1870 年后，国家对教育的控制越来越严

① Ellwood P. Cubberley, *The History of Education* (Boston: Houghton Mifflin Company, 1920), p. 448.

② See D. P. Leinster-Mackay, "Dame Schools: A Need for Review," *Journal of Educational Studies* 24, no. 1(1976): 33-48.

格导致了妇媪学校的消失。[①] 总的来说，格里格对于妇媪学校的价值是肯定的，认为其并不是仅表现出无知，在特定的时代中还是起到了一定的教育作用。

3. 导生制学校的研究

导生制又称为马德拉斯制或兰卡斯特制，诞生于 18 世纪末，是由英国国教会的贝尔和公益会的教师兰卡斯特开创的一种模式。它是由教师选择一些年龄较大、成绩优秀的学生充任“导生”，作为教师的助手，让他们先接受教学内容，再由他们转教其他学生，这种教学模式在全世界都产生了很大的影响。在 19 世纪，英国出现大量采用导师制的儿童学校，这些学校大多接收 6—14 岁的儿童。钟文芳指出，到 1813 年底，英格兰至少有 133 个市镇开设导生制学校，有 35 个地区还开设了女童的导生制学校，招生人数达 10 万—15 万人。[②] 这些学校的规模普遍较大，在伦敦中心成立的英国皇家学院（Royal British Institution）招收了 1500 名贫困阶层的学生，其中有 500 名女生。[③] 到 1851 年，英国估计有 1500 多所导生制学校。

保罗·赛德拉（Paul Sedra）从宗教的视角对 19 世纪早期英国福音派与导生制学校的发展进行了研究。他提出，导生制与福音派的宗教传播是分不开的，英国早期的教育发展很大程度上是由福音派推动的。[④] 乔治·F. 巴特尔（George F. Bartle）在论述 19 世纪上半叶英国

① See G. R. Grigg, "'Nurseries of Ignorance'? Private Adventure and Dame Schools for the Working Classes in Nineteenth-Century Wales," *History of Education* 34, no. 3(2005): 243-262.

② 参见钟文芳《西方近代初等教育史》，上海科技教育出版社，2006，第 140 页。

③ See George F. Bartle, "The Role of the British and Foreign School Society in the Education of Poor Children of the Metropolis during the First Half of the 19th Century," *Journal of Educational Administration and History* 24, no. 1(1992): 76.

④ See Paul Sedra, "Exposure to the Eyes of God: Monitorial Schools and Evangelicals in Early Nineteenth-Century England," *Paedagogica Historica* 47, no. 3(2011): 263-281.

及海外学校协会对贫困幼儿教育的作用时，涉及了导生制学校早期的发展状况。[①]

朱镜人等通过研究兰卡斯特在伦敦巴勒路学校的实践，阐述了导生制的模式。他们指出，导生制的目的有两个：第一，将基本技能教给学生；第二，强调练习、重复复习和实践是导生制学校体系的中心。[②] 康晓燕在《18 世纪英国导生制研究》中把英国导生制分为开端（1791—1805）、发展（1806—1840）、演变和衰退（1841—1890）三个历史时期，并对各个历史时期做了深入分析，揭示了导生制迅速发展并传播于世界的动因，以及导生制实践衰退的原因。[③]

（四）研究述评

综上所述，国外有关 19 世纪英国幼儿学校的研究成果非常翔实，这些研究成果和文献对本书所研究的内容具有重大的意义。首先，前人的研究为本书积累了相当丰富的文献素材。已有的研究包括不同时期和不同地域幼儿学校的发展规模，教育理论与实践表现状况，幼儿学校与政治背景、经济环境、国家政策之间的关系，重要人物和教育协会对幼儿学校的贡献等，这些为本书提供了多方面、多角度、多视野的文献参考。其次，国外学者对幼儿学校不同方面的考察，尤其是幼儿学校的发展与国家观念、政策之间的关系，为本书提供了相关理论基础。最后，前人关于幼儿学校研究的视角、方法、手段和思维方式，开拓了本书的研究思路。

梳理已有成果可以得出以下几点认识：一是幼儿学校的概念在不

---

① See George F. Bartle, "The Role of the British and Foreign School Society in the Education of Poor Children of the Metropolis during the First Half of the 19th Century," *Journal of Educational Administration and History* 24, no. 1(1992): 74-90.

② 参见朱镜人、金仲夏《兰卡斯特的导生制实践活动和民众教育思想研究》，《河北师范大学学报（教育科学版）》2014 年第 1 期。

③ 参见康晓燕《18 世纪英国导生制研究》，硕士学位论文，福建师范大学，2012。

同时期内涵不同，它不是简单地以招生对象的年龄来表现其特点，而是在教学的理念、内容、方法、组织和管理等多方面区别于其他类型的学校；二是幼儿学校的产生和发展暗藏着复杂的社会、政治、经济、文化和思想因素，并不是内在的改进就可以促进其健康的发展；三是幼儿学校系统内部并不是一成不变的，在发展过程中，理念、内容和方法都进行着不断的调试和变化，这些内部的变化也受到非教育因素的影响。虽然国外的研究成果比较丰富，但是以下问题依然没有回答清楚。

首先，幼儿学校是如何从一个工厂中的实验发展到国家教育体系的一部分的？什么原因推动着幼儿学校的走向？

其次，从不同阶段幼儿学校发展的研究来看，在 1850 年后幼儿学校似乎从英国历史学家的视野中消失了，很少有研究者对幼儿园传播至英国之后的幼儿学校发展进行研究。事实上英国的幼儿学校一直存在，那么在 19 世纪后期幼儿学校的发展是什么样呢？

最后，有关幼儿学校发展的一些争议和疑问，欧文和怀尔德斯平都自称为幼儿学校体系的创立者，从历史事实出发，究竟谁的贡献更大？比较先进的学校模式为何不能顺利发展？欧文的学校为什么仅持续了 8 年？怀尔德斯平的幼儿学校为什么在推广的过程中会有危机？

相较于国外丰富、系统而全面的研究，国内关于 19 世纪英国幼儿学校的研究就显得比较单薄。首先数量偏少，仅有些教育史著作涉及，相关的期刊都比较少；其次研究层次较低，博士论文还未有成果，仅有几篇相关的硕士论文；最后成果较单一，更多的是翻译外国文献，使用一手文献进行研究的很少。国内关于 19 世纪英国幼儿学校的研究内容，主要存在以下不足：一是把 19 世纪英国幼儿学校发展史简化为关键人物史，如仅简要论述了欧文、怀尔德斯平等人创办幼儿机构的一些问题，却没有深入研究幼儿学校发展中的许多细节问题，在整个 19 世纪的幼儿学校的发展历史中，虽然欧文、怀尔德斯平等人是具有突出贡献的，但还应该有其他人物、协会或事件对幼儿学校的发展起着较大的作用。二是较为注重 19 世纪初社会背景的介绍，尤其注重欧文创办幼儿学校这一时期的社会背景情况。19 世纪是英国逐渐走向帝国的时期，国内外环境变化较大，仅用 19 世纪初的背景笼统概括整个 19 世纪的情况，难以体现幼儿学校与社会之间的关系。三是更多地把幼儿学校从社会现象中抽离出来，展示幼儿学校内部的演化，缺乏从更全面的视角考察问题。

总之，已有关于 19 世纪英国幼儿学校的研究，为本书提供了诸多启示和借鉴，但幼儿学校是如何从个人实验发展到国家主导并纳入义务系统的？社会各界的幼儿教育观念发生了怎样的改变？不同时期幼儿学校内部系统有哪些变化？对于这些问题，国内外均缺乏深入的研究，这为本书留下了广阔的探索空间。

五、研究问题与内容

（一）研究问题

研究问题是研究的核心，笔者通过梳理文献，发现有一些问题可以进一步探索，但因条件限制，必须选取一些与研究目标最相关的问题，本书的核心问题有三个。

第一，19 世纪英国幼儿学校是怎样从个人实验发展成国家主导的，以及为什么会走向这条道路？

国外关于幼儿学校的研究成果数量繁多，但绝大多数都是把幼儿学校当成独立的系统进行研究。其中主要描述欧文、怀尔德斯平幼儿学校的教育理论，以及影响幼儿学校发展的关键事件，并没有深究幼儿学校为什么会这样发展。同时对当时社会背景的分析也不够深入，没有把幼儿学校的发展放在一个普遍联系的思路上考察。围绕幼儿学校发展的问题，又产生了若干小问题，如在幼儿学校的发展过程中，不同时期体现出什么样的特点？国家为什么干预幼儿学校的发展，以及如何干预幼儿学校的发展？本书试图结合英国当时的社会背景，对 19 世纪幼儿学校发展的史料进行分析和研读，深入阐述社会中各种因素对幼儿学校发展的影响。

第二，19 世纪幼儿学校系统内部是如何演进的？

教育史学科的独特性并不仅仅因为研究对象是独特的教育历史现象或问题，更在于用教育的理论和视角去考察历史中的教育事实。教育理论与教育各要素是教育学的关注点。不同时期英国幼儿学校的教育实践表现出什么特点？幼儿学校中的各教育要素发生了哪些改变？哪些没有发生变化？这些成了本书要回答的问题。前文所提到的采用"从后思索"的方式分析幼儿教育的内涵正是通过这些问题来展示。

第三，19 世纪英国幼儿教育观念发生了哪些变化？

近代以来，西方才慢慢意识到幼儿阶段的独特性，幼儿衣着、饮食、玩具等方面的变化，体现出人们对于幼儿认识的改变。幼儿教育观能很好地体现出人们对幼儿阶段独特性的认识程度。幼儿学校实践是幼儿教育观的外在表征，其集中表现出创办者的教育思想，正如罗歇·凯卢瓦（Roger Caillois）所说："没有没有思想的事实，没有没有事实的思想。"[①] 幼儿学校发展的事实可以体现出大众幼儿教育观的变化。在英国幼儿学校发展的百年历程中，社会各界的幼儿教育观发生了哪些变化？幼儿教育观与幼儿学校的发展有着怎样的联系？对于这些问题的研究，有利于深刻地认识幼儿观的演变和幼儿学校的发展历程。

本书拟通过对以上问题的探索，勾勒 19 世纪英国幼儿学校发展的历史图景，探讨幼儿学校的特点和幼儿学校发展过程中与社会其他因

① 《第欧根尼》中文精选版编辑委员会编选《对历史的理解》，商务印书馆，2007，第 2 页。

素的关系。

（二）研究内容

本书把 19 世纪英国幼儿学校的教学实践、不同时期社会的幼儿教育观、幼儿学校发展的特点作为研究的重点，依据从个人实验到国家主导的线索，把 19 世纪分为四个时期，通过六章相关内容进行分析。

第一章以 19 世纪之前英国慈善幼儿机构为研究对象，对 19 世纪前英国贫困幼儿教育事业的发展状况、教育目标、教育方法和内容进行溯源，以便更深刻地理解 19 世纪英国幼儿学校的起源。

第二章探讨 19 世纪幼儿学校的开创，在分析 19 世纪初英国的社会背景和欧文思想的基础上，阐述欧文幼儿学校实验的教学实践及其影响，并对新拉纳克实验进行评价。

第三章重点讨论民间力量在幼儿学校发展初期的贡献。这一时期是英国幼儿学校发展的重要时期，很多资料都称之为幼儿学校运动时期。本章以怀尔德斯平为核心，阐述他的幼儿学校体系及其对幼儿学校运动的贡献，并梳理幼儿学校运动中兴起的民间幼儿协会。

第四章主要分析在国家资助情况下幼儿学校在全国的发展状况。研究的内容主要有：当时英国的社会背景，不同资助国家的资助方式及其对幼儿学校的影响。国家督导的报告、社会统计报告及《修正法典》等是本章研究的重点文本。

第五章主要阐述《福斯特法案》之后幼儿学校的变革。政府是如何通过法律的手段实现幼儿学校的普及是本章要回答的问题。在幼儿学校普及的过程中，幼儿学校事业的发展状况、幼儿学校内部体系的变化也是本章重点探讨的内容。

第六章对英国幼儿学校的发展进行历史反思，归纳 19 世纪英国幼儿学校从个人实验到国家主导的动因，厘清幼儿学校的发展特点，归纳幼儿学校发展带来的影响，并对研究的核心问题进行回答。

六、研究思路与方法

为有效分析每章节内容，回答 19 世纪英国幼儿学校发展的核心问题，本书采用以下思路和方法。

（一）研究思路

首先，在研究视角上，本书把幼儿学校的发展尽可能地放在英国当时整个社会环境中考察，以便更全面理解幼儿学校的发展。历史学是一门研究特殊性的科学。英国幼儿学校的发展是独特的，是在英国本土的历史背景下，由政治、经济、文化、人口、环境等因素相互作用而成就的一种教育产物，具有浓厚的时空特色。利奥波德·冯·兰克（Leopold von Ranke）曾说过："只有我们把自己提升到一个俯瞰全局的历史高度，我们才能从原则上领会个别事件的意义，领会它对人类生活的整体意义。"[①] F. D. E. 施莱尔马赫（F. D. E. Schleiermacher）也表达过这样的观点，他认为，一个句子也只能在考察了它在段落中与上下文的关系之后才能理解，章节只能通过整本书来理解，整本书只能通过作者的生活经历来理解，而了解作者的生活经历又要了解其所生活的整个社会和文化。[②] 人类的文明进程表明，无论是思想、观念，还是机构、制度，它们的发展趋势都不是阶段式的点状，也不是平滑式的直线，而是一个不断与其他事物相互影响、交织相错、突变与渐进并存、自生演化与外在设计相互作用的过程。幼儿学校的发展也不例外，在幼儿学校百年历程中，不同时期存在着一定的承接性和阶段性，其中有继承，也有扬弃，变革也时常发生。事物在连续发展

---

① Leonard Krieger, *Ranke: The Meaning of History* (Chicago: The University of Chicago Press, 1977), p. 142.

② 参见伯恩斯、皮卡德《历史哲学：从启蒙到后现代性》，张羽佳译，北京师范大学出版社，2009，第 96 页。

的过程中往往会表现出阶段性特点，在不同时期，幼儿学校的教育目的、教育方式、教学内容、教师、环境布置、招生对象等教育要素有什么特点？这些阶段性的特质有助于深刻了解事物的内部发展。但是，仅归纳幼儿学校不同时期的内部特点不足以让我们全面了解其发生和发展的过程。幼儿学校作为社会的一部分，其发展自然会受到政治、经济、人口、文化、教育思潮、国外环境，甚至是地理环境、气候变化的影响。只有尽可能地进行多方面的考察和多视角的分析，才能明晰幼儿学校的发展之路。

其次，在研究重心上，一是纵向以时间为顺序梳理 19 世纪英国幼儿学校的形成、推广、发展和演变路径。在这个过程中，既宏观地分析英国政治、经济、思想观念、人口等背景，也中观地讨论教育协会、人物、法案的影响，同时尝试微观地展示一些偶然事件的作用。二是在 19 世纪幼儿学校发展过程中，横向研究其不同时期、不同地方的办学特点，对课程内容、教学目的、招生对象、环境创设、教学方法、教师等方面进行分析，深刻揭示幼儿学校发展过程中教育各要素的变化。

最后，在研究线索上，以幼儿学校的办学主体为切入点，一窥当时幼儿学校的发展之路。19 世纪英国幼儿学校的发展是一个复杂的历史过程。不同的研究者在把握和处理这段历史时通常会有不同的视角和线索，例如，从幼儿学校事业的发展规模、从国家干预视角、从幼儿学校的地位变化等线索展开研究，不同的线索之间难免出现交叉，任何一条线索都难以概括幼儿学校发展的全貌，但是不同的线索能让我们从不同的视角更加清晰地剖析幼儿学校的发展。笔者在梳理历史文献和考察已有研究成果的基础上发现，19 世纪英国的幼儿学校处于一个巨变时期，有多条线索可以展示其发展过程，但其中有一条线索比较清晰，那就是在办学主体方面实现了从个人实验到国家主导的转变。19 世纪初欧文在新拉纳克开展了一系列教育实验，并在 1816 年创办了世界上第一所幼儿教育机构，经过近百年的发展，幼儿学校成为英国义务教育的一部分，办学主体的变化可以更清晰地揭示不同力量对幼儿学校发展的影响，也可以让人们更易发现不同阶层的幼儿教育观。

笔者在研究的过程中，在宏观层面始终以历史唯物主义基本原理为指导，利用阶级冲突、生产力与生产关系、经济基础与上层建筑的概念和理论为工具分析 19 世纪英国幼儿学校的发展。在微观层面以经济学、社会学、史学等一些学科的理论与方法去分析一些具体问题。如利用人力资本理论分析国家干预幼儿学校的行为，通过教育的社会背景分析经济结构与教育职能的关系，使用汤因比的“挑战—应对”学说分析英国幼儿学校内部体系的发展。

（二）研究方法

1. 文献研究法

基于一手教育史料收集、梳理、考证的文献研究法，是研究教育历史最行之有效的方法之一，也是历史研究中应用最为广泛的方法之一。对于 19 世纪英国幼儿学校发展的研究，首先要做的就是对 19 世纪不同时期英国幼儿学校发展的事业状况、学校教育实况、相关法规等资料进行收集。笔者通过英国档案馆、怀尔德斯平博物馆、教育协会及政府网站、研究对象本人的著作、多种外文搜索引擎等渠道收集了大量的政府调查报告、社会事业统计报告、研究中所涉及人物的著作、当时的媒体报道等相关资料。研究过程中对这些文献进行系统分析、整合、归纳和考证，并结合前人已有的研究，尽可能地掌握 19 世纪英国教育中幼儿学校的发展历史。

2. 历史研究法

历史研究法是运用历史主义的原则，来分析和研究历史的方法。其包括以下几点内容：一是把特定的历史人物与现象放到一定的历史范围内进行分析研究，具体问题具体分析；二是用全面、发展、变化的观点来看待历史；三是通过历史发展的相互联系和实践结果来研究问题，实事求是地看待历史；四是在研究历史问题过程中，要善于抓住典型，从典型的事例出发，把握主流和规律。① 本书着眼于 19 世纪英国幼儿学校的发展历程，时间跨度长、历史社会场景多变是其主要特点。历史研究法对厘清历史脉络、分清事件主次，具有很大的帮助。本书注重把幼儿学校的发展始终放在当时的历史背景中讨论，以时间为节点，把握不同时期的历史发展脉络，将动态与静态结合，以求较全面地反映 19 世纪英国幼儿学校的发展。

3. 比较研究法

对 19 世纪不同时期幼儿学校的内部教育理论进行比较分析主要采用纵向比较的方法。同时，还要对幼儿学校不同发展阶段的教育理论、发展规模和教育环境进行比较。除定性比较之外，本书也结合一些关于不同时期幼儿学校数量和入学率的定量分析，增加研究的客观性与全面性，从而探寻幼儿学校变革和发展的特点与规律。此外，也会采用横向比较的方法，对不同类型的幼儿学校、幼儿教育机构进行比较，通过这种比较来认识幼儿学校的独特性。

4. 文本分析法

文本指的是用一定的符号、编码组成，按照一定的程序，以文字、影像、语汇的形式形成一定的信息结构。文本分析法指的是选取能够反映研究对象内容的文本，进行多维度、多角度的深入分析，以揭示文本所反映对象的目的、意图、基本形态和内容特征。本书中分析的文本，主要包括人物著作、传记、演讲记录、书信、教育法案、政府对幼儿学校督查的报告、相关协会中的文件、当时幼儿学校的课程设置等。笔者通过对主要人物的有关幼儿学校的著作分析，可以了解当

---

① 参见周洪宇《对教育史学若干基本问题的看法》，《河北师范大学学报（教育科学版）》2009 第 1 期。

时幼儿学校的办学理念、课程的价值取向、课程内容的具体选择及教学方法；通过对当时媒体报道、政府报告、法案等文本的分析，可以知晓不同人群、不同立场对于幼儿学校的态度和观点。此外，传记和一些统计报告可以让笔者更深入地了解幼儿学校的发展历程。

基于以上研究方法，笔者在本书中坚持以下基本研究原则：一是客观原则，实事求是地站在客观立场看待 19 世纪英国幼儿学校发展中的历史人物和事件；二是语境原则，把幼儿学校放在 19 世纪英国这一特定的历史环境中考察，以当时的社会背景、历史条件、时间为基准；三是联系原则，以联系的观点来看历史，尽可能把幼儿学校的发展放在更大的社会环境中考量，如经济周期、文化思潮、宗教信仰、政党斗争和国外环境等，考察幼儿学校的发展道路，追溯其历史制约的因素。

第一章　19 世纪英国幼儿学校发展的历史渊源

幼儿学校诞生之前，英国并无专门的幼儿教育机构，但幼儿学校也并非是某个人灵光一闪的产物，就整体而言，它是英国慈善教育历史的一种延续。发端于 19 世纪之前的幼儿慈善救助机构是近代幼儿教育设施的雏形，之后欧文创办的幼儿学校和怀尔德斯平创办的机构均属于慈善救济体系。因此，对幼儿学校发展的历史研究需以 19 世纪前英国幼儿慈善教育的考察为逻辑起点。英国有组织的教育从基督教的传入开始，从 6 世纪到宗教改革近千年的时间里，教会垄断了英国教育。除了学徒训练和贵族教育外，一切有组织的教育都由教会提供，宗教干预成为英国教育发展的重要特色。但教会并未建立任何教育制度，其教育主要在修道院进行。

经过宗教改革、资产阶级革命，英国社会在经济、政治和思想方面发生了巨大变革，政府和教会开始对贫困人群进行救助。1601 年，英国颁布了《济贫法》和《学徒法》，开始关注社会的贫困问题，极大地推动了幼儿慈善教育的发展。17 世纪末 18 世纪初，英国发起了慈善学校运动（The Charity School Movement），一些宗教团体和慈善机构开始普及贫民儿童的教育工作，其中最重要的是 1698 年国教派成立的基督教知识促进会（Society for Promoting Christian Knowledge，SPCK）。

该协会建立了 460 所慈善学校[①]，主要招收 7 岁以上的儿童，谢菲尔德一所学校明确规定 7 岁以下和 12 岁以上的儿童不得入学。[②] 除了推动慈善学校的建立，协会还分发了《圣经》、祈祷书和小册子，并以半价出版读物，不足的部分由协会资助。[③] 这使得以往难以通过个人能力来实现的慈善教育事业，可以通过众筹的方式来完成。

18 世纪英国大众教育的觉醒，促使慈善家和政治家关注教育。罗兰·汉米尔顿（Rowland Hamilton）将 18 世纪的教育描述为教会慈善学校时期[④]，从这时开始，人们逐渐意识到童年期的独特性。《儿童的世纪》的作者菲利浦·阿利埃斯（Philippe Ariès）指出，直到 17 世纪末，西方才有了童年的概念，在这之前，幼儿因为太弱而无法参与成人生活，是不算数的。绝大多数与幼儿相关的机构确实出现于 17 世纪末期，也正是从这个时期开始，英国慈善教育得到了较大发展，各种为穷人开设的救助机构和教育机构相继建立。

19 世纪前英国慈善幼儿教育史脉络纷繁，机构众多。从机构的性质来看，既有以救助为主、掺杂教育的济贫院、育婴堂；也有专门的教育机构，如主日学校、导生制学校。为了厘清思路，笔者在本章将按照慈善机构的类别进行阐述。

---

① See Lois Louden, *Distinctive and Inclusive the National Society and Church of England Schools* 1811-2011(London: The National Society, 2012), p. 9.

② See John Roach, "The Sheffield Boys' and Girls' Charity Schools 1706-1962," *Journal of Educational Administration and History* 31, no. 2(1999): 115.

③ See S. J. Curtis and Myrtle E. A. Boultwood, *An Introductory History of English Education since 1800*(London: University Tutorial Press Ltd., 1960), p. 3.

④ See Rowland Hamilton, "Popular Education in England and Wales before and after the Elementary Education Act of 1870," *Journal of the Statistical Society of London* 46, no. 2(1883): 284.

第一节　幼儿慈善机构发展的背景

在英国慈善发展历史上，使用较频繁的是"philanthropy"及"charity"这两个词汇。"philanthropy"一词源于希腊文，表达的是善心、博爱等意思，传达的是"人类之爱"。① "charity"一词来源于拉丁语"caritas"，意为明爱、关怀，一般来说，它的意思就是对穷人和有需要的人慷慨解囊，这个词的意义比较广泛。伊丽莎白时期的《1601慈善用途法令》(*Charitable Uses Act 1601*)中，慈善包含了诸如学校、救济院、医院等大众事业。② 虽然此法案没有明确慈善的定义与目的，但是如果要成为慈善机构，必须满足"为了公众的利益"的条件。萨缪尔·罗米利(Samuel Romilly)爵士把慈善事业分为四大类：救济贫困、促进学习、促进宗教和促进一般公共事业。③ 二者都包含着对穷人的恩赐和施舍的意思。17—18 世纪是英国慈善教育蓬勃发展的时期，18 世纪还被称为"慈善的黄金时代"，这一时期是英国重要的转折时期，对这一时期社会的思想、观念进行分析，有助于深入了解幼儿慈善教育状况。

一、中上层社会热衷于慈善事业

慈善活动在英国有着悠久的历史，由教会兴办的各种慈善事业远

---

① 参见徐晶雪《一种历史的视角：英国慈善事业的现代化转型》，硕士学位论文，曲阜师范大学，2013，第 1 页。

② See Christopher and McCormack, "'Straw Bonnets' to Superior Schooling: The 'Failure' of the Charity School Movement in the Context of Nineteenth-Century Ireland-a Reappraisal," *Paedagogica Historica* 48, no. 5(2012): 714.

③ See Nuzhat Malik, "Defining 'Charity' and 'Charitable Purposes' in the United Kingdom," *International Journal of Not-for-Profit Law* 11, no. 1(2008): 38.

在罗马帝国时代就已经存在，597 年，英国出现了由教堂赞助的专业慈善组织。① 从这一时期到现代福利国家的形成，各式各样的慈善事业推动着英国社会的前行。18 世纪英国慈善事业的发展达到了一个高潮。在英国历史上，18 世纪被赋予很多称号：在哲学上，这是一个理性的时代；在政治上，这是一个辉格党占优势的时代；在经济上，这是一个工业革命的时代；此外，这还是一个非常优秀的慈善时代。这一时期慈善活动范围非常广泛，处于困境的宗教难民、悲惨的黑人奴隶、被抛弃的儿童、苦难的穷人、老年人和体弱者总是能激起那些虔诚而博爱的人们的良知，他们慷慨解囊。学校是他们最喜欢的慈善形式，这是那个时代很多社会实验中最引人注目的项目。② 整个 18 世纪，一些狂热的教育者都在努力为不列颠群岛的下层人民提供免费教育。其中，对穷人的孩子进行教育是他们最感兴趣的。③

18 世纪英国慈善事业的繁荣与一些新兴的商人阶层的崛起密切相关。要想对贫困人群进行恩赐和施舍就需要有一定的物质基础，而商人具备一定的经济实力。商人是社会救助和公益慈善的主体，他们的慈善活动弥补了教会和政府的不足。他们的慈善事业涉及社会中的方方面面，如济贫院、贫民习艺所、医院、初等学校、大学和城市建设等。当时近一半的捐助来自为数不多但富有的商人阶级，他们是中世纪后期英国慈善活动的主要参与者。他们运用联合和股份融资的新手段，建立起众多慈善学校。④

---

① 参见梁璐璐《近代以来英国政府在慈善事业中的角色转变》，硕士学位论文，曲阜师范大学，2017，第 1 页。

② See M. Gwladys Jones, *The Charity School Movement : A Study of Eighteenth Century Puritanism in Action*(Cambridge:Cambridge University Press,1938),p. 3.

③ See M. Gwladys Jones, *The Charity School Movement : A Study of Eighteenth Century Puritanism in Action*(Cambridge:Cambridge University Press,1938),p. 4.

④ See M. Gwladys Jones, *The Charity School Movement : A Study of Eighteenth Century Puritanism in Action*(Cambridge:Cambridge University Press,1938),p. 3.

商人从事慈善事业不单是因为有钱，更是要通过慈善事业来证明自己的所得符合教义。宗教改革之前，基督教认为人们为了获得财富，在竞争的过程中会产生不道德的行为。因此，当时社会对逐利的商人持批判态度，认为他们获得的是不义之财，所以商人的地位比较低下。马丁·路德（Martin Luther）和约翰·加尔文（John Calvin）进行宗教改革之后，商人的逐利行为获得了宗教上的合法性，促进了资本主义的发展。商人为证明自己收入的正义性，表明自己并没有因为金钱而变得道德低下，就需要通过一些途径去证明自己，而慈善就是一种良好的渠道。当时的基督徒认为，把财富用在慈善事业上是正义的，所以一些商人毫不吝啬地把财富用之于贫困人群。从 16 世纪中期开始，商人个人尝试慈善的热情开始高涨，在这一时期的伦敦，商人的慈善行为占全部个人慈善行为的 36%，捐献的财物占总数的 56%。①

二、中上层社会对贫困问题的关注

贫困问题在英国历史上普遍存在。12—16 世纪，英国社会一直处于动荡不安的状态，人口流动不断增加，并伴随着贫困、失业、流浪等现象，但英国社会的核心问题是贫困。从 16 世纪 30 年代起，英国开始了声势浩大的宗教改革运动。在此过程中，英国解散了大量的修道院，没收了修道院的财产，使得一些依靠救助金生活的人失去了庇护，神职人员也失去了生活来源，开始变得贫困。1640—1688 年，英国进行了资产阶级革命，建立了君主立宪制的政体，形成了资产阶级和贵族阶级联合专政的制度。由此，英国社会逐渐形成了数量极少的富有特权阶层和人数众多的贫民阶层两大阵营。同时，新兴资产阶级也开

① 参见徐晶雪《一种历史的视角：英国慈善事业的现代化转型》，硕士学位论文，曲阜师范大学，2013，第 6 页。

始兴起。随着工业革命的发展，形成了无产阶级和资产阶级两大对立阶级，社会新思潮也不断涌现，英国的社会结构、生产结构、价值观念都发生了巨大的变化，这些变化深深地影响了人们对贫困问题的看法。相同的现象在不同的时代，人们的看法是不同的。例如，在古罗马时期，奴隶们认为顺从是最大的善，所以他们并不觉得受压迫有什么不妥。同样，在中世纪的英国，由于社会生产发展有限，人们认为安于贫穷是社会的美德。封建社会解体后，人们开始重新认识贫困现象。贫困自身并不是大规模慈善行为兴起的原因，贫困观念的变化影响了人们的行动。

17—18 世纪，社会贫富差距扩大，贫困者数量剧增令上层社会感到不安。他们视贫穷为一种危险，认为穷人给社会秩序带来了严重的危害，稳定社会和中上层的利益成了当务之急。阿诺德·汤因比曾指出："一个社会在其存在的过程中会遇到一系列问题，该社会的每个成员都不得不采取最好的方式自行加以解决。"[①] 英国一些中上层人士开始思考贫困阶层的教育问题。17 世纪中期，英国教育家查尔斯·霍尔（Charles Hoole）认为教育是联邦、商业和教会的基础。在《古老教育艺术的新发现》（"A New Discovery of the Old Art of Teaching Schoole"）一文中，他提出教育要满足社会的需求，要对贫困儿童进行教育。[②] 18 世纪末，在面对贫困问题时，社会上主要存在三种观点，一是采用《济贫法》，但要对其管理和救济方法进行改革，杰里米·边沁（Jeremy Bentham）就主张建立大型济贫院；二是用捐赠的慈善机

① 阿诺德·汤因比：《历史研究》（上卷），郭小凌等译，上海人民出版社，2010，第 6 页。

② See Jamie Gianoutsos, "'A New Discovery' of Charles Hoole: Method and Practice in Seventeenth-Century English Education," *History of Education* 48, no. 1(2019): 3.

构代替现有的救济体系；三是认为需要废除《济贫法》。①

观点上的分歧导致英国在18世纪同时存在两种救助机构，分别是由国家主导的济贫院和民间的慈善机构。在救助方式上，一些中上层阶级选择了教育，他们认为让广大社会下层群众接受基本的读、写、算教育，有助于他们了解基督教的原则，维护社会现有的秩序。② 对贫困儿童的慈善教育工作引发了一场关于教育和就业关系问题的争论。当时有三种不同的意见：第一种意见主张儿童应先受教育后就业，儿童接受一定的教育，可以获得服从精神，以适应将来的就业需要；第二种意见主张儿童先就业后受教育，认为应尽早让儿童参加劳动，长时间受教育，将不适应就业的需要；第三种意见来自约翰·洛克，他主张建立劳动学校，让儿童边工作边学习，认为这样可以使儿童有一定的收入并接受一定的教育，从而减轻家庭和社区的负担。1696年，时为贸易殖民地委员会委员的洛克写了两份咨询报告，一份报告主张开设"纺织学校"，对年收入不足40先令家庭的6—14岁儿童全部施行免费义务教育，4—6岁儿童可自由入学。另一份报告规定受教区救济的3—14岁贫民儿童在"劳动学校"接受义务教育。该报告认为从3岁起接受教育对母亲和幼儿都有好处：母亲能自由参加工作，幼儿能在教育机构中获得良好的劳动习惯。③ 为此，洛克提出了"贫苦儿童劳动学校计划"。18世纪后期建立的一些工业学校正是这一理念的实践。由于当时政府对贫困儿童教育的自由放任，这三种意见不了了之，政府并没有借此契机建立一个全国性的贫困幼儿教育体系。

---

① 参见郭家宏《日不落帝国的兴衰——英国与英帝国史研究》，北京师范大学出版社，2012，第19页。

② 参见王承绪《世界教育大系（英国教育）》，吉林教育出版社，2000，第116页。

③ 参见庞钊珺、杨进红、李玉芳主编《学前教育简史》，西南财经大学出版社，2016，第136页。

三、中上层社会幼儿教育观的改变

在对教育功能的认识方面，上层社会认识到教育对维护现有秩序的作用及塑造人行为的作用。17 世纪英国在政治和宗教方面的动荡让上层社会感到不安，这在很大程度上促成了上层和中产阶级期望在穷人中建立一种社会秩序的愿望。国教派和政府认为，没受过宗教教育的贫困人口数量的不断增加，会对社会产生危害，而一个可以为这些人提供宗教教育和社会秩序教育的组织将解决这些问题。由此，教育塑造人的作用开始被重视。在幼儿成为学徒之前，上层社会期望通过宗教教育把他们塑造成敬畏上帝的人，同时预防他们形成懒惰的习惯，以及放荡和乞讨的行为。

在幼儿教育方面，上层社会开始尊重幼儿权益。阶级性和双轨制是这一时期英国教育的特点。17—18 世纪，英国上层社会对幼儿的态度发生转变，表现出同情和责任，并对他们身体和精神的发展感兴趣。① 这很大程度上得益于约翰·洛克的工作，他的《关于教育的一些思考》（*Thought on Education*）一书改变了一些人的幼儿教育观，此书的影响力不亚于他的其他任何一部作品。② 书中介绍了一种新的幼儿养育和教育观：要对幼儿进行鼓励而不是体罚，在教学中使用游戏和与幼儿合理交谈等方式。③ 这种观念改变了 18 世纪幼儿的命运，开启了幼儿教育的新时代。在 18 世纪之前，体罚幼儿的现象较为普遍。约

---

① See M. Gwladys Jones, *The Charity School Movement : A Study of Eighteenth Century Puritanism in Action* (Cambridge: Cambridge University Press, 1938), p. 4.

② See John H. Plumb, "The New World of Children in Eighteenth-Century England," *Past & Present* 67, no. 1(1975): 65.

③ See Jamie Gianoutsos, "'A New Discovery' of Charles Hoole: Method and Practice in Seventeenth-Century English Education," *History of Education* 48, no. 1(2019): 3.

翰·H. 普拉姆（John H. Plumb）指出，当时人们对幼儿的主流态度是专制的、残暴的，甚至还有性虐待。[①] 劳埃德·德·莫斯（Lloyd de Mause）指出："没被打过的孩子最早可以追溯到1690—1750年。"[②] 在1700年前的200条育儿建议中，只有普鲁塔克（Plutarch）、帕尔米耶里（Palmieri）和萨多莱托（Sadoleto）三个人没有建议父亲打孩子。[③] 当时幼儿的玩具很少，通常是自制的，幼儿主要接受与宗教和教义问答相关的教育，在洛克之后，英国的幼儿教育逐渐减少体罚并走向社会化。

洛克的教育学说在整个18世纪得到普遍认可和高度尊重。与夸美纽斯和所有的培根主义者一样，洛克强调经验对个人知识的作用。洛克指出："十分之九的人是他们所受教育的结果。"他认为教育经验不仅是身体上的，也应该是精神上的，"健全的精神寓于健全的身体"是他思想的开场白。[④] 尽管很少有教师在实践中贯彻这些思想，但洛克关注良好习惯培养的理念在当时是非常先进的。这些习惯包括身体方面、精神方面、道德方面和社会方面。首先，他认为男孩在很早的时候就可以被训练去思考日常生活中的事件和问题。在获得知识之前，教育的主要目的是形成美德和启迪智慧。[⑤] 其次，他认为家庭的气氛应该是自由和快乐的，不应该有任何严厉之处，家长也不要对幼儿进行奖励，

① See Jamie Gianoutsos, "'A New Discovery' of Charles Hoole: Method and Practice in Seventeenth-Century English Education," *History of Education* 48, no. 1(2019): 3.

② Lloyd de Mause, *The History of Childhood* (Lanham, Boulder, New York, Toronto, Oxford: Rowman & Littlefield Publishers, Inc., 1995), p. 42.

③ See John H. Plumb, "The New World of Children in Eighteenth-Century England," *Past & Present* 67, no. 1(1975): 65.

④ See S. J. Curtis and Myrtle E. A. Boultwood, *An Introductory History of English Education since 1800* (London: University Tutorial Press Ltd., 1960), p. 31.

⑤ See S. J. Curtis and Myrtle E. A. Boultwood, *An Introductory History of English Education since 1800* (London: University Tutorial Press Ltd., 1960), p. 32.

避免他们的行为源自于外在的错误动机。最后，他认为幼儿发展的一个重要因素是父母或老师鼓励他们自由玩耍，特别是在“教育”活动方面。早期的童年应该受到保护，不受外部世界不良的影响。[①]

18 世纪 40 年代，对待幼儿的新观念在中上层阶级中传播。1780 年约翰·布朗（John Browne）建议成立一所完全不存在体罚的学院。对幼儿采取温和的态度只是社会对幼儿态度广泛变化的一部分，随后，一部分人逐渐认识到人在自然本质上是善的，恶来自人类的制度，这种态度也反映在日益壮大的精英阶层中。[②] 在 18 世纪中叶，这种对待幼儿温和的态度不仅出现在教育家的思想中，还体现在小型私立学校的成立、幼儿文学的发展及日益增长的幼儿消费中。人们把幼儿看作是未来社会竞争的工具，开始把自己对社会的态度作为幼儿的道德准则。上层社会幼儿教育观的转变说明人们对幼儿期有了新的思考，虽然下层社会不会采用同样的教育观念，但多少也受到了影响。

第二节 济贫院中的幼儿教育

英国为贫民服务的众多机构中，济贫院可能是最出名的。它专门为穷人和弱者提供救助和带薪工作，带有明显的生产性质，同时它会为幼儿提供一些与宗教、读、写、算及生产相关的教育。它起源于 1601 年的《济贫法》。伊丽莎白时期，《济贫法》规定，各教区要为有工作能力的贫民安排工作，要为没有工作能力的贫民，如残疾人、老人等提供必要的救济；要通过征税来支持济贫；要为贫苦儿童提供做学徒的机会；富裕教区要援助贫穷教区。从此之后，英国各教区纷纷

---

① See S. J. Curtis and Myrtle E. A. Boultwood, *An Introductory History of English Education since 1800* (London: University Tutorial Press Ltd., 1960), p. 32.

② See John H. Plumb, "The New World of Children in Eighteenth-Century England," *Past & Present* 67, no. 1(1975): 65.

建立了济贫院。17 世纪，济贫院发展得比较缓慢，1688 年之后，基督教知识促进会极大地推动了慈善教育的发展。公认的大规模教区济贫院运动始于 1714 年马修·马里奥特（Matthew Mariotte）在白金汉郡地区的奥尔尼建立济贫院。18 世纪前 50 年，大约有 600 所济贫院成立①，到 18 世纪 70 年代末，英国建立了大约 2000 所济贫院②，1803 年增加到 3765 所。③

在救济穷人的过程中，英国还建立了一些类似济贫院的穷人公司，它们也为穷人提供住所和工作，并为儿童提供教育。在 1696 年之后的 15 年里，英格兰主要城市根据地方议会法案建立了 13 家穷人公司。④这些机构一般在当地市政府的主持下运作，具有儿童道德训练所和工业学校的双重性质。在后期它们遭到了教会的反对，变成收费的儿童服务机构，鉴于它们数量较少及较弱的慈善性质，本节不再过多讨论。

一、济贫院的生源

济贫院的宗旨是支持不能工作的“老、弱、体衰”的穷人，而不是纵容“游手好闲、挥霍无度”的有能力但失业的穷人。它救助的对象以儿童和妇女为主，15 岁以上的成年男子数量较少。⑤ 救济的目的一

---

① See Timothy V. Hitchcock,“The English Workhouse: A Study in Institutional Poor Relief in Selected Counties,1696-1750”(PhD diss. ,University of Oxford,1985:4).

② See Susie Kearley,“It's a Hard-knock Life in Victorian Workhouses,”British Heritage, October 1, 2015, accessed march 3, 2019, https://britishheritage.com/features/its-a-hard-knock-life-in-victorian-workhouses.

③ 参见郭家宏《日不落帝国的兴衰——英国与英帝国史研究》，北京师范大学出版社，2012，第 27 页。

④ See “London Lives 1690 to 1800: Crime, Poverty and Social Policy in the Metropolis,” accessed March 5,2019,https://www.londonlives.org/static/Workhouses.jsp# toc5.

⑤ See Dianne E. Payne,“Children of the Poor in London 1700-1780”(PhD diss. ,University of Hertfordshire,2008:57).

是减轻穷人的经济负担，二是实现穷人的“道德改善”。[①] 通过济贫院的救助和管制，上层阶级认为可以将下层社会中懒惰和放荡的劳动者转变成听话、道德正直和勤劳的人。18世纪英国弃子、孤儿和私生子数量较多，他们往往成为教区的责任。收留这些孩子的费用是高昂的，济贫院负担不起，同时也要考虑当地纳税人的意见，因此教区会竭尽全力追查他们父母的下落，如果找不到，孩子们就会长期待在济贫院。[②] 此外，把孩子转移到另一个教区也是常见的做法。

济贫院中的孤儿司空见惯，同时很多幼儿没有在传统家庭的环境中长大。有一些幼儿会在济贫院待上几周，等家庭条件改善或者有人救助时便会离院；有一些幼儿则把济贫院视为他们永久的家。切尔西一所济贫院因管理较好，记录比较详细，从表1-1中可以了解当时幼儿的入院情况。

表1-1　切尔西某济贫院中3—7岁幼儿情况

年龄（岁）	人数	在院时长（天）
3	27	909
4	41	609
5	43	779
6	31	837
7	34	585

资料来源：Dianne E. Payne, “Children of the Poor in London 1700-1780” (PhD diss., University of Hertfordshire, 2008: 52).

① See Susanna Smith, “Back to the Workhouse: Poverty from the Past Serving the Present,” *Museum International* 53, no. 1(2001): 22.

② See Dianne E. Payne, “Children of the Poor in London 1700-1780” (PhD diss., University of Hertfordshire, 2008: 48).

在这所济贫院中，幼儿的比例不是很高。在1743—1780年，2167名贫民登记入册，男725人，女1442人，其中包括425名3—14岁的儿童，占总人数的19.6%。3—7岁的幼儿有176人，占儿童总数的41.4%，仅占总人数的8.1%。幼儿有时会与家庭中其他人员一起进入济贫院，在这425名儿童中，有13名与父母一起进入，74名与母亲一起进入，338名单独或与兄弟姐妹一起进入。① 幼儿平均在院的时间是744天，两年多一点。在这些幼儿当中，有很多不止一次进入济贫院，这说明他们在社会上的生活条件缺乏保障。

儿童进入济贫院的原因有很多，从表1-2可以推测，3—14岁儿童入院的原因主要有父母养不起、被父母遗弃和家庭贫困等。这些养不起儿童的家庭往往是单亲家庭，有些是父亲患病或在监狱中服刑，导致母亲一个人无力抚养；有些儿童被遗弃在济贫院的门口，或者干脆被扔在街道上。儿童离开济贫院的原因也有很多，在切尔西济贫院中，被父母领走、当学徒和死亡是主要的原因。在425名儿童中，仅有2名被送到了学校。

表1-2 切尔西某济贫院1743—1780年3—14岁儿童入院的原因及人数情况

入院原因	人数	入院原因	人数
父母养不起	66	从育婴堂中返回	6
被父母遗弃	23	年纪太小	4
家庭贫困	18	学徒期归来	59
父亲坐牢	3	准备转移到其他教区	10
父亲参军	3	从其他教区转来	31
孤儿	20	临时	19

① See Dianne E. Payne, "Children of the Poor in London 1700-1780" (PhD diss., University of Hertfordshire, 2008: 48).

续表

入院原因	人数	入院原因	人数
私生子	8	流浪者	5
弃婴	3	其他	12
生病	28	没有记录者	103
残疾	4		

资料来源：Dianne E. Payne,"Children of the Poor in London 1700-1780"(PhD diss.,University of Hertfordshire,2008:53).

二、济贫院的管理

济贫院由当地政府主办，管理员由政府聘用并支付一定薪水。济贫院更像是一个生活场所而非教育场所，这里各个年龄段的人都有。济贫院会对人员进行分类管理，即使是家庭成员也会因性别和年龄不同而被分开。如在索恩韦尔济贫院中，父母和自己的孩子被分开，孩子可以每周见一次父母。① 一位在济贫院中的老人回忆道：

> 我过去常去看我的父亲，但只是在远处……我曾经在栏杆的另一边，可以看到他们出来，我便对他们大喊大叫。他们常常回应，……管理者不允许我走过去和父母说话。②

有的幼儿可能会感激济贫院提供温暖干燥的衣服和医疗服务，但

① See Susie Kearley,"It's a Hard-knock Life in Victorian Workhouses,"British Heritage, October 1, 2015, accessed march 3, 2019, https://britishheritage.com/features/its-a-hard-knock-life-in-victorian-workhouses.

② Susanna Smith,"Back to the Workhouse:Poverty from the Past Serving the Present," *Museum International*, no. 1(2001):23.

很多人是厌恶的。夜晚的寂静可能会被分娩的尖叫声、垂死的呻吟声或丧亲之人的哭泣声打破。如果外面有工作机会，救助者就有可能离开济贫院。因此黛安 · E. 佩恩（Dianne E. Payne）认为，济贫院对于任何孩子来说都是一种压抑和可怕的折磨。①

救助者在济贫院要进行工作，在索恩韦尔济贫院，救助者每周要工作 7 天，每天 10 个小时。这些工作大多数是一些乏味而费力的内容，如碎石、清洁和搓旧麻绳。② 切尔西济贫院的工作也类似。③ 这些工作很难让人有成就感。除此之外，济贫院中的救助者也会做一些季节性的工作，如夏天会到别的农场去工作，当他们冬天回来时，宿舍有可能就被拆了，因此他们会被转移到另一个教区去，这样也使得各教区的财政得以分摊，他们不可以永久居住在一个地方，因为他们不属于任何教区。

济贫院主要是为贫困幼儿提供护理而非教育。济贫院注重幼儿基本的生活保障，据统计在 1780—1790 年，衣服花费占到了总预算的 20%。有调查显示，济贫院的衣服数量充足、质量良好。④ 18 世纪初，济贫院幸存下来的婴儿要么在院内，要么由邻近教区的护士照料。济贫院中的医疗状况并不是很好，幼儿死亡率很高，如在 1722 年，很多幼儿在济贫院中都没有得到很好的照顾，死亡率接近 90%。济贫院人员对产科、卫生和用药的有限知识可能是造成死亡率如此之高的原因

---

① See Dianne E. Payne, "Children of the Poor in London 1700-1780" (PhD diss., University of Hertfordshire, 2008: 61).

② See Susie Kearley, "It's a Hard-knock Life in Victorian Workhouses," British Heritage, October 1, 2015, accessed march 3, 2019, https://britishheritage.com/features/its-a-hard-knock-life-in-victorian-workhouses.

③ See Susanna Smith, "Back to the Workhouse: Poverty from the Past Serving the Present," *Museum International*, no. 1(2001): 22.

④ See Dianne E. Payne, "Children of the Poor in London 1700-1780" (PhD diss., University of Hertfordshire, 2008: 62).

之一。对此乔纳斯·汉威（Jonas Hanway）[①] 倡议把幼儿转到伦敦以外的家庭中去看护。[②] 1730—1749 年，英国 5 岁以下幼儿的死亡率是 74.5%，1790—1809 年降到 41.3%。而在切尔西的济贫院，1743—1769 年，4 岁以下幼儿的死亡率是 39%，5 岁以下是 29.4%。圣玛丽波恩教区的一所济贫院在 1769—1781 年，5 岁以下幼儿的死亡率是 21.2%。[③] 以上数据表明，这两所济贫院在维持幼儿生存方面做得比较好。

虽然济贫院的环境不是很好，但在当时那个饿殍遍野的时代，济贫院收留穷人，还给他们提供食物、住所、舒适的床及明亮干净的生活和工作场所，这是院外穷人梦寐以求的。

三、济贫院的教学

救助贫困幼儿是济贫院的首要任务，部分教区中的济贫院还会对幼儿进行教育。如在布里斯托一所济贫院中，幼儿 3 岁开始学习，5 岁工作，女孩在教师的指导下学习阅读和纺纱，男孩学习读、写、算和一些艺术。[④] 另外在一些济贫院中有专门的教室用于教学。苏西·凯利（Susie Kearley）描述索恩韦尔济贫院中有一间宽敞的教室，里面整齐

---

① 18世纪英国慈善家，海洋协会的创始人，也曾做过育婴堂的院长。

② See Dianne E. Payne, "Children of the Poor in London 1700-1780" (PhD diss., University of Hertfordshire, 2008: 71).

③ See Dianne E. Payne, "Children of the Poor in London 1700-1780" (PhD diss., University of Hertfordshire, 2008: 70).

④ See Benjamin K. Gray, *A History of English Philanthropy* (London: P. S. King & Son, 1905), p. 115.

地摆放着长凳。①

当教区济贫院首次在伦敦建立教区时，SPCK 建议幼儿应该接受基于宗教的基础教育。圣乔治汉诺威广场的幼儿比大多数幼儿都幸运，因为他们所在的济贫院有学校，供他们学习读、写、教义问答和唱赞美诗。很多教区的济贫院并没有聘请专业的教师，而是由个别有文化的被收容者担任教师。如霍克顿詹姆斯罗伯逊贫民农场中，一位有知识的男性被任命为教师，教幼儿进行阅读，济贫院支付给他一些酬劳；圣玛格丽特的威斯敏斯特教堂聘请院内的一位妇女教授幼儿《圣经》和启蒙读本。有些济贫院还会把幼儿送到附近的学校去读书，莱姆豪斯村济贫院里的 7 个孩子就被送到附近的一所公立学校读书，到 8 岁时他们都顺利成了学徒。各个教区的济贫院设施、标准各不相同，但大多数幼儿只能获得基本的阅读知识。乔纳斯·汉威对济贫院的教育水平不以为然："孩子们常常以鹦鹉所能理解的程度来阅读《圣经》，这是一项极其令人厌烦的任务，以致他们放学后可能永远也不会去看这本书。"② 济贫院幼儿的文化水平难以评估，有关长期护理幼儿的具体证据也很少。在 1770—1780 年的 10 年中，海洋协会招募了约 4000 名男孩在海上服务，其中 5%来自伦敦 34 个指定的济贫院。在这 200 名男孩当中，其中一半以上的人告诉海洋协会的官员他们会读书，大约三分之一的人声称会读书写字。③

---

① See Susie Kearley, "It's a Hard-Knock Life in Victorian Workhouses," British Heritage, October 1, 2015, accessed march 3, 2019, https://britishheritage.com/features/its-a-hard-knock-life-in-victorian-workhouses.

② Jonas Hanway, *An Earnest Appeal for Mercy to the Children of the Poor* (London: J. Dodsley in Pall-Mall, 1766), p. 119.

③ See Dianne E. Payne, "Children of the Poor in London 1700-1780" (PhD diss., University of Hertfordshire, 2008: 74).

第三节 育婴堂中的幼儿教育

从中世纪一直延续到今天的一系列慈善机构中，育婴堂（Foundling Hospital）享有崇高的地位。“Hospital”这个词在当时并不是医院的意思，它的意义更加宽泛，是指在照顾孩子时表现出的热情、好客的态度，而不是现在照顾病人的地方。18 世纪英国建立了多个育婴堂，比较著名的有托马斯（Thomas）在 1724 年建立的盖伊育婴堂，1733 年成立的圣乔治育婴堂，1739 年的伦敦育婴堂及 1746 年的米德尔赛克斯育婴堂。[①] 其中伦敦育婴堂从创办到关闭持续了 200 多年，共有 25 000—27 000[②] 名婴儿被收留，其中绝大多数婴儿是在 18 世纪被收留，它招收人数较多，持续时间较长，影响力较大，是育婴堂的典型。

一、育婴堂的创办

位于伦敦的育婴堂是由托马斯·科拉姆（Thomas Colum）和一位商人兼船长在 1739 年组织创办的。科拉姆在北美殖民地生活了 10 年之后返回英国，开始为更广泛的世俗慈善事业四处游说。起初他想实施安置复员军人和水手的计划，但并未成功，随即他把注意力转向了婴儿。由于婴儿的利益在当时并未受到上层社会的关注，科拉姆最初向乔治一世（George Ⅰ）提议设立育婴堂时并没有得到回应，大主教和贵族也不关心婴儿的权益。多年来，科拉姆努力争取各界支持，最终

---

① See Benjamin K. Gray, *A History of English Philanthropy* (London: P. S. King & Son, 1905), pp. 126-130.

② 关于具体的人数，育婴堂博物馆网站提供的数据是 25 000 人，A. Gallimore 的论文“‘Restored to Its Mother’: Reclaiming Children at the London Foundling Hospital in the Nineteenth Century”则说是 27 000 人。

策划了一份有影响力的请愿书，并在 1735 年由贵族和绅士们签署。两年后，科拉姆亲自向国王请愿，成功地获得了一份皇家特许状，允许创办一所“为暴露在外和被遗弃的儿童提供护理和教育的育婴堂”。1739 年 11 月 20 日，在萨默塞特宫举行的一次会议上，他向贝德福德（Bedford）公爵、威廉·霍加斯（William Hogarth）和理查德·米德（Richard Meade）递交了创办特许状，当时科拉姆已 70 岁。①

育婴堂创设之初的目标具有双重性：拯救很可能消逝的幼小生命，让他们成为国家的有用之才，同时隐藏母亲的耻辱。育婴堂的双重宗旨与当时社会普遍存在的弃婴现象息息相关。在 18 世纪 20—30 年代，穷人的孩子以惊人的速度死亡，伦敦超过 74%的儿童在 5 岁之前死亡，在济贫院里死亡率上升到 90%以上。②据乔纳斯·汉威统计，在 1764 年受洗礼的 16 374 人中，不到 2 岁就夭折的有 8073 人，在 2—5 岁死亡的有 1875 人③，也就是说 5 岁以下的婴幼儿死亡率高达 60.8%。到 18 世纪末仍是如此，据英国帕普儿镇的人口统计表记载，在 1795—1796 年，共有 2394 人死亡，其中 2 岁以下死亡 1074 人，2—5 岁死亡 384 人，死者中幼儿占半数以上。④

婴幼儿骇人的死亡率不能只归咎于家庭的贫困和糟糕的医疗状况，农村的不断工业化也是原因之一。赖特森（Wrightson）和莱文（Levin）认为早期工业化造成的土地破坏、失业、贫困导致了相对较高

---

① See Rhian Harris, “The Foundling Hospital,” accessed february 1, 2019, https://www.british-history.ac.uk/survey-london/vol24/pt4/pp10-24#p2.

② See Rhian Harris, “The Foundling Hospital,” accessed february 1, 2019, http://www.bbc.co.uk/history/british/victorians/foundling_01.shtml.

③ See Jonas Hanway, *An Earnest Appeal for Mercy to the Children of the Poor* (London: J. Dodsley in Pall-Mall, 1766), p. 5.

④ 参见日本世界教育史研究会编《世界幼儿教育史》（上册），刘翠荣等译，吉林人民出版社，1986，第 26 页。

的死亡率。[①] 此外，大量无人照顾的弃婴生存状况相当恶劣。18 世纪上半叶私生子现象非常普遍，弃婴大多是贫民的私生子。不幸的妇女为避免名誉受损，大多会隐瞒婴儿的出生，且婴儿被遗弃时很多已奄奄一息，多被遗弃在伦敦街头或住宅门口。据估计，仅伦敦一年就有大约 1000 名婴儿被遗弃。[②]

科拉姆对弃婴的现象进行了调查。他每天早上进城晚上回家，经常在公共街道上看到婴儿暴露在外面无人照管，便立即着手调查这种背离人性现象的原因。他发现有私生子的耻辱感是造成弃婴的主要原因。文献对此描述："这是由一种病态的道德观念引起的，这种道德观念占据了公众的头脑，一个不幸的女人，在一个诡计多端男人的诱惑和虚假的承诺下成了牺牲品，陷入了无可救药的自暴自弃和无可挽回的耻辱之中。她和她罪恶的后代似乎都没有被人类的情感所接受，第一步错误导致她最后的毁灭，无论多么渴望，她都没有机会回到正道。"[③] 在一个较小的地区想隐瞒有私生子的事情几乎是不可能的，一旦被人知道，妇女就会被谴责和鄙视。这样的道德压力不得不让她们把婴儿抛弃。这也能理解为什么在伦敦的育婴堂有很多幼儿是外地送过来的。同时，这种耻辱感使得杀婴事件频发，1738 年一位英国作家指出："杀婴是我们国家鲜为人知的一种罪行，除了七年战争时期，这种谋杀在一年里发生的次数比整个欧洲都要多。"[④]

英国当时在为弃婴提供特殊照顾方面远落后于西欧其他国家。

---

① See Steve King,"Dying with Style: Infant Death and Its Context in a Rural Industrial Township 1650-1830," *The Society for the Social History of Medicine* 10, no. 1(1997): 7.

② See "What Is a Foundling?", The Foundling Museum, accessed February 19, 2019, https://foundlingmuseum.org.uk/about/our-history/what-is-a-foundling.

③ John Brownlow, *The History and Objects of the Foundling Hospital, with a Memoir of the Founder*(London: Printed By C. Jaques, 30, Kenton Street, Brunswick Square, 1865), p. 1.

④ David S. Allin, *The Early Years of the Foundling Hospital 1739/41-1773* (London: Privately Published, 2010), p. 1.

1739 年伦敦育婴堂成立时，罗马、佛罗伦萨、米兰、威尼斯、马德里、里斯本、波尔图、里昂、巴黎、利摩日、图卢兹、马赛和阿姆斯特丹等西欧很多城市都已建立了育婴机构，甚至西班牙和葡萄牙在美洲、亚洲和非洲的部分殖民地也成立了类似的机构。[①] 这些机构通常由政府或天主教会资助。在大不列颠群岛中，最早成立的是 1730 年爱尔兰的都柏林济贫院—育婴堂，在一个世纪的时间里，这里接收了大约 10 万名幼儿。伦敦的育婴堂是英格兰唯一的收养婴幼儿的慈善机构，苏格兰和威尔士没有类似的机构。

二、育婴堂的生源

18 世纪伦敦育婴堂的招生可以分为三个阶段。第一阶段是有选择的招收阶段，从 1739 年一直持续到 1756 年 6 月 1 日，共收留了 1384 名婴幼儿。[②] 第一批弃婴于 1741 年 3 月 25 日在哈顿花园的临时总部被收留。为了鼓励父母把子女送到育婴堂而不是抛弃或杀婴，父母不会被问任何问题。1741 年第一次接收弃婴时，育婴堂声称："明天晚上 8 点，这所房子将接待 20 个孩子，条件如下：第一，两个月以上和患有水痘、邪恶、麻风病或类似性质疾病的孩子均不得接收，每个孩子都要尽快地检查，凡带孩子来的人，工作人员不可以冒昧地去打听这个人是谁，也不可以去试图知道谁送来的孩子，一旦被发现有类似现象，将被辞退；第二，请所有人为孩子留下一些特别的字，或进行标记，

① See David S. Allin, *The Early Years of the Foundling Hospital 1739/41-1773* (London: Privately Published, 2010), p. 1.

② See David S. Allin, *The Early Years of the Foundling Hospital 1739/41-1773* (London: Privately Published, 2010), p. 3.

以便在以后必要时可以找到自己的孩子。”[①] 育婴堂会给送进来的孩子取一个新的名字，同时他们的母亲也会给孩子留下特殊的标记，如一小块布或一枚硬币，以便在她们询问或想认领孩子时能够识别身份。[②] 20 个名额远远不够，因此育婴堂不得不对送来的婴儿进行严格的审核。4 年后育婴堂搬到了伦敦布卢姆斯伯里的一栋新建筑中，新的育婴堂由西奥多·雅各布森（Theodore Jacobsen）设计并担任院长。从 1750 年 1 月 1 日到 1755 年 12 月，有 2523 名孩子被送进育婴堂，但只有 783 名被收留。[③] 在这一时期内，育婴堂是众多慈善机构中最流行的一个。

第二个阶段是无差别的接收阶段，即 1756—1760 年。1756 年下议院决定接收所有孩子，在议会的财政支持下，育婴堂开始了一段不受限制接收的时期，每年约接收 4000 人。从 1757 年 1 月 19 日起，接收婴儿的最低年龄从 2 个月提高到 6 个月；6 月 29 日，又提高到 12 个月，至此大批孩子从乡下济贫院涌入。虽然这一阶段只持续了不到 4 年的时间，但影响巨大，之前平均每年只有 90 名幼儿被收留，但是现在平均每年要收留 3895 名幼儿。4 年间有 14 934 名幼儿被送进育婴堂[④]，占到了 200 多年接收总人数的 60%。育婴堂已由一个地区性的慈善机构转为全国性的事业。在议会的支持下，大批的幼儿进入育婴堂，所以这些幼儿又被称为“议会儿童”。1757 年后英国陆续新建了 6 个分支

---

① John Brownlow, *The History and Objects of the Foundling Hospital, with a Memoir of the Founder* (London: Printed By C. Jaques, 30, Kenton Street, Brunswick Square, 1865), p. 7.

② See “What Were Conditions Like for Children in the Care of the Foundling Hospital?,” Foundling Hospital, accessed January 29, http://www.nationalarchives.gov.uk/education/resources/foundling-hospital.

③ See Alysa Levene, *Childcare, Health and Mortality at the London Foundling Hospital, 1741-1800: “Left to the Mercy of the World”* (Manchester and New York: Manchester University Press, 2007), p. 7.

④ See David S. Allin, *The Early Years of the Foundling Hospital 1739/41-1773* (London: Privately Published, 2010), p. 4.

机构来接收这些幼儿（见表 1-3），直到 1773 年最后一个分支机构的关闭，标志着育婴堂接收“议会儿童”的时代结束。

表 1-3　18 世纪育婴堂的分院

分院所在地	开办时间
阿克沃斯（Ackworth）	1757—1773 年
什鲁斯伯里（Shrewsbury）	1759—1772 年
艾尔斯伯里（Aylesbury）	1759—1767 年
韦斯特勒姆（Westerham）	1760—1769 年
巴尼特区（Barnet）	1762—1768 年
切斯特（Chester）	1763—1769 年

资料来源：David S. Allin, *The Early Years of The Foundling Hospital 1739/41-1773* (London: Privately Published, 2010), p. 5.

第三个阶段是回归到有条件的接收阶段。无条件招收导致大量资金的投入使议会感觉到了压力，于是议会改变了资助的方式，1760 年 3 月 25 日之后，所有被接收的儿童都必须由接收他的慈善机构自己出资，育婴堂因此变成了私营企业。1760—1762 年，只有因战争失去父母的儿童才被接收。从 1763 年开始，其他儿童也可以被收留，其中一部分是通过推荐或付费，一部分是通过申请，但家长必须提交一份来自伦敦地区的证明。[①] 1760 年 3 月 26 日—1800 年底，育婴堂只接收了 2301 名幼儿。1767—1798 年，它还与伦敦贫民法律当局达成协议，接收了 822 名幼儿。

与欧洲大陆其他育婴堂相比，伦敦育婴堂接收的幼儿数量不算多，

① See Gillian Clark and Janette Bright, “The Foundling Hospital and Its Token System,” *Family & Community History* 18, no. 1(2015): 53.

1730—1800 年，马德里接收了 6 万名幼儿，米兰接收了 73 170 名，而巴黎在 1750—1764 年接收了 71 105 名幼儿，几乎是同期伦敦的 5 倍。①

三、育婴堂的教学

（一）教育途径

除了对幼儿进行保育，让幼儿学习基督教教义也是育婴堂院长的责任。在育婴堂，祷告既是一种仪式，同时也是一种教育的途径，每天的祷告是所有分院例行公事的一部分。幼儿在每顿饭前后都要做感恩祷告，在睡觉前也要做祈祷。学校规定教师每周至少听幼儿讲一次教义问答，并注意他们的道德和行为发展。此外，教区教堂也是育婴堂幼儿主要的受教育场所，这些幼儿每周日要去当地的教堂。阿克沃斯的政府还在一所教堂的北侧专门建立了一个走廊供育婴堂使用。1761 年威斯特汉姆的管理者决定为参加礼拜仪式的幼儿提供合适的长凳，并给打扫这些长凳的人员支付 5 先令作为报酬。1765 年什鲁斯伯里的管理者们声称："孩子们在宗教的原则和职责方面受到了认真的指导，他们经常在我们镇上的一些教堂里公开发表令人满意的言论。"②

（二）学习方式

大龄儿童进行半工半读是育婴堂最主要的学习方式。什鲁斯伯里分院规定，大龄儿童在上午 8—12 点学习，下午工作。幼儿则在上午和下午都进行学习。③ 导致这种学习方式的原因有很多，其中资金匮乏无

---

① See David S. Allin, *The Early Years of the Foundling Hospital 1739/41-1773* (London: Privately Published, 2010), p. 25.

② David S. Allin, *The Early Years of the Foundling Hospital 1739/41-1773* (London: Privately Published, 2010), p. 301.

③ See David S. Allin, *The Early Years of the Foundling Hospital 1739/41-1773* (London: Privately Published, 2010), p. 300.

疑是最主要的，让大龄儿童工作可以降低育婴堂的成本。前文提到，虽然有资助，但育婴堂的资金仍然紧张。有些儿童被雇来做衣服，生产出来的衣服供自己使用，从而节省了购买的成本，阿克沃斯生产的衣服和毛毯就被送到了各个分院。1761 年 1 月 7 日，科林伍德写信说，阿克沃斯有足够的布给伦敦、威斯特汉姆和艾尔斯伯里的孩子们做衣服。① 还有一些商品被育婴堂卖掉了，这为慈善事业带来了收入。据统计，1760—1773 年，阿克沃斯的儿童一共挣了 9399 英镑。虽然这是相当大的一笔款项，但儿童工作的净收益往往相当有限。如在切斯特分院，1766—1767 年，儿童的工作仅为分院提供了 1%的资金。

还有人认为儿童早期训练可为将来成为学徒打下基础，让他们长大后更好地适应工作，如女孩去做一些缝补、编织的工作，但这在男孩身上说不通，因为他们的兼职工作与未来的工作几乎无关。其中有一种工作就是解开船只上的旧麻絮，这是一项通常由济贫院和拘留所的人来完成的工作，对于那些必须当学徒的男孩来说，解麻絮几乎没有用处。此外，公众的意见也造成了这种半工半读的现象。在阿克沃斯，如果不让儿童去工作，那么大众会质疑用纳税人的钱去资助育婴堂是否合理。这种情况直接导致了幼儿同样要学习一些劳动技能以适应未来的工作。

儿童工作的地点也不固定，有的在外打工，有的在育婴堂工作。除了纺织、缝纫工作，威斯特汉姆分院还创办了一个农场，它既为儿童提供食物，也为他们创造了一些工作机会。有些男孩在里面种植土豆，有些男孩年纪太小不能被雇为农场工人，就做一些从地里清除石头的工作。女孩制作精纺毛线长袜、手套、衬衫、围裙、夜帽及纺纱。有时男孩们也被雇来做袜子，他们还做马裤和补外套。女孩的工作比

---

① See David S. Allin, *The Early Years of the Foundling Hospital 1739/41-1773* (London: Privately Published, 2010), p. 328.

男孩多，因为女孩数量远远超过男孩。分院间的儿童也会因为劳动而流动，在西雷丁成为最大的纺织地时，阿克沃斯分院的管理者就请求过其他分院把年纪较大的儿童送来充实劳动力。① 在什鲁斯伯里分院，儿童的工作与阿克沃斯类似，主要是生产布料，在后期他们的产量可以与阿克沃斯相当。

儿童几岁开始半工半读并没有明确的规定，但从一些资料显示来看，他们的年纪在 10 岁左右。1765 年的一份报告指出，在艾尔斯伯里地区有 14 名超过 10 岁的儿童，其中有 11 名女孩，她们与更年幼的儿童一起做一些编织工作，另外年纪稍大的儿童，做修整花园的工作和家政服务。②

一些管理者非常认同这种半工半读的方式，什鲁斯伯里的官员就曾骄傲地说道："我们所生产的布匹除了供应自己的儿童使用外，每年还可以卖出几百磅，这些费用抵消了教师的工资和设备费用。我们分院的人数才只达到满额的一半，约克郡的制造业刚刚起步，未来我们的利润还会增加，可为儿童在分院的生活提供大量的资金。"③ 事实上，儿童所挣的钱仅占育婴堂开销中很小的一部分。伦敦的官员们认为，工作可以让这些儿童未来的主人相信他们是在勤奋的环境中成长的，值得收他们作为学徒。

（三）教育内容

育婴堂的主要任务是为孩子们提供卫生的环境、简单的衣服和食

① See David S. Allin, *The Early Years of the Foundling Hospital 1739/41-1773* (London: Privately Published, 2010), p. 324.

② See David S. Allin, *The Early Years of the Foundling Hospital 1739/41-1773* (London: Privately Published, 2010), p. 313.

③ David S. Allin, *The Early Years of the Foundling Hospital 1739/41-1773* (London: Privately Published, 2010), p. 333.

物，较少关注教育。[①] 育婴堂把收养的对象按年龄分为两类：第一类是3岁以下的婴幼儿，他们被送到乡下的家庭进行护理；第二是类3—15岁的儿童，他们在伦敦的育婴堂生活。教育主要发生在第二类孩子身上。女孩到16岁的时候一般要当4年的学徒，男孩到14岁时会被送去做各种职业的学徒，通常需要7年。

1. 阅读

虽然各分院教师的本职各不相同，但教育内容相差无几，阅读受到了各分院的重视。管理者期望这些幼儿成为学徒时能够掌握基本的阅读技能。什鲁斯伯里一直重视幼儿阅读，在分院成立前的准备工作中就订购了一些书籍。该院的教师要在规定的时间内教所有幼儿阅读英语，部分幼儿还需要学习写作。1763年威斯特勒姆的管理者曾让科林伍德把一些指导书寄给他们，引导幼儿将来做学徒时养成一些良好的生活习惯。[②] 1769年切斯特分院订购了300本指导书。[③] 1764年威斯特勒姆的管理者要求科林伍德给幼儿邮寄一些词汇书，后来又要求邮寄一批字母书。[④]

1763年7月科林伍德给阿克沃斯分院订购了50本拼写书，还很可能把副本送给了其他分院。9月阿克沃斯的哈格里夫斯（Hargreaves）再一次写信给伦敦，催促其发货，伦敦邮寄的书的内容主要是宗教祈祷文。当育婴堂的孩子成为学徒时会接受统一的写作指导。1764年，哈格里夫斯指出："我们非常需要为孩子们准备拼写课本。我们的校长

---

① See Ruth K. McClure, *Coram's Children : The London Foundling Hospital in the Eighteenth Century* (Yale University Press, 1981), pp. 205-210.

② See David S. Allin, *The Early Years of the Foundling Hospital 1739/41-1773* (London: Privately Published, 2010), p. 303.

③ See David S. Allin, *The Early Years of the Foundling Hospital 1739/41-1773* (London: Privately Published, 2010), p. 304.

④ See David S. Allin, *The Early Years of the Foundling Hospital 1739/41-1773* (London: Privately Published, 2010), p. 305.

说，让阅读变得容易是最好的。”[①] 1768年5月哈格里夫斯写信给科林伍德，确认《圣经》和祈祷书已经安全抵达，但每种都需要增加100本。[②] 18世纪60年代后期，人们对教育孩子阅读的重视程度有所降低。1767年12月31日，阿克沃斯分院有276名男孩和449名女孩，但只有2名男教师和3名女教师。一些儿童可能在护士那里学会了阅读，而另一些从其他分院转来的儿童也可能在进入阿克沃斯分院之前就学会了阅读。即便如此，当时的人们也会认为，725名儿童需要5名以上的教师。哈格里夫斯在1772年12月10日写给育婴堂新任财务主管查理斯·惠特沃思（Charles Whitworth）爵士的信中提到，这五六年，育婴堂与其说是教孩子读书的地方，不如说是养育孩子的地方。人们认为没有必要留一些教师来指导孩子阅读。[③]

2. 劳动技能

一些简易的劳动技能如纺麻、编织和缝纫是育婴堂重要的学习内容，这一点与大龄儿童半工半读的学习方式有关。1765年在巴尼特，有40个不到9岁的女孩从小学习纺织、缝纫、做家务和阅读。[④] 在切斯特，大龄儿童学习阅读时，女孩在播种和编织。1763年8月9日，管理者要求伊丽莎白·琼斯（Elizabeth Jones）指导儿童编织毛线。10月4日，管理者决定购买足够数量的羊毛让儿童干活。1764年9月，当地官员说道：“只要能找到合适的教师，就应该教儿童读书、编织、

---

① David S. Allin, *The Early Years of the Foundling Hospital 1739/41-1773*(London: Privately Published, 2010), p. 306.

② See David S. Allin, *The Early Years of the Foundling Hospital 1739/41-1773* (London: Privately Published, 2010), p. 304.

③ See David S. Allin, *The Early Years of the Foundling Hospital 1739/41-1773* (London: Privately Published, 2010), p. 307.

④ See David S. Allin, *The Early Years of the Foundling Hospital 1739/41-1773* (London: Privately Published, 2010), p. 314.

织布等。”[①] 在阿克沃斯分院，管理者提供工具以便让儿童未来可以在毛织品制造厂工作。在威斯特汉姆，分委会要求瓦德汉姆（Wadhams）夫人务必让分院中的女孩学会织补。伦敦的管理者一致认为，威斯特汉姆医院雇用一名全职裁缝是正当的，因为他可以教孩子们自己缝补衣服。[②]

（四）教师

育婴堂并没有专职的教师，附近教堂的牧师、其他学校的兼职教师、分院的管理者和护士充当着教师的角色。教师的选拔方式也比较多样，有公开招聘、他人推荐和内部选拔等。

在什鲁斯伯里，当地管理者比较重视育婴堂的教育，体现在他们招聘教师的方式、对教师的要求和待遇中。早在1762年，该地区就在伯明翰的报纸上刊登了一则招聘校长的广告，然后对应聘者进行考察，最终塞缪尔·怀特豪斯（Samuel Whitehouse）和乔瑟夫·奥斯丁（Joseph Austin）夫妇被聘用。该分院教师的待遇也比较好，1764年被任命为校长的理查德·李斯（Richard Leese）就拿到了一笔令他满意的薪水。该分院还对不能达到要求的教师进行辞退，1762年9月，当地管理者辞退了一名叫韦弗（Wafer）的男教师；1764年9月，又有一名男教师被投诉行为不端被解雇；10月，一名男教师被指控辱骂秘书而被辞退，讽刺的是该秘书在第二年也被解雇；之后又有两名女教师被解雇，原因不得而知。在一次会议上，当地管理者提出，当教师用棍棒进行教育时会有被解雇的风险。[③] 因为教堂是受教育的地点之一，

① David S. Allin, *The Early Years of the Foundling Hospital 1739/41-1773* (London: Privately Published, 2010), p. 315.

② See David S. Allin, *The Early Years of the Foundling Hospital 1739/41-1773* (London: Privately Published, 2010), p. 318.

③ See David S. Allin, *The Early Years of the Foundling Hospital 1739/41-1773* (London: Privately Published, 2010), p. 309.

所以牧师自然也就成了育婴堂幼儿的教师。1766 年什鲁斯伯里育婴堂的校长辞职后，当地管理者希望聘用一位专职牧师来当校长，他可以像在家庭中一样早晚读祷告文。这样，在周日天气不好的时候，幼儿也可以读《圣经》。校长的薪水是每年 30 英镑并免费食宿。① 在 18 世纪 60 年代，该院的教师比最大的阿克沃斯分院还要多。

从育婴堂内部选拔教师也是教师选拔常见的方式之一。阿克沃斯分院从 26 名男工作者和 191 名女工作者中挑选了 8 名男性作为男幼儿的教师，以及 13 名女性担任女幼儿的教师。他们的薪水高于普通的服务者，男教师的年收入在 8.1 英镑到 12.12 英镑，普通工作者一般在 8 英镑到 8.9 英镑；女教师的收入大约是男教师的一半，普通女性服务者收入更少，只有 3.5 英镑。②

育婴堂并没有明确的师生比要求，各分院根据自己的需求和对教育的重视程度来确定教师人数。从表 1-4 可以看出，5 年间什鲁斯伯里的师生比有小幅度变化。由于后期对教育的不重视，1767 年阿克沃斯分院有 725 名学生，但仅有 5 名教师，师生比高达 1∶145。

表 1-4　1766 年 4 月至 1771 年 7 月什鲁斯伯里育婴堂的师生人数比较

时间	教师人数	学生人数	师生比
1766 年 4 月	10	494	1∶49.4
1766 年 7 月	9	501	1∶55.7
1767 年 1 月	10	574	1∶57.4
1767 年 7 月	11	600	1∶54.5

① See David S. Allin, *The Early Years of the Foundling Hospital 1739/41-1773* (London: Privately Published, 2010), p. 301.

② See David S. Allin, *The Early Years of the Foundling Hospital 1739/41-1773* (London: Privately Published, 2010), p. 306.

续表

时间	教师人数	学生人数	师生比
1768年1月	12	591	1∶49.3
1768年10月	12	548	1∶45.7
1769年7月	9	384	1∶42.7
1770年1月	5	220	1∶44
1771年1月	3	92	1∶30.7
1771年7月	3	90	1∶30

资料来源：David S. Allin, *The Early Years of the Foundling Hospital 1739/41-1773*（London: Privately Published, 2010）, p. 306.

四、育婴堂的经费

育婴堂的经费管理模式是商业化的，作为一个具有理事和合法身份的志愿团体，它以伦敦很多股份公司为模板，这也是股份公司这类组织第一次延伸到慈善事业。[①]

（一）经费来源

在育婴堂发展的第一阶段，共收入115 489英镑。与18世纪早期很多新的主要慈善机构一样，育婴堂早期的资金来源包括遗产、捐赠和捐款。在早期的开拓过程中，一些杰出人物的赞助帮助了它的发展。著名音乐家乔治·腓特烈·亨德尔（George Frederick Handel）和画家荷加斯（Hogarth）是科拉姆的朋友，同时也是育婴堂的管理者。荷加斯把他的画捐赠给育婴堂，并提议布置一些其他艺术家的画。于是育婴堂的房间和走廊里布满了庚斯博罗（Gainsborough）和雷诺兹

① 参见琳达·科利《英国人：国家的形成（1707—1837）》，周玉鹏、刘耀辉译，商务印书馆，2017，第89页。

(Reynolds) 的画，育婴堂成了英国第一个公共画廊，这吸引了大量的游客参观，这些藏品成为育婴堂资金的重要来源。育婴堂为艺术家们的交流提供了场所，他们常在这里聚会、讨论和聚餐。亨德尔在1738年建立了“资助衰落音乐家”的基金会，育婴堂则从中得到一笔资金。1749年亨德尔在育婴堂举办了个人音乐会，其中最后一部作品是《育婴堂圣歌》(Foundling Hospital Anthem)，现场座无虚席，吸引了威尔士王子和王妃参加这次活动，筹集了350多英镑。[①] 音乐会取得的巨大成功使得亨德尔第二年继续在育婴堂举办音乐会。

资金短缺的问题一直困扰着科拉姆，为了说服他人资助他的育婴堂，科拉姆周旋于宫廷、议会、贵族及他们的妻子之间；为了赢得位高权重者的赞同和支持，他让一些显贵成为育婴堂的管理者，即便他们很少做出一些实事[②]，而出席每年的晚宴是他们为数不多的事情。直到1756年与法国的战争爆发后，议会才开始资助科拉姆在育婴堂的工作。[③]

从1756年开始，议会成为育婴堂的最大资助者，1756—1773年，即“议会儿童”时期，育婴堂的收入总数为745 516英镑，其中政府就投入了549 797英镑，占到总收入的73.7%（见表1-5）。从资金的投入比来看，育婴堂甚至成了政府的一个公立机构。

---

① See Katharine Hogg, "Handel and the Foundling Hospital: The Gerald Coke Handel Collection at the Foundling Museum," *Fontes Artis Musicae* 55, no. 3(2008): 438.

② 参见琳达·科利《英国人：国家的形成（1707—1837）》，周玉鹏、刘耀辉译，商务印书馆，2017，第92页。

③ 参见琳达·科利《英国人：国家的形成（1707—1837）》，周玉鹏、刘耀辉译，商务印书馆，2017，第119页。

表 1-5　不同时期育婴堂收入比较　　　　（单位：英镑）

来源	1739—1755 年	1756—1773 年
政府投入	0	549797
产权收入	0	137698
遗产	46396	36754
普通捐助	23749	9610
年度赞助	8067	2374
教堂捐助	7363	2177
慈善箱	2780	667
儿童挣的钱	645	3661
其他杂项	15	2778

资料来源：David S. Allin, *The Early Years of the Foundling Hospital 1739/41-1773*(London: Privately Published, 2010), p. 75.

从表 1-5 可以看出，在政府大量投入后，来自私人的捐助显著减少，如遗产的金额、普通捐助额、年度赞助额和教堂捐助额，而来自慈善箱的金额仅为 1739—1755 年的 24%。只有儿童挣的钱和其他杂项的金额是增加的，更多的儿童带来了更多的劳动力，挣的钱也就越多，其他杂项的增加可能是因为后期育婴堂招收了一批交费的儿童。

（二）生均经费

在育婴堂创办的第一阶段，育婴堂共花费了 114 848 英镑，截止到 1755 年底，1344 名被收留的儿童中，有 5 人已被父母认领，47 人已成为学徒，611 人还活着，另外 681 人在医院治疗期间死亡。在幸存下来的 663 名儿童中，每一名儿童生均经费高达 173 英镑，即使除去育婴堂的建筑费用，生均经费也达到了 109 英镑。这是一项昂贵的工程，每一位儿童两年所需的费用就够一个农场和农场主的家庭生活一年。

在“议会儿童”阶段，育婴堂的收入约为第一阶段的6.5倍，但所招收的人数却是第一阶段的11倍。从表面看起来生均经费会下降很多，但因为大规模的招生形成的规模优势，使得儿童的生活质量并没有显著下降。在1760年议会停止投入后，育婴堂还接受了几百名儿童，这一事实表明育婴堂的资金还是比较充裕的。育婴堂的主要任务是保育而非教育，这一点可以通过经费的使用方式证明（见表1-6）。

表1-6 育婴堂中的开销情况 （单位：英镑）

年份	护理阶段开销	衣服开销	在伦敦和其他分院的开销	附加费用	总额
1756	6324	1586	5653		13563
1757	15163	2748	10862		28773
1758	25829	2107	9630		37566
1759	37756	2201	13851		53808
1760	38230	1333	10051		49614
1761	36957	1274	12534		50765
1762	31993	1280	14205		47478
1763	28310	2102	17898		48310
1764	25881	1829	19468		47178
1765	19042	2009	19335		40386
1766	14301	2618	18958		35877
1767	12772	2176	20313	1243	36504
1768	9685	1589	18578	4693	34545
1769	5086	1459	12393	5708	24646
1770	1567	521	8420	2588	13096
1771	997	501	5355	183	7036
1772	707	407	4947	27	6088

续表

年份	护理阶段开销	衣服开销	在伦敦和其他分院的开销	附加费用	总额
1773	1018	757	4165	10	5950
总计	311618	28497	226616	14452	581183

资料来源：David S. Allin, *The Early Years of the Foundling Hospital 1739/41-1773*(London: Privately Published, 2010), p. 77.

表1-6反映出每位儿童的花费主要是在护理阶段，也就是0—3岁婴幼儿在乡下期间的花费，1756—1773年的护理开销占总金额的53.6%，如果加上衣服的开销，那么保育的费用将占到58.5%。在伦敦和其他分院时期的经费，也就是接受教育最主要的时期的开销仅占总金额的39%，这一时期大约有10年，如果换算成生均年经费，那么在3岁前孩子每年的开销将是3—14岁或3—15岁孩子的5倍之多。

18世纪的育婴堂不仅为儿童提供了保育和教育的服务，同时也是一些名人聚会的场所。有财富和地位的人因当选为理事会成员而获得荣誉，杰出的医生会帮助育婴堂提供专业咨询和服务。皇家艺术学院就是在育婴堂酝酿成立的。在育婴堂1759年的一次晚宴上，弗朗西斯·海曼（Francis Hayman）提出建立一个完全属于艺术家的博物馆，这个博物馆就是皇家艺术学院，于1768年成立。①

育婴堂这个慈善项目本身具有非凡的影响力。正如露丝·麦克卢尔（Ruth Maclure）所说，科拉姆最大的成就是为育婴堂建立了被无数机构所效仿的模型。有大量的模仿者在19世纪创办了慈善机构，其中玛丽·卡彭特（Mary Carpenter）为贫困孩子创办了机构，巴纳德

① See Katharine Hogg, "Handel and the Foundling Hospital: The Gerald Coke Handel Collection at the Foundling Museum," *Fontes Artis Musicae* 55, no. 3: 437.

(Barnard）博士创办了著名的“村庄房屋”（Village Homes），爱德华·德·鲁道夫（Edward de Mountjoie Rudolf）在 1881 年建立了“儿童的社会”（The Children's Society）。[①]

第四节 主日学校中的幼儿教育

主日学校又称星期日学校，主要是指宗教慈善机构在星期日为贫困儿童提供免费教育的一种教学组织。最早与之有关的是约瑟夫·阿莱恩（Joseph Alien）。1668 年，他和妻子招收了六七十名儿童，为他们讲授教义问答，并聘请教师和州长每周教授一次。然而由于受到英国统治家族斯图亚特王室的迫害，这项工作在几年后停止了。[②] 之后也有一些人创办了类似的机构，1693 年，弗兰普顿（Frampton）主教辞职后定居在乡村，为当地教区的孩子提供服务。牧师西奥菲勒斯·林赛（Theophilus Lindsey）于 1763 年在每个星期日的两次宗教仪式之间对年轻人进行训诫。1765 年，比德尔的哈里森（Harrison）小姐在厨房里为贫穷的孩子们建立了“一种主日学校”，教孩子们阅读和背诵瓦特（Watt）博士的简短教义问答。[③] 但这些实践并没有引起社会的共鸣，没有产生很大的实践影响。真正推动主日学校发展，使之成为一种主要办学机构的是由印刷商罗伯特·雷克斯在 1780 年创办的主日学校，它拉开了主日学校运动的序幕，很多人认为雷克斯是主日学校的首创者。据统计，18 世纪末英国有 25 万儿童在主日学校学习。到 19

---

① See Jacqueline Banerjee, "Captain Coram and the Foundling Hospital," The Victorian Web, accessed February 1, 2019, http://www.victorianweb.org/history/orphanages/coram1.html.

② See Lewis G. Pray, *The History of Sunday Schools and of Religious Education from the Earliest Times* (Boston: W. M. Crosby and H. P. Nichols, 1847), p. 128.

③ See Lewis G. Pray, *The History of Sunday Schools and of Religious Education from the Earliest Times* (Boston: W. M. Crosby and H. P. Nichols, 1847), pp. 128-129.

世纪初，就学人数已达 100 多万。19 世纪这类学校发展迅速，19 世纪 20 年代时这类学校分布广泛，几乎每个工人阶级的子女都会读上一段时间。[①]《福斯特法案》颁布之前，这类学校为成千上万需参加工作的儿童提供了受教育的机会。在 19 世纪中期，四分之三的工人阶级子女都曾出现在主日学校的登记簿上。[②]

一、主日学校的创办

18 世纪末，城市化和工业革命导致了英国家庭、教会和整个社会发生了严重的变化，儿童的道德和行为问题亟须解决，主日学校的创办正是对这一问题的回应。

（一）主日学校创办的背景

18 世纪 60 年代英国开始了工业革命，城市里需要大量的劳动力。农村地区的人们离开家乡，移居到附近新建的磨坊和大城市的工厂中，希望通过劳动提高生活质量。新的工业中心人口数量显著增长，随之而来的是一系列社会问题。城市生活的残酷现实粉碎了家庭最初的梦想。工厂条件恶劣，工人必须努力工作 12—15 个小时，大街上儿童无处不在，没有接受任何形式的监督。外来的工人大多数是租房度日，他们居住的环境比较恶劣，空间狭窄、不卫生且被隔成多个小房间。尽管生活条件很差，但租金却很高。城市的贫民为了生存，家庭中的每一个人都要进行劳动。

在社会动荡和经济变革的日子里，贫困阶层的父母希望子女去工厂赚钱来维持家用。同时，工厂为获得更廉价的劳动力，倾向雇佣成

---

① See Lois Louden, *Distinctive and Inclusive the National Society and Church of England Schools 1811-2011*(London:The National Society,2012),p. 11.

② 参见施义慧《童年的转型：19 世纪英国下层儿童生活史》，南京大学出版社，2012，第 133 页。

年女性和 7 岁以上的儿童，这导致很多男性失业，迫使他们以犯罪谋生。当时童工法尚未制定，工厂和磨坊以低工资雇佣童工，让他们每周工作 6 天，每天工作 8—10 个小时。[①] 不能工作的幼儿则被丢在家里无人照料，平日里在街上自娱自乐。周日不用工作的童工经常在街上咒骂和喧哗。这些被忽视的孩子几乎不知道什么是邪恶，他们不良的行为遭到大人的厌恶，同时他们也成为大人的负担。[②] 居民经常抱怨这些无法无天的孩子在周日对他们的财产造成了很大的威胁。

在 18 世纪的英国，上层阶级憎恨下层阶级，认为他们是时代的罪恶之一。由于没有大众化的教育制度，主日学校创办前，全英格兰地区只有不到 3500 所学校，文盲很普遍，很难找到一个识字的穷人，即使在慈善学校上学的幼儿也仅学一些教义问答知识。[③] 城镇中的下层阶级普遍无知和堕落，酗酒和赌博等不良行为很普遍。在雷克斯创办的第一所主日学校所在的格洛斯特地区，就是一个犯罪率较高的地区，教堂边上常常建有监狱。[④] 人们饱受赌博和拦路抢劫之苦，却没有对抗这些无知和不道德行为的力量。以往教会承担着道德教育的作用，但是在 18 世纪，教会与社会没有什么不同，它也不欢迎贫困的幼儿。于是星期日对于贫民来说是暴动和酗酒的日子，或者是进行斗鸡和诱牛等血腥运动的日子。当雷克斯把衣衫褴褛的儿童带到教堂时，人们称

---

① See Nam Soon Song,"Sunday School Revisited: An Alternative to Christian Education of the Church Today?," *Journal Religious Education* 108, no. 2(2013): 182.

② See Nam Soon Song,"Sunday School Revisited: An Alternative to Christian Education of the Church Today?," *Journal Religious Education* 108, no. 2(2013): 182.

③ See Doris Freese,"The Role of the Sunday School Conventions in the Preparation of Protestant Sunday School Teachers, 1832-1903"(PhD diss., Loyola University of Chicago, 1979: 2).

④ See Doris Freese,"The Role of the Sunday School Conventions in the Preparation of Protestant Sunday School Teachers, 1832-1903"(PhD diss., Loyola University of Chicago, 1979: 1).

他为疯子。大多数来自农村的移民没有上过学，也没有机会去教堂，更没有对他们的子女进行适当的教育。由于儿童不进教堂，儿童的教导和教义问答在这个时候几乎已经消失，《圣经》成了一本被忽视的书。随着人口的快速增长，混乱的社会秩序逐渐成了常态。在家庭中儿童过着一种没有明确目标和榜样的生活。

（二）主日学校创办的宗旨

主日学校旨在改造贫民子女的不良行为，这是对被忽视的贫困儿童，特别是那些从农村迁移到城市的贫困儿童进行思考、照顾和爱护的体现。主日学校是由一种博爱和宗教精神组织起来的，它的教育是为了教化下层的穷人阶级，期望他们适应社会的文化。正如雷克斯所说，他的目的是使长期受忽视的贫困儿童更加文明。他认为人们的堕落可以归因于无知和懒惰，改革可以通过道德教育的约束和指导来实现。① 教堂是进行传统德育的地方，但当时大量的穷人却被排斥在教堂之外，他们也不会主动去教堂。雷克斯认为宗教与教育有着相辅相成的关系，宗教必须等到群众的受教育水平提高了才能取得很大的进步，因此宗教和教育可以同时存在。② 正如克里夫（Cliff）所评论的那样："没有宗教就没有改革，人们相信健全的儿童训练与宗教训练有着根本的联系。"③

触发雷克斯创办主日学校的是一次偶然的事件。在圣凯瑟琳牧场上，一群衣衫褴褛的儿童爆发出一阵阵争吵、叫喊和咒骂，让雷克斯没法和一位正在拜访的女士交谈。女士抱怨每逢周末这些讨厌的人就

---

① See Doris Freese,"The Role of the Sunday School Conventions in the Preparation of Protestant Sunday School Teachers,1832-1903"(PhD diss.,Loyola University of Chicago,1979:6).

② See Ernest H. Hayes,*Raiked the Pioneer : Founder of Sunday Schools*(London: The National Sunday School Union,1930),p. 121.

③ Philip B. Cliff,*The Rise and Development of the Sunday School Movement in England 1780-1980*(Nutfield:Robert Denholm House,1986),p. 57.

从工厂中逃离。雷克斯说："很遗憾不能对这些孩子采取措施。"[①] 因此他决心想办法解决这一问题，认为若能在星期日把他们聚集到一所学校里，那就能很好地利用这一天。于是他去见了附近教区的托马斯·斯托克（Thomas Stoker）牧师，牧师对此也感兴趣，于是答应帮助雷克斯。主日学校的创办表面上源于这一次偶然的事件，实际上源于雷克斯多年致力于改善社会环境的实践。在创办主日学校之前，他就尝试过教育监狱中的成年人，经过几年努力无果后，他意识到试图改变成年人是徒劳的，于是把目光转移到儿童身上。雷克斯认为孩子身上的邪恶是对周围环境的模仿，唯一可能的解决办法是防止犯罪的发生。[②]

主日学校的创办不是为了促进教会的发展，而是作为一种教育的工具让无知的贫民儿童逐渐适应当时的社会文化，但在发展过程中却间接推动了宗教信仰的社会化，教会成员数量的快速增长促进了宗教的复兴。

二、主日学校的发展

（一）前期实验阶段

在大规模推广主日学校前，雷克斯进行了 3 年左右的小范围实验。第一所主日学校是在梅瑞狄斯（Meredith）太太家的厨房里开办的，雷克斯聘请梅瑞狄斯太太教幼儿一些教义问答知识，每周薪水为 1 先令。他的实验遭到了周围人的嘲笑。6 个月后，他在索思盖特街开办了另一所主日学校。在学校中，学生们延续了他们一贯顽劣的做法，海耶斯

---

① Ernest H. Hayes, *Raiked the Pioneer : Founder of Sunday Schools* (London: The National Sunday School Union, 1930), p. 24.

② See Doris Freese, "The Role of the Sunday School Conventions in the Preparation of Protestant Sunday School Teachers, 1832-1903" (PhD diss., Loyola University of Chicago: 6).

(Hayes) 描述:"学生们都很粗鲁,很糟糕,在课堂上连 1 个小时都坚持不下来,也没有丝毫的纪律。"① 渐渐地一些男孩开始有规律起来,并表现出对学校的兴趣。其中管理者克里奇利 (Critchley) 太太可能起到了很大的作用,她是监狱旁一所房子的房东,也许是因为熟悉监狱管理的缘故,她非常适合管教男孩子,有些男孩子被带到学校时腿上绑着原木或铁锤。②

(二) 宣传阶段

经历了 3 年的实验,雷克斯开始广泛宣传主日学校。他之所以能推动主日学校的发展,与他印刷商的身份分不开。他通过报纸广泛宣传主日学校的教育情况,并争取仁慈而温和的人支持教育贫困儿童的想法。一场为穷人进行系统、普及和《圣经》教育的运动拉开帷幕,主日学校为这一运动提供了一种方法。1783 年 11 月 3 日,《格洛斯特日报》发表了以下声明:

> 在这个郡的某些地方,有一些神职人员一心要在下层社会的儿童中推行一种改革,他们建立主日学校,目的是在星期日对儿童进行教育。居民抱怨他们的财产在安息日受到的威胁比其他几日都多,这在很大程度上是因为那些无法无天的儿童在星期日缺乏管束。为了弥补这一缺陷,我们聘请了一些有资格的人来教导那些不识字的人,而那些可能已经识字的人,则接受教义问答的教导,并被带到教会。我们通过教育他们,让他们过得有意义。在那些实施了这一计划的教区,我们确信孩子们的行为非常文明。

① Ernest H. Hayes, *Raiked the Pioneer: Founder of Sunday Schools* (London: The National Sunday School Union, 1930), p. 29.

② See Doris Freese, "The Role of the Sunday School Conventions in the Preparation of Protestant Sunday School Teachers, 1832-1903" (PhD diss., Loyola University of Chicago, 1979:7).

他们过去的野蛮无知在某种程度上已经消除了，这证明了那些认为下层社会不可能得到改善，或者至少不值得为之烦恼的人们是错误的。①

雷克斯继续用报纸作为主日学校宣传的平台。1784 年 5 月 24 日，他将监狱与主日学校“预防胜于惩罚”的理念进行了对比。据《伦敦纪事报》报道，在那时，主日学校的计划已经扩展到利兹和约克郡，有 2000 名贫困儿童入学。② 1784 年 6 月，伦敦的《绅士杂志》刊登了一封雷克斯写给兰开夏郡汤利（Townly）上校的信，信中详细地解释了主日学校的计划，从而使主日学校的理念传遍了英国。③

主日学校的迅速传播，除了借用媒体这一宣传工具外，雷克斯还巧妙地把主日学校与国教结合在一起。雷克斯意识到，想要让主日学校得到更多人的认可，就要把主日学校和英国国教联系起来。他本人就是国教的忠实信徒，他知道如果这场运动始于异教徒，那么教会支持的可能性就很小。因此他最初在格洛斯特的行动就争取到与文法学校校长、圣约翰教堂牧师托马斯·斯托克的合作。④ 雷克斯还认识到如果主日学校是由教会发展起来的，那么它很快就能被推荐给非国教派。一些神职人员确实给予了支持，1785 年索尔兹伯里主教和兰多夫主教

---

① Harris J. Henry, *Robert Raikes, the Man and His Work* (New York: E. P. Button & Company Bristol, England, J. W. Arrowsmith, 1899), pp. 62-63.

② See Harris J. Henry, *Robert Raikes, the Man and His Work* (New York: E. P. Button & Company Bristol, England, J. W. Arrowsmith, 1899), p. 305.

③ See Doris Freese, "The Role of the Sunday School Conventions in the Preparation of Protestant Sunday School Teachers, 1832-1903" (PhD diss., Loyola University of Chicago, 1979: 10).

④ See Doris Freese, "The Role of the Sunday School Conventions in the Preparation of Protestant Sunday School Teachers, 1832-1903" (PhD diss., Loyola University of Chicago, 1979: 13-15).

都在各自教区建立了主日学校并推荐给其他教区。[①]

（三）推广阶段

当时英国各地，特别是城市产生了对大众教育的需求。伦敦的威廉·福克斯（William Fox）是一位虔诚的浸礼会教徒，在旅行中，他对大众无知的行为感到震惊，发誓要教所有贫穷的英国人读书。他设想了一项建立工作日学校的计划，当听说雷克斯的工作时，他和一些有影响力的人在1785年组织推广主日学校的协会，这标志着有组织地推广主日学校的运动正式开始。协会的目的是“防止罪恶，鼓励勤奋和美德，消除对黑暗的无知，传播知识，使人们愉快地适应他们的处境”[②]。该协会提供《圣经》《旧约》和《拼写书》供学校使用，并向教师提供基本指导。福克斯、雷克斯和主日学校协会的理事们显然意识到对年轻人进行教育是国家的事，但他们都没有向国家寻求帮助。

在主日学校的发展过程中，一些异教徒也发现了主日学校的作用，于是他们也在本教派内推广主日学校。约翰·卫斯理（John Wesley）向卫理公会教徒推荐了主日学校。1784年7月18日，卫斯理在私人日记中写道：“我发现无论我走到哪里，这些学校都如雨后春笋般涌现，也许上帝的态度比人们所意识到的更强烈。谁知道呢，也许有些学校是基督徒的托儿所。”[③] 雷克斯在1786年的日记中写道：“每个教派都

---

① See Doris Freese, "The Role of the Sunday School Conventions in the Preparation of Protestant Sunday School Teachers, 1832-1903" (PhD diss., Loyola University of Chicago, 1979:12).

② Doris Freese, "The Role of the Sunday School Conventions in the Preparation of Protestant Sunday School Teachers, 1832-1903" (PhD diss., Loyola University of Chicago, 1979:11).

③ John Carrill Power, *The Rise and Progress of Sunday Schools: A Biography of Robert Raikes and William Fox* (New York: Sheldon & Company, 1871), p. 159.

在积极地提供合作援助，给这个机构以活力和优势。”① 不仅是牧师，其他重要人物也对雷克斯的努力表示关注。1788年6月，雷克斯接到夏洛特（Charlotte）女王的邀请，要他讲述主日学校的功课。甚至在温莎，一些上流社会的妇女星期日也在教育穷人的孩子。英国国王乔治三世（George Ⅲ）参观了布伦特福德的学校并表达了虔诚的愿望：“我的王国里的每一个贫困儿童都应该成为这样阅读《圣经》的人。”②

主日学校在19世纪的推广总的来说是保守的，阶级界限成了主日学校发展的壁垒。一些协会为了维持阶级界限，只教学生阅读。学校的捐助者认为穷人的写作知识会引起阶级间的矛盾，只要保持严格的阶级界限，社会似乎愿意支持这一努力。主日学校协会和雷克斯也认为主日学校的目的是教化普通人，让他们认识到自己在生活中的地位，其中包括尊重他们的上级。③ 因此支持主日学校对于上层阶级来说是有利的，因为在格洛斯特、利兹和纽卡斯尔地区主日学校取得了良好的效果，绅士阶层也被鼓励加入这场教化贫民的运动中。

18世纪末至19世纪初主日学校在发展的过程中出现了一些反对者，他们恰恰来自宗教内部，认为主日学校是“危险的、令人沮丧的、糟糕的机构和邪恶的代理人”。罗切斯特主教和坎特伯雷大主教谴责主日学校，并呼吁其神职人员停止在教区建立学校。他们认为主日学校是对教会团结的一种威胁。随着主日学校逐渐发展成福音派运动，教

① Gregory Alfred, *Robert Raikes, Journalist and Philanthropist: A History of the Origin of Sunday Schools* (London: Hodder and Stoughton, 1877), p. 100.

② Harris J. Henry, *Robert Raikes, the Man and His Work* (New York: E. P. Button & Company Bristol, England, J. W. Arrowsmith, 1899), p. 129.

③ See Harris J. Henry, *Robert Raikes, the Man and His Work* (New York: E. P. Button & Company Bristol, England, J. W. Arrowsmith, 1899), p. 73.

会内的非福音派加强了对主日学校的攻击。[①] 在18世纪90年代，法国大革命的思想即将跨越英吉利海峡，主日学校被视为“狂热主义的温床”。罗切斯特主教说：“在这个国家比比皆是以慈善学校和主日学校为形式和伪装的学校，在这些学校里，最底层儿童的思想受到启发，被教导要藐视宗教、法律和一切附属的东西。”[②] 也有一些普通人由于恐惧、无知和享乐主义反对主日学校。切达区的家长们不允许子女上主日学校，认为老师会奴役孩子们的思想。此外，有世俗思想的人也反对主日学校，理由是主日学校将限制星期日的娱乐活动，如果主日学校蓬勃发展，生活的自由和乐趣就会被剥夺。[③]

尽管遭到攻击，但主日学校运动仍在继续。事实上，反对派反而起到了一些积极的作用，他们吸引了人们的眼球，让人们开始注意主日学校在改善社会道德问题方面的潜力。到雷克斯1811年去世时，英国已有40万儿童在主日学校上学。在接下来的40年里，这一数字继续以惊人的速度增长。1851年英格兰和威尔士的教育普查显示，主日学校学生已达2 407 642人，比国家的公立和私立学校多出26万人。[④]

令人遗憾的是，19世纪的主日学校似乎变了味，成了宗教战争的先锋，不同教派把主日学校看成是争夺信仰者的阵地。天主教徒以嫉

① See Doris Freese,“The Role of the Sunday School Conventions in the Preparation of Protestant Sunday School Teachers,1832-1903”(PhD diss.,Loyola University of Chicago,1979:14).

② Doris Freese,“The Role of the Sunday School Conventions in the Preparation of Protestant Sunday School Teachers,1832-1903”(PhD diss.,Loyola University of Chicago,1979:15).

③ See Doris Freese,“The Role of the Sunday School Conventions in the Preparation of Protestant Sunday School Teachers,1832-1903”(PhD diss.,Loyola University of Chicago,1979:15).

④ See Doris Freese,“The Role of the Sunday School Conventions in the Preparation of Protestant Sunday School Teachers,1832-1903”(PhD diss.,Loyola University of Chicago,1979:17).

妒和警惕的眼光看待一所完全由新教徒建立的学校，而新教徒也以同样的态度看待由其他教派建立的学校。据斯奈尔的统计，在 1851 年，英国有 27 个不同教派在不同程度上建立了幼儿学校。① 约翰·查普曼（John Chapman）说："在 19 世纪 50 年代，主日学校的目标是宗教教育，在威克菲尔德、斯托克波特和英格兰北部等一些郡的其他城镇，有几所主日学校教授阅读、写作和算术，这些都是微不足道的例外。在英格兰和威尔士，100 所学校中没有 1 所允许儿童在星期日学习写作或计算。有时学校会教一点阅读，但并非总是如此，在整个苏格兰，甚至在主日学校里教阅读也被认为是对安息日的亵渎。对于不识字的儿童来说，教师指导他们仅限于朗读《圣经》或其他宗教书籍，并让他们反复背诵祈祷文、赞歌或教义问答，直到牢牢记住。"② 主日学校没有充分履行世俗教育的承诺，在教育内容方面注重本教教义，轻视基本的读、写、算。主日学校除了《圣经》以外什么书都不收。一个商人要找学徒，学校里却没有一个会记账的男孩。在很大程度上，不同宗教团体为了它们的利益，把免费的学校当成一种防御工事，而不是传授知识的神学院。③

三、主日学校的教学

（一）教学内容

1. 宗教与社会适应教育

在主日学校的发展过程中，倡导者逐渐认识到主日学校在改造贫

---

① See K. D. M. Snell, "The Sunday-School Movement in England and Wales: Child Labour, Denominational Control and Working-Class Culture," *The Past and Present Society* 164, no. 1(1999): 149.

② John Chapman, *The Westminster and Foreign Quarterly Review, October-January 1850-1851 v. 54-1851* (London: Groombridge and Sons, 5, Paternoster Row, 1851), p. 391.

③ See John Chapman, *The Westminster and Foreign Quarterly Review, October-January 1850-1851 v. 54-1851* (London: Groombridge and Sons, 5, Paternoster Row, 1851), p. 392.

困阶级子女方面的两大作用：一是改造他们的不良行为，让社会秩序更好；二是让他们接受教化，未来适应社会的文化。

宗教是主日学校教育的主要内容。主日学校的倡导者认为人类本质上是罪恶和腐败的，宗教教育是应付这种情况的唯一手段。人若要克服世间的苦难，避免最终堕入地狱，就必须求助于《圣经》，把自己的生命托付给基督，并把自己的新生命建立在《圣经》所强调的道德戒律的基础上。同时，倡导者认为宗教也有助于维护社会秩序和政治的权威，基督教对于世俗具有重要意义。于是主日学校在形式上与教堂结合起来，主要采用两种方式教学：一种是在学校直接教，另一种是在基督教中间接教学。在所有形式的学校中，教义问答的教学都是必不可少的。卫理公会教徒尤其关心利用主日学校进行宗教教育——用《圣经》和教义问答进行教学。① 其内容主要是对贫困儿童进行关于上帝知识的教育，教导有关道德的经文。如“上帝可以看到工人偷主人工具的行为，也可以看到仆人从女主人的厨房里偷茶和糖的行为。他们将受到上帝的惩罚，就像小偷在地球上受到法律权威的惩罚一样。然而作为守护神，上帝也为那些接受他的人提供了精神上的帮助”②。这些教育内容将影响学生的个人行为。

主日学校的第一课是关于个人清洁。“儿童被教导，‘洁净的手，洁净的脸，洁净的头发，要比穿华美的衣服更好’。他们学习阅读福音书、部分教义问答和一些赞美诗，这些都是直接从《圣经》中选取的

---

① See Doris Freese,“The Role of the Sunday School Conventions in the Preparation of Protestant Sunday School Teachers,1832-1903”(PhD diss. ,Loyola University of Chicago, 1979:13).

② Malcolm McKinnon Dick,“English Conservatives and Schools for the Poor c. 1780-1833:A Study of the Sunday School,School of Industry and the Philanthropic Society's School for Vagrant and Criminal Children”(PhD diss. ,University of Leicester,1979:157).

高度道德主义的读物。"[①] 在规模较大的主日学校中，如果教师和教室数量充足，学校将会把学生按照教学内容的难度分为六个班级。第一个班级学习两个或三个字母组成的单词，教师把这些字母事先钉在泥瓦片上，这样就可以用棍子指着字母，一次教几个学生；第二个班级学习阅读和简单的单词拼写，如三个或四个字母组成的单词；第三个班级学习有两个至三个音节的单词；第四个班级学习三个以上音节的单词；第五个班级学习《圣经》和单词拼写；第六个班级阅读《圣经》和学习单词拼写。[②]

主日学校不单是为了改变幼儿的不良行为，让他们在未来适应社会也是目的之一。这种适应主要是一种文化适应，如对阶层之间关系的接受，而非生活技能的适应，其主要的方式是通过传递社会伦理常识和宗教内容来实现。主日学校试图塑造一个以稳定、和谐和仁爱为基础的父权制社会形象，在这个社会中，宗教经历不仅可以让贫困儿童转变心理，还可以限制他们的独立性，以便他们成年后接受现有的从属地位。在社会适应的目标下，主日学校的教育内容范围十分有限，这就导致穷人的孩子不会像富人的孩子一样知识渊博。在伯明翰的一所主日学校里，教师仅教授一些让学生在安息日能够不懒惰、有道德的知识。[③] 在1806年斯托克波特一所主日学校的年度报告中，这样写道：

---

① Nam Soon Song, "Sunday School Revisited: An Alternative to Christian Education of the Church Today?," *Journal Religious Education* 108, no. 2(2013): 5.

② See *Hints for the Information and Establishment of Sunday Schools* (London: Printed for T. Smith, 1807), pp. 13-14.

③ See Malcolm McKinnon Dick, "English Conservatives and Schools for the Poor c. 1780-1833: A Study of the Sunday School, School of Industry and the Philanthropic Society's School for Vagrant and Criminal Children" (PhD diss., University of Leicester, 1979: 113).

> 我们机构的教育对象是劳动阶级，这里的教育是很有限的，学生能够用自己的荣誉和社会的利益来充实自己的地位即可。我们的目标是让男女青年都有资格从事各种有用的艺术行为，并促使他们在寻求真理的过程中运用他们的理解力。①

随着主日学校数量的增加，儿童的不良行为得到了纠正。主日学校被认为是教育和教化大众的可靠工具，那些行为不端的孩子已经学会了阅读和教义问答，并被带到教堂。孩子们的行为非常文明，很少从他们口中听到咒骂和其他下流的字眼。主日学校使得一种新的社区生活出现了，学校的生活为工人阶级的发展提供了催化剂。海耶斯描述道："社会上没有那么多的噪音和骚乱，更有一种安息日安宁的感觉，情况的改善比想象的要好。"② 约瑟夫·兰卡斯特拜访 72 岁的雷克斯时问道："在你所管理的学校里，3000 名贫困儿童中是否有人进了监狱？"雷克斯响亮地说："没有。"③

2. 学生精神世界的重塑

要实现学生对行为的改造和对社会的适应，就必须对其精神世界进行重塑。于是对学生的情感管理成为主日学校的任务。这个任务不是通过灌输某种思想而是通过环境的影响来完成。1804 年卫理公会主日学校年度报告中指出："幼儿完全是由模仿引导的，他们没有言语，

---

① Malcolm McKinnon Dick, "English Conservatives and Schools for the Poor c. 1780-1833: A Study of the Sunday School, School of Industry and the Philanthropic Society's School for Vagrant and Criminal Children" (PhD diss., University of Leicester, 1979: 136).

② Ernest H. Hayes, *Raiked the Pioneer: Founder of Sunday Schools* (London: The National Sunday School Union, 1930), pp. 48-49.

③ John Carrill Power, *The Rise and Progress of Sunday Schools: A Biography of Robert Raikes and William Fox* (New York: Sheldon & Company, 1871), p. 213.

也没有行为，完全依赖他人。”① 这是一种更进步的教育观点。如果幼儿的行为和态度是受环境影响的，那么教育者可以通过创造适当的社会关系环境来重建幼儿的行为和态度。部分主日学校也正是这样做的，且认为学生的自我反省和皈依的经历，是精神重生和接受文明价值观的前奏。经历过自我反省的学生可以抛弃旧的生活，堕落和腐败将被克服，思想会向新的价值观开放。这反过来又促进了主日学校教师开展更世俗、更具有社会意义的教学。此外，如果教师诱发了学生们所经历的情感状态，那么他的权威地位就会得到巩固。于是教师作为基督在地球上的代表，借用宗教中的赞美诗让学生产生原罪感，并通过教堂中的追悼会让学生产生同情和悲伤的感情。

3. 注重学生理性能力的发展

如果学生要学习和理解呈现给他们的戒律，教师不仅要营造一种友爱的氛围，还要鼓励学生进行理解。学生要学会欣赏所学东西的意义。查尔斯·道贝尼（Charles Daubeny）牧师就强调，主日学校中应该教导学生明白教堂里向他们布道的内容：学生必须……至少要在一定程度上理解他们所信奉的宗教原则，并把这些原则作为构建未来的必要基础。还有一位作家强调，教师应该“努力培养学生的理解能力，而不是记忆技能，教师应意识到他们在教育儿童，并使教学适应儿童的思想”②。

当时已有人认识到早期教育在知识积累方面的重要性，认为越早进行教育效果越好。1785 年，查尔斯·摩尔（Charles Moore）牧师对

① Malcolm McKinnon Dick,“English Conservatives and Schools for the Poor c. 1780-1833:A Study of the Sunday School,School of Industry and the Philanthropic Society's School for Vagrant and Criminal Children”(PhD diss. ,University of Leicester,1979:141).

② Malcolm McKinnon Dick,“English Conservatives and Schools for the Poor c. 1780-1833:A Study of the Sunday School,School of Industry and the Philanthropic Society's School for Vagrant and Criminal Children”(PhD diss. ,University of Leicester,1979:151).

童年教育的意义论述道："婴儿期和儿童期是灌输各种原则的适当时期。在这两个年龄段，孩子是最容易接受新思想且最温顺的，因此最适合接受教导。在通往神圣真理的道路上不存在任何障碍、偏见，也没有什么欲望或先入之见阻碍孩子接受新事物。孩子在很大程度上就像陶工手中潮湿柔软的黏土，很容易按照工匠的意愿被塑造成任何形状，但如果忽视了适当的条件，它们很快就会变得坚硬，失去所有的延展性。"① 斯托克波特主日学校的一份报告称："印象是在婴儿和青少年时期形成的。"威廉·彼得斯（William Peters）牧师指出："所罗门（Solomon）曾建议，孩子们应该尽快接受教育。"②

（二）课堂教学管理

1. 与公共礼拜相配合

在主日学校，教育和宗教往往是一体的。主日学校的教学时间需配合公共礼拜，在上午礼拜前，学校需要进行不少于两个小时的教学，下午需要在仪式前进行一个小时的教学。如果下午没有公共礼拜，那么学校中的教学将持续得久一些。③ 有研究者介绍了一所主日学校中的教育场景：主日学校在星期日上午10点开始上课，通常持续到中午1点；下午学生们又聚在一起，4点钟时，他们会去教堂里做礼拜，牧师有时会在那里通过问答教授他们，然后他们回到学校接受更多的指导，

① Malcolm McKinnon Dick,"English Conservatives and Schools for the Poor c. 1780-1833:A Study of the Sunday School,School of Industry and the Philanthropic Society's School for Vagrant and Criminal Children"(PhD diss. ,University of Leicester,1979:137).

② Malcolm McKinnon Dick,"English Conservatives and Schools for the Poor c. 1780-1833:A Study of the Sunday School,School of Industry and the Philanthropic Society's School for Vagrant and Criminal Children"(PhD diss. ,University of Leicester,1979:137).

③ See *Hints for the Information and Establishment of Sunday Schools*(London:Printed for T. Smith,1807),p. 12.

一直到 5 点 30 分。[①]

2. 男女区别教育

主日学校往往把男女分开教育。管理者认为男女应该接受不同的教育，以便能够更容易地提高与性别相关的素质。如果有足够的房间，男女分开是最好的；如果仅有一个房间，也要把男女在班级中分开。[②]学校认为“男子气概”是男孩的适当心理状态，“谦虚”是女孩的适当心理状态。这些文化要求无疑反映了当时的性别分工，男人被要求作为养家糊口者和家庭的主人，而女人则被要求扮演家庭主妇和母亲的角色。1804 年，一位名叫 J. 格兰特（J. Grant）的作家概述了主日学校应该如何对男孩和女孩实施教育：“女孩子应该接受有宗教原则和举止文雅妇女的指导，被温柔地对待。男孩子天生就不那么顺从，不太可能受到温和对待的影响，也不太容易受到宗教的影响，因此需要更严格和更严厉的管教。”[③] 放学的时候，女孩也要比男孩先走，以免受到吵闹的男孩打扰。[④]

3. 多种方式进行课堂常规管理

主日学校教师采用的教学管理方式和方法主要由学生的特点决定，顽劣、不守规矩是学生的特点。主日学校招生的对象主要是穷困家庭

① See Nam Soon Song, "Sunday School Revisited: An Alternative to Christian Education of the Church Today?," *Journal Religious Education* 108, no. 2(2013): 5.

② See *Hints for the Information and Establishment of Sunday Schools* (London: Printed for T. Smith, 1807), p. 11.

③ Malcolm McKinnon Dick, "English Conservatives and Schools for the Poor c. 1780-1833: A Study of the Sunday School, School of Industry and the Philanthropic Society's School for Vagrant and Criminal Children" (PhD diss., University of Leicester, 1979: 138).

④ See *Hints for the Information and Establishment of Sunday Schools* (London: Printed for T. Smith, 1807), p. 16.

的子女，没有严格的年龄限制，任何年纪的学生都可以入学。[①] 克里夫指出，这些学校是为那些供不起学费的父母开办的。[②] 这些学生普遍缺乏管教，举止无礼。在第一所主日学校中，雷克斯就带了尽可能多的顽童。学校中的老师曾说，因为主日学校的学生是随机地从最无知和贫穷的下层阶级挑选出来的，所以他们中间有很多没有教养或极其无礼的举止并不奇怪。[③]

为了应付这种状况，主日学校主要采用了三种方式：一是通过体罚，强调纪律。在雷克斯创办的第二所主日学校中，克里奇利太太就通过体罚收到了一定的效果。不过秩序教育并不是主日学校的目的，秩序可以提供一个进行教学的环境，但它不能代替学习。二是采用小班教学。伦敦一个浸信会主日学校把学生按照年龄分开，当学生入学时会根据测试成绩被分配到不同的班级，升入较高的班级时需要经过测验。实际上，在教师数量普遍不足的情况下，这种做法非常的少见。[④] 三是采用一种更适宜心理的方式。一位基督教观察员在 1809 年指出，如果学生不动脑筋，他们的注意力就会下降。为了解决这个问题，教师把他们分成四个班，并任命班上表现最好的男孩当队长。当学生们开始上课时，教师把他们分配到教室的每个角落，让他们的脸对着墙。这位观察员认为下层社会的儿童习惯于体力劳动和持续的活

---

① See Ernest H. Hayes, *Raiked the Pioneer : Founder of Sunday Schools*(London: The National Sunday School Union, 1930), p. 33.

② See Philip B. Cliff, *The Rise and Development of the Sunday School Movement in England 1780-1980*(Nutfield: Robert Denholm House, 1986).

③ See Malcolm McKinnon Dick, "English Conservatives and Schools for the Poor c. 1780-1833: A Study of the Sunday School, School of Industry and the Philanthropic Society's School for Vagrant and Criminal Children"(PhD diss., University of Leicester, 1979: 136).

④ See Malcolm McKinnon Dick, "English Conservatives and Schools for the Poor c. 1780-1833: A Study of the Sunday School, School of Industry and the Philanthropic Society's School for Vagrant and Criminal Children"(PhD diss., University of Leicester, 1979: 146).

动，因此不能期望他们把注意力集中在需要长期使用脑力进行劳动的问题上。为了满足这些学生的需求，教育形式和内容的不断变化是必要的。虽然还没有找到采用一种更适宜学生心理的方式在主日学校广泛使用的案例，不过已经能感受到个别教师在教学方法上开始考虑学生的心理特点，这显示出一定的进步性。

4. 营造爱与尊重的课堂氛围

主日学校中教师充当父权代理人，课堂中特别注重营造一种能促进学生和教师之间建立爱和尊重的氛围。当时管理者认为如果教师表现出对学生的生活感兴趣，那么学生的内心将被鼓舞，并从学习中获益。如果教师能使学生对他们产生好感，那么这个学生就会得到教化。有一段文字描述道：

> 在平日里，教师有责任去发现他们学生的性格、习惯和同伴，并将详细情况准确地报告给上级检查员。通过这种方式，贫困家庭的孩子一方面受到控制，另一方面受到美德的熏陶，他们将继续留在这些学校里，在整个学习期间，他们会因为受到比他们优秀的人的尊敬而感到自豪。①

一段和谐的关系，使教导更容易。情感作为一种教育方式的意义是双重的：第一，它创造了一种相互关爱的环境，可以鼓励学生继续上学；第二，教师希望将文明的价值观念渗入工人阶级的思想中。如果主日学校的师生关系是互相关爱、互相尊重的，那么这些价值观就有可能影响学生的日常生活。

---

① Malcolm McKinnon Dick,"English Conservatives and Schools for the Poor c. 1780-1833:A Study of the Sunday School,School of Industry and the Philanthropic Society's School for Vagrant and Criminal Children"(PhD diss. ,University of Leicester,1979:147).

（三）主日学校教师

1. 教师的角色

主日学校的支持者认为宗教与维持社会秩序有着不可分割的关系，所以每个教师的角色都包含着精神和社会两方面的因素。一方面，教师扮演代理父母的角色，是父权重建的代理人，要与学生建立类似家庭式的情感关系，并通过宗教使家庭生活精神化；另一方面，教师应该促进社会和谐，使财富和权力的不平等神圣化，向学生传递仁爱的品德和社会知识，通过使丈夫和妻子、父母和子女和解来完善家庭生活，以促进社会各阶层之间和谐相处。有一份报告描述了斯托克波特主日学校教师的角色：

> 教师几乎带着父母对子女的喜爱之情，参与到每一个计划中来，这些计划使他们快乐地促进儿童幸福。如果有其他教师或学生正承受着疾病的折磨，教师可通过祈祷和寻求帮助来消除一切疑虑，减轻一切痛苦。如此一来，教师和学生之间的关系更加和谐、友爱，这种关系往往会延续一生。①

在雷克斯初创主日学校的日子里，教师主要来源于当地有知识的妇女和神职人员。但由于在后期缺乏详细的记录，因此难以说明主日学校教师的社会背景，学校的印刷品和手稿也很少记录教师的详细信息，他们的姓名或住址也没有公布。即便是这样，我们还是可以通过 19 世纪初有关教师的一些记录来推测 19 世纪末的情况。主日学校的一部分教师很可能来源于学校中毕业的学生。有人指出在 1810 年时，有

---

① Malcolm McKinnon Dick,"English Conservatives and Schools for the Poor c. 1780-1833:A Study of the Sunday School,School of Industry and the Philanthropic Society's School for Vagrant and Criminal Children"(PhD diss. ,University of Leicester,1979:124).

60％的教师是学校中毕业的学生。[①] 主日学校 1873 年开始创办，即使学生是 5 岁才入学，那么到 18 世纪 90 年代时，也到了可以当教师的年纪。来源于学生的教师更懂得主日学校的文化，管理者认为这些教师会更有利于主日学校精神的传播。

当主日学校在 1783 年到 18 世纪末的英格兰迅速发展时，其主要由精英阶层如神职人员、贵族成员或投资者来控制。教师在学校中并无管理权，他们实际上是学校委员会雇佣的人。这可以从主日学校发展中的很多小册子、指南、布道和规章中发现。如 1784 年成立的伯明翰主日学校，其管理者就是从捐助者中选出的，管理者负责根据捐款的数量来确定招生的名额，他们的任务还包括调整上课时间，通过提供适当的书籍来控制课程，以及对表现良好的学生进行奖励。[②] 另一个例子是 1800 年在威尔特郡恩福德的一所主日学校，神职人员负责课程和学校业务的管理，学校有一条规定写道："凡是教给孩子们的书，除非事先得到教区牧师的批准，否则都不能教给孩子们。"[③] 在卫理公会主日学校，每月都会举行教师会议以规范学校的内部事务，并开除那些"不道德、玩忽职守或行为不当"的教师。

到 19 世纪，教师在学校管理中的角色才有了一些转变，如在伦敦的一所主日学校，教师被允许使用自己所喜欢的方式进行教学。但在 18 世纪末期，教师并没有这么大的自主权。1813 年后，伦敦的卫理公

① See Malcolm McKinnon Dick, "English Conservatives and Schools for the Poor c. 1780-1833: A Study of the Sunday School, School of Industry and the Philanthropic Society's School for Vagrant and Criminal Children" (PhD diss., University of Leicester, 1979: 119).

② See Malcolm McKinnon Dick, "English Conservatives and Schools for the Poor c. 1780-1833: A Study of the Sunday School, School of Industry and the Philanthropic Society's School for Vagrant and Criminal Children" (PhD diss., University of Leicester, 1979: 113).

③ Malcolm McKinnon Dick, "English Conservatives and Schools for the Poor c. 1780-1833: A Study of the Sunday School, School of Industry and the Philanthropic Society's School for Vagrant and Criminal Children" (PhD diss., University of Leicester, 1979: 113).

会主日学校协会才允许教师在学校管理中发言。[①] 教师管理权的获得可能是由于教师自身角色的变化。大约在 1800 年，教师们不再单纯地为获得报酬而教学，而是成为发展主日学校的志愿者，因此管理人员必须增加教师对学校的认同感。此外，主日学校教师工会的成立也是教师话语权增加的原因之一。

2. 教师的能力要求

主日学校的管理者更重视教师的宗教品质而不是学术能力。在主日学校工会的一次季度会议上，一名发言人说道："教师应该拥有虔诚、热情、天赋，并且经常参与学校事务的管理。"全国协会秘书、牧师约瑟夫·威格拉姆（Joseph Wigram）认为，主日学校的校长应该更多地关注教师的"宗教品格"，而不是他们的智力。卫理公会的瓦伦丁·沃德（Valentine Ward）认为，教师最重要的品质是"对上帝的敬畏和爱"。J. S. 布罗德（J. S. Broad）建议，教师应该拥有"个人虔诚的品质，这是他们履行职责时不可缺少的资格"。公埋会牧师 J. A. 詹姆斯（J. A. James）详细地描述了主日学校中教师应具有的素质：他们要笃信宗教，举止端庄稳重，了解人类行为，有能力与孩子们交流，控制好自己的脾气。此外，还应意识到社会差异的重要性，这样他们就可以向孩子们灌输适当的社会准则。[②]

在教师的个人素质中，守时和按时上课是主日学校教师的关键品质。J. A. 詹姆斯就曾说道："在整个教育制度中，几乎没有比教师不守

① See Malcolm McKinnon Dick, "English Conservatives and Schools for the Poor c. 1780-1833: A Study of the Sunday School, School of Industry and the Philanthropic Society's School for Vagrant and Criminal Children" (PhD diss., University of Leicester, 1979: 113).

② See Malcolm McKinnon Dick, "English Conservatives and Schools for the Poor c. 1780-1833: A Study of the Sunday School, School of Industry and the Philanthropic Society's School for Vagrant and Criminal Children" (PhD diss., University of Leicester, 1979: 125-126).

时更严重的弊病了。这是一种侵蚀制度核心的邪恶，它将打乱学校的秩序，破坏学校的严肃性。孩子们会模仿教师的不规矩，会养成同样的不守时的习惯。”① 对于不守时的教师，很多主日学校会给予一定的惩罚，如罚款或者减少课时量。

本章小结

19 世纪之前的幼儿慈善机构形式多样，私人慈善行为为英国幼儿教育的发展做出了一定的贡献，尤其是在贫民幼儿教育方面。数据显示，在 1795 年有 30 000 名幼儿在各类慈善机构中接受教育。② 慈善家通过努力，从个人理念出发为幼儿的生存权、发展权和教育权做出了努力，社会机构开始弥补家庭的不足。

现代幼儿教育机构具有双重任务：一是对幼儿实施保育和教育，二是为家长工作、学习提供便利条件。19 世纪之前英国贫民幼儿的死亡率惊人，幼儿慈善机构的主要任务是致力于保护社会最底层幼儿的生命而非教育，这些贫困的幼儿要么没有家庭，要么父母没有工作，不存在家长为了工作而将幼儿送进慈善机构的情况。因此，19 世纪前英国的慈善机构距离现代幼儿教育机构还有一段距离。

虽然没有成立专门的幼儿慈善教育机构，但大多数机构开展了教育活动，可见幼儿阶段需要接受教育是上层社会的共识。由于没有系统的体系和专业的教师，这些机构的教学质量非常差，它们在效率方

---

① Malcolm McKinnon Dick,“English Conservatives and Schools for the Poor c. 1780-1833:A Study of the Sunday School,School of Industry and the Philanthropic Society's School for Vagrant and Criminal Children”(PhD diss. ,University of Leicester,1979:129).

② See Benjamin K. Gray,*A History of English Philanthropy*(London:P. S. King & Son,1905),p. 116.

面与全国各地分布数量较多的妇媪学校并无区别①，但它们为社会机构如何改善幼儿的生活状况提供了一种思路和可能。在 19 世纪之前，英国幼儿教育面临着两个问题：一是缺少足够数量的学校，二是没有形成一个可以被大众理解和支持的学校模式。在接下来的一个世纪，英国各界为解决这两个问题付出了艰辛的努力。

① Rowland Hamilton,"Popular Education in England and Wales before and after the Elementary Education Act of 1870," *Journal of the Statistical Society of London* 46, no. 2 (1883):284.

第二章　新拉纳克幼儿学校的实验（1800—1823）

罗伯特·欧文在1800年开始管理新拉纳克一家大型纱厂时就开始了一系列的社会改造活动。除了拥有企业家的身份之外，欧文还是一个乌托邦式的思想家、社会理论家和教育实践者。他在1816年1月2日创办的幼儿学校被公认为英国最早的幼儿教育机构，比福禄贝尔建立的幼儿园还要早21年。他以历史环境为出发点，试图建立更好的社会秩序，臆想在地球上有一个更加完美的地方，这个地方没有阻碍人们得到幸福的一切障碍，即一个“新道德世界”。这个“新道德世界”的计划需要建立在人的性格养成的基础上，幼儿学校正是他性格养成说的一种实践，是作为“性格养成学院”（The Institute for Formation of Character）中的“准备学校”成立的，由招收1—3岁幼儿的“第一预备学校”和招收3—6岁幼儿的“第二预备学校”构成。[①] 新拉纳克的实验只维持了短短8年。在这8年中，欧文为人类幼儿教育史留下了丰富的财富，他开创了幼儿教育新局面，直接促进了幼儿学校在英国的推广。他的思想还传播到欧洲、美洲大陆，甚至到达了大洋洲的新西兰和非洲部分地区，他的一些追随者还在英国本土建立了类似的幼儿机构。

---

① 参见日本世界教育史研究会编《世界幼儿教育史》（上册），刘翠荣等译，吉林人民出版社，1986，第81页。

第一节 新拉纳克幼儿学校创办的背景

欧文，一个富有的棉纺厂老板，为什么要为孩子们开办一所学校？他认为提供一个托儿所就能说服更多的妇女成为工人吗？他认为孩子们在学校里是安全的吗？他是希望保护儿童在工厂里的安全，还是只想通过办学校赢得一个慈善家的称谓？这些问题的答案永远无法完全解释欧文开办幼儿学校的理由。欧文幼儿学校是他人生哲学的体现，而一个人的哲学理念离不开其所处的时代。黑格尔（Hegel）说过："妄想一种哲学可以超出它那个时代，这与妄想个人可以跳出他的时代，跳出罗陀斯岛，是同样愚蠢的。"① 所以，要了解欧文的动机，就必须考察他所在时代的背景及其思想。

一、工人阶级生活悲惨

19 世纪初随着工业革命的开展，英国社会在经济、人口数量等多方面发生了巨变。英国经济在 1783—1802 年随着投资增长越过临界点而"起飞"。② 英国在享受工业革命带来的生产力发展和财富增长的同时，不得不面对一些负面问题，如社会发展缺乏计划性，城市人口急剧扩张，很多小规模的企业和家庭式的作坊受到冲击，下层社会和贫困家庭的生存遭到威胁。新的劳动分工使农民迁往城市去寻找工作，而工作似乎故意躲开他们；在城市居住的人们丧失了传统副业。劳动者在大型工厂工作往往会受到工头严格的监管，不再有一点行动自由，固定的劳动时间对劳动者来说是一个严峻的考验。他们必须改变生活

---

① 黑格尔：《法哲学原理》，张企泰、范扬译，商务印书馆，2016，第 12 页。

② 参见费尔南·布罗代尔《十五至十八世纪的物质文明、经济和资本主义》，顾良、施康强译，商务印书馆，2017，第 679 页。

习惯，改变视野，以至于对从前的日子恍如隔世般感到陌生。他们吃的饭又少又糟糕[①]，居住的地方变得拥挤、潮湿，卫生状况恶劣，男女老少挤在污秽不堪的住房里，有些地窖同时住着十几个人。[②] 企业家对劳动者毫无限制的剥削导致他们频频发起暴动和罢工，1819 年的“彼得卢之战”使这种暴动和罢工达到了顶点。

欧文于 18 世纪 80 年代末移居到曼彻斯特，当时曼彻斯特和英国北部的很多城市一样，在工业革命的影响下发生了巨大的变化。詹姆斯·瓦特（James Watt）的蒸汽机和那些与棉花工业有关的机器，特别是理查德·阿克赖特（Richard Arkwright）发明的水利纺纱机，使社会生产从零散的家庭作坊转向大规模的工厂，很多人失去个人生产资料靠出卖劳动力为生。城市人口激增，曼彻斯特的人口从欧文出生时的 25 000 人增加到 50 年后的近 25 万人，增长了近 10 倍。[③] 在 19 世纪初期，工人生活水平很低，很多人要依靠政府的救济。1807 年，英格兰和威尔士地区的 8 370 000 人中有 1 234 000 人接受政府的救济。[④]

欧文在《新社会观》中对当时工人阶级的状况描述道，最近，根据人口条例的统计，大不列颠和爱尔兰的贫穷工人阶级人数超过了 1500 万人，几乎占了英国各岛人口的四分之三。现在，这些人得不到正确的指导或指示，而且面对严重的道德败坏和悲惨度日的情形，一般就放任自己。这样，在帝国内，他们就被认为是最坏而且是最危险

---

① 参见费尔南·布罗代尔《十五至十八世纪的物质文明、经济和资本主义》，顾良、施康强译，商务印书馆，2017，第 753 页。

② 参见费尔南·布罗代尔《十五至十八世纪的物质文明、经济和资本主义》，顾良、施康强译，商务印书馆，2017，第 714 页。

③ See Peter Gordon, “Robert Owen,” *The Quarterly Review of Education*, 24, no. (1/2)(1994):279.

④ See Rowland Hamilton, “Popular Education in England and Wales before and after the Elementary Education Act of 1870,” *Journal of the Statistical Society of London* 46, no. 2(1883):287.

的人物。此外，社会上相当多的一部分人所受的教育，是建立在关于人性的最错误的各种原理之上的。[①] 以上描述表达了欧文期望改造贫困阶级的性格，建立新的社会秩序的观点。

二、童工现象十分严重

工业革命之前，人们一般认为 6 岁以前的幼儿应当在家由母亲照顾和教育，而工业革命出现后，这种情况不复存在。大量的妇女走进工厂，家中子女无人照顾，他们要么沦落街头，要么走进工厂。有研究表明，幼儿死亡率随着农村工业的萌芽和发展而不断上升。[②] 工业革命期间，资本家为了获得更多利润，雇佣廉价的童工成了一种普遍现象。如 1789 年阿科莱特（Arkwright）开办的 3 个纱厂中有约 66.67%的员工都是童工。[③] 当时英国最主要的产业是纺织业，棉纺厂需要大量劳动力，但英格兰北部人口分散，无法提供足够的劳动力。地区为了减轻日益加重的济贫负担，把一批又一批的儿童从济贫院送到北方的工厂。童工的薪水比成人少很多，生活条件很差且劳动时间长，工作时间通常是从早晨 5 点到晚上 8 点，早餐和晚餐有半个小时的时间。[④] 1813—1814 年，在 213 000 名织工中 14 岁以下的童工有 130 000 人[⑤]，6 岁的

---

① 参见日本世界教育史研究会编《世界幼儿教育史》（上册），刘翠荣等译，吉林人民出版社，1986，第 81 页。

② See Steve King, "Dying with Style: Infant Death and Its Context in a Rural Industrial Township 1650-1830," *The Society for the Social History of Medicine* 10, no. 1(1997): 7.

③ 参见霍力岩等《美、英、日、印四国学前教育体制的比较研究》（上册），北京师范大学出版社，2013，第 201 页。

④ See Peter Gordon, "Robert Owen," *The Quarterly Review of Education*, 24, no. (1/2)(1994): 279.

⑤ 参见费尔南·布罗代尔《十五至十八世纪的物质文明、经济和资本主义》，顾良、施康强译，商务印书馆，2017，第 714 页。

儿童每天工作 14 个小时。欧文曾揭发工厂主对儿童的不人道性：

> 不可想象如此年幼（6—8 岁）的孩子们，只有在吃饭的时间休息一会儿，从早晨 6 点到晚上 7 点，连续在工厂内站着干活，然后又去接受教育，这样会有很大的长进吗？确实是不会有长进的，这使得他们的大多数成了身心发育不良的孩子，还有的成了残疾人。由于极端厌烦白天的劳动和夜间的教育，所以多数的孩子不断逃亡，而且几乎所有孩子都焦躁地、不耐烦地盼望着到 13—15 岁时结束学徒期。[①]

欧文曾写过两封信，试图阻止社会上对童工的剥削。第一封是写给利物浦伯爵的，第二封是写给主要制造商的，但收效甚微。[②] 童工恶劣的生活条件使英国相继颁布了一些法案，这些法案中的部分条例涉及儿童的利益，如他们的工作时长、工作条件、受教育的权利等。工作时间的缩短让儿童有了闲暇的时间接受教育，这间接地促进了幼儿学校的发展。

19 世纪初英国工厂里大量的学徒吃不好，住宿环境差，工作时间长，还常常要在夜间工作，没有时间接受智力和道德训练，因此一些人士提议要改善这种状况。在罗伯特·皮尔（Robert Peel）爵士的主持下，英国在 1802 年颁布了历史上第一个有关工厂的法案《学徒健康与道德法案》，尽管遭到磨坊主的反对，但该法案最终还是被通过，拉开了现代工业国家管理制度法治化的序幕。同时作为后来 1870 年《福斯特法案》的先驱，它也开创了政府法律干涉初等教育的先河。该法

---

① 日本世界教育史研究会编《世界幼儿教育史》（上册），刘翠荣等译，吉林人民出版社，1986，第 77 页。

② See Elizabeth Bradburn, "Britain's First Nursery-Infant School," *The Elementary School Journal* 67, no. 2(1966): 58.

案规定学徒每日工作时间不得超过 12 个小时，禁止夜间工作。在工作日的时候，还应该接受 3R（阅读、书写、算术）教育，并在周日接受 1 个小时的宗教教育。[①] 由于该法案的适用范围仅限于政府当局从济贫院中派来的学徒，对由父母送进来的儿童没有约束力，且法案并不强制执行，因此它的执行效果不佳。1814 年磨坊中学徒制的废除，使得该法案失去效用。

19 世纪初，一个特别委员会对英国工厂中雇佣儿童的状况进行了调查，他们的调查报告揭示了童工恶劣、苛刻的工作条件。一些儿童每天工作 14—15 个小时，每周工作时长超过 100 个小时，吃饭和睡觉的时间严重不足，还经常受到惩罚。[②] 1815 年，考虑到当时工厂中儿童的悲惨状况，皮尔爵士提出一个新的法案，这个法案涉及工厂的所有儿童，但提议还是受到很多人反对，该法案在 1818 年下议院通过时被大幅消减。所以 1819 年颁布的《工厂法》只是皮尔最初提议的一个影子。《工厂法》只适用于棉纺厂的儿童，禁止这些工厂雇佣 9 岁以下的儿童，9—13 岁的儿童每天工作时间不得超过 12 个小时。该法案与 1802 年的法案一样，执行力很弱，雇主和父母的反对导致了法案失效。[③] 1819 年议会通过《棉纺工厂法案》（*Cotton Mills and Factories Act*），该法案规定不得雇佣 9 岁以下的儿童，有人认为这才是真正意义上的工厂法。直到 1833 年《工厂法》的颁布，童工的生活才稍稍改善。

虽然不能解决社会上童工的问题，但在自己的工厂中，欧文还是可以有所作为的。他在继承了岳父的工作之后，马上在工厂里停止雇

---

① See Howard C. Barnard, *A Short History of English Education from 1760-1944* (London: University of London Press, Ltd., 1947), p. 75.

② See Howard C. Barnard, *A Short History of English Education from 1760-1944* (London: University of London Press, Ltd., 1947), p. 77.

③ See Howard C. Barnard, *A Short History of English Education from 1760-1944* (London: University of London Press, Ltd., 1947), p. 77.

佣未满 10 岁（后来提高到 12 岁）的儿童，并关照他们的健康和教育。从 1815 年开始，他还在自己的工厂中制定了禁止和限制儿童劳动的条例。童工的问题反映了英国当时的生产状况及人们的儿童观，也可以看出不同党派、教派、阶级之间的分歧，他们之间的博弈一直影响着 19 世纪幼儿学校的发展。

三、贫困幼儿入学率很低

19 世纪初英国贫困家庭的幼儿很难享受到学校教育。由于缺乏足够的学校，接受教育的儿童数量很少。有人统计，在 1820 年英格兰和威尔士地区接受教育的儿童数量仅是总人口的 10%。据布劳汉姆（Brougham）统计，1821 年英格兰和威尔士地区有 12 000 000 人，接受教育的儿童只有 660 000 人，不到总人口的 6%。[①] 已建成的学校分布也不均匀，住在英格兰东南部的父母比住在北部和西部农村地区的父母有更好的机会让子女接受基础教育。即使在学校较多的地区，很多贫穷的父母也无法让他们的子女去上学。由于父母的工资很低，加上法国革命的战争导致食品和服装的价格飞涨，本应该在学校里的幼儿到了五六岁就被送到矿山和工厂，他们不得不在恶劣的环境下长时间工作以补充家庭收入。只有一小部分学龄儿童，接受过有组织的教育。[②] 1818 年的一次调查发现，城市的情况要比农村好些，但也仅有 25%的儿童接受过教育，而且是程度有限的教育。[③] 在伦敦等大城市，

---

① See Rowland Hamilton, "Popular Education in England and Wales before and after the Elementary Education Act of 1870," *Journal of the Statistical Society of London* 46, no. 2(1883):291.

② See S. J. Curtis and Myrtle E. A. Boultwood, *An Introductory History of English Education since 1800* (London: University Tutorial Press Ltd., 1960), p. 1.

③ 参见克莱顿・罗伯茨、戴维・罗伯茨、道格拉斯・R. 比松《英国史》（下册），潘兴明等译，商务印书馆，2013，第 91 页。

父母可以把孩子送到私立的慈善学校。这类学校是由当地善良的地主捐钱修建的，儿童可以免费入学，或者每周交几便士的学费。据估计，大约有 1000 所这样的学校存在。[①]

大龄儿童尚且如此，幼儿更不用说，英国当时并没有大规模为幼儿开办的教育机构。专门为幼儿开办的教育机构主要是家庭性质的妇媪学校，这类机构最早可以追溯到 16 世纪。它们是由妇女，往往是年纪较大的寡妇在家中开办。妇媪们没有稳定的收入，生活水平比较低，幼儿的学费是她们的生活来源。她们并没有接受过良好的教育，因此她们常常和幼儿一样无知，她们往往一边干着家务一边进行“教育”。从严格意义上说，她们的行为不能被称为教育，更多的是看管。低效、恶劣的环境往往是妇媪学校的标签，但也有极少数的妇媪学校可以提供健全的训练。贫困家庭中的父母和较大的儿童因为要去工作，家中较小的幼儿便无人看管，家长就会将他们送到这类机构当中。

贫困幼儿的低入学率与英国中上层社会的教育观有关。他们反对对穷人进行任何形式的教育，认为工人阶级掌握阅读能力后会使他们的思想发生改变，导致思想与地位的不匹配。即使部分人认识到对贫困阶层进行教育是有益的，但由于受到自由放任思想的影响，英国政府也一直将教育排除在国家之外。[②] 其中，赫伯特·斯宾塞（Herbert Spencer）[③] 是国家集体领导教育最顽固的反对者。他认为在本质上教育只是个人的事情，政府的任何插手控制教育的企图只会有害无益。[④]

---

① See S. J. Curtis and Myrtle E. A. Boultwood, *An Introductory History of English Education since 1800* (London: University Tutorial Press Ltd., 1960), p. 2.

② 参见博伊德、金《西方教育史》，任宝祥、吴元训译，人民教育出版社，1985，第 303 页。

③ 19 世纪下半期英国著名的唯心主义哲学家、社会学家和教育学家，被认为是“社会达尔文主义之父”。

④ 参见博伊德、金《西方教育史》，任宝祥、吴元训译，人民教育出版社，1985，第 366 页。

在这种思想下，英国政府并没有采取有效措施解决贫困幼儿入学率低的问题，而是把贫困阶层的教育交给一些宗教组织管理，如 1811 年成立的英格兰国教协会（Church of England's National Society）和 1814 年成立的英国及海外学校协会（British and Foreign School Society）。1807 年，萨缪尔·惠特布雷德（Sumel Whitbread）提出了一个激进的计划，旨在为 7—14 岁贫困儿童提供免费的基础教育，而不仅局限于工厂中的儿童，孤儿和被遗弃的儿童及全部或部分由教区供养的儿童也享有同样的权利。他还设计了一套课程，希望男孩们学习阅读、写作和算术，女孩们学习普通的针线活、编织等，但这个提议被上议院否决。① 1815 年惠特布雷德去世后，他在国会中负责的大众教育事业由布劳汉姆接管。1816 年布劳汉姆负责对下层社会的教育状况进行调查，结果显示学校设施严重不足，学生上课也不规律。

第二节 新拉纳克幼儿学校的实验

历史事实表明："当一种观念——宗教的或者科学的，处于未定之时，它只会单独地、几乎同时地在一些有灵感的人们的思想里酝酿而成。即使在极其异常的情况下，这些启示性的思想也只能被个别人注意，成千上万的人对此是反应迟钝的。"② 在 19 世纪初，世界上没有出现较成熟的幼儿教育机构，欧文显然是那个反应迅速的个别人。1816 年，欧文为实现改造世界、塑造新人的目的，在自己的工厂中创办了性格养成学院，幼儿学校便是其中的组成部分。从创办到关闭，新拉

---

① See Rowland Hamilton,"Popular Education in England and Wales before and after the Elementary Education Act of 1870,"*Journal of the Statistical Society of London* 46,no. 2(1883):288.

② 阿诺德·汤因比：《历史研究》（上卷），郭小凌等译，上海人民出版社，2010，第 213 页。

纳克幼儿学校一共存在了 8 年。在这 8 年中欧文以创造新制度为目的，根据环境塑造性格的理论，开展了今天看来都比较先进的教育实践。在新拉纳克他一改传统的幼儿教育方式，为工厂中贫困阶层的幼儿提供了一种新的模式，幼儿学校更像是一个游乐场而非正式教育的场所。这种模式引发了社会的极大关注。

一、幼儿学校的创办宗旨

欧文在新拉纳克创立的性格养成学院是他理想中国民教育制度的一个实验学校或先导试行学校。幼儿学校作为性格养成学院的“准备学校”，旨在为能够从独自走路到 6 岁的幼儿打下合理的性格基础。他认为学校应该培养学生正确的习惯，并为学生提供一个更好的成长环境。他希望在学校中学生的性格能得到发展，与他人和谐相处的能力能得到培养。① 这样的学校即欧文所创办的性格养成学院，其最终目的是塑造世界上所有国民的良好性格。他在“对新拉纳克居民的演讲”中就性格养成学院的创立目的，发表了以下观点：第一个目的，是对这个村子全体居民的直接安慰和利益；第二个目的，是关于附近人们的福利和利益；第三个目的，是涉及整个不列颠帝国的广泛改良；第四个目的，是关于逐渐地塑造世界上所有国民的良好性格。② 以上四个目的，体现了一种由近及远，从身边逐渐推广到世界，从层次上由基础福利走向最终社会改良的关系。

事实上，欧文创办幼儿学校的想法并不是偶然产生的。在 1814 年前新拉纳克就有了一些学校的建筑。1799 年欧文接手新纳拉克工厂时，

---

① See Elizabeth Bradburn, “Britain's First Nursery-Infant School,” *The Elementary School Journal* 67, no. 2(1966): 58.

② 参见欧文《欧文选集》（第一卷），柯象峰、何光来、秦显果译，商务印书馆，2014，第 103 页。

他的岳父戴尔（Dell）就为他的教育实验打下了一定的基础，戴尔注意工厂里贫困儿童的身体状况，并为儿童提供了某种形式的教育。[①] 戴尔的工厂里有500名6—16岁的儿童，他们住在6个宿舍里，衣食无忧，从早上6点工作到晚上7点，晚饭后还要去上课。戴尔还为不能工作的幼儿提供了两所类似于婴幼儿和托儿所的学校，学校共有16名教师，其中包括1名写作教师、1名音乐教师和1名缝纫教师，不过教师的水平并不高。[②] 对此，欧文对他岳父的做法提出了一些批评，一是认为孩子们每天在工厂工作的时间太长，没有充足的学习时间；二是入学年龄太小。因此在19世纪的第一个10年中，欧文就一直在思考如何实现新社会秩序的目标。19世纪初，欧文通过为5—10岁儿童开设免费学校从而改变了新拉纳克地区的面貌，这次实验的成功让人们武断地认为所有的社会弊病都会很容易被清除。[③] 欧文在《新社会观》这一文章中概述了他对改革的建议，并在随笔中阐述了人的性格形成的原则，以及如何将这一原则应用于实践。在1813年发表的第一篇论文中，欧文指出："要从少年期就训练孩子们形成各种好的习惯。"他在自传中说道："1809年，我为了形成青少年新的性格，开始创立幼儿学校和其他学校的基础。可是在1816年1月1日，有一些其他事情，阻碍了我把计划付诸实施。"1813年欧文公开发表的第三篇论文中，出现了"新学园"的名称，该论文描述了这个学园建立在工厂中央，里面有一个带围墙的"游戏场"（playground），那个游戏场接收已会走路的孩子。[④]

---

① See Peter Gordon, "Robert Owen," *The Quarterly Review of Education* 24, no. (1/2)(1994): 281.

② See Peter Gordon, "Robert Owen," *The Quarterly Review of Education* 24, no. (1/2)(1994): 285.

③ 参见博伊德、金《西方教育史》，任宝祥、吴元训译，人民教育出版社，1985，第364页。

④ 参见日本世界教育史研究会编《世界幼儿教育史》（上册），刘翠荣等译，吉林人民出版社，1986，第80页。

这表明性格养成学院的基础是在 1809 年前后逐渐形成的，游戏场是性格养成学院的预备学校，而实际上成了幼儿学校的基础。

二、幼儿学校的理论基础

欧文的幼儿学校是建立在他期望建立“新社会秩序”的理想和“环境塑造性格说”基础上的。学校的教育理论是其乌托邦思想的具体体现，与当时的历史背景分不开。现实社会中的不公正、贫困等现象正是乌托邦式思想家对未来投影的出发点。

（一）树立新社会秩序的理想

欧文是一个想要改革社会的革命家，他认为私有制不利于良好性格的形成，甚至导致贫困，让人们相互仇视。他一生的热情在于创建一个合理的社区，在这个社区中，除了纯粹个人日常用品以外，所有的东西都实行公有制。① 社区中人与人之间的生活原则是相互帮助，而不是利己主义。欧文为了实现这种理想的模式，投入了大量的精力和财力。同时他还认为人类的灾难源于三种谬见：一是认为人的性格是自己形成的，二是认为人能够随心所欲地相信什么或者不相信什么，三是认为人能够随心所欲地对任何人和事物表示爱憎、爱好、不关心或嫌恶。② 要想改善社会就要消除这些谬见。虽然欧文是一个理想主义者，但他也是一个足够现实的人，他认识到没有新人就没有新社会。由于对权力创造新人的力量缺乏信心，他转向理性主义、无神论和外铄论来帮助他改变人性。

基于对现实的考察，欧文设想了理想的社会图景：那里（理想社

---

① 参见欧文《欧文选集》（第二卷），柯象峰、何光来、秦显果译，商务印书馆，2014，第 12—13 页。

② 参见欧文《欧文选集》（第二卷），柯象峰、何光来、秦显果译，商务印书馆，2014，第 16 页。

会）有防止任何有害的情欲、贫困、犯罪或悲惨的手段，用以往最好的经验得出的智慧教育每个人，使他们身心的各种力量受到指导，其结果就是形成一个没有恶习和错误感情的社会，老人受到关怀和尊敬，无秩序或者任何不愉快的感情不会产生。① 这种社会是可以保障工厂所雇佣的人们得到实质性的安乐，经营者得到金钱利益的社会，是为了百万人的人道主义的社会，带有社会主义色彩的社会，欧文把这种社会制度称为“合理的社会制度”。欧文认为在当时的社会下，要实现理想的社会制度，就要对幼儿进行性格塑造，但是这种教育并不能仅交给工厂主和家长，而是需要建立一套全体贫困劳动阶级的“最好的国民教育制度”体系，所以他赞扬兰卡斯特在这方面做的努力。他认为拥有最好的国家教育制度的国家将是管理得最好的国家。为了实现这一目标，欧文还向议会提出了一些富有远见和全面的建议。其中包括设立一个由有能力的人组成的教育部，建立教师培训学院，在比较各种实践的基础上对教学方式进行总体规划，由各州选派合适的导师。此外，还必须提供关于每个地区实际工人人数、工人的职业和失业程度的准确资料。②

欧文将他的理想在新拉纳克这片土地上付诸实践，在他 27 岁掌管新拉纳克工厂时采取了一系列措施，如改善供应工人消费品工作，建立学校，缩短工人劳动时间等。③ 弗朗西斯·普雷斯（Francis Place）在 1814 年访问新拉纳克时说道：“我发现欧文是一个有礼貌、有良好头脑的人，他性格沉稳，热心于促进人类的幸福。他对我说，他有办法、

---

① 参见日本世界教育史研究会编《世界幼儿教育史》（上册），刘翠荣等译，吉林人民出版社，1986，第 78 页。

② See Peter Gordon, "Robert Owen," *The Quarterly Review of Education* 24, no.(1/2)(1994):283.

③ 参见欧文《欧文选集》（第一卷），柯象峰、何光来、秦显果译，商务印书馆，2014，第 281 页。

决心使全体人民的态度和习惯发生巨大变化。他不仅发现我们所有的制度都与人民的财富和幸福背道而驰，还发现了纠正所有错误的正确方法。他的计划很简单，容易被采纳，而且显得很有效。”① 欧文亲眼看见了机器给社会带来的变革，他也相信新社会会很快到来。

（二）环境塑造性格

欧文建立新道德世界的计划是建立在人类本性“可塑观”上的。他认为人的心智是健全还是堕落，完全由环境决定。他坚持认为性格是“外力‘为他’创造的，而不是‘由他’自己创造的”②。他在《论性格形成》一文中指出，人类性格是由人原始的或者初期的天性与环境互相影响而形成。在欧文看来，有控制的环境是完善人类人格最有效的环境。他关键的信仰在于性格发展完全是可塑的，并且任何一个控制环境的人都能够创造出期望的人类性格。在欧文看来，个人并不需要为其行为负责，因为个人无法控制自己的出生或者是早期的童年经验。然而，人类并非只能听天由命。如果给予良好的环境，人类能够被塑造成优秀的、善良的、愿与他人分享的人。性格塑造应尽早地开始，甚至幼儿期就可以。欧文指出：“我们已经发现刚出生的人完全由创造他的力量塑造着，他日后的性格由他周围的环境决定，作为在他出生时或被创造出来的天性上。”③ 他对于天性的观点与卢梭一致，反对人类带有堕落品质的本性观，他认为人类是一个“快乐的混合体，包含了纯粹的完美的萌芽，他们只为他们必要的发展要求一个和善的

---

① Margaret Cole, *Robert Owen of New Lanark* (London: Batchworth Press, 1853), p. 73.

② 欧文：《欧文选集》（第二卷），柯象峰、何光来、秦显果译，商务印书馆，2014，第 96 页。

③ 吉拉尔德·古特克：《教育学的历史与哲学基础——传记式介绍》，缪莹译，湖南教育出版社，2008，第 331 页。

土壤和仔细的培养"①。邪恶不是来自本性，而是来自无知。欧文相信教育和环境能够彻底改变人类和社会的本质，因此他迫切希望年轻人和老年人、富人和穷人都能享有受教育的特权。他坚持认为，成为良好公民的唯一途径是接受教育。从以上的论述可以看出，欧文不仅相信环境是性格的主要决定因素，而且以教育形式进行的训练同样重要。欧文还认为，每个社会成员不仅是其所接受的训练和环境的产物，也是社会集体和社会环境的产物，每个社会成员在社会中长大成人，整个社会是可以激发所有社会成员道德信仰的基础。②

（三）欧文的思想溯源

欧文的思想像是多个思想家的混合体。关于人受自然奖惩的思想显然来自卢梭。欧文指出："政府的目的是使统治者和被统治者感到幸福，好的政府是在实践中可以为大多数人带来最大幸福的。"③ 这一论述表现了边沁功利主义的思想。欧文的性格养成说也并非完全自创，威廉·戈德温（William Godwin）④ 认为人的性格是智力和道德环境的结果，可以通过训练加以改善。政治激进分子大卫·威廉姆斯（David Williams）根据卢梭的主张，在 1774 年建立了一所学校，这显然也对欧文的思想产生了影响。此外，欧文还受到奥柏林、裴斯泰洛齐、兰卡斯特的影响。

追溯欧文哲学思想的渊源并非易事，欧文早年的经历及与一些思想者的交流较大程度上影响了他。欧文在青年时期就对基督教失去了

---

① 吉拉尔德·古特克：《教育学的历史与哲学基础——传记式介绍》，缪莹译，湖南教育出版社，2008，第 332 页。

② See Peter Gordon, "Robert Owen," *The Quarterly Review of Education* 24, no. (1/2)(1994): 284.

③ Margaret Cole, *Robert Owen of New Lanark* (London: Batchworth Press, 1853), p. 72.

④ 英国记者、政治家、小说家。

信仰，在研究了人类历史之后，他得出结论，人是自身周围自然和社会条件的必然结果。另外在曼彻斯特的8年间，欧文参加了文学与哲学学会的讨论，并主持了兰卡斯特关于“导生制基础教育体系”的会议，捐献了1000英镑。他还积极参加一些协会，成了曼彻斯特健康委员会的成员，该委员会由他的朋友托马斯·珀西瓦尔（Thomas Perceval）博士于1796年成立，致力于改善这个工业化城市中居民的健康和卫生条件。通过珀西瓦尔，欧文认识了启蒙运动时期的法国哲学家，如伏尔泰（Voltaire）、德尼·狄德罗（Denis Diderot）、孔多塞（Condorcet）和卢梭。他的“性格决定论”就主要来源于法国唯物主义者的理论，特别是爱尔维修（Helvetius）的机械唯物论和形而上学唯物论。[①] 而欧文与威廉·戈德温的相识坚定了他的理念，更重要的是他移居苏格兰，在那里他与爱丁堡和格拉斯哥大学的一些教授成了朋友。大卫·休谟（David Hume）、亚当·斯密（Adam Smith）和帕特里克·科尔昆（Patrick Colquhoun）[②] 都在这里发表了他们的著作。可以说，法国启蒙思想和苏格兰启蒙思想的融合，以及欧文本人在曼彻斯特的经历，构成了他教育理论的基础。

在性格养成学院成立两年后，欧文还曾经去过欧洲大陆见了一些重要的教育家。他去了瑞士，参观了三所著名的贫民学校，分别是奥柏林在弗里堡建立的天主教学校、裴斯泰洛齐在伊弗东建立的学校、德·费伦伯格（de Fellenberg）在霍弗依创办的学校。在参观期间，欧文认为裴斯泰洛齐的理论是好的，但他的手段和经验非常有限，他的原则是旧的制度。欧文对费伦伯格印象深刻，称他是一个不同寻常的人。欧文以民主的方式管理自己的机构，还让自己的儿子罗伯特·戴

---

① 参见徐小洲、赵卫平主编《外国教育思想通史》（第七卷），北京师范大学出版社，2017，第184页。

② 苏格兰商人、统计学家、地方法官，也是英格兰第一支定期预防警察部队泰晤士河警察局的创始人。

尔·欧文（Robert Dell Owen）和威廉姆·欧文（William Owen）跟随他学习。①

欧文的思想并不是一成不变的，彼得·戈登认为早年欧文是导生制的崇拜者，当他还不富裕的时候，为兰卡斯特的英国和海外学校协会捐赠了 1000 英镑，这是一笔相当多的钱。② 1812 年和 1813 年，他所写的前两篇文章中反映了幼儿要守秩序、学规律，并养成勤奋和专注的习惯，而不是进行阅读、写作和计算。但在 1814 年他的观点发生了转变，在第三和第四篇文章中，欧文认识到每个孩子都有不同的能力和品质，他的思想体系和意图不是试图使所有人都一样，教育是为了让每个人都变得善良、聪明和快乐。欧文并没有简单地把教育等同于上学，并强调家长在教育过程中所起的作用。母亲从孩子出生起，就是一个关键人物。③ 之后，他虽然依然赞扬兰卡斯特为穷人教育体系做出的贡献，但也对于这种教育方式提出了批评。欧文认为阅读和写作仅是传授知识的工具，如果不教孩子们正确使用它们的方法，它们就没有什么价值。教导的方式是一回事，教导本身又是另一回事，重要的是采用最好的教学方式，让孩子们能够理解他们周围的对象和字符。④ 如果导生制被应用在基础教育范围之外，以任何标准来看都是荒唐的。⑤

---

① See Peter Gordon, "Robert Owen," *The Quarterly Review of Education* 24, no. (1/2)(1994):287.

② See Margaret Cole, *Robert Owen of New Lanark* (London: Batchworth Press, 1853), p. 77.

③ See Peter Gordon, "Robert Owen," *The Quarterly Review of Education* 24, no. (1/2)(1994):282.

④ 参见欧文《欧文选集》（第一卷），柯象峰、何光来、秦显果译，商务印书馆，2014，第 84 页。

⑤ See Margaret Cole, *Robert Owen of New Lanark* (London: Batchworth Press, 1853), p. 77.

欧文是一个思想超前的人，当立法还停留在童工的生活问题时，他已经开始关注儿童的教育问题。他也是一个开明的人，虽然当时英国是一个阶级意识强烈的国家，阶级之间的流动不被鼓励，对“下层社会”进行教育的想法常常被人们嘲笑①，但他依然积极倡导对穷人进行教育。

三、幼儿学校的教学与管理

幼儿学校的实验内容是欧文哲学的一部分，他创造了一套完全不同于传统教育模式的新型幼儿教育模式。在这种模式中，幼儿在专门为他们创设的环境中学习，课程内容丰富，活动形式多样，这种模式渐渐成为现代幼儿教育的雏形。

（一）幼儿学校的环境布置

幼儿学校的建筑设计及环境布置是欧文教育理论的反映。伊丽莎白·布莱德伯恩在欧文幼儿学校成立 100 年的时候指出，欧文设想学校成为一个托儿所，幼儿可以免受恶劣天气的影响，这个想法在一个世纪后由玛格丽特·麦克米兰（Margaret McMillan）推广开来。欧文向新拉纳克的居民展示他的校舍时说：“在这个房间里，他们（幼儿）的主要任务是在恶劣的天气里玩耍和娱乐，在其他时候，他们将被允许在建筑前的封闭区域活动，尽量让幼儿在充满新鲜空气的户外玩耍。”②幼儿学校甚至有很多当今幼儿园所没有的便利设施。例如，欧文的托儿所设在一楼的房间里，周围是一个花园和一个大的铺砌区域，这个区域是为满足孩子们户外活动的需要而规划的。

---

① See Elizabeth Bradburn, “Britain's First Nursery-Infant School,” *The Elementary School Journal* 67, no. 2(1966): 58.

② Elizabeth Bradburn, “Britain's First Nursery-Infant School,” *The Elementary School Journal* 67, no. 2(1966): 59.

欧文的长子罗伯特·戴尔·欧文提供了更多有关学校的细节，他曾经在幼儿学校中接受了很长时间的教育。学校是一个两层的建筑，由灰色的石头建成。一楼有三个大房间，专门用于幼儿的教学。两个宽敞通风的房间分开，一个给 4 岁以下的孩子，一个给 4—6 岁的孩子。最后一个房间里挂着画，主要是动物画，还有几张地图，同时这个房间里有来自花园、田野和树林的自然物体。① 这里还安排上阅读课、自然科学课、历史课、地理课和其他课程。二楼有两个教室，供 7—14 岁的儿童使用，主教室有 90 英尺长，40 英尺宽和 20 英尺高，可以让学生根据课程的不同从一处跑到另一处。第二个教室略小一些，但是布置很丰富，教室的特别之处在于“墙壁上挂满了最震撼的动物学和矿物学上的物种，包括四足动物、鸟类、鱼类、爬虫类、昆虫类、贝壳类、矿物质等”。在教室的一端是一个管弦乐队的故事展览，另一端挂着东西半球图，上面的国家和海洋都用不同的颜色描绘出来。欧文认为音乐和舞蹈很重要，所以这个教室平时也用作演唱厅和舞厅。幼儿学校的设计还充分考虑了使用率，学校楼上有两个大的报告厅，晚上成年人还可以在那里上课，学生的父母可以得到指导。② 大约有 300 名学生在这所学校中接受教育，班级中并未将男女学生分开。

新拉纳克的幼儿学校运营费用不菲，欧文说道：“新拉纳克有两所造价很高的大厦，设备齐全，装饰完美，备有直观教学所需要的一切贵重仪器和图书，教学经费每年不下一千二百英镑。”③ 欧文作为英国当时最大的棉花厂主，有足够的经费来保障学校高标准的设施。1806

① See Peter Gordon, “Robert Owen,” *The Quarterly Review of Education* 24, no. (1/2)(1994): 285.

② 参见吉拉尔德·古特克《教育学的历史与哲学基础——传记式介绍》，缪莹译，湖南教育出版社，2008，第 335 页。

③ 欧文：《欧文选集》（第二卷），柯象峰、何光来、秦显果译，商务印书馆，2014，第 100 页。

年，他支付给工人的工资就有 7000 英镑，30 年的时间里他还给新拉纳克的合作者支付了高达 300 000 英镑的分红。①

从以上的介绍可以看出，欧文注重自然教育、直观教学及多样课程的理念，这反映出他注重智育的教育目的。虽然那时还没有对幼儿进行学习心理的研究，但欧文已经认为幼儿的学习方式与成人是有区别的，直观的实物教学更符合幼儿的认知特点。

（二）幼儿学校的生源与教师

1. 幼儿学校的生源

欧文坚持认为在良好的社会环境中，早期教育具有压倒一切的重要性②，所以学校招收很小的幼儿。欧文把 1—6 岁的幼儿分为两个阶段，分别是 1—3 岁（进入第一预备学校）和 3—6 岁（进入第二预备学校）。欧文在 1816 年提供了一份就学情况表（见表 2-1），其中展现了 6 岁以下学生的生源。

表 2-1　性格养成学院中的生源（1816 年）

年龄（岁）	女生人数	男生人数	总人数
3	35	25	60
4	27	19	46
5	29	30	59
6	27	21	48

资料来源：日本世界教育史研究会编《世界幼儿教育史》（上册），刘翠荣等译，吉林人民出版社，1986，第 81 页；Elizabeth Bradburn, "Britain's First Nursery-Infant School," *The Elementary School Journal* 67, no. 2(1966): 60.

① See J. F. C. Harrison, *Robert Owen and the Owenites in Britain and America* (London: Routledge, 2009), p. 128.

② See Margaret Cole, *Robert Owen of New Lanark* (London: Batchworth Press, 1853), p. 74.

欧文所提供的数据中并没有3岁以下的幼儿，据此可以推测，欧文虽然有招收低龄幼儿的设想，但在创办的前期，实践中并没有生源，欧文的幼儿学校实际上是以3—6岁的幼儿为中心的。欧文在自传中说道："开始父母们不理解我想让他们两岁的幼儿做什么，但是看到了产生的成果之后，他们就热切希望把他们的幼儿从1岁就送到学校来，并且问我能不能接收更小的幼儿。"① 在1816年之后，应该还是有3岁以下幼儿入学的，罗伯特·戴尔·欧文说道："在新拉纳克，儿童上学的年纪从18个月到12岁不等……幼儿课堂里有2岁到6岁的孩子。"② 学校并不对外招生，所有的幼儿都是本工厂中职工的子女。

学校对于6岁以下的幼儿是免费的，6—10岁的儿童只收取一点费用。日校的学生每人每月缴3便士，而欧文每年要为每个学生付出2英镑。欧文收钱的目的并不是维持学校的开支，而是认为能够阻止家长消极地将学校当作慈善机构。③ 因为在19世纪早期，人们认为慈善学校是为那些经济不独立的穷人孩子建立的。

2. 幼儿学校的教师

幼儿学校中的教学风格、教学内容与传统的学校有很大的区别，这令欧文难以找到受过恰当训练的教师。欧文反对宗教教育和古典教育，所以不想雇佣那些强调教义问答或是重视拉丁文和希腊文的教师。在传统的英国基础教育中，教师往往会用棍棒管理不守纪律的学生，但欧文反对体罚，他选择教师的标准主要是出于德行而非知识水平。在欧文所筹划的新村里，负责儿童教育工作的将是一些具有才智而又

---

① 日本世界教育史研究会编《世界幼儿教育史》（上册），刘翠荣等译，吉林人民出版社，1986，第82页。

② 吉拉尔德·古特克：《教育学的历史与哲学基础——传记式介绍》，缪莹译，湖南教育出版社，2008，第335页。

③ 参见欧文《欧文选集》（第二卷），柯象峰、何光来、秦显果译，商务印书馆，2014，第98页。

具有良好习惯的人。[①] 好脾气、耐心和对孩子强烈的爱是欧文考虑的首要因素。他想让孩子们在一个友爱而不是体罚占主导地位的环境中接受教育。此外，他甚至告诉他的老师，他希望孩子们既听不到愤怒的话语，也看不到威胁的表情。他说道："每个教师都应该毫无例外地在语气、表情、语言和行动上对所有的孩子更加友善，这样才能在教师和被教育者之间建立一种真正的感情和充分的信任关系。"[②]

在幼儿学校的第一批教师中，他发现符合他要求的有两个人：一个是詹姆斯·布坎南，一个当地的编制工，后来成了伦敦威斯敏斯特幼儿学校的校长；还有一个是莫里·杨（Molly Young），一个 17 岁的工厂工人。[③] 其中，年幼的学生由杨负责，大一些的学生由布坎南教育。[④] 欧文认为这两个人还没有被教坏，并且足够聪明，可以按照他的教学设计来教书。布坎南是一位很有天赋的教师，为了逗乐学生，他制订了自己的教学计划。他与学生一起在克莱德河岸吹笛子，然后再走回学校。他鼓励学生唱歌、跳舞和欣赏自然景物，学生还有一些拍手和数数的行为。布坎南不像欧文，他认为儿童应该有一些宗教知识。[⑤] 虽然布坎南有一些好的品质，但是欧文认为他读书太少，于是每天都去学校亲自指导布坎南，使他理解学校制度的真谛和对待儿童的

① 参见欧文《欧文选集》（第一卷），柯象峰、何光来、秦显果译，商务印书馆，2014，第 234 页。

② Elizabeth Bradburn,"Britain's First Nursery-Infant School,"*The Elementary School Journal* 67,no. 2(1966):59.

③ See Peter Gordon, "Robert Owen," *The Quarterly Review of Education* 24, no.(1/2)(1994):25.

④ See Larry Prochner and Nina Howe,*Early Childhood Care and Education in Canada : Past , Present , and Future*(Vcancouver:UBC Press,2000),p. 16.

⑤ See Peter Gordon, "Robert Owen," *The Quarterly Review of Education* 24, no.(1/2)(1994):286.

适当方法。[①] 不久，布坎南离开了新拉纳克，成了伦敦地区第一所幼儿学校——威斯敏斯特幼儿学校的负责人。接替他的是一名叫作邓恩（Dunne）的年轻人，欧文对邓恩非常满意，认为邓恩是世界上他见过的最好的幼儿教师，邓恩能够让学校快速发展和进步。菲利普·麦坎南的研究表明，邓恩扩大了幼儿学校的课程范围，并在机构中加强了秩序和组织。[②]

在之后的教师雇佣上，欧文也选择了那些在背景和性格上接近布坎南和杨的人。与其他教育创新者不同的是，欧文无意通过发展教师教育来使他的教学风格制度化。

（三）幼儿学校的教学

1. 教学内容

在很多资料中都有欧文关于学校教育内容的论述，但是都没有把幼儿阶段的内容单独列出，欧文也没有系统地阐述过不同阶段儿童的上课内容有什么区别，所以要厘清幼儿学校具体的教学内容是一件很困难的事情。不过从欧文众多的论述中可以推测幼儿学习的主要内容。

欧文认为教育要使年轻一代形成有助于个人与国家未来幸福的观念，做到这一点唯一的办法是把年轻一代教导成为理性的人。[③] 欧文认为当时贫民教育体系无法培养理性的人，是糟糕透顶的，之所以糟糕是因为他们注重教导的方式，而没有慎重考虑教导的内容。欧文指出："读书和写字是传授正确的或错误的知识的手段，我们教儿童读书写字时，如果不同时教他们怎样正确地运用这些手段，它们比较起来就没

---

① 参见欧文《欧文选集》（第二卷），柯象峰、何光来、秦显果译，商务印书馆，2014，第90页。

② See Phillip McCann and Francis A. Young, *Wilderspin and the Infant School Movement* (London and New York: Routledge, 2017), p. 61.

③ 参见欧文《欧文选集》（第一卷），柯象峰、何光来、秦显果译，商务印书馆，2014，第83页。

有什么价值。”① 在培养理性人的过程中，分辨真理和谬误比知识本身更有价值。欧文说道：“一个人所经历的悲惨和他所享受的幸福，是基于他接受的知识种类和程度，以及他周围人的情况……所以必须教导人们区别真理和谬误，这是最基本的，也是最重要的事情。”这种区别能力就是“推理能力”的表现，所以推理能力是智育的重要方面。② 幼儿学校中进行智育的课程内容主要有以下几个方面：第一，阅读。学校不要求学生阅读他们所不能理解的东西，因此阅读材料取自一些航海和旅行的游戏，并附有插图、地图和一些有趣的逸事。第二，书写。和大多数学校一样，幼儿学校在开始时让学生摹写书上的字体。之后，开始教学生用不分行的纸学写流行的手写体。第三，算术。学校采用苏格兰通用的教学方法，高年级的还学习心算。第四，缝纫。除了年龄最小的两个班外，所有的女孩都要学缝纫。第五，自然史。学生们从周围农村收集植物和地质标本，并在教室里展示。此外，地理、古代史和近代史也是学习的内容。③

欧文同样注重幼儿的精神培养，他宣称舞蹈是一项愉快的、自然的、社会的活动，能够改善人的姿态和举止。学校里教授苏格兰里尔舞、乡村舞蹈和方阵舞。④ 除了舞蹈，幼儿还应该在军事训练中接受教育和锻炼，养成有秩序、服从命令的习惯，以提高他们的执行力和健康素养，并使他们在必要时以最佳的时机、最佳的方式准备好，以保

---

① 欧文：《欧文选集》（第一卷），柯象峰、何光来、秦显果译，商务印书馆，2014，第 84 页。

② 参见日本世界教育史研究会编《世界幼儿教育史》（上册），刘翠荣等译，吉林人民出版社，1986，第 85 页。

③ 参见徐小洲、赵卫平《外国教育思想通史》（第七卷），北京师范大学出版社，2017，第 182 页。

④ 参见吉拉尔德·古特克《教育学的历史与哲学基础——传记式介绍》，缪莹译，湖南教育出版社，2008，第 337 页。

卫他们的国家，至少使他们自己免遭危险和麻烦。[①] 欧文规定，儿童要在一个合适的教练监督下，使用重量适合的枪支，开展更加复杂的军事训练。[②] 他们也要学习舞蹈以提高他们的身体协调性，并强健体魄。可以说，不论男女，接受过良好的军事训练，以及音乐、舞蹈教育的人都能够形成理性思维和乐观的性格。这些教育成为良好环境的一部分，可以在幼儿、儿童成长的时候给予他们良好的影响。[③]

宗教问题比较特殊，欧文本人是不提倡进行宗教教育的，但是在欧文的幼儿学校并没有完全排除宗教内容。这里的幼儿和苏格兰其他学校的幼儿同样接受宗教教育，包括去教堂和参加考试。每个星期五幼儿会专门进行宗教练习和问答，星期日会听圣歌、祈祷、阅读和解释《圣经》。[④] 布坎南也认为要对幼儿进行宗教教育，另外欧文的商业伙伴和幼儿家长也指出学校教育要有宗教内容，因此圣歌书和《圣经》被提供给幼儿。[⑤] 霍恩（Horne）后来对幼儿学校改革时也增添了宗教方面的内容。虽然欧文反对书本上的教育，但其学校并不是没有教材，玛利亚·埃奇沃思（Maria Edgeworth）[⑥] 的著作就被选用，因为欧文

---

① See Robert Owen, *The Life of Robert Owen by Himself* (London: G. Bell and Sons Ltd., 1920), p. 320.

② See Peter Gordon, "Robert Owen," *The Quarterly Review of Education* 24, no. (1/2)(1994): 286.

③ See Robert Owen, *The Life of Robert Owen by Himself* (London: G. Bell and Sons Ltd., 1920), p. 320.

④ See Phillip McCann and Francis A. Young, *Wilderspin and the Infant School Movement* (London and New York: Routledge, 2017), p. 62.

⑤ See Peter Gordon, "Robert Owen," *The Quarterly Review of Education* 24, no. (1/2)(1994): 286.

⑥ 英国作家，以写作富有想象、道德教育意义的儿童故事和反映爱尔兰生活的小说闻名。

认为它含有高尚的道德内容。[①]

2. 教学原则

新纳拉克幼儿学校中令人印象最深刻的就是欧文所采用的教学原则，这些原则是他对儿童心理、教学理解的体现，虽然不系统，但当下幼儿教育所提倡的一些理念早在新拉纳克就已经开始实践。

（1）实物教学

欧文认为要教给幼儿“有用的知识”，而“有用的知识”是“实际的知识”，所以他反对当时照搬书本内容的学习，主张实物教学。他指出，通过对各种事实及其各种性质进行研讨而施行教育，而且是通过教师和孩子们的融洽的谈话来进行解释，还经允许孩子们对解释或者对附加的消息进行提问。他认为首先应该教给孩子们实际的知识，而且应该以对幼小的心灵最亲切的事实作为开端，然后教给他们在个人所处的环境里最有用的，而且是必要的事实。[②]

为了鼓励实物教学，欧文还重视教室的环境布置。教室中准备了许多的动物画和地图，经常放一些从庭院、田地、森林里搞来的自然物。同时，教师也会带幼儿到户外进行娱乐活动。欧文认为，只要天气和幼儿的体能允许，就应该让他们在户外玩耍。在户外玩够了，再把他们带到教室里，由教师向他们展示和说明一些他们能够理解的、有用的事物。年轻而活跃的、受过良好教育的教师们能够轻而易举地发现幼儿的兴趣并给予他们教育。因而在启蒙阶段，应该让幼儿热衷于这种娱乐和游戏。[③] 从幼儿生活中的“事实”开始实物教学，即直观

---

① See Peter Gordon, "Robert Owen," *The Quarterly Review of Education* 24, no. (1/2)(1994):286.

② 参见日本世界教育史研究会编《世界幼儿教育史》（上册），刘翠荣等译，吉林人民出版社，1986，第 86 页。

③ 参见日本世界教育史研究会编《世界幼儿教育史》（上册），刘翠荣等译，吉林人民出版社，1986，第 87 页。

教学，是欧文重要的教学原则，这同裴斯泰洛齐的主张是一致的。

（2）在活动中学习

欧文批评传统教育是一种注重记忆的教育，认为这样会摧毁幼儿的理性精神。① 幼儿的性格是通过游戏来形成的，因此欧文反对幼儿在 10 岁之前使用课本。② 在新拉纳克，课程和教学是以幼儿为中心、以游戏为导向的，旨在激发幼儿运用他们的感官来发展仔细观察的技能。欧文还鼓励教师让幼儿形成直接经验，给幼儿提供了解实际情况的机会，而不是仅记住事实。让记忆取代推理和观察，对欧文来说完全是愚蠢的。他提倡采用非正式的教学方法，如在自然课上，幼儿会经常走到大自然中去收集标本。罗伯特·戴尔·欧文指出，教室中只有一些主题谈话和简短熟悉的讲座，但是没有什么正式的东西，没有需要学习的任务，没有书本等读物。③ 在一次地理课上，幼儿围成一圈，圆圈里是一张大大的世界地图，地图上省略了城市和城镇的名字，幼儿用一个指针互相挑战，说出指针指到的城市或城镇的名字。这种方式取得了很好的效果，以至于一位有着环球经历的海军上将参观学校后说：“我甚至都不能回答这些 6 岁以下幼儿如此轻松就能回答的问题。”④

欧文还强调在活动中运用多种感官的重要性，认为视觉和听觉是教育的仆人。例如，当幼儿不在户外直接观察时，他们可以在教室里

① See Peter Gordon, "Robert Owen," *The Quarterly Review of Education* 24, no. (1/2)(1994):283.

② See Larry Prochner and Nina Howe, *Early Childhood Care and Education in Canada : Past , Present , and Future* (Vcancouver: UBC Press, 2000), p. 15.

③ See Peter Gordon, "Robert Owen," *The Quarterly Review of Education* 24, no. (1/2)(1994):285.

④ Peter Gordon, "Robert Owen," *The Quarterly Review of Education* 24, no. (1/2)(1994):286.

通过使用地图、图表、彩色方块和其他视觉材料来学习。① 20 世纪初，当杜威提出“课程应该从活动和经验的角度来考虑，而不是从要获得的知识和要储存的事实来考虑”的观点时，很多人把这视为一个革命性的观点，但欧文早在 100 多年前就已在践行。不仅如此，欧文还利用社会上的资源，邀请一些社会人士来给幼儿组织活动。欧文认为，幼儿应该有有趣的经历，他们应该感受和了解成人的热情和生活。于是，他邀请一些社会人士为学校的孩子们分享他们的经验。有一次，他请到一位周游世界的海军上将来给孩子们讲他的旅行经历。② 这种方式在当今看来都算得上是一种时尚。

3. 教学管理

（1）混龄式的小班教育

幼儿的兴趣、精神状态和教学效果是欧文幼儿学校课程实施考虑的因素。欧文在尝试 100 人的大班教学后，觉得效果不佳，于是决定采用小班教学，并将学生控制在 50 名以内。关于班级的划分欧文并不是以年龄为标准，而是采用混龄的方式。1816 年初次招收的 213 名 3—6 岁的幼儿被划分为几个班，每个班都有不同年龄的幼儿。欧文认为教育是一个连续的过程，因此他没有严格按照年龄来分班。③ 幼儿升学也不是根据年龄，而是根据能力水平。这与 18 世纪育婴堂采用男女分别教育不同，欧文的班级中有男生也有女生，因为他认为“男女两性都应当受到同样的教育，享有同等的权利”④。

---

① See Elizabeth Bradburn, “Britain's First Nursery-Infant School,” *The Elementary School Journal* 67, no. 2(1966): 61.

② See Elizabeth Bradburn, “Britain's First Nursery-Infant School,” *The Elementary School Journal* 67, no. 2(1966): 61.

③ See Elizabeth Bradburn, “Britain's First Nursery-Infant School,” *The Elementary School Journal* 67, no. 2(1966): 60.

④ 欧文：《欧文选集》（第二卷），柯象峰、何光来、秦显果译，商务印书馆，2014，第 139 页。

（2）自由的教学时间

幼儿学校采用弹性的教学时间，课程组织比较自由。上课时间从早上 7 点 30 分开始，下午 5 点 30 分结束，在午间会有 1—2 个小时的休息时间。欧文相信教学中有间歇效果会更好。① 每一门课程也没有固定的时间，上课时间的长短由幼儿的精神状态决定，但是不会超过 45 分钟。② 欧文说道："室内教学没有固定的时间，但老师们应该发现，当幼儿的思想开始被室内课程所累时，就应该把课程换成室外的体育锻炼，或者是音乐。前提是这些锻炼是有用或让人受益的，否则不能一直继续下去。在户外，幼儿一旦有了疲倦的迹象，就要回教室上课，如果户外锻炼的量得当，幼儿总是会带着快乐回教室。当幼儿受到合理的对待时，接受身体的锻炼或精神上的指导会使他们感到非常满意。"③ 在午休时间，欧文也没有强制要求幼儿必须要睡觉。二战之前，英国教师普遍认为所有幼儿都应该在中午睡觉，但欧文意识到个体是存在差异的，因此没有强迫幼儿在中午睡觉，幼儿可以自由选择睡觉或保持清醒和玩耍。④

（3）反对使用外在奖惩方式

欧文致力于在校内创造一个自由而又有约束的环境，努力让幼儿觉得学习是一件愉快的事情。所以，欧文反对体罚，不会有幼儿因为

---

① 参见吉拉尔德·古特克《教育学的历史与哲学基础——传记式介绍》，缪莹译，湖南教育出版社，2008，第 334—335 页。

② See Peter Gordon, "Robert Owen," *The Quarterly Review of Education* 24, no. (1/2)(1994): 287.

③ Robert Owen, *The Life of Robert Owen by Himself* (London: G. Bell and Sons Ltd., 1920), p. 319.

④ See Elizabeth Bradburn, "Britain's First Nursery-Infant School," *The Elementary School Journal* 67, no. 2(1966): 61.

散漫和不服从而受到惩罚，他认为个人奖惩本身就是灾难的根源。[①] 在如何形成儿童性格的论述中，第一条就明确说道："坚决不责骂或惩罚儿童。"[②] 这一点与当代的教育理念一样，不同的是，欧文幼儿学校中也不会对成绩优秀或行为良好的幼儿进行奖励，因为欧文认为外在的奖惩会带来人造的个性，会以错误的目标取代行为的自然结果，导致人们软弱和不稳定的性格。[③] 与之形成鲜明对比的是，在整个 19 世纪，济贫院非常注重惩罚。如在老斯文福德济贫院，幼儿严重违反校规要受到鞭打的惩罚，任何犯有盗窃罪或逃学的男孩都可能被开除。有幼儿抱怨说："我们受到了教师残酷和严厉的对待，有时还被人用藤条抽打，早餐和晚餐都没有足够的食物。"[④]

要特别指出的是，新拉纳克幼儿学校的教学模式并不是一成不变的，新拉纳克的教育实践不仅是欧文思想的体现，还是学校中的教师们思想的体现。邓恩接替布坎南的工作后对幼儿学校进行了一些调整：一是在整个学校，包括幼儿学校，都有一个基本的时间表，每位教师都会得到一份他的班级在一周内要上的课的清单，以防止任何混乱或不规律。二是把幼儿进行了分段，2—4 岁的幼儿和 4—6 岁的幼儿有不同的课程，尽管他们在上课和玩耍之间的时间分配是均等的。较小的幼儿学习字母和单音节单词，而大一点的幼儿则学习一些简单的课程，如阅读。三是扩大了课程的范围并增加了课程的内容，自然史通过实物教学，辅以绘画，自然世界被划分为动物、植物和矿物王国。幼儿

---

① 参见欧文《欧文选集》（第二卷），柯象峰、何光来、秦显果译，商务印书馆，2014，第 17 页。

② Robert Owen, *The Life of Robert Owen by Himself* (London: G. Bell and Sons Ltd., 1920), p. 319.

③ 参见吉拉尔德·古特克《教育学的历史与哲学基础——传记式介绍》，缪莹译，湖南教育出版社，2008，第 335 页。

④ Eric Hopkins, "A Charity School in the Nineteenth Century: Old Swinford Hospital School, 1815-1914," *British Journal of Educational Studies* 17, no. 2 (1969): 184.

还学习了地理知识，包括有关地球形状的知识和有关其他国家的信息。

至此，我们可以看出欧文幼儿学校是一个完全不同于传统教会学校或私人妇媪学校的新机构。欧文设计了一套适合幼儿年龄特征的教育模式，有些方面已和当代的幼儿园类似。当代的幼儿园由专业人士设计，不论是课程体系还是物质环境，都体现出其"精确化"的性质。这些专业人士接受过良好的心理学、教育学、卫生学等相关知识的教育和训练。但在 200 多年前的英国，欧文并没有接受过类似的教育，甚至都没有相关的学科，欧文凭借其创造性思维，就创造出如此先进的幼儿教育模式，着实不易。

欧文幼儿学校先进的教学方式并不代表会受到大众的欢迎，在学校取得初步成功后，困难随即出现，有关宗教的问题给欧文带来了麻烦。1819 年他的两位教友会伙伴威廉·艾伦和约瑟夫·福斯特（Joseph Foster）访问了新拉纳克，调查有关舞蹈和音乐凌驾于宗教之上的传言。当时欧文正准备向议会提交一份关于改善工厂法的建议，牧师门齐斯（Menzies）奉命调查欧文，并向伦敦的其他工厂老板报告情况，随后有关欧文不信教的谣言开始流传。尽管欧文对这些指控置之不理，但他最终还是在 1824 年 1 月被迫签署了一项协议，终止了与学校的联系。随后，学校禁止 6 岁以上的男孩穿苏格兰短裙和唱歌，解雇了很多教师，新聘请了一名在兰卡斯特体系中接受过培训的教师。欧文辞去了学校的管理工作，他的宝贵的实验就此结束。①

一个先进的幼儿教育模式就这样戛然而止，这也许有点令人惊讶。为什么这个被很多知名人士视为当代慈善奇迹之一的机构没有继续发展壮大？罗伯特·戴尔·欧文指出了几个原因：第一，学生在校的时间不够，他们一天只在学校待 5 个小时，其余的时间都与家长或其他缺

① See Peter Gordon, "Robert Owen," *The Quarterly Review of Education* 24, no. (1/2)(1994):288.

乏知识和价值观的人在一起；第二，学校很难找到符合欧文要求的教师；第三，家长并不支持学校的一些做法，如家长希望孩子可以更早接受阅读训练；第四，家长希望有宗教教育。① 伊丽莎白认为，首先，在实践中欧文幼儿学校中的游戏材料、书籍、工艺材料，以及美术、音乐、体育等课程都是不够的；其次，他的学校主要关心的是教学，而不是帮助孩子们学习，这和大多数 150 年前建立的学校没有什么不同；最后，在深层次的哲学方面，欧文企图通过教育而不依靠上帝的力量来改变人性是错误的，如果他能够早一点发现上帝能够在不改变环境的情况下改变人的本性的话，他就能从根本上改变历史的进程。② 伊丽莎白从宗教中的人性论去解释欧文学校没有得到延续的原因缺乏说服力。欧文学校的失败表面上是他的非宗教教育造成的，但即使没有遭到停办，其思想的超时代性也难以让幼儿学校在英国走远。

一方面，在理论层面，欧文的思想现在看来无疑是超越时代性的，正是这种超越性造成了他的思想缺乏时代的根基。面对当时环境的挑战，欧文的反应显得过激。黑格尔曾指出："如果一个人的理论确实超越了时代，而建设一个如其所应然的世界，那么这种世界诚然是存在的，但只存在于他的私见中，私见是一种不结实的要素，在其中人们可以随意想象任何东西。"③ 实然的大众教育理念、对幼儿教育的需求、社会生产力发展水平、对宗教的重视与欧文所设想幼儿学校的应然状态不匹配是阻碍幼儿学校发展的主要因素。

另一方面，在改造社会方面，欧文没有认识到革命的作用而倾向于保守的唯心论和改良主义。欧文的环境塑造性格说在理论上是符合

---

① 参见吉拉尔德·古特克《教育学的历史与哲学基础——传记式介绍》，缪莹译，湖南教育出版社，2008，第 337—338 页。

② See Elizabeth Bradburn, "Britain's First Nursery-Infant School," *The Elementary School Journal* 67, no. 2(1966): 62.

③ 黑格尔：《法哲学原理》，张企泰、范扬译，商务印书馆，2016，第 12 页。

唯物主义的，和唯心主义的先验论与教会所宣扬的“原罪说”相对立，这在历史上有一定的进步性。但在处理社会问题上，欧文改造世界的方法论是形而上学的，在矛盾突出的社会中，“环境决定论”和“教育万能论”的致命缺点就是不了解革命实践的意义，不懂得社会的变革需要通过革命实践来完成，这一点在我国历史上也曾出现。根据卡尔·马克思（Karl Marx）的观点，环境的改变和人的活动应该是一致的，而不是单方面环境塑造人。马克思在《关于费尔巴哈的提纲》中对环境与人的学说进行了评价，有一种唯物主义学说，认为人是环境和教育的产物，因而认为改变了的人是另一种环境和改变了的教育的产物……但是这种学说忘记了：环境正是由人来改变的，而教育者本人一定是受教育的。因此，这种学说必然会把社会分成两部分，其中一部分高于社会之上（如在罗伯特·欧文那里就是如此）。[①] 在人的性格形成过程中，欧文忽视了个人的主观能动性，夸大了环境的作用。虽然人的性格受客观环境影响，但是人也不是完全消极被动地受环境的影响，人还有选择的自由，环境与主观能动性不是对立的，两者是在实践中统一的。

欧文离开新拉纳克后去了美国印第安纳州的新哈默良继续践行他的思想。虽然新拉纳克的实验停止了，但他的思想和精神早已远播。在这几年中，新型幼儿学校的种子在英国一些地区发芽，欧文的一些追随者继续为他的幼儿教育理想努力。

第三节　新拉纳克幼儿学校的影响

新拉纳克的幼儿学校吸引了众多的参观者，影响了一批有志于改

① 参见中共中央马克思恩格斯列宁斯大林著作编译局编《马克思恩格斯选集》（第一卷），人民出版社，1972，第 17 页。

善社会、创造新社会的人士，对世界幼儿学校产生了深远的影响。欧文的幼儿学校传播到了英伦三岛之外，促进了那些地区幼儿学校的创办。在英国本土，部分地区建立了一些幼儿学校，影响比较大的有伦敦地区布坎南管理的威斯敏斯特幼儿学校和怀尔德斯平负责的斯皮尔菲尔德幼儿学校。除此之外，在一些工业城市如布里斯托和苏格兰的格拉斯哥也出现了几所幼儿学校。它们的出现意味着幼儿学校从特定的苏格兰乡村地区发展到了繁荣的城市，幼儿学校的影响逐渐扩大。

一、促进英国一批幼儿学校的诞生

（一）威斯敏斯特幼儿学校

1819 年，一所被称为“威斯敏斯特自由日幼儿收容所”（The Westminster Free Day Infant Asylum）的机构在伦敦的威斯敏斯特地区成立。这是一所直接受欧文影响而创办的幼儿学校，也是英格兰地区第一所新式的幼儿学校，由新拉纳克幼儿学校的前任教师布坎南担任第一任校长。

1. 威斯敏斯特幼儿学校的创立

布劳汉姆勋爵是建立伦敦幼儿学校的关键人物。他是一位辉格党自由派政治家，曾在不同时期与激进分子进行过密切合作，尤其是在教育问题上。1816 年，他成立了一个特别委员会，调查大都市下层社会的教育状况。欧文本人也被要求向该委员会提供信息，该委员会不仅关注贫困人群缺乏教育的问题，还指出社会上青少年犯罪的问题。委员会的报告指出，当时伦敦有 120 000 名儿童没有接受任何形式的学校教育。①

---

① See G. Jeffrey Machin, “The Westminster Free Day Infant Asylum: The Origins of the First English Infant School,” *Journal of Educational Administration and History* 20, no. 2(1988): 44.

1818年12月，布劳汉姆与约翰·史密斯（John Smith）、亨利·哈斯（Henry Haas）一起访问了新拉纳克，他们看到了儿童的善良、快乐和智慧，自然会想为其他贫困儿童提供类似的环境。[①] 他们与欧文讨论了在伦敦建立一所幼儿学校的想法，并确保欧文同意让布坎南成为新学校的第一位校长。布劳汉姆与欧文讨论了在威斯敏斯特建立一所幼儿学校的可能性。随后，一个由布鲁厄姆（Brougham）、詹姆斯·密尔（James Mill）[②] 和历史学家之父扎卡里·麦考利（Zachary Macauley）、下议员约翰·史密斯、托马斯·巴宾顿（Thomas Babington）和戴克（Dacre）勋爵等人组成的委员会成立。[③] 他们共同支持在威斯敏斯特开办一所幼儿学校，由布坎南负责。从这些支持者中似乎看到了幼儿学校跨越了政治与宗教的界限，但其主要成员还是由非国教的辉格党组成，而不是保守党和教会。虽然幼儿学校得到了上层社会的广泛支持，但是工人阶级却没有产生更大的兴趣。这些上层支持者来源于不同的政党，拥有不同的信仰。杰弗里·梅钦认为幼儿学校的慈善性质让政见、立场不同的人走到了一起。[④] 当时上层社会鼓励富人为穷人建立幼儿学校，因为上层社会相信这些机构将促进城市穷人的道德和行为得到改善。1819年，幼儿学校正式成立，布劳汉姆认为这才是英国地区真正意义上的第一所幼儿学校。欧文学校因为

---

① See G. Jeffrey Machin, "The Westminster Free Day Infant Asylum: The Origins of the First English Infant School," *Journal of Educational Administration and History* 20, no. 2(1988): 45.

② 政治经济学家约翰·斯图亚特·密尔（John Stuart Mill）的父亲。

③ See G. Jeffrey Machin, "The Westminster Free Day Infant Asylum: The Origins of the First English Infant School," *Journal of Educational Administration and History* 20, no. 2(1988): 43.

④ See G. Jeffrey Machin, "The Westminster Free Day Infant Asylum: The Origins of the First English Infant School," *Journal of Educational Administration and History* 20, no. 2(1988): 44.

只服务于特定工厂里的幼儿，所以严格意义上说不能算是一所社会学校。[①]

解决青少年的道德问题是伦敦幼儿学校创办的初衷。在拿破仑战争结束后的几年里，令人震惊的犯罪统计数字（定罪人数从 1815 年的 4883 人增加到 1820 年的 9318 人）引起了全国对法律和秩序的广泛关注。1819 年冬天，伦敦的“令人担忧地”充斥着青少年犯罪现象，估计有 1100—1500 名男孩“通过扒窃获得了相当一部分生活来源”[②]。在那个时候，这一社会问题被普遍认为是慈善事业的服务范围，而不是国家的责任。大多数人坚信青少年犯罪是由于父母未能控制他们的子女。布劳汉姆和他的小组对新拉纳克的幼儿学校表示赞赏，认为幼儿学校的建立似乎减少了青少年犯罪和其他社会犯罪现象的发生，于是他们积极推进欧文的计划，希望通过学校教育把幼儿培养成合格的公民。[③] 威斯敏斯特的机构表面上是一所学校，其实更像是一个拯救工具。它不仅为穷人的孩子提供一个托儿所，使他们免遭城市环境的不利影响，而且更是对根据“错误的原则或根本没有任何原则”开办的传统学校的一种替代。

2. 威斯敏斯特幼儿学校的运营

与欧文在新拉纳克的学校不同，威斯敏斯特学校是在一个组委会的管理下运作的，且必须在规定的限额内运作。和当时所有面向贫困

---

① See G. Jeffrey Machin, "The Westminster Free Day Infant Asylum: The Origins of the First English Infant School," *Journal of Educational Administration and History* 20, no. 2(1988): 45.

② G. Jeffrey Machin, "The Westminster Free Day Infant Asylum: The Origins of the First English Infant School," *Journal of Educational Administration and History* 20, no. 2 (1988): 46.

③ See G. Jeffrey Machin, "The Westminster Free Day Infant Asylum: The Origins of the First English Infant School," *Journal of Educational Administration and History* 20, no. 2(1988): 50.

阶层的学校一样，它也是由个人和布劳汉姆的慈善机构建立的，学校的经费主要来源于富人的私人资助。学校在 1819 年创办时不收取学费，两年后才制定了收取少许费用的制度，每周 1 便士①，这非常便宜，可以说是象征性的学费。之所以要收取学费，是为了避免家长在态度上把幼儿学校当成是慈善学校，这一点与新拉纳克收取少量费用的原因相同。相比新拉纳克优良的环境，伦敦幼儿学校最初的住宿条件是简陋的，由于缺乏相应的物质资源，学校设备很少，只有一些低矮的长椅和一个球筐。

学校只招收低龄的幼儿，人数维持在 100—200，到 1825 年，学校有 170 名幼儿。② 学校最早只有一间没有家具的教室，很快幼儿学校坚定的支持者本杰明·史密斯（Benjamin Smith）就为幼儿在威斯敏斯特文森特广场（Vincent Square）的凯里街（Carey Street）提供了更宽敞的住所。一栋两层的建筑取代了以前不适当的场地，史密斯的女儿建议他不要投入这么多，因为布劳汉姆自己从来都没有给幼儿学校提供过资金。③

3. 威斯敏斯特幼儿学校的教学

威斯敏斯特幼儿学校的第一任校长是新拉纳克的前教师布坎南，所以威斯敏斯特幼儿学校在教学内容、环境布置方面都与欧文的学校类似。然而威斯敏斯特的幼儿学校并不是欧文幼儿学校的移植，而是

① See G. Jeffrey Machin, "The Westminster Free Day Infant Asylum: The Origins of the First English Infant School," *Journal of Educational Administration and History* 20, no. 2(1988): 52.

② See G. Jeffrey Machin, "The Westminster Free Day Infant Asylum: The Origins of the First English Infant School," *Journal of Educational Administration and History* 20, no. 2(1988): 44.

③ See G. Jeffrey Machin, "The Westminster Free Day Infant Asylum: The Origins of the First English Infant School," *Journal of Educational Administration and History* 20, no. 2(1988): 46.

根据布坎南个人的哲学和创办者的利益对其进行了调整。1822 年前，布坎南独自掌管着幼儿学校，直到他 1839 年去南非从事幼儿教育事业前，他对学校一直保有影响力。他的妻子和女儿也是学校的骨干，没有她们的帮助，布坎南很难应付学校的各种事务。可以说，威斯敏斯特幼儿学校的教育实践是布坎南一家教学哲学的具体化。

威斯敏斯特幼儿学校的教室布置与欧文幼儿学校类似，墙上用动物图片和教学卡片进行了装饰，其中有白色卡片，上面贴着用鲜艳的彩色纸做成的几何图形。① 在学校中，音乐、游行、运动、体操和道德原则的灌输是主要教学内容。② 学校的任务是教孩子们逐步地认识字母，能够读、写、唱赞美诗，重复十诫内容，能够自行祷告，学习各种动物的名称，使用简单的算术规则，了解主要国家在地球上的情况。学校希望这样的课程能让幼儿变得“温顺、好奇、聪明”，并形成良好的原则和习惯，让他们在生活中受到人的尊敬。③ 与新拉纳克一样，威斯敏斯特同样注重幼儿的健康与卫生。班级里的通风状况较好，幼儿也经常在一个小浴室中洗澡，布坎南太太就常常为幼儿洗澡。④ 学校还注重让幼儿形成愉悦的体验，布坎南认为上学应该是一件快乐的事情。有人在参观学校时发现，“幼儿在操场上欢声笑语，他们愉快地玩玩

---

① See G. Jeffrey Machin, "The Westminster Free Day Infant Asylum: The Origins of the First English Infant School," *Journal of Educational Administration and History* 20, no. 2(1988): 47.

② See G. Jeffrey Machin, "The Westminster Free Day Infant Asylum: The Origins of the First English Infant School," *Journal of Educational Administration and History* 20, no. 2(1988): 47.

③ See G. Jeffrey Machin, "The Westminster Free Day Infant Asylum: The Origins of the First English Infant School," *Journal of Educational Administration and History* 20, no. 2(1988): 49-50.

④ See G. Jeffrey Machin, "The Westminster Free Day Infant Asylum: The Origins of the First English Infant School," *Journal of Educational Administration and History* 20, no. 2(1988): 51.

具，放学时也是快快乐乐的”①。

虽然没有学过教育心理学，但布坎南凭借他对幼儿的热爱和专研，独创了一套教学方法。他以有趣的方式传授深奥、晦涩的内容，并擅长用一些原创的顺口溜向幼儿传递信息及道德原则，广泛运用音乐、歌唱、游行和哑剧等形式来进行基本科目的教学。幼儿跟着布坎南的笛声行进，是新拉纳克和威斯敏斯特幼儿学校生活的一大特色，幼儿被带领着在学校周围走一小段时间，有时还伴随着舞蹈。艾萨克·瓦慈（Isaac Watts）② 和泰勒（Taylor）的赞美诗是常常被选用的内容。③梅钦指出，后来的幼儿学校广泛采用了他的教学方法，并经常伴随着音乐，幼儿很喜欢这种方式。例如，他创作了一个顺口溜来进行数学教学：

> Twice one are two，thumbs up to view，
> Twice two are four，fingers on the floor，
> Twice three are six，fingers playing tricks.
> Twice four are eight，count them now they're straight.
> Twice five are ten，all hands up again. ④

① G. Jeffrey Machin，"The Westminster Free Day Infant Asylum：The Origins of the First English Infant School，" *Journal of Educational Administration and History* 20，no. 2（1988）：51.

② 英国17世纪一位多产圣诗的作家，一生创作了大约750首圣诗，被称为“英文圣诗之父”。

③ See G. Jeffrey Machin，"The Westminster Free Day Infant Asylum：The Origins of the First English Infant School，" *Journal of Educational Administration and History* 20，no. 2（1988）：48.

④ G. Jeffrey Machin，"The Westminster Free Day Infant Asylum：The Origins of the First English Infant School，" *Journal of Educational Administration and History* 20，no. 2（1988）：50.

字母表的学习是通过固定在墙上的字母来认识的。这种通过韵律和直观进行教学的方式取得了良好的效果。布坎南还是一个优秀的故事讲述者，特别喜欢讲述《圣经》故事。他鼓励幼儿在实物课上表达自己的想法，他们在课上大部分时间都在说话，并学会观察和描述。[①]这种老师和孩子之间的互动与当时的导生制学校大不相同。布坎南的女儿安妮同样在学校担任教师，主要教授年龄小的幼儿，教授他们写信和缝纫。在欧文的幼儿学校中，所有的女性也都学习缝纫。

威斯敏斯特幼儿学校的课程与新拉纳克的类似，包括阅读、写作、算术、音乐、舞蹈、歌唱和自然史，但重点有所不同。其中最大的不同可能在于宗教教育。与欧文不同，布坎南是一个笃信宗教的人，最初他是原始卫理公会派的一名业余传教士，在伦敦成了斯维登伯格主义者，他的宗教信仰对他来说意味着一切。布坎南把宗教中的神秘主义传递给幼儿，他让幼儿手拉手围成一个圆圈跳舞，并解释说："圆圈代表和谐，然后天使来加入我们。"[②] 在威斯敏斯特幼儿学校，十诫经常被重复，宗教教学和道德原则比新拉纳克更受重视，阅读和写作技巧也受到更多的关注。

威斯敏斯特幼儿学校的教学反映了当时人们的基础教育理念，对工人阶级子女的道德教育要比学术教育更重要。在某些方面，威斯敏斯特幼儿学校与导生制学校一样，意图对学生灌输"服从、附属、机敏、有规矩、整洁、节俭和节制"的价值观。在教学的组织上，威斯

① See G. Jeffrey Machin, "The Westminster Free Day Infant Asylum: The Origins of the First English Infant School," *Journal of Educational Administration and History* 20, no. 2(1988): 48.

② G. Jeffrey Machin, "The Westminster Free Day Infant Asylum: The Origins of the First English Infant School," *Journal of Educational Administration and History* 20, no. 2 (1988): 49.

敏斯特幼儿学校也适当采用了一些学校常使用的导生制。①

从1819到1839年，布坎南依靠品格和创造性来充实自己的学校生活。他拥有令人钦佩的品质，能够与幼儿共度一生。认识他的人都说他从未长大，像个孩子一样心地单纯、善良，具有孩子般的想象力和戏剧化的能力。芭芭拉·史密斯（Barbara Smith）② 描述道："他相信幼儿都是天使，对他们非常耐心和温柔。我看到可怜的小东西（幼儿）像蜜蜂一样聚集在他身上。在学校里，他总是非常关爱幼儿们，比我所见过的任何母亲都要关爱。"③

遗憾的是布坎南并未得到上层社会的持续支持。一方面是因为他个人的性格与处事方式，有些人认为布坎南超凡脱俗的行为与正统的教师形象差距较大，这令他们不满。布坎南被威斯敏斯特委员会的大多数成员视为"怪人"，导致委员会对幼儿学校缺乏兴趣。1827年他被幼儿学校协会解除了校长的职务，直到怀尔德斯平向幼儿学校协会申诉，他才恢复了职务。毫无疑问，布坎南的确有一些缺点。他很不实际，充满孩子气，又不节俭，而且行为古怪，他有时会通过学习或冥想来消磨时间，或者突然去度假，让妻子去应付学校的事务。④ 另一方面与他的斯维登伯格主义信仰有关，在国教派当权时代，其他宗教的

---

① See G. Jeffrey Machin, "The Westminster Free Day Infant Asylum: The Origins of the First English Infant School," *Journal of Educational Administration and History* 20, no. 2(1988): 51.

② 1827—1891，英国教育家和艺术家，也是19世纪中期著名的女权主义者和女权活动家。

③ G. Jeffrey Machin, "The Westminster Free Day Infant Asylum: The Origins of the First English Infant School," *Journal of Educational Administration and History* 20, no. 2(1988): 48.

④ See G. Jeffrey Machin, "The Westminster Free Day Infant Asylum: The Origins of the First English Infant School," *Journal of Educational Administration and History* 20, no. 2(1988): 60.

信徒都难以获得普遍的支持。正如萨拉·奥斯汀（Sarah Austin）称，布坎南的斯维登伯格主义让他失去了“正统派的青睐和支持”[①]。

4. 威斯敏斯特幼儿学校的影响

欧文认为，布坎南在离开新拉纳克时的能力不足以完全地独立创办和管理学校，这使得威斯敏斯特幼儿学校并没有反映出他的思想，这所学校成了儿童教育制度的一个污点[②]，是对新拉纳克“蹩脚的模仿”[③]。该校的常客萨拉·奥斯汀则评价道，布坎南的幼儿学校更像是身体和灵魂的托儿所。

不管他人如何批评，在布坎南担任校长的 20 年里，威斯敏斯特幼儿学校一直是模范学校，它吸引了很多游客，在最初成立后的四五年里，伦敦和其他地方都建立了一些新的幼儿学校，这些学校显然受到威斯敏斯特幼儿学校的影响。还有人认为怀尔德斯平正是参观过这所幼儿学校后才知道幼儿教育的体系。[④] 当时的一些报纸也倡议创办类似的学校，布劳汉姆在创办幼儿学校的 17 年后依然大力提倡类似的学校，认为学校可以预防犯罪。他建议在伦敦、威斯敏斯特、萨斯克区、曼彻斯特和谢菲尔德等地建立幼儿学校，这将是“最简单、最有效的预防犯罪的措施”[⑤]。但威斯敏斯特幼儿学校在教学实践方面的影响有限，

---

① G. Jeffrey Machin, “The Westminster Free Day Infant Asylum: The Origins of the First English Infant School,” *Journal of Educational Administration and History* 20, no. 2 (1988): 79.

② 参见欧文《欧文选集》（第二卷），柯象峰、何光来、秦显果译，商务印书馆，2014，第 90 页。

③ Phillip McCann and Francis A. Young, *Wilderspin and the Infant School Movement* (London and New York: Routledge, 2017), p. 56.

④ See John Chapman, *The Westminster and Foreign Quarterly Review*, *October-January 1850-1851 v. 54-1851* (London: Groombridge and Sons, 5, Paternoster Row., 1851), p. 397.

⑤ G. Jeffrey Machin, “The Westminster Free Day Infant Asylum: The Origins of the First English Infant School,” *Journal of Educational Administration and History* 20, no. 2 (1988): 54.

要想模仿威斯敏斯特幼儿学校是困难的，主要是因为师资。威斯敏斯特幼儿学校明显带有布坎南的个人标签，他没有创造出系统的教学内容和教学模式，也没有建立教师培训系统，但他的教学方法和填充创意具有鲜明的个性，这让其他机构难以模仿。布坎南本人没有像后来的怀尔德斯平那样四处推广创办幼儿学校，除了威斯敏斯特的幼儿学校，他只创办了一所幼儿学校。威斯敏斯特学校中的实践主要靠一些参观者和学校教师进行传播。托马斯·比尔比是著名的幼儿学校倡导者，也是布坎南的门徒。他曾在幼儿学校任教多年，后来去了切尔西的一所学校任教，最后在西印度群岛的一所学校任教。他根据经验，出版了一本关于幼儿教育系统的书。①

上层社会虽然提倡这一类型的幼儿学校，但实际中，贫穷的工人阶级却不感兴趣。1839 年布坎南离开幼儿学校后，幼儿学校不过 170 个学生。② 家长更倾向于把子女送到传统的妇媪学校。布劳汉姆原本期望幼儿学校能够与这些家庭式的学校进行竞争，希望威斯敏斯特的父母会满怀热情地支持新成立的免费幼儿学校，很快会把他们的孩子从妇媪学校转入幼儿学校。但这种情况并没有发生，家长对幼儿学校显示出复杂的态度。以现在的观点来看，家长宁愿向质量低下的妇媪学校交更多的学费，也不愿意把子女送到便宜的、质量更高的幼儿学校的行为着实令人费解。原因之一可能是幼儿学校不符合当时工人阶级的生活方式与文化涵养。虽然妇媪学校房子狭小、通风不好，往往在厨房或客厅中进行教学，但是对于习惯了家中脏乱的工人阶级家庭来

---

① See G. Jeffrey Machin, "The Westminster Free Day Infant Asylum: The Origins of the First English Infant School," *Journal of Educational Administration and History* 20, no. 2(1988): 54.

② See G. Jeffrey Machin, "The Westminster Free Day Infant Asylum: The Origins of the First English Infant School," *Journal of Educational Administration and History* 20, no. 2(1988): 54.

说，这完全是可以接受的。首先，这一类型的学校是家长比较熟悉的，其没有严格的开放和关闭时间，这比有组织的幼儿学校更适合有工作的家长的需要。其次，源于家长对于幼儿学校慈善性质的反应。当时上层社会指责穷人的贪婪和忘恩负义："穷人把富人的慈善行为视为自己理应享有的权利，无论谁自愿帮助自己，都是为了帮助者自身的利益，都应该为他们的幻想买单。"[①] 另外，当时家长看到幼儿学校的赞助者很有钱，就认为学校自然能够运营下去。慈善在穷人看来是一种要么完全免费，要么不是慈善的行为，所以收取部分学费的行为难以让家长接受，他们认为富人可以有足够的钱用来维持学校运行。而妇媪学校与慈善完全没有关系，这种方式更容易被穷人理解。

（二）斯皮尔菲尔德幼儿学校

1820 年，布劳汉姆委员会在斯皮尔菲尔德新建了一所幼儿学校，这是伦敦地区的第二所幼儿学校，专门为 18 个月到 7 岁的幼儿提供服务。怀尔德斯平被聘为学校负责人，他是英国现代幼儿教育的奠基人之一，特别关注穷人的教育。他因在幼儿学校事业方面的开创性工作而闻名，他创造性地改变了教学设施和教学方式，在不列颠群岛产生了重大影响。欧洲、英联邦和美洲很多早期的幼儿学校都是以他的体系为蓝本。他自封为幼儿教育体系的创始人，被英国议会称为 19 世纪三四十年代最著名的教育家之一，人们将他与裴斯泰洛齐相提并论。怀尔德斯平并没有像布坎南那样继承了欧文大部分的思想和实践，他给幼儿教育带来了很多不同的见解和概念。正是在斯皮尔菲尔德幼儿学校中，他逐渐形成了自己的理念，建构了一套独特的模式。欧文也认为怀尔德斯平负责建立了一所"英国"类型的幼儿学校，与新拉纳

① G. Jeffrey Machin, "The Westminster Free Day Infant Asylum: The Origins of the First English Infant School," *Journal of Educational Administration and History* 20, no. 2 (1988): 53.

克学校有着根本的不同。[①]

1. 幼儿学校的负责人

布坎南是欧文在新拉纳克的教师，请他作为学校校长在情理之中。为什么会邀请怀尔德斯平作为另一所学校的负责人？虽然怀尔德斯平很早就认识到现有幼儿教育的问题，但认识到问题和着手解决问题并不是一码事。怀尔德斯平并没有从小就致力于改革教育。他 14 岁开始当学徒，然后从商，在成为幼儿学校的负责人之前至少在行业中工作了 8 年。[②] 不过他一直思考着教育的问题，积极参与社区的教育活动，从 1807 年开始，他就在主日学校中当老师。在一次教学中，他简化了教学的方式以适应更小的学生，结果取得了成功，他的班级成了最受欢迎的班级，这让他深信有必要制订一个特别的计划来教育那些年纪更小的孩子。1817 年他成为圣乔治菲尔德主日学校的委员会成员，并断断续续地工作到 1822 年。[③] 在结婚后不久，他向一位朋友阐述了他的幼儿教育思想，紧接着一个可以在更大范围内开展实验的机会出现了，他的朋友请他去管理伦敦的一所幼儿收容所，即斯皮尔菲尔德的幼儿学校。[④] 怀尔德斯平有了一个可以实现愿望的机会，于是他放弃了与商业的联系，全身心投入教育事业当中。怀尔德斯平并没有提到这位朋友是谁，菲利普·麦坎南曾指出，推荐怀尔德斯平的正是布坎南。这也可能是之后布坎南被免除校长职务时，怀尔德斯平力保他的一个原因。怀尔德斯平与布坎南同属新耶路撒冷教会，这让他们有大量见

---

① See Phillip McCann and Francis A. Young, *Wilderspin and the Infant School Movement* (London and New York: Routledge, 2017), p. 52.

② See Phillip McCann and Francis A. Young, *Wilderspin and the Infant School Movement* (London and New York: Routledge, 2017), p. 25.

③ See Phillip McCann and Francis A. Young, *Wilderspin and the Infant School Movement* (London and New York: Routledge, 2017), p. 26.

④ See Samuel Wilderspin, *The Infant System* (London: Lincoln's Inn., 1852), p. 20.

面的机会，布坎南激发了怀尔德斯平对幼儿教育的兴趣。① 在相处的过程中，布坎南发现了怀尔德斯平的特别之处。不久，斯皮尔菲尔德的丝绸商人、学校委员会成员约瑟夫·威尔逊（Joseph Wilson）为即将在自己教区开办的一所幼儿机构寻找一名教师，他请布坎南推荐一个合适的人选。据布坎南的儿子说，布坎南把怀尔德斯平称为“一个似乎合适的人选，而且当他参观学校时怀尔德斯平就表达了从事这类工作的愿望”②。

怀尔德斯平后来回忆这件事时指出：“有一天，一位先生到我工作的城市来拜访我，问我是否能管理类似布鲁尔格林的学校。晚饭时，我匆匆赶回家，告诉妻子我将要管理200个孩子的消息。这把晚餐的氛围全毁了，她总以为我有一些奇怪的幻想，她说我们有一个孩子已经够麻烦的了。”③ 尽管妻子心存疑虑，但怀尔德斯平还是接受了这个提议，因为这个提议与他教育幼儿的愿望不谋而合。他有教书的愿望，也有在主日学校教书的经验，现在他有了一个机会，可以为7岁以下的孩子们做一些实际的、有价值的事情。这些孩子太小上不了学，只能被迫上令人不满意的妇媪学校，或者被迫在街上乱跑。最重要的是，他有一种强烈而又不明确的感觉，即非常年幼的孩子需要一种特殊的教育。新的职位为怀尔德斯平提供了一个令人兴奋的机会，欧文在新拉纳克的学校享有盛誉，布坎南在威斯敏斯特的幼儿学校由国会议员和公众人物赞助，管理幼儿学校是一件光荣的事情。此外，新的职位还提供了一份诱人的薪水和一所免租金的房子。正是怀着这些想法，

---

① See Phillip McCann and Francis A. Young, *Wilderspin and the Infant School Movement* (London and New York: Routledge, 2017), p. 28.

② Phillip McCann and Francis A. Young, *Wilderspin and the Infant School Movement* (London and New York: Routledge, 2017), p. 28.

③ Phillip McCann and Francis A. Young, *Wilderspin and the Infant School Movement* (London and New York: Routledge, 2017), p. 28.

怀尔德斯平及其家人于 1820 年夏天搬到了斯皮尔菲尔德街 28 号的贵格街，开始了新的生活。

2. 幼儿学校的运营

幼儿学校最初是由约瑟夫·威尔逊赞助的，他出生于一个丝绸制造商家族，是伦敦织工公司的杰出成员，同时也是威斯敏斯特幼儿学校委员会的成员之一，因此他非常熟悉威斯敏斯特的欧文式幼儿学校。他还是一个思想较为自由的福音派教徒之一。怀尔德斯平是一个斯维登伯格主义者，但威尔逊愿意为了良好的教学打破信仰的偏见。他热衷于慈善事业，利用自己的财富为很多福音事业服务，有研究表明他为 22 个福音派团体捐款，并在几个福音派团体中担任职务。1831 年，他因创立“主日纪念协会”而闻名，直到 1855 年去世，他一直担任该协会的秘书。①

据怀尔德斯平估计，幼儿学校每年的运营成本约为 120 英镑。这包括租金、教师每年约 80 英镑的工资、煤炭费和杂费。学校在前 5 年没有收费，后来每周要收取 1 便士，但每年的总额从未超过 40 英镑。②与大多数慈善机构类似，学校的费用主要来自慈善家的捐助。除了威尔逊之外，还有其他人对学校进行了捐助。怀尔德斯平将他们称为“资助这所学校的绅士们”。

3. 幼儿学校的生源

幼儿学校招收贫困家庭中 7 岁以下的幼儿。幼儿的健康和卫生状况很差，到了早晨上学的时间，会有 150 个幼儿挤进学校，有的脏兮兮的、衣衫褴褛，还有一些没有穿鞋，但大多数孩子都按照学校的规定洗漱。怀尔德斯平说道：“孩子们一开始被送去学校的时候更像是清洁

---

① See Phillip McCann and Francis A. Young, *Wilderspin and the Infant School Movement* (London and New York: Routledge, 2017), p. 38.

② See Phillip McCann and Francis A. Young, *Wilderspin and the Infant School Movement* (London and New York: Routledge, 2017), p. 38.

工，父母也没有钱为他们买衣服。”① 在很多情况下，这些幼儿的母亲也不得不出去工作，因为父亲的收入不够养家糊口。幼儿在街上乱跑，经常会发生意外，如被车碾压，烧伤，从窗户上、楼梯上摔下来，掉到池塘里，还有各种死于麻疹、百日咳、水痘和发烧的情况。一次麻疹流行也曾让怀尔德斯平失去两个孩子。②

怀尔德斯平发现幼儿的家庭教育水平很低。最初组织幼儿学习字母表时，他发现只有 6 个孩子会。之前对贵格街的一项调查显示，在接受调查的 90 名儿童中，只有 3 名儿童识字，且一半的成年人是文盲，周边地区的儿童识字率只有 5%。1816 年的一项类似调查估计，在最贫困的儿童阶层中，有 87.5%的儿童完全没有受过教育。

4. 幼儿学校的发展

斯皮尔菲尔德幼儿学校于 1820 年 7 月 23 日开学。8 月 7 日，怀尔德斯平开始接管这所学校，当时有 165 名学生，全部在 7 岁以下。这一时期所有类似的学校基本上都由一个大房间组成，据麦坎南描述，学校的教室是长方形的，大概有 80 英尺长，20 英尺宽。教室的墙边有长凳，中间有一个火炉，一端是教师的办公桌，另一端是一个倾斜的大走廊，教室从一侧通向另一侧。正是在这样的环境中，怀尔德斯平开始了他的职业生涯。③ 怀尔德斯平的教育模式是在实践中不断摸索出来的。学校的发展并没有预想的那样顺利，当教师的第一周让他记忆深刻。麦坎南描述当时的场景：

---

① Phillip McCann and Francis A. Young, *Wilderspin and the Infant School Movement* (London and New York: Routledge, 2017), p. 39.

② See Phillip McCann and Francis A. Young, *Wilderspin and the Infant School Movement* (London and New York: Routledge, 2017), p. 36.

③ See Phillip McCann and Francis A. Young, *Wilderspin and the Infant School Movement* (London and New York: Routledge, 2017), p. 39.

> 第一次上课怀尔德斯平用鲜艳的字母卡片把教室的墙壁都盖上，希望能马上开始教阅读。但当母亲们离开了之后，幼儿挤在一起，其中有一个想开门逃跑却打不开，叫了一声“妈妈”，几秒钟后，其余的幼儿开始发出一声声刺耳的、无法控制的哀号。怀尔德斯平的妻子因受不了而离开了教室，束手无策的怀尔德斯平任由幼儿挤成一团，哭着、喊着、踢着门。那一刻，怀尔德斯平觉得自己之前认为两个人能管理好这么多幼儿的想法是多么的荒唐，他迫不及待地想解散幼儿，但因为家长恳求把孩子留到12点，这才断了他想解散幼儿的想法。一个偶然的动作，让怀尔德斯平安抚了幼儿。当时幼儿的哭声惊动了周围的邻居，怀尔德斯平绝望地抓起妻子一顶饰有彩带的帽子放在一个衣帽架上，并在幼儿面前炫耀。幼儿停止了哭泣并笑了起来，虽然没笑多久，但怀尔德斯平觉得不能对幼儿的行为感到绝望。他开始玩游戏：“现在我们都来玩‘鸭子’，我将成为伟大的鸭子。”幼儿开始“嘎嘎”叫，当这一切都结束后，怀尔德斯平又开始了一场“母鸡和小鸡”的游戏，并领着幼儿在教室里走来走去。①

他发现这种方式奇迹般地取得了成功，并度过了整个上午。这次成功的经验，让怀尔德斯平意识到幼儿教学中基本的原则就是要吸引他们的感官。通过吸引幼儿感官的方式，他对幼儿越来越了解，发现幼儿比他预期的要快乐，教师和幼儿也能一起愉快地相处。之前的困难消失了，于是他和妻子下定决心要用一生来完善他们的计划，并进行广泛实施。②

怀尔德斯平的方法和思想并没有受到所有人的欢迎，反对他的声

---

① Phillip McCann and Francis A. Young, *Wilderspin and the Infant School Movement* (London and New York: Routledge, 2017), p. 35.

② See Samuel Wilderspin, *The Infant System* (London: Lincoln's Inn., 1852), p. 20.

音从未停息。家长对幼儿在学校中玩“鸭子”的游戏感到不满，认为幼儿应该是学习而不是玩无聊的游戏。于是很多母亲把幼儿从学校接走了，她们惊呼道：“我们可以把他们送到某某太太那里，在那里他们可以学到些什么。”因此入学的幼儿人数开始减少，最后减少到只有 50 人①，不到刚开学时的三分之一。怀尔德斯平也因此遭到公开嘲笑，在街上被扔垃圾，还被嘲笑说：“宝宝教授来了。”

当时学校的捐助者参观所捐助的机构是一种惯例，但幼儿学校在早期的发展状况不好，捐助者同意 6 个月后等情况改善了再去参观幼儿学校。但事实上，在第 3 个月的时候，情况就有所改善，学校也因此吸引了一些人的关注，一些显赫的人开始谈论怀尔德斯平的教育方式。幼儿学校重新获得了家长和社会的肯定，家长陆续把幼儿送回到学校中。到 1823 年，学校有 214 名幼儿，另外怀尔德斯平还拒绝了 50 名幼儿的入学请求。② 当地的人们对他充满了敬意，在夏日的晚上，可以经常看到十几个孩子围绕着他玩耍的情景。同年，他出版了一本名为《教育贫困儿童的重要性》（*On the Importance of Educating the Infant Children of the Poor*）的书，这是英国历史上第一本实用的幼儿学校教育手册，同时也是第一本专门解决底层贫困儿童生活和教育问题的教育著作。在接下来的 30 年里，这本书历经 7 个版本，名字和内容也发生了很多变化。这本书在欧洲和美国的广泛出版使怀尔德斯平在国内外享有教育家的声誉。

幼儿学校情况的改善不是怀尔德斯平一个人努力的结果。首先，他的第一任妻子、子女为幼儿学校的发展倾注全力。怀尔德斯平的第一任妻子萨拉·安妮（Sarah Anne）于 1787 年出生在朗伯斯，是一个

---

① See Phillip McCann and Francis A. Young, *Wilderspin and the Infant School Movement* (London and New York: Routledge, 2017), p. 36.

② See Phillip McCann and Francis A. Young, *Wilderspin and the Infant School Movement* (London and New York: Routledge, 2017), p. 46.

独立有思想且受过良好教育的人，她的父母在力所能及的范围内给了她最好的教育。她不是斯维登伯格主义者，而是卫斯理卫理公会教徒。她在 1811 年结婚前坚定地告诉怀尔德斯平她不太可能改变宗教信仰，如果不同意她的信仰，就不结婚。① 婚后她全身心地投入幼儿学校的运行中，在怀尔德斯平离开斯皮尔菲尔德去全国推广幼儿学校时，管理学校和负责接待的任务自然落到了她和女儿的身上。家务、学校的管理，还要抚养 6 个孩子让她心力交瘁，1824 年 10 月她溘然去世。其次，布坎南和欧文也给予了很多帮助。布坎南曾在幼儿学校开办的早期经常从威斯敏斯特步行到贵格街去帮助怀尔德斯平。欧文是第一个意识到幼儿学校价值的参观者。② 欧文说道："我发现怀尔德斯平比出身贫苦的布坎南聪明能干，他善于教导儿童，所以在我当时常去伦敦的期间，屡次参观他的学校，对他向我询问的问题都给予指导。"③ 这些问题包括如何与孩子相处，如何"不用惩罚，以爱和坚定不移的善良"管理幼儿。④ 怀尔德斯平在他早期的作品中，对欧文在新拉纳克的成就及他所提供的帮助给予了慷慨的赞扬。他承认，没有欧文的援助，斯皮尔菲尔德幼儿学校不可能发展到如此水平。1823 年欧文还邀请一些贵族和绅士，带着 50 本怀尔德斯平出版的书，造访斯皮尔菲尔德，并要求随同的人阅读这本书。⑤

---

① See Phillip McCann and Francis A. Young, *Wilderspin and the Infant School Movement* (London and New York: Routledge, 2017), p. 25.

② See Phillip McCann and Francis A. Young, *Wilderspin and the Infant School Movement* (London and New York: Routledge, 2017), p. 38.

③ 欧文：《欧文选集》（第二卷），柯象峰、何光来、秦显果译，商务印书馆，2014，第 91 页。

④ See Phillip McCann and Francis A. Young, *Wilderspin and the Infant School Movement* (London and New York: Routledge, 2017), p. 61.

⑤ See Phillip McCann and Francis A. Young, *Wilderspin and the Infant School Movement* (London and New York: Routledge, 2017), p. 61.

5. 学校中的一日活动

幼儿在学校的活动是充实而有弹性的。幼儿一进学校，会被要求按照秩序集合，由怀尔德斯平和班级管理者检查，那些手和脸比较脏的幼儿被送回家清洗。然后幼儿会跪下进行祈祷，唱赞美诗。迟到者被拒之门外。集合后，幼儿被分成 16 个班，每个班大约 10 名学生，由 2 名班长负责，他们要共同指导幼儿的任务，使用的教具是国立学校①中所采用的阅读卡片。怀尔德斯平的妻子负责整个操作，当学校里的每个幼儿都“讲完他的课”后，每个幼儿依次进入教室，在怀尔德斯平的监督下拼单词。怀尔德斯平认为，这种做法不仅是换换环境或是做一种“游戏”，还有助于纠正发音。在上完一节课后，幼儿被允许进入操场“消遣”，他们会荡秋千、跳舞、唱赞美诗、念字母表和算数表。怀尔德斯平认为，短时间的课程和频繁的场景变化最适合年幼的孩子。幼儿在操场上转了一圈后会回来做算术，继续分班上课。在阅读和算术这些基础课程学习的过程中还会穿插一些自然课程的教育。教师向幼儿展示色彩鲜艳的鸟、兽、鱼、花、昆虫等图片，并鼓励幼儿进行提问。自然环境在教学中同样重要，操场上的花、草、树等都成为幼儿观察和学习的对象。此外，幼儿还会了解一些公共建筑、编织、制鞋等行业方面的知识。

怀尔德斯平非常关注幼儿的健康和保育，坚持为所有幼儿接种天花疫苗，把咳嗽或有先天性疾病的幼儿送回家，并采取一些措施预防一些意外事故。② 他还关注幼儿的心理问题，当时一些家长会经常用一些语言恐吓幼儿，如“把他们丢进洞里”或者是“让清洁工把他们带走”。此外，幼儿生活的社区中充斥着一些“神秘幽灵和妖怪”的故

① 国立学校由英国国家宗教教育促进会于 19 世纪在英格兰和威尔士建立。国立学校按照英国国教的教导，为穷人的孩子提供基础教育，最终被并入国家体系。

② See Phillip McCann and Francis A. Young, *Wilderspin and the Infant School Movement* (London and New York: Routledge, 2017), p. 43.

事。怀尔德斯平认为这些会对幼儿的心理造成伤害。他没有像欧文那样禁止体罚，反而允许教师用一些侮辱的语言进行体罚。如果幼儿在上学的路上把自己弄得很脏，他们要么被一根小树枝打一下手，要么被弄得满脸是污迹。而其他孩子则大喊“扫地、扫地、扫地、扫烟囱”。说谎者被要求拿着扫把在学校里走来走去，并大喊“说谎，老扫帚”。逃学的人背上绑着一块绿色的粗呢，其余的人则大喊“绿尾巴，逃学的，绿尾巴”。有一次，一个经常逃学和偷窃的幼儿被关在像笼子一样的防火警卫室里，供其他孩子嘲笑。① 社会上很多人士都对这种做法提出批评，其中就包括布劳汉姆和布里斯托尔幼儿学校的负责人大卫·高德。怀尔德斯平为自己辩护说，伦敦地区的幼儿比新拉纳克的幼儿要乖张很多，无论是生理上的还是心理上的惩罚，都是为了让少数调皮孩子保持秩序而采取的最终制裁措施。除此之外，没有别的办法可以管教他们。最终，怀尔德斯平还是在众人的批评中于 1825 年废除了言语侮辱的惩罚方式，保留了适当的身体惩罚。②

怀尔德斯平在斯皮尔菲尔德幼儿学校所做的不仅是课程的改革和教学环境的改造，还有在幼儿社会化方面所做出的努力，即向幼儿灌输社会所接受的习惯和道德价值观。结果证明，怀尔德斯平在改善道德和行为方面做出的努力是有效果的，幼儿出了校门后的总体面貌和行为都有所改善，骂人的现象也在减少。大卫·斯托也发现，在幼儿学校中幼儿的面貌与没有上学时相比发生了巨大的变化，即使是最小的孩子，对是非、真理和谬误也有清晰的认知。③

---

① See Phillip McCann and Francis A. Young, *Wilderspin and the Infant School Movemen* (London and New York: Routledge, 2017), p. 44.

② See Phillip McCann and Francis A. Young, *Wilderspin and the Infant School Movement* (London and New York: Routledge, 2017), p. 63.

③ See Phillip McCann and Francis A. Young, *Wilderspin and the Infant School Movement* (London and New York: Routledge, 2017), p. 45.

斯皮尔菲尔德幼儿学校是成功的。很多参观者都发现幼儿学校的学生与街上、妇媪学校、慈善机构或主日学校的学生之间存在明显差异。他们惊讶于怀尔德斯平在几周或几个月的时间里可以把社会上最贫穷的近两百名幼儿变成一个听话、有秩序、快乐、渴望学习的群体。一位参观者认为，这所学校最大的特点是它成功地激发了2—3岁幼儿对课程的兴趣，使他们更喜欢学校而不是家。① 那些看到斯皮尔菲尔德幼儿学校运作的人认为，怀尔德斯平正在开辟新的天地，并且是在非常不利的条件下开辟新的天地。他的成就也得到了欧文很高的赞誉，但欧文认为怀尔德斯平还存在不足，他没有能力理解“幼儿学校是塑造未来社会中的理性人的第一步”这个理念。② 怀尔德斯平并不满足于一所幼儿学校的成功，他期望把幼儿学校模式推向全国。

（三）布里斯托幼儿学校

斯维登伯格主义对英国幼儿学校的早期发展起到了重要作用。除了布坎南和怀尔德斯平，大卫·高德也是斯维登伯格主义者。他曾是一名印刷工，于1821年6月成为布里斯托在梅多街（Meadow Street）开办的第三所英国幼儿学校的校长。这所幼儿学校由一个不同教派的妇女组成的委员会管理。在早期的幼儿学校发展历程中，高德是一个相当重要但被忽视的人物，国内现有的资料鲜有关于他的记载。

布里斯托幼儿学校像是一个大熔炉，融合了众多人的教育理论。在布里斯托，能够发现布坎南和怀尔德斯平幼儿学校的一些元素，如采用字母卡片和图画教学、唱字母歌、跳舞、荡秋千等。高德在创办幼儿学校之前就系统地学习了裴斯泰洛齐的理论，并在业余时间经常学习斯维登伯格主义、颅相学及欧文的理论。1822年他的兄弟托马斯

① See Phillip McCann and Francis A. Young, *Wilderspin and the Infant School Movement* (London and New York: Routledge, 2017), p. 45.

② See Phillip McCann and Francis A. Young, *Wilderspin and the Infant School Movement* (London and New York: Routledge, 2017), p. 61.

（Thomas）访问了新拉纳克，3 年后他亲自前往那里，将欧文的很多思想融入自己的教学中。[①] 他借用了新拉纳克中军事风格的音乐作为“性格一般形成”的辅助，通过颅相学来选择班级中的导师，在数学教学和幼儿的练习中也能发现裴斯泰洛齐方法的影响。[②] 布里斯托幼儿学校是新型教育机构的杰出典范，从 1822 年起，高德开始在英格兰中部、西部及都柏林创办类似的学校。1826 年他重组了利物浦的贵格街幼儿学校，引入了他在新拉纳克中学到的很多原则。

除此之外，英国还有一些非国教派人士建立了幼儿学校。1824 年，福音派牧师威廉·威尔逊在沃尔瑟姆斯托创建了一所广受赞誉的幼儿学校，由怀尔德斯平组织并开办。在此之前不久，威廉·金（William King）把怀尔德斯平带到布赖顿开办了一所幼儿学校。同年，波尔特（Powert）夫人在爱尔兰开办了一所幼儿学校，她是福音派和裴斯泰洛齐主义者 J. H. 辛格（J. H. Synge）的朋友。[③] 19 世纪 20 年代早期，对幼儿学校进行宣传和评价的主要是一些非主流宗教人士。

从以上论述可以发现，在幼儿学校早期的发展过程中，英国最大的教派——国教派并没有起到推动作用，反而是一个小众教派——斯维登伯格主义起到了至关重要的作用。除了布坎南、怀尔德斯平和高德，还有一些幼儿学校的负责人也是斯维登伯格（Swedenborg）的追随者。詹姆斯·斯莱德（James Slade）曾经是雷丁地区的铜匠，后来成为坦普尔幼儿学校的校长；威廉·卡特（William Carter）最初是拉特兰郡（Rutland Shire）的一名工人，1816 年，23 岁的他信仰斯维登

---

① See Phillip McCann and Francis A. Young, *Wilderspin and the Infant School Movement* (London and New York: Routledge, 2017), p. 83.

② See Phillip McCann and Francis A. Young, *Wilderspin and the Infant School Movement* (London and New York: Routledge, 2017), p. 84.

③ See Phillip McCann and Francis A. Young, *Wilderspin and the Infant School Movement* (London and New York: Routledge, 2017), p. 80.

伯格主义，并在主日学校教书，后来又接管了切姆斯福德(Chelmsford)的一所幼儿学校。而在斯皮尔菲尔德幼儿学校的第一批教师中就有几位信仰该教派，这些教师在整个19世纪20年代都保持着密切的联系。

为什么这个教派的人会热衷于幼儿教育事业？首先归于他们激进的宗教教义。1790—1840年千禧年主义[①]席卷英国大陆。千禧年主义者对基督的第二次降临和圣徒在地球上的千年统治充满了各种各样的期待。千禧年主义对下层中产阶级特别有吸引力，因为在经济、政治和社会动荡时期，贫困阶层的利益更容易被剥夺，贫困阶层的安全感较低。他们对原有宗教处理危机的方式和效果不满，进而会求助于一种新的宗教信仰。斯维登伯格及其追随者成了千禧年主义最强有力的支持者。他们相信自己被神赋予了神圣的使命，作为上帝最终启示人类的代理人，要建立新的教会，取代古老的希伯来和基督教的教会。[②] 这种激进的思想让他们敢于创造新的事物。其次斯维登伯格本人十分关注幼儿。他写了大量的书籍，在这些作品中最引人注目的一个方面是他对幼儿的关注及其所表现出来的同情和仁慈。如《契合的爱》(*Conjugial Love*)中有一章专门写如何爱幼儿；《天堂与地狱》是他最受欢迎的作品，书中阐明了他对幼儿的理解。这可能在某种程度上解释了幼儿教育对教会成员极大的吸引力。斯维登伯格主义的注入，为英国早期的幼儿学校发展指明了方向，强烈地吸引了那些与正统的教会、国家和社会生活格格不入的群体和个人，或者是引起了少数宗教派别和热衷于社会运动的成员的关注。随后这些成员也纷纷投入幼儿教育事业当中。威斯敏斯特和斯皮尔菲尔德的幼儿学校分别由神教派

---

① 千禧年主义是某些基督教教派正式的或民间的信仰，这种信仰相信将来会有一个黄金时代：全球和平来临，地球将变为天堂，大一统的时代来临，以及“基督统治世界”。

② See Phillip McCann and Francis A. Young, *Wilderspin and the Infant School Movement* (London and New York: Routledge, 2017), p. 72.

和福音派资助，这开创了由非正统派资助的先例。

在早期幼儿学校发展过程中，还有一个举足轻重的人物，他就是裴斯泰洛齐。虽然他并没有直接参与创办幼儿学校，但是他在英国的追随者有很多是幼儿学校运动的有力行动者，包括布坎南、怀尔德斯平、高德等。他们在实践中都借鉴了裴斯泰洛齐的理论。裴斯泰洛齐的思想传播与斯维登伯格教派也分不开，该教派最早在英国宣传裴斯泰洛齐的理论，这是斯维登伯格派另一大贡献。随着 1815 年战后欧洲旅行的障碍得以解除，一些重要的教育家拜访了伊弗东学校，如威廉・艾伦、安德鲁・贝尔博士及罗伯特・欧文。对裴斯泰洛齐思想传播贡献最大的是辛格、查尔斯・奥潘（Charles Orpen）博士和查尔斯・梅奥（Charles Mayo）博士等人，他们有足够的自由和财富支持他们去伊弗东进行学习。[①] 裴斯泰洛齐的影响还将在下一阶段幼儿学校的发展中持续，许多人在之后的时间里通过著书立说或是创办幼儿学校，推动了幼儿学校的发展。

二、推动其他国家幼儿学校的创办

新拉纳克的实验吸引了人们的关注，在高峰时期，平均每天有 30 人参观新拉纳克幼儿学校。[②] 1815—1825 年，有 2 万名游客被记录在册。欧文自豪地说，他曾把新拉纳克的学校介绍给了埃斯特哈齐王子（Prince Esterhazy）、俄国沙皇（The Czar of Russia）、尼古拉大公（The Grand Duke Nicholas）、布劳汉姆、坎宁（Canning）、科贝特

① See Phillip McCann and Francis A. Young, *Wilderspin and the Infant School Movement* (London and New York: Routledge, 2017), p. 72.

② See Kaspar Burger, "Entanglement and Transnational Transfer in the History of Infant Schools in Great Britain and Salles D'asile in France, 1816-1881," *History of Education* 43, no. 3(2014): 318.

(Cobbett)、马尔萨斯（Malthus)、詹姆斯·密尔、弗朗西斯·普雷斯和里卡多（Ricardo）等人。[①] 他的幼儿学校对世界幼儿教育产生了重要影响，他在欧洲、北美洲、亚洲和大洋洲等地相继建立了类似的幼儿教育机构。

（一）欧洲地区幼儿学校的创办

欧文的幼儿教育理念很快传到了英吉利海峡对面的法国，并促使法国在 1826 年成立了一种名为托儿所的幼儿教育机构。早期法国主要是通过翻译、参观和学习来借鉴英国的经验。1819 年法国将欧文在新拉纳克的讲话编辑成册并出版；1821 年安德烈-丹尼尔·拉丰（André-Daniel Laffon de Ladébat）翻译了一本有关新拉纳克教育实践的书籍；1822 年 9 月，马克-安东尼·朱利安（Marc-Antoine Jullien）参观了新拉纳克，并在一年后将他的所见所闻在法国传播；1825 年欧文的《新拉纳克教育体系大纲》（*Outline of the System of Education at New Lanark*）在法国出版。这些书籍引起了法国一群热心公益事业的人士对新拉纳克的关注。如约瑟夫-玛丽·德·热兰多男爵（Baron Joseph-Marie de Gérando)[②] 开始对幼儿教育产生兴趣，并在 1825 年参观了英国的幼儿学校，归国后他提倡在法国创办类似的机构。一年后，法国成立了一所接收幼儿的教育机构，首次招收的人数是 80 人。[③] 1827 年法国开始派人去英国学习，1835—1840 年《朗芬斯杂志》为英国幼儿学校的宣传发挥了重要作用，它刊登了大量有关英国幼儿学校的历史及功能的文章。在这之后，法国开始从借鉴走向本土的探索，逐渐按

---

① See Peter Gordon, "Robert Owen," *The Quarterly Review of Education* 24, no. (1/2)(1994): 287.

② 法国法学家、慈善家。

③ See Kaspar Burger, "Entanglement and Transnational Transfer in the History of Infant Schools in Great Britain and Salles D'asile in France, 1816-1881," *History of Education* 43, no. 3(2014): 320.

照自己的方式建立托儿所。①

（二）北美洲地区幼儿学校的创办

欧文直接影响了美国早期的幼儿教育。1824 年，欧文离开英国去了美国的印第安纳州，建立了体现共产主义精神的“新和谐村”，并开办了一所幼儿学校。新和谐村在美国教育史上有着重要的意义，在这里欧文成立了美国第一所幼儿学校。1825 年 6 月，欧文离开新和谐村时幼儿学校已有 130 名幼儿，幼儿的住宿、衣物和教育等费用全部免费。② 欧文本人对自己的幼儿学校感到满意，他说道：“全体居民的性格改变了，从懒惰、肮脏、嗜酒、愚蠢和不道德变成了非常勤勉、不饮酒、积极、清洁和有道德。在这个工程中出生并自幼在为培养性格而开办的新式学校里受到培训和教育的儿童，比任何一州的同一阶级的儿童都好得多，而在某些方面甚至高于任何一个社会阶级的儿童。”③ 1825 年 2—3 月，欧文还受邀在美国国会进行了题为《关于新社会制度的论述》（“A Discourse on a New System of Society”）的演讲。④ 虽然欧文在 19 世纪 20 年代末返回英国，但幼儿学校这种新的幼儿教育机构保存了下来。美国的威廉·罗素（William Russell）在《美国教育杂志》（*The American Journal of Education*）中报道和转载了怀尔德斯

---

① See Kaspar Burger, “Entanglement and Transnational Transfer in the History of Infant Schools in Great Britain and Salles D'asile in France, 1816-1881,” *History of Education* 43, no. 3(2014): 321.

② See V. Celia Lascarides and Blythe F. Hinitz, *History of Early Childhood Education* (New York and London: Routledge, 2000), p. 75.

③ 欧文：《欧文选集》（第二卷），柯象峰、何光来、秦显果译，商务印书馆，2014，第 96 页。

④ See V. Celia Lascarides and Blythe F. Hinitz, *History of Early Childhood Education* (New York and London: Routledge, 2000), p. 75.

平和英国幼儿学校的做法，幼儿学校开始进入美国人的视野。[①] 一些州设立了类似的机构，这些幼儿学校比较注重与初等教育的衔接，并把幼儿学校的教学方法引到初等教育中，强调幼儿的健康保健和户外活动。[②] 到19世纪30年代初，哈特福德、费城、纽约、波士顿、里士满及一些较小的边远城镇和村庄都有了幼儿学校。这些机构大部分是慈善机构，为几千名儿童提供了服务，其中包括一些非洲裔美国人。[③] 讽刺的是，幼儿学校的迅速发展导致了自身的灭亡。幼儿学校的扩张引起了人们的担忧：儿童成长是一个独立的阶段，必须加以延长，以便儿童在母亲的监督下得到适当的发展，而幼儿学校是助长早熟的温室，会摧残幼儿的心灵。[④] 一些教育专家谴责课外的教育训练对幼儿的健康和心智有害。[⑤] 于是在19世纪40年代，幼儿学校逐渐消失，之后随着幼儿园在美国的传播，其逐渐成了幼儿教育的主流。

19世纪早期，英国幼儿学校也影响了北美洲地区幼儿教育机构的成立。加拿大早期的幼儿学校无论是在教学方法还是办学性质方面都与英国类似。1827年秋，蒙特利尔市的几位女士开始关注远在大洋彼岸的幼儿学校。1828年4月，她们召开了一次会议，讨论这些机构在加拿大的应用。在经过充分考虑后，她们决定在圣多明尼克街开办一

---

① See Sonya Michel, *Children's Interests/Mothers' Rights the Shaping of America's Child Care Policy*(New Haven and London: Yale University Press, 1999), p. 27.

② 参见郭法奇《外国学前教育史》，北京大学出版社，2015，第89页。

③ See Sonya Michel, *Children's Interests/Mothers' Rights the Shaping of America's Child Care Policy*(New Haven and London: Yale University Press, 1999), p. 29.

④ See Sonya Michel, *Children's Interests/Mothers' Rights the Shaping of America's Child Care Policy*(New Haven and London: Yale University Press, 1999), p. 30.

⑤ See Kristen Dombkowski, "Kindergarten Teacher Training in England and the United States 1850-1918," *History of Education* 31, no. 5(2002): 476.

所采用导生制的幼儿学校。[①] 1829 年 8 月，她们认为幼儿学校取得了较好的效果，并期望成立一个幼儿学校协会。是年冬季，一位女士接管了这所幼儿学校并采用寄宿制，该制度取得了令人满意的结果。在第一批入学的 20 名幼儿中，有些连字母都不认识，但经过学习，他们都可以阅读《圣经》，健康和卫生状况也比较好。这所学校的经费主要来自家长支付的学费，其占学校运营经费的 30%。[②] 1831 年，加拿大成立了蒙特利尔幼儿学校协会（Montreal Infant School Society）负责推广幼儿学校，并在当年发布了一份有关幼儿学校的报告。报告中指出："在过去的 11 年中，英国为了将青年从罪恶中解救出来做了很多努力，取得了一定的效果……在那里，建立了第一所幼儿学校，目的是帮助工人家庭的子女远离邪恶，并取得了良好的结果。"从以上的描述可以看出，该协会期望通过英国幼儿学校的成功案例在加拿大推广幼儿学校。

（三）亚洲地区幼儿学校的创办

早在 17 世纪初，英国就在印度建立了东印度公司，英国的一些文化也随即传播至印度。幼儿学校也不例外，其直接受到欧洲，特别是英国的影响。[③] 印度在 19 世纪早期就建立了类似的机构，1811 年，英国及海外学校协会先后派库克（Cooke）小姐和威尔逊（Wilson）夫人去印度推广女子教育。1824 年，在威尔逊夫人的影响下，印度成立了本土女性教育协会（Ladies' Society for Native Female Education），推

---

① See *First Report of the Montreal Infant School Society , for 1830*（Montreal：Canadian Courant Office，1831），p. 4.

② See *First Report of the Montreal Infant School Society , for 1830*（Montreal：Canadian Courant Office，1831），p. 6.

③ See Baljit Kaur，"Keeping the Infants of Coolies Out of Harm's Way：Raj，Church and Infant Education in India 1830-51，"*Contemporary Issues in Early Childhood* 5，no. 2（2004）：222.

动了女子学校的开设，其中也包括了幼儿学校或幼儿班。① 虽然在19世纪早期，幼儿学校在英国本土饱受争议，但是传教士还是将其带到了印度。特纳（Turner）② 主教认为幼儿学校的教育宗旨符合传教士的教育目标，在殖民者和传教士的眼里，对本地土著的改造和拯救越早越好。1830年，特纳在加尔各答建立了印度第一所幼儿学校并提供办学资金，直到他去世。③ 特纳在到达印度之前就充分了解了英国的幼儿教育情况。他是一个精力充沛、对教育非常感兴趣的人，他把教育看作传播基督教信仰的一种长期手段。他在印度旅行期间，无论走到哪里，都一定要参观由传教士管理的学校和学院，检查学生，为他们提供从英国进口的书籍、材料和仪器。④ 有证据表明，怀尔德斯平幼儿学校对印度早期幼儿学校影响较大，威尔逊夫人在信中描述了在幼儿学校中大规模进行实物教学的场景。⑤ 巴尔吉特·考尔指出，传教士协会（Church Missionary Society's）建立幼儿学校的目的是通过基督教的传播来拯救较低种姓的幼儿或处于悲惨境况的人，而不是像欧文乌托邦

---

① See Baljit Kaur, "Keeping the Infants of Coolies Out of Harm's Way: Raj, Church and Infant Education in India 1830-51," *Contemporary Issues in Early Childhood* 5, no. 2 (2004): 224.

② 加尔各答第四任主教。

③ See Baljit Kaur, "Keeping the Infants of Coolies Out of Harm's Way: Raj, Church and Infant Education in India 1830-51," *Contemporary Issues in Early Childhood* 5, no. 2 (2004): 223.

④ See Baljit Kaur, "Keeping the Infants of Coolies Out of Harm's Way: Raj, Church and Infant Education in India 1830-51," *Contemporary Issues in Early Childhood* 5, no. 2 (2004): 222.

⑤ See Baljit Kaur, "Keeping the Infants of Coolies Out of Harm's Way: Raj, Church and Infant Education in India 1830-51," *Contemporary Issues in Early Childhood* 5, no. 2 (2004): 224.

设想的那样对整个社会进行改革。[①]

（四）大洋洲地区幼儿学校的创办

1828 年，英国圣公会（Church Missionary Society）的传教士开始在新西兰活动，他们认为学校是改变当地异教徒的关键。这一时期，为幼儿开设幼儿学校的想法在英国越来越流行。19 世纪 30 年代初，英国的传教士开始在世界各地开展早期儿童的教育，他们期望借鉴欧洲开明的教育思想，重塑土著儿童。英国的幼儿教育工作者们怀着这样的雄心壮志，想要改造那些被视为野蛮和未开化的贫困阶层的孩子。1831 年 10 月底，玛丽安·威廉姆斯（Marianne Williams）[②] 有意建立一所幼儿学校。[③] 1832 年，新西兰第一所幼儿学校在派西亚成立，招收了 26 名当地幼儿，大多数是 7 岁以下的男孩。学校以怀尔德斯平的《幼儿教育》和艾萨克·瓦特博士的《教育问答和祈祷》（*Catechisms and Prayers*）为指导。[④] 该幼儿学校的成绩令人满意，亨利·威廉姆斯（Henry Williams）在向圣公会报告时说道："每个人进屋时都穿上一件蓝色的长袍，这使教室显得整齐划一。幼儿表现出极大的快乐和求知欲望，并可以精确地完成各种任务……毫无疑问，这片道德的荒野将会像玫瑰一样绽放，这片荒漠将会充满歌声，这令人欢欣鼓舞。这些孩子们背诵教义问答，回答问题的表现使我们相信我们的努力是值得的。"幼儿学校的作用得到了圣公会的认可，在之后的几年里，新西兰的北部又建立了几所幼儿学校，主要教授 3R、宗教教导、游戏、

---

① See Baljit Kaur, "Keeping the Infants of Coolies Out of Harm's Way: Raj, Church and Infant Education in India 1830-51," *Contemporary Issues in Early Childhood* 5, no. 2 (2004): 225.

② 英国圣公会领导人亨利·威廉姆斯的夫人。

③ See Helen May, "Nineteenth Century Early Childhood Institutions in Aotearoa New Zealand: Legacies of Enlightenment and Colonisation," *Journal of Pedagogy*, no. 2(2015): 24.

④ See Helen May, "Nineteenth Century Early Childhood Institutions in Aotearoa New Zealand: Legacies of Enlightenment and Colonisation," *Journal of Pedagogy*, no. 2(2015): 24.

唱歌、缝纫和家务等内容。①

与其他地区在本国重新建立幼儿学校不同的是，英国人期望将幼儿学校跨洋运到新西兰，这与当时英国人对新西兰的认识与期望有关。新西兰位于英帝国的边缘，欧洲人错误地认为新大陆是空无一物的，期望这里是英国“母亲”理想的后代。英国人对此充满了梦想，期望将英国和旧世界的弊病抛诸脑后。移民浪潮给新西兰带来了一种乌托邦式的帝国主义，幼儿学校被认为是帝国进步的工具。1839 年，在前往新西兰的阿德莱德（Adelaide）号上装载了一所预先建设的“幼儿学校”，一些随丈夫移民而来的妇女期望在新世界建立一所幼儿学校，以造福当地居民和定居者中较贫困的孩子。在这艘船上还有欧文幼儿学校的第一任教师布坎南，但布坎南到南非的开普敦时离开了阿德莱德号。到达新西兰后，殖民者发现，在有限的基础设施和只有一小部分欧洲人的情况下，使用预先的学校是不可行的，临时自己动手是唯一可行的选择，于是来自英国的学校被变卖。②

本章小结

19 世纪初，当工业革命开始并不断推进的时候，它所引发的问题对社会的各个阶层都产生了深刻的影响，而影响最大的是处于社会不利地位的工人和他们的后代。欧文注意到了这一社会事实，结合自己的理想，为工厂中贫困幼儿的发展提供了比较有利的条件，并将改造社会的理想付诸实践，这些行为在当时有着很重要的意义，以至于有

① See Helen May, “Nineteenth Century Early Childhood Institutions in Aotearoa New Zealand: Legacies of Enlightenment and Colonisation,” *Journal of Pedagogy*, no. 2(2015): 25.

② See Helen May, “Nineteenth Century Early Childhood Institutions in Aotearoa New Zealand: Legacies of Enlightenment and Colonisation,” *Journal of Pedagogy*, no. 2(2015): 28.

人指出："欧文建立了从工业革命到后工业革命时期的桥梁。"① 欧文提出了幼儿教育的概念，他在新拉纳克的实验具有一整套教育元素，这标志着一种新的幼儿教育模式的创立。

作为一种教育实验，如果从改进特定阶层教育水平的效果来说，新拉纳克是失败的，欧文没有从当时已有的条件出发提出一种具有普适性的教育模式，也没有主动推广类似学校的建立，接受幼儿学校教育的人数非常有限，且学校自身仅生存了 8 年。但从实验的影响力来看，新拉纳克幼儿学校实验无疑是成功的。欧文倡导了一种新的教育观念，引发了上层人士对贫困阶层教育的关心，直接影响了英国幼儿教育机构的创办，打开了幼儿学校社会化之门。随着英国在海外的影响力不断扩大，欧文的思想也促进了其他国家建立类似的幼儿教育机构，推动了世界幼儿教育的发展。欧文在新拉纳克的实验虽然遭受了一些挫折，但他的精神和理想鼓舞了后继者。布坎南、斯托和怀尔德斯平在 19 世纪早期对幼儿学校进行了推广，并且创造了一种倡导幼儿教育的氛围，只是政府人员并没有很大的热情将这种方式引入国家层面。不过，这并不影响欧文伟大的地位，因为他塑造了人生的目标和世界的图景，并为实现这些目标坚持不懈地奋斗，这值得每一个人尊敬。受欧文影响所创办的幼儿学校点燃了社会对幼儿教育的热情，慈善事业使得这种热情被组织起来，并转化为幼儿教育实践，从而提高了贫困幼儿的教育水平，推动了英国幼儿教育事业的发展。

---

① V. Celia Lascarides and Blythe F. Hinitz, *History of Early Childhood Education* (New York & London, Falmer Press, 2000), p. 81.

第三章　民间幼儿学校运动的兴起（1824—1838）

威斯敏斯特和斯皮尔菲尔德幼儿学校的成立，标志着一种新型教育机构从苏格兰的一个工业村庄转移到首都人口密集的工薪阶层地区。新型幼儿学校的出现点燃了一些倾向改革的激进人士和非国教徒的热情。从 1824 年开始，英国幼儿学校的发展进入了一个新的阶段，史称“幼儿学校运动”时期，这一时期大约持续到 19 世纪 30 年代末。其间，英国成立了一些推广幼儿学校的协会，幼儿学校如雨后春笋般建立起来。到 1847 年怀尔德斯平退休时，英国已建立超过 2000 所幼儿学校。在这一阶段，幼儿学校协会对幼儿学校运动产生了什么影响？怀尔德斯平做出了哪些贡献？这些是本章讨论的重点。

第一节　民间幼儿学校运动兴起的背景

一、贫困幼儿教育问题的凸显

19 世纪初，英国教育处于私人或宗教团体主办的局面。尽管教会和民间组织在贫民初等教育方面发挥了重要作用，但初等教育的整体状况并不让人满意。据 1818 年的一项统计，英国只有 25％的儿童能接受教育，学校的教学质量很差，预计超过 150 万名贫民被拒绝在校门之外。[①] 这与英国当时的经济水平、社会影响力不匹配，人们要求政府承担教育发展任务的呼声又起。

贫困人口快速增长带来的教育需求超出了教会和慈善团体的能力范围。19 世纪前 50 年，英国人口飞速增长，1801 年，英格兰和威尔士的总人口为 8 872 980 人，1821 年增长到 11 978 875 人，到 1831 年有 13 897 187 人，1841 年将近 160 万人。[②] 这些新增人口大多数是贫困阶层。英格兰政府为缓解社会的贫困状况，于 1834 年颁布了新《济贫法》，并在全国新建了几百所济贫院。[③] 穷人的生活难以保障，更何况是教育。布劳汉姆指出，在 1820 年有 50 000 名儿童在非捐资学校中就读，有 53 000 名儿童没有接受教育，或是在妇媪学校中学习，有 165 432 名儿童在捐资学校就读。在一些童工特别多的郡，入学率非常低，如兰开夏为 4.17%，米德尔赛克斯为 3.84%。如果不算妇媪学校，全国的平均入学率在 6.25%。在基督教世界里，这是一个非常低的数字。[④] 教会及慈善团体对迅速增长的儿童数量感到力不从心，由于缺乏经费和合格教师，大量儿童流落街头，带来了严重的社会问题。

贫困儿童的生存状况迫使他们需要一个安全的场所。随着工业化的推进，大量人口涌进城市，超出了城市可接受的程度，这一时期英国的市政建设也不是很好，导致工人们居住在污浊、拥挤不堪的城市里。起初，城市中新建的住宅要比乡下矮小潮湿的土筑茅屋显得更加宽敞和保暖，但随着人口的迅速增加，这些房屋经常被超负荷使用。一家人常常挤在一间很小的房间里，厨房条件有限，很少有窗户，自

---

① 参见王璐《英国教育督导与评价》，高等教育出版社，2010，第 19 页。

② See Grosvenor T. Griffith, *Population Problems of the Age of Malthus* (London: Frank Cass & Co. Ltd., 1967), p. 21.

③ See Charlotte Newman, "To Punish or Protect: The New Poor Law and the English Workhouse," *International Journal of Historical Archaeology* 18, no. 1(2014): 122.

④ See Howard C. Barnard, *A Short History of English Education from 1760-1944* (London: University of London Press, Ltd., 1947), pp. 78-79.

来水和室内厕所更是没有，户外的厕所和水井都在一个院子里，院子里垃圾成堆，附近的工厂污染了河水，空气中弥漫着人畜的便溺味，工厂的烟囱吐出带有硫黄味的浓浊黑烟。在这样肮脏的环境里很容易产生疾病。据统计，在 19 世纪 40 年代，每 45 个人中就有 1 人死亡，贫民窟的数字更加惊人，每 20 个人中就有 1 人死亡。在曼彻斯特，工人的平均寿命只有 17 岁。[①] 成人如此，无人看管的幼儿就更加悲惨，除了疾病，独自上下楼梯和飞奔的马车，都有可能造成他们残疾或死亡。

这一时期，青少年犯罪率的上升迫使社会人士思考问题解决的办法。工业革命虽然提供了大量的工作岗位，但仍有大量人失业。1826 年在兰开夏和约克郡，30％—75％的人处于失业状态，1800—1850 年，奥尔德汉姆的工人失业，致使 40％的人生活在贫困之中。这些失业的人缺乏有效的救济，盗窃、抢劫、乞讨成了他们谋生的手段。1805 年英国犯罪的人数是 4605 人，1856 年增加到 30 349 人。[②] 从 1815 年拿破仑战争结束至 1819 年彼得卢屠杀事件这段时间，英国社会动荡不堪。与此同时，青少年的犯罪案件数量急剧上升，从 1815 年的 4883 件上升到 1820 年的 9318 件。布劳汉姆估计，在 1818 年，7—13 岁的儿童中至少有 33.3％从未上过学，他们所追求的就是在公园里赌博并进行有组织的扒窃，因此监狱的人数不断增加。[③] 面对这一问题，一些人期望通过教育来解决，怀尔德斯平就是代表之一。

---

① 参见克莱顿·罗伯茨、戴维·罗伯茨、道格拉斯·R. 比松《英国史》（下册），潘兴明等译，商务印书馆，2013，第 90 页。

② 参见克莱顿·罗伯茨、戴维·罗伯茨、道格拉斯·R. 比松《英国史》（下册），潘兴明等译，商务印书馆，2013，第 91 页。

③ See W. P. McCann, "Wilderspin and the Early Infant Schools," *British Journal of Educational Studies* 14, no, 2(1966): 189.

二、政府对贫困幼儿教育的放任

1836 年法国教育部接管了为 3—5 岁幼儿服务的项目[①]，德国更是在 17 世纪魏玛公国时期就率先颁布了“义务教育规定”。当欧洲大陆的德国和法国把教育变为国有，又对教育体制进行大规模变革时，英国社会却反对政府干预教育，乐于把学校交给民办。工业革命给英国带来巨大财富的同时也导致了很多社会问题，但 19 世纪 40 年代之前英国政府却迟迟不愿意采取更多的行动去解决社会问题，这与政府对古典政治经济学的信奉有关。亚当·斯密在 1776 年发表的《国富论》认为，人类社会的经济活动为一种自然的和谐发展所支配，在这种法则下，个人自由追求财富的活动，必然会促进所有人的福祉。政府不应当妨碍这种法则，而应推行一种自由放任的政策。持同一观点的还有托马斯·马尔萨斯（Thomas Malthus）和大卫·李嘉图（David Ricardo），他们认为政府干预只有坏处，没有好处。这些理论获得了统治阶级的信奉。同时，也与当时人们认为“贫穷不可避免”和“劳动是一种天谴”的看法契合。[②] 在这些思想的主导下，政府自然不会太多关注大众幼儿学校的发展，他们认为“看不见的手”自然会改善教育状况。

这一时期新兴工业城镇充满着愚昧且贫苦的人群。虽然有一些激进分子，特别是一些工人阶级渴望在政府的支持下扩大幼儿的受教育权，但上层阶级持有一种反对普及教育的观点，他们认为普及教育会

---

① See Sheila B. Kamerman, “A Global History of Early Childhood Education and Care,” Unesdoc, 2006, https://unesdoc.unesco.org/ark:/48223/pf0000147470.

② 参见克莱顿·罗伯茨、戴维·罗伯茨、道格拉斯·R. 比松《英国史》（下册），潘兴明等译，商务印书馆，2013，第 98 页。

引起社会混乱。① 这种观点的势力很大，足以阻止任何在幼儿教育方面的改革和发展。不仅是上层社会，那些纺织业和制造业的工厂主和经理们也不想改善工人阶级子女的教育状况，他们担心雇员会降低对他们的依赖。企业家满足于竞争体制，在他们看来，人人都可以通过努力成功，因而他们和土地贵族、教会联合起来，抵抗任何试图普及教育的企图。② 很多家长也对政府插手教育持冷淡态度，他们认为子女受不受教育无关痛痒，去工厂做童工挣些钱有助于减轻家庭的经济负担。③

众多利益集团的反对使19世纪40年代前政府对贫困幼儿教育的干预仅限于对童工的保护，这是一种间接干预，效果非常有限。19世纪30年代之前，一些人士期望通过法律来改善儿童的状况，但收效甚微。1833年的《工厂法》是第一个真正有效的工厂立法。④ 此法案的适用范围扩大到所有的纺织工，其中针对童工和女工的条款特别多。主要有："工厂不得雇佣9岁以下的儿童；9—13岁的儿童每天工作8小时，13—18岁的青少年每天工作12小时，建立'工厂学校'，为童工提供每天3个学时的学习时间。"这项法案使接受教育的童工数量增长了一倍。⑤ 法案规定由政府而不是地方官员进行监察，因此大大提高了执法的力度。这一法案虽然有效力，但实际效果不佳，被任命为第一批工厂监察员之一的霍纳（Horner）指出，虽然该法案规定工厂雇佣的儿

① 参见博伊德、金《西方教育史》，任宝祥、吴元训译，人民教育出版社，1985，第363页。

② 参见博伊德、金《西方教育史》，任宝祥、吴元训译，人民教育出版社，1985，第363页。

③ 参见王璐《英国教育督导与评价：制度、理念与发展》，高等教育出版社，2010，第20页。

④ 参见刘成等《英国通史》（第五卷），江苏人民出版社，2016，第218页。

⑤ 参见刘成等《英国通史》（第五卷），江苏人民出版社，2016，第301页。

童应受教育，但没有任何法律规定可以确保这一目标。① 结果，该法案被广泛规避，因为在提供教育的地方，往往都是由不识字的工厂雇员教学。一位监察员指出，有些教师甚至连自己的名字都不会签。但也有一些工厂认真执行本法案，如曼彻斯特的一个公司聘请了合适的教师，开设了一些适宜的课程。

三、国教派与非国教派冲突加剧

在英国，国教派代表了全国的大多数，非国教派代表了一个日益壮大、充满活力的少数群体。从整体上看，当时的政治集团也存在宗教上的差异。保守党是国教的支持者，而辉格党则倾向于支持非国教派。在 19 世纪前几十年里，国教派的地位不断遭受非国教派的挑战。很多教会人士对辉格党政府的政策感到震惊，他们认为这威胁到国教的存在。1828 年《测试法案》（*Test and Corporation Acts*）被废除，非国教徒被允许担任国家公职。第二年《天主教解放法案》（*Catholic Emancipation Act*）将国家公职的任职权利扩大到罗马天主教徒，这意味着基督徒可以成为镇议员和国会议员。② 这一系列事件使国教派确信辉格党人对教会怀有敌意，让他们感到不安。1833 年，10 个爱尔兰主教辖区被镇压，国教派认为辉格党人的目的是破坏教会的威信。③ 面对非国教派权力日益增长，一些激进保守派扛起了捍卫传统的大旗，发起了一场宗教文化运动。此运动的中心在牛津大学，史称“牛津运

① See Derek Gillar. “Education in England: A History,” accessed June 9 2019, http://www.educationengland.org.uk/history/chapter05.html, 2019-6-9.

② See Lois Louden, *Distinctive and Inclusive the National Society and Church of England Schools 1811-2011* (London: The National Society, 2012), p. 21.

③ See S. J. Curtis and Myrtle E. A. Boultwood, *An Introductory History of English Education since 1800* (London: University Tutorial Press Ltd., 1960), p. 57.

动”。牛津大学奥利尔学院的神学教授约翰·基布尔（John Keble）在圣玛丽教堂发表了一篇著名的布道，题目是《举国背道》（“National Apostasy”），呼吁人们联合起来，反对背道的“政府”，保卫教会。①

与此同时，大众的教育需求开始增长。不同教派之间的斗争也延伸至教育领域，宗教纷争呈现出日益严峻的局面，在将近 75 年的时间里，宗教教学问题是所有国民教育计划的严重障碍。② 国教派通过小册子不断宣传他们的主张，坚持把宗教教育作为开办学校的条件之一，很多神职人员同意教会对教育进行控制。非国教派反对教会控制教育，但他们在很大程度上同意宗教应该是教育的一个重要组成部分。这与欧文的去宗教化有着本质的不同。到目前为止，只有一小部分人赞成纯粹的世俗教育。这一时期，国教派所属的英国国教协会（The Anglican National Society）控制了大多数的学校。然而，在农村地区，教区学校往往是唯一的学校，一些非国教派反对把他们的孩子送去学习英国国教的教义。这一时期，英国国教协会和它的对手英国及海外学校协会，这两个主导初等教育的宗教团体也在激烈竞争。为了在有限的资源条件下最大限度地服务于不同的领域，这两个协会减少了每所学校的开支。由于缺乏合格的教师，这两个协会的学校一直依赖于导生制及其机械、高度重复的教学方法，影响了教学效果。③

① 参见绍政达《英国牛津运动探微（1833—1845）》，《大连大学学报》2017 年第 10 期。

② See S. J. Curtis and Myrtle E. A. Boultwood, *An Introductory History of English Education since 1800* (London: University Tutorial Press Ltd., 1960), p. 58.

③ See Martin West, “State Intervention in English Education, 1833-1891: A Public Goods and Agency Approach,” *Discussion Papers in Economic and Social History*, no. 37 (2000): 16, https://www.researchgate.net/publication/5201296_State_Intervention_in_English_Education_1833-1891_A_Public_Goods_and_Agency_Approach.

第二节 民间幼儿学校组织的成立

为了更有效地推广新式幼儿学校，英国民间团体成立了一些组织。其中著名的有伦敦的幼儿学校协会、苏格兰的格拉斯哥幼儿学校协会、本土及殖民地幼儿学校协会。这些协会的组织者和成员主要是有一定地位的民间人士，在宗教信仰方面大多数是异教徒。他们在促进幼儿学校的建设、改善幼儿师资方面做出了巨大贡献。

一、幼儿学校协会

1824 年，在伦敦贵格街成立的幼儿学校协会是英国幼儿学校的里程碑，它标志着幼儿学校由个人实验转向有组织的发展。协会的前两年效果显著，到 1825 年，英国已成立了 55 所幼儿学校。[①] 后来，由于遭到社会上一些保守力量的反对，协会力量逐渐式微，1828 年已名存实亡。虽然存在的时间很短暂，但这个组织通过发表演讲、创办幼儿学校、培训幼儿教师的方式有效地宣传了新型幼儿学校理念，有力地推动了幼儿学校发展。

（一）伦敦幼儿学校协会的创办

1824 年 6 月 3 日，《晨报》刊登了一则广告，希望召集支持工人家庭幼儿接受教育的人参加一次会议，集体讨论扩大现有幼儿体系的方法。[②] 会议在皇后街的共济会酒馆如期举行，这里是 19 世纪 30 年代慈善运动的中心地。

怀尔德斯平参加了这次会议，并对很多大人物的演讲印象深刻。

---

① See Sonya Michel, *Children's Interests/Mothers' Rights the Shaping of America's Child Care Policy* (New Haven and London: Yale University Press, 1999), p. 27.

② See "Irish Peasantry Society," *Morning Chronicle*, June 3, 1825, p. 1.

发言者包括主持会议的兰斯顿（Langston）勋爵，还有布劳汉姆、约翰·史密斯、詹姆斯·麦金托什（James Mackintosh）爵士和威廉·威尔伯福斯（William Wilberforce）等。6 月 8 日的《晨报》用专栏对这次会议进行了报道，详细记录了主要人物的发言。威尔伯福斯指出，他为威斯敏斯特幼儿学校取得的成绩感到高兴，他认为政治财富取决于道德财富，良好道德可以在早期进行训练，他对自己能推动幼儿学校的发展感到十分高兴。约翰·史密斯同意委员会建立中心示范学校培训幼儿教师的建议，他认为兰卡斯特系统在幼儿 2—3 岁的时候就可以使用。几乎所有发言者都表达了共同的观点："幼儿学校将让贫穷的幼儿获得美德，免于犯下'最残暴和伤害性罪行'。把孩子和父母分开是有道理的，因为父母缺乏基本的家庭美德。"有一些人还对幼儿学校的教学方法进行了阐述，访问过新拉纳克的约翰·史密斯和威廉·艾伦认为，人类性格的形成比人们想象的要早得多，实行人道主义和援助是为了消灭自私，爱的力量会在孩子们的能力发挥之前给他们信心。①

本次会议筹集了大约 700 英镑的启动资金，成立了一个由 25 人组成的委员会，成员构成与威斯敏斯特幼儿学校类似，有议员、学者、商人、法律改革家和银行家等。其中有 10 人是与刑法或青少年犯罪社团有关的杰出成员，有 12 人是非国教派的成员，有 18 人是金融家、商人、银行家或他们的家庭成员。② 这些人被选为成员可能是因为对教育的兴趣，也可能是因为在经费方面的贡献。从委员会的名单看，上层社会的各界人士对于幼儿学校的作用达成了共识，认识到早期教育和幼儿学校在改善幼儿道德方面的作用。《晨报》也对该协会的成立表示欢迎，称："在这个国家，一种信念似乎正在迅速蔓延，即劳动阶级的

---

① See "Infant Schools," *Morning Chronicle*, June 8, 1824, p. 2.

② See Phillip McCann and Francis A. Young, *Wilderspin and the Infant School Movement* (London and New York: Routledge, 2017), p. 93.

福祉对富人的安全至关重要，认识到不同阶级之间的幸福是一件明智的事情。”①

从幼儿学校协会的成员构成中不难发现，在早期幼儿学校运动时期，幼儿学校运动的方向掌握在一个由辉格党、福音派、持不同政见者和功利主义者组成的联盟手中，联盟成员在社会出身、政治、宗教、教育等方面都不属于传统的统治阶级精英，有一条线把他们与地主乡绅、国教派教士、保守党区分开来。这个联盟十多年来一直活跃在各种改革运动中，向穷人推广无教派教育，通过刑法改革和监狱纪律改革来减少犯罪，通过实际的慈善事业减轻贫困，以及参与反对奴隶制和奴隶贸易的运动。这个群体的社会影响力集中在大都市从事商业和金融业的中产阶级及其伙伴周围。威廉·艾伦的《慈善家》杂志为这群人提供了一个非正式的论坛，刊登了关于教育、犯罪、慈善和反奴隶制运动的文章，并介绍欧文、威尔伯福斯和边沁等人物的贡献。

虽然协会由一些社会精英构成，也不乏商业人士，但协会的收入依旧比较少，影响了幼儿学校的推广力度。1827 年的报告显示，在过去的两年里，协会收到的捐款只有 244 英镑，加上 1825 年 993 英镑的结余，前三年的总收入为 1237 英镑，扣除 1048 英镑的支出后，余额仅有 189 英镑。与其他慈善机构相比，协会的收入非常微薄。1822 年，英国国教协会的收入为 2500 英镑，英国及海外学校协会的收入为 2054 英镑，主日学校联盟的收入为 1747 英镑，商业海员圣经协会的收入为 649 英镑，甚至伦敦爱尔兰协会的 403 英镑的收入都比幼儿学校协会在 1825—1827 年的收入多，更不用提英国和海外圣经协会 97 063 英镑的收入。②

---

① "Infant Schools," *Morning Chronicle*, June 8, 1824, p. 2.

② See Phillip McCann and Francis A. Young, *Wilderspin and the Infant School Movement* (London and New York: Routledge, 2017), p. 99.

（二）幼儿学校协会对裴斯泰洛齐思想的传播

裴斯泰洛齐作为一位民主主义和人道主义教育家，他对贫困阶层进行教育的理论和实践影响了幼儿学校运动的一些组织者。哲学家兼神秘主义者詹姆斯·庞特·格里夫斯在1825年被任命为新成立的幼儿学校社团的秘书。① 作为裴斯泰洛齐的追随者，他为新型幼儿学校带来了裴斯泰洛齐元素。在这里，他结识了怀尔德斯平，对斯维登伯格主义共同的兴趣促使他们形成了良好的关系，格里夫斯还担任了斯维登伯格派的社会公共关系秘书。② 他对幼儿学校的发展做出了突出贡献，但现有研究对他关注不多。

1777年，格里夫斯出生于默顿③，父亲是一个富有的商人。格里夫斯在30岁时放弃了商业，开始学习斯维登伯格学说。1817年，他偶然看到了辛格关于裴斯泰洛齐的介绍，思想开始转变并前往瑞士的伊弗东，在那里当了5年的教师。在这一时期，他与裴斯泰洛齐有大量的书信往来，讨论了很多关于幼儿教育的内容。④ 之后，他在巴塞尔大学和图宾根大学任职，1824年因被怀疑在学生中传播颠覆性的教义而被符腾堡政府勒令离开。⑤ 瑞士的经历让他更加了解裴斯泰洛齐的思想，在推广幼儿学校的过程中，他也致力于把裴斯泰洛齐的思想融入幼儿学校中。1827年，格里夫斯帮助他人出版了《裴斯泰洛齐关于教育的信件》的英文版。次年，他又发布了一份招股说明书，计划在霍尔本和

---

① See Phillip McCann and Francis A. Young, *Wilderspin and the Infant School Movement* (London and New York: Routledge, 2017), p. 80.

② See Phillip McCann and Francis A. Young, *Wilderspin and the Infant School Movement* (London and New York: Routledge, 2017), pp. 84-85.

③ 默顿是一个古老的教区，最早属于萨里郡，自1965年后属于大伦敦地区。

④ See T. Raymont, *A History of the Education of Young Children* (London, New York, Toronto: Longmans, Green and Co., 1937), p. 141.

⑤ See Phillip McCann and Francis A. Young, *Wilderspin and the Infant School Movement* (London and New York: Routledge, 2017), p. 84.

肖迪奇地区建立以裴斯泰洛齐思想为指导的幼儿学校。[①] 格里夫斯的观点是先进的，但对幼儿学校协会来说过于激进，以至于他被协会解雇，之后又因拒绝领导层而被排挤。

在格里夫斯的影响下，他的很多朋友也成为幼儿学校运动的支持者或行动者。19 世纪 20 年代初，曾在伊弗东裴斯泰洛齐学院任教的福音派人士查尔斯·梅奥在演讲和宣传中强调了幼儿学校的重要性。年轻的德国难民爱德华·比伯（Edward Biber）博士，也是格里夫斯的合伙人，曾去过伊弗东当教师。在 19 世纪 20 年代后期，他出版了《裴斯泰洛齐思想》，创办了《比较杂志》，其中摘录了欧文、斯维登伯格和裴斯泰洛齐的大量作品及一些类似裴斯泰洛齐思想的“幼儿学校格言”。1831 年出版了冗长的《裴斯泰洛齐及他的教育计划》一书。[②] 格里夫斯的另一位朋友 P. L. H. 希金斯（P. L. H. Higgins）曾在大卫·高德创办的哈克尼路一所幼儿学校任教，写过一本关于幼儿教育的专著。蒙塔古·伯戈因（Montague Burgoyne）是一位特立独行的辉格党地主、坚定的幼儿学校支持者，同时也是裴斯泰洛齐的信徒和格里夫斯的朋友，在 19 世纪 20 年代中期为建立和普及幼儿学校做出了巨大贡献。[③] 在幼儿学校协会遭到反对派攻击时，他鼓励大家坚持自由主义的原则，特别是在宗教领域。[④] 在格里夫斯被协会解除职务时，也是他站出来说话，赞扬格里夫斯在英国和瑞士的贡献与裴斯泰洛齐相当。

至此，我们发现推动幼儿学校发展的人或多或少受到了裴斯泰洛

---

① See Phillip McCann and Francis A. Young, *Wilderspin and the Infant School Movement* (London and New York: Routledge, 2017), p. 85.

② See Phillip McCann and Francis A. Young, *Wilderspin and the Infant School Movement* (London and New York: Routledge, 2017), p. 85.

③ See Phillip McCann and Francis A. Young, *Wilderspin and the Infant School Movement* (London and New York: Routledge, 2017), p. 80.

④ See Phillip McCann and Francis A. Young, *Wilderspin and the Infant School Movement* (London and New York: Routledge, 2017), p. 103.

齐的影响，甚至一些人认为幼儿学校运动是裴斯泰洛齐思想的体现，这并不奇怪。梅奥博士就曾写道，裴斯泰洛齐一些“最热切的期望”正在幼儿学校里点燃。伦敦的一家报纸《世界》认为，这场运动正在实施裴斯泰洛齐体系。怀尔德斯平在1829年也意识到，人们认为幼儿学校运动的灵感来源于裴斯泰洛齐的思想。①

（三）幼儿学校协会对幼儿学校的推广

1. 发表演讲及出版宣传手册

幼儿学校协会通过各种宣讲来宣传新型的幼儿学校，协会在创办之初就鲜明地阐述新型幼儿学校的教育方式。1824年7月，该协会向公众发表演说，描述社会上幼儿的不道德行为，宣称幼儿学校可以将母亲从照顾幼儿的“烦恼”中解脱出来，使她们有更大的自由从事工作。演说还提到，幼儿学校未来会大大改善设施和教学方法，每所幼儿学校都会有一个通风宽敞的公寓、一个操场。学校会精心挑选教师，并对他们的耐心、态度、性情等品质进行考察。在教学过程中教师不会对幼儿采取严厉的措施或施加压力，在这些教师的指导下，幼儿的情感和道德会得到良好的发展。演说中提到了宗教教育的重要性，指出消除幼儿作恶的倾向要比实用的知识更为重要。孩子们的性格和道德品质的形成，将通过崇拜造物主和学习《圣经》的方式实现。② 演说的内容阐述了早期教育的重要性，以及为幼儿提供一种新型教育的可能性。幼儿学校需要有特殊素质的教师，并提供活动、娱乐、创造性学习和道德教育，以及不分教派的宗教教育。幼儿学校协会强调宗教教育，除了宗教教育自身的价值之外，还因为幼儿学校的理念、教学方式和内容已远远超出以往面向穷人子女的任何教育形式。协会担心

① See Phillip McCann and Francis A. Young, *Wilderspin and the Infant School Movement* (London and New York: Routledge, 2017), p. 86.

② See Phillip McCann and Francis A. Young, *Wilderspin and the Infant School Movement* (London and New York: Routledge, 2017), p. 95.

过度强调创新，会让人觉得提供过于丰富的教育内容，从而引发上层社会和纳税人的不满，最终可能会重蹈欧文的覆辙。

协会还通过出版幼儿学校手册和著作进行宣传，如上文提到的格里夫斯、比伯等人出版的手册和创办的杂志。在 1827 年协会力量衰弱之后，协会更加依赖一些著作来进行思想宣传。1829 年，协会的部分人员同怀尔德斯平一起致力于《幼儿教育》新版本的出版工作。

2. 选择代理人在全国建立实体学校

协会将怀尔德斯平所在的贵格街幼儿学校作为临时办公场所，怀尔德斯平还被选为计划中模范学校的校长。有意愿创办幼儿学校的人可以向协会进行申请，协会会派人协助创办。协会成立后就开始寻找能够去全国各地推广新型幼儿学校的人，最终协会选择了怀尔德斯平，这符合他的职业理想。怀尔德斯平在斯皮尔菲尔德的成功引发了一些人开办类似学校的想法，如哈克尼（Hackney）、佩卡姆（Peckham）、坎伯韦尔（Camberwell）等人。在推广初期，怀尔德斯平代表协会去推广被视为一种临时措施和替代方案，事实上，怀尔德斯平的角色更像是教师培训者。协会给怀尔德斯平的支持并不多，几年过去了，没有迹象表明幼儿学校的发展有何建树，怀尔德斯平对自己的未来感到茫然，他认为自己像是幼儿学校协会的代理人。① 之后，怀尔德斯平几乎是凭借一己之力在全国建立了幼儿学校网络。

3. 建立培训中心，进行师资培训

师资是影响幼儿学校办学规模和办学数量的重要因素，新拉纳克和伦敦的学校都在一定程度上因为缺乏师资而影响了推广和发展。幼儿学校协会认识到英国缺乏受过培训的教师，于是在推动教师培训方面做了很多工作。在协会成立之初，贵格街幼儿学校被选为临时的幼

① See Phillip McCann and Francis A. Young, *Wilderspin and the Infant School Movement* (London and New York: Routledge, 2017), p. 98.

儿教师培训中心，之后又将文森特广场、沃尔瑟姆斯托和鲍德温花园的学校作为临时模范学校。选用已有幼儿学校而不是建立独立的场所作为培训基地是因为经费有限，购买新的土地，建设全新的中心要花费很多。据怀尔德斯平估计，一家能够为 30 名教师提供住所的机构，建造成本为 5000 英镑，每年运营成本为 1200 英镑，这是一笔很大的数目，协会显然没有能力建造独立的培训中心。① 事实上，在协会短暂的存在时间里，也未能有效地进行师资培训。

（四）幼儿学校协会的衰败

有支持者，就会有反对者。幼儿学校协会推广幼儿学校时也遇到了不小的障碍。在 19 世纪 20 年代，“新事物的进步主义程度”“自由主义或科学倾向”及“对宗教的诚意”会影响人们对新事物的支持力度，不幸的是，这三个因素新型幼儿学校都具备。在 1825 年的第二次会议上，卡尔索普（Calthorpe）勋爵指出，人们对幼儿学校的反对意见不断增多。史密斯也提及他所遭遇的“诽谤”。怀尔德斯平说道：“有人预言，我们将破坏所有现有的制度。”幼儿学校新的教学法受到了攻击和嘲笑。② 反对新型幼儿学校的人主要来自国教的神职人员，他们是传统教育的守护者，对幼儿学校运动不是持冷淡的态度，就是持积极反对的态度。英国国教协会对幼儿学校不感兴趣，只有少数主教和神职人员赞成。

19 世纪 20 年代，随着功利主义和科学精神的传播，反对势力不断增长，1825 年保守的《季度评论》把技术学院和幼儿学校视为可疑甚至是危险的教育机构。反对者们反对一切新的或者进步的事物，包括兰卡斯特制度，其中以牧师格林菲尔德（Greenfield）的批评最为猛烈，

① See Phillip McCann and Francis A. Young, *Wilderspin and the Infant School Movement* (London and New York: Routledge, 2017), p. 98.

② See Phillip McCann and Francis A. Young, *Wilderspin and the Infant School Movement* (London and New York: Routledge, 2017), p. 99.

他指责兰卡斯特、裴斯泰洛齐、费伦伯格和欧文等人的支持者，认为幼儿学校企图用科学和哲学来颠覆道德和宗教教育。格林菲尔德在参观了布里斯托的一所幼儿学校后，声称幼儿学校是一个时尚而新奇的事物，源于“模糊而病态的慈善事业”，其监护功能是“幻想和危险的”，方法是“彻头彻尾的欺骗”。①

作为竞争对手，传统一方自然不会对新型幼儿学校的传播无动于衷。1825 年 6 月，一群反对无教派教育的人成立了伦敦城幼儿学校协会，人员包括宗教教育倡导者罗伯特·皮尔、伦敦市长和两个主教，还有几位牧师。该协会成立之初是作为一个高级教会组织形象出现的，它得到了伦敦市的警察和市议员的大力支持，一些著名的福音派人士也是它的支持者，包括克莱伦登（Clarendon）勋爵、亨利·布兰沙德（Henry Blanshard）、约翰·亚伯·史密斯（John Abel Smith）和亚历山大·巴林（Alexander Bahrain）、福尔·巴克斯顿（Fowell Buxton）和斯蒂芬·卢辛顿（Stephen Lushington）。他们认为英国国教协会才是唯一的教育组织。协会成立之初的目的还比较单纯，期望在伦敦建立一所或多所实施国教派教育的幼儿学校，接收 2—6 岁的贫困儿童。1826 年，他们在利物浦的一栋大楼里成立了一个学校，其功能也是培训幼儿教师，到 1833 年，协会已培养了 63 名幼儿教师。学校由哈特（Hart）女士管理，她的教学简单易懂，寓教于乐，并充满仁慈。她还帮助著名的福音派幼儿教师、怀尔德斯平的强烈反对者托马斯·比尔比编写了 1828 年出版的《幼儿学校课程》。书的序言中说道：“明智和良好的神职人员应该主导幼儿教育的课程。”② 尽管如此，怀尔德斯平还是对她褒奖有加，认为哈特女士是他见过的最好的两位教师之一。

---

① See Phillip McCann and Francis A. Young, *Wilderspin and the Infant School Movement* (London and New York: Routledge, 2017), p. 101.

② Phillip McCann and Francis A. Young, *Wilderspin and the Infant School Movement* (London and New York: Routledge, 2017), p. 100.

1828年，该协会改名为“伦敦幼儿学校委员会”。办学的目的也更加保守，委员会认为，学校的目的是加强对儿童的训练，让他们学会秩序、纪律和服从，从而为进入一所国立学校做准备。课程包括祈祷、恩宠、教义问答、《圣经》阅读和圣公会经文，学校将一天划分为13个规定的区域。可见，该学校与怀尔德斯平的体系截然不同。①

在教区层面，传统与新型的幼儿学校斗争同样激烈。在汤顿有两所敌对的幼儿学校相继成立，一所是无教派的，另一所是国教派的。1827年秋，两所学校发生了激烈的争论，将该镇分成了两个敌对的阵营。争论的焦点在宗教救赎与三位一体观念方面，国教派的牧师J. H.斯蒂芬森（J. H. Stephenson）坚持认为，忽视宗教教育就等于对所有宗教信条一视同仁，并以“扩大智力”为目标，将对社会的政治、道德和宗教方面产生有害的影响，会使孩子们不知道新教徒和罗马天主教徒之间的区别，从而忽视后者的统治地位。传统的力量是强大的，国教派的攻击让一些新型幼儿学校举步维艰。在布莱顿，幼儿学校协会成员伯戈（Bolger）发现自己负债累累，因为当地国教徒反对他的幼儿学校中的自由宗教仪式。神职人员抵制学校，拒绝为学校布道，也不向学校募捐，并劝阻其他人向学校捐款。②

在今天看来，幼儿教育机构会以某种形式威胁国家安全的观点难以令人置信，但是那个时期的社会秩序维护者，对偏离宗教和传统教育的危险有着高度的警惕。虽然法国大革命已过去36年，但给社会带来的冲击让统治者记忆犹新。拿破仑战争后，近乎革命的岁月也让统治者心有余悸。这使得幼儿学校协会处于一种自相矛盾的境地，它的生存取决于那些保守党和教会对幼儿学校的态度。如果协会要维持和

---

① See Phillip McCann and Francis A. Young, *Wilderspin and the Infant School Movement* (London and New York: Routledge, 2017), p. 99.

② See Phillip McCann and Francis A. Young, *Wilderspin and the Infant School Movement* (London and New York: Routledge, 2017), p. 101.

实现演说中所提出的教育原则，双方激烈的斗争在所难免。幼儿学校协会没有试图反击或回答反对派的观点，而是表现出一种缄默或是妥协的态度，即对指控不予答复，与教会和解，驱逐或开除那些观点可能被解释为“自由派”或“科学派”的人。例如，布劳汉姆解释他没有时间回答格林菲尔德的指控，并对新成立的伦敦幼儿学校协会表示称赞，愿意为协会捐款。虽然布劳汉姆知道伦敦幼儿学校协会的目标与他的目标相抵触，但他在 1825 年和 1827 年的报告中同样对伦敦幼儿学校协会表示欢迎。[①] 之后，幼儿学校协会也因各种原因相继解除了一些推广幼儿学校的先锋人物的职务，如格里夫斯、布坎南。伯戈对协会的做法表示不满，在保守派的攻击下，幼儿学校协会的力量逐渐被瓦解。协会的最后一次会议停留在 1827 年，1828 年协会的办公地点从巴克斯伯里迁到了齐普赛，协会已名存实亡。

从幼儿学校协会的衰败可以看出，当时托利党、国教派和地主绅士联盟的强大。麦坎南认为较多人反对幼儿学校或许不是因为幼儿学校本身，而是反对激进的布劳汉姆个人，人们反对布劳汉姆支持的任何教育。[②] 英国向来以保守著称，过于激进的立场会导致保守派的强烈反对。协会本身也缺乏自信，当遭到批评时，协会委员大多选择了沉默，他们通过解雇一些成员的方式向保守派妥协。怀尔德斯平批评协会的让步，他认为一个自信、强大的协会可以经受住反对派的考验，让反对派安于其位。英国及海外学校协会也有几名幼儿学校的支持者，他们也遭到了国教派的反对，但协会仍然存在。[③] 此外，最重要的一点

---

① See Phillip McCann and Francis A. Young, *Wilderspin and the Infant School Movement* (London and New York: Routledge, 2017), p. 102.

② See Phillip McCann and Francis A. Young, *Wilderspin and the Infant School Movement* (London and New York: Routledge, 2017), p. 106.

③ See Phillip McCann and Francis A. Young, *Wilderspin and the Infant School Movement* (London and New York: Routledge, 2017), p. 106.

是协会成员内部对幼儿学校的认识有分歧，大部分人把幼儿学校当成解决青少年犯罪的方案，只有布坎南、怀尔德斯平、格里夫斯等人赋予幼儿学校更多积极的因素和育人的价值。当幼儿学校的教育方法引起反对时，协会的领袖并没有准备为之奋斗，相反，他们更倾向于解雇发明并使用这些教育方法的人。

二、格拉斯哥幼儿学校协会

大卫·斯托创立的格拉斯哥幼儿学校协会推动了幼儿学校在苏格兰的发展。他与怀尔德斯平几乎是同时代的人，且在投身教育之前都在商业公司里工作。在创立协会之前，斯托就受到欧文的启发，于1816年为贫困儿童开办了一所学校。[①] 斯托与布坎南一样，将自己的哲学融入幼儿学校之中。他重视《圣经》教育，旨在培养“具有知识的圣婴”，而非怀尔德斯平培养“具有知识的神童”。[②] 他独创了“描绘”的教学方法来激发学生的兴趣和想象力，还首次指出了教学和培训之间的区别。

（一）大卫·斯托与格拉斯哥幼儿学校协会

大卫·斯托出生在苏格兰，他父亲是一位有名望的富裕商人，他在家乡的文法学校接受了初等教育。他在18岁那年从商，是一个深思熟虑、虔诚的宗教徒。当他离开虔诚的宗教家庭到达城市时，被社会上一些道德败坏的事情震撼到了，于是他想改善这个社会。大部分人在巨大的困难面前会失去热情，但斯托勇气十足，在1816年开办了一所星期日夜间学校，招收一些游手好闲的学生，每周都会有来自不同

---

① See Peter Gordon, “Robert Owen,” *The Quarterly Review of Education* 24, no. (1/2)(1994): 289.

② See T. Raymont, *A History of the Education of Young Children* (London, New York, Toronto: Longmans, Green and Co., 1937), p. 120.

地区的学生来上课。一段时间之后，学校取得了一定的成果，斯托集中精力，决定继续努力。他在盐市场街道选取了两个最差的学生，每周访问两次，在家访的过程中，他很快就清楚地了解了学生的家庭状况和性格。斯托发现，学生仅在学校度过一个晚上是难以克服他们在一周的另外七个白天和六个夜晚形成的陋习，所以他准备把街头训练变成学校中的正规学习，并通过宗教教育来改善学生的行为。[①] 在此期间，他发现只有全日制的教育才会有效果，所以决定让 6 岁以下的幼儿开始上学。

建立学校需要很多的资金，若没有慈善机构的帮助，斯托无法继续下去。1826 年，他成功建立了格拉斯哥幼儿协会，该协会致力于幼儿学校的推广和幼儿教师的培训。詹姆斯·尤因（James Ewing）是协会的第一任会长，戴维·威尔士（David Welsh）和斯托是联席秘书。但公众的捐款来得很慢，协会第二年才在格拉斯哥的德莱盖特街租了一栋两层的楼房，建立了一所现代幼儿学校。楼房的花园被改造成操场，一楼是教师的宿舍，二楼用来教学。[②] 最初，协会推广的是怀尔德斯平体系，但在 1832 年，这种体系失去了新意，协会甚至连资金都难以筹集。1832 年，协会在格拉斯哥盐市场街道新建立了一所幼儿学校，它取代了德莱盖特幼儿学校。德莱盖特幼儿学校中的教师也都转移到了盐市场幼儿学校，但这所幼儿学校因缺乏对幼儿的知识教育而被批评。[③] 1834 年，随着致力于新教育体系推广的格拉斯哥教育协会的成立，幼儿学校的发展迎来了新的阶段。这所学校被格拉斯哥教育协会

---

① See David Salmon, *Infant Schools Their History and Theory* (London, New York and Bombay: Longmans, Green, and Co., 1904), p. 69.

② See David Salmon, *Infant Schools Their History and Theory* (London, New York and Bombay: Longmans, Green, and Co., 1904), pp. 69-70.

③ See Atsuko Betchaku, "Thomas Chalmers, David Stow and the St John's Experiment: A Study in Educational Influence in Scotland and Beyond, 1819-1850," *Journal of Scottish Historical Studies* 27, no. 2(2007): 176.

作为幼儿学校的模板，1837 年，这所学校搬到了登达斯谷，教师们在格拉斯哥幼儿学校的教室里接受培训。[①]

（二）大卫·斯托幼儿学校的创办宗旨

大卫·斯托的办学宗旨与欧文类似，想通过重塑幼儿的道德来实现创造一个美好的社会。他在一次调查慈善基金的去向时认识到："大量的欺骗、无知和邪恶让我相信，改革旧的社会是没有希望的。"[②] 斯托指出，要想改变这种社会，就要塑造新一代的年轻人。新式的幼儿学校就是理想的机构，同时希望幼儿学校能克服安息日学校的一些缺点，如一周只上一次课和允许入学的时间较晚，这导致幼儿在上学之前已经养成了一些粗鲁和不良的习惯。更进一步的是，一些城市中并不存在"新道德机构"。斯托说："为了让我们的大城市变文明，遵循道德规范是必需的……还要为 2—6 岁的幼儿建立幼儿学校，为 6—10 岁或 6—12 岁的儿童设立青年学校。"[③] "预防胜过治疗"[④] 是斯托的座右铭。他的目标是从 6 岁以下的幼儿开始教育，他认为幼儿的智力和道德习惯还没有完全形成，在形成新习惯方面障碍较少。"如果父母对幼儿的行为无能为力，那么应该由学校的老师帮助他们。"这种教育不仅是知识的教育，而且是一种道德的教育，必须尽早开始，以达到消灭

---

① See "Dundas Vale Teachers' Centre," The Glasgow Story, accessed April 6 2019, https://www.theglasgowstory.com/image/? inum=TGSA02525.

② David Salmon, *Infant Schools Their History and Theory* (London, New York and Bombay: Longmans, Green, and Co., 1904), p. 68.

③ Atsuko Betchaku, "Thomas Chalmers, David Stow and the St John's Experiment: A Study in Educational Influence in Scotland and Beyond, 1819-1850," *Journal of Scottish Historical Studies* 27, no. 2(2007): 177.

④ David Salmon, *Infant Schools Their History and Theory* (London, New York and Bombay: Longmans, Green, and Co., 1904), p. 69.

"罪恶的根源"的目的。①

（三）大卫·斯托幼儿学校的教育实践

1836 年，大卫·斯托出版了《培训体系》（*Training System*）一书，总结出自己的教育理论和实践。斯托所创办的幼儿学校是教育史上的一个新纪元，他没有什么教学经验，也不懂教育学知识，但在理论上却对"教导"与"培育"进行了区分，提出要进行培育而不是教导的观点。他独创了"描绘"的教学方法，并强调集体教学。

1. 重视宗教教育

在教育内容方面，斯托认为怀尔德斯平的体育教育是完整的，但他的宗教教育缺乏《圣经》方面的内容。他认为《圣经》是核心，学习一些自然知识也是为了服务《圣经》。② 学习《圣经》及科学知识是为了让幼儿感受到上帝的力量及其伟大之处。这种过于强调《圣经》的教育让詹姆斯·辛普森将格拉斯哥的幼儿学校描述为"幼儿神学学校"，并反对学校那种不管教授什么课程，都要不断地引用《圣经》的做法，他觉得幼儿的大脑过度劳累，甚至受到了"过多的宗教教导"的伤害。

2. 提倡"培育"而非"教导"

斯托特别强调"教导"与"培育"之间的区别，认为教学不等于培育，他反对填鸭式的教育，以及怀尔德斯平体系中"鹦鹉学舌"式的重复模范。③ 他说道："也许现代社会实践中犯的最严重错误就是混

---

① See Atsuko Betchaku, "Thomas Chalmers, David Stow and the St John's Experiment: A Study in Educational Influence in Scotland and Beyond, 1819-1850," *Journal of Scottish Historical Studies* 27, no. 2(2007): 175.

② See Atsuko Betchaku, "Thomas Chalmers, David Stow and the St John's Experiment: A Study in Educational Influence in Scotland and Beyond, 1819-1850," *Journal of Scottish Historical Studies* 27, no. 2(2007): 177.

③ See T. Raymont, *A History of the Education of Young Children* (London, New York, Toronto: Longmans, Green and Co., 1937), p. 122.

淆了‘教导’与‘培育’之间本质的区别。我们到处听说人们在‘培育’儿童，但通过他们所描述的过程来看，这是‘教导’而不是‘培育’。”[①] 一位议员在参观斯托学校后的描述可以让我们明晰二者的区别：

> 学生在阅读一篇关于以色列人被迫做砖的文章，如果教师告诉幼儿制作砖为什么需要稻草，那就是“教导”；如果反过来，教师能够让学生主动回答制作砖为什么需要稻草，那就是“培育”。教师尝试让幼儿体验把一束稻草弄断的感受，幼儿通过类比得出结论：混合稻草的砖更加不容易碎。教师进一步引导幼儿推测砖在埃及的最早制作方式，幼儿得出结论：在埃及砖不大可能是烧制的，因为那样稻草会被烧断，根据埃及的天气，砖很可能是在阳光下晒干的。斯托解释道，这些关于制作砖的知识都是幼儿通过类比熟悉的事物而得知的，不是教师直接告诉他们的。[②]

斯托说道：“要培育幼儿走他应走的路，要在小时候就进行培育，当父母能够做到时就要亲自去做，做不到时就要找他人去完成。幼儿不仅要开发大脑，还要提高综合素质。”[③] 培育的目的是形成美德，幼儿的各种同情心可以让培育者把他们引向各种美德。斯托认为，在形成美德的过程中，榜样比训诫更有力量，但同情比二者中的任何一个，

---

① David Salmon, *Infant Schools Their History and Theory* (London, New York and Bombay: Longmans, Green, and Co., 1904), p. 70.

② David Salmon, *Infant Schools Their History and Theory* (London, New York and Bombay: Longmans, Green, and Co., 1904), pp. 72-73.

③ David Salmon, *Infant Schools Their History and Theory* (London, New York and Bombay: Longmans, Green, and Co., 1904), p. 71.

或者结合起来更有力量。①

3. 注重通过集体教学进行道德教育

斯托的道德教育以“习惯的形成”或“性格的形成”为目标，拒绝把“原则的灌输”当作唯一的教学方式。斯托认为，智力训练和体育训练都可以独立进行，但是道德训练应该和知识与身体训练同时进行。他指出，没有理解和责任感的行为本身也不是道德的。他所采用的方法叫“同情和榜样法”，不仅包括行动，也包括理解和感受。

斯托提倡集体教学，认为好的榜样能成为“强有力的激励”，可以在集体中形成一种良好的道德氛围。幼儿在集体中能够学到更多，例如，当幼儿在操场上玩时，一位幼儿偷了其他人的玩具，斯托就会及时给幼儿讲一个人偷邻居东西的故事，他保证99%的幼儿可以冷静地进行判断。集体教学可以有效地创造幼儿的集体意识，而集体意识又将唤醒或加强每个幼儿的个人意识。②

4. 采用描绘法进行知识教育

斯托所采用的教学方法称为“描绘”，即引导幼儿把头脑中所想象的内容通过语言描绘出来。斯托认为，每个单词都代表一个物体或物体的组合，用语言描绘出来的图画可以无限延伸。相反，在使用真实物体或图片时，感官被限制了，因为实物或图片只表现出它们所代表物体的一种状态。教学的具体过程是，“幼儿在阅读一小段文章后，首先将每个不熟悉的单词或术语描述出来，然后分析它的主要内容，最

① See David Salmon, *Infant Schools Their History and Theory* (London, New York and Bombay: Longmans, Green, and Co., 1904), p. 71.

② See Atsuko Betchaku, "Thomas Chalmers, David Stow and the St John's Experiment: A Study in Educational Influence in Scotland and Beyond, 1819-1850," *Journal of Scottish Historical Studies* 27, no. 2(2007): 179-180.

后文章的内容将从幼儿那里引出”①。斯托认为，教室里最重要的事情是让幼儿的眼睛盯着教师，保持注意力的集中。即使是沉默的幼儿，只要带着答案，参与其中，也会学到东西。②

在对导生制和幼儿学校体系不足方面的思考，斯托走在了时代的前端，这两种制度远远达不到他训练道德和智力的要求。怀尔德斯平的示范幼儿学校只在理想当中存在，而斯托在格拉斯哥师范培训中心所取得的成就对苏格兰和英格兰具有深远的影响。

三、本土及殖民地幼儿学校协会

教师是制约幼儿学校发展的关键，一些人士认识到需要对教师进行培训来满足幼儿学校发展的需求。于是英国成立了负责培训幼儿教师的本土及殖民地幼儿学校协会。此外，幼儿学校在海外的传播，也主要由此协会负责。③

（一）协会的成立

虽然已有个别协会意识到幼儿教师培训的重要性，并培训了少部分人，但从实际效果来说，本土及殖民地幼儿学校协会是第一个真正去尝试培训幼儿教师的机构。创办教师培训协会的意图最早可以追溯到1823年。有两个人共同促使了协会成立，一位叫约翰·斯塔基·雷诺兹（John Stuckey Reynolds）的曼彻斯特人在参观爱尔兰后，对幼儿

---

① Atsuko Betchaku,“Thomas Chalmers,David Stow and the St John's Experiment:A Study in Educational Influence in Scotland and Beyond, 1819-1850,” *Journal of Scottish Historical Studies* 27,no. 2(2007):179-180.

② See Atsuko Betchaku,“Thomas Chalmers,David Stow and the St John's Experiment:A Study in Educational Influence in Scotland and Beyond, 1819-1850,” *Journal of Scottish Historical Studies* 27,no. 2(2007):179-180.

③ See Larry Prochner and Nina Howe,*Early Childhood Care and Education in Canada : Past ,Present ,and Future*(Vcancouver:UBC Press,2000),p. 17.

学校产生了兴趣，并帮助建立了几所幼儿学校；另一位是查尔斯·梅奥，他是 1824 年幼儿学校协会成立之时的捐助者之一。他们二位是如何认识的外界并不清楚，但他们有一个共同的观点，那就是幼儿学校需要有经过培训的教师，而裴斯泰洛齐的原则非常适合用来培训。他们还认为要促进幼儿教育事业的发展并不在于开办幼儿学校，而是集中精力做好教师的培训。① 这种观点无疑是先进的。雷诺兹联合查尔斯·梅奥和伊丽莎白·梅奥（Elizabeth Mayo）兄妹于 1836 年 2 月成立了本土及殖民地幼儿学校协会，协会前期的主要负责人还有格里夫斯。6 月，协会在南安普顿街开办了第一所培训中心，伊丽莎白·梅奥根据裴斯泰洛齐的原则编写了培训教材，她的哥哥查尔斯·梅奥则在协会中担任教师。两年后，培训中心搬迁到格雷旅馆路。雷诺兹担任了多年的名誉秘书。

（二）教师培训的内容

19 世纪 40 年代，该协会的主要作用在于培训幼儿教师和宣传裴斯泰洛齐思想。到 1843 年，该协会每年可以培训 100 名幼儿教师，1846 年协会获得政府拨款。② 拥有训练有素的教师是当时幼儿学校与其他幼儿教育机构最大的区别。该协会培训的教师在德比市开办了一所幼儿学校，被督导认为是“一个好的兆头”③。在协会中，梅奥兄妹为教师的培训做出了突出贡献。查尔斯·梅奥主要通过发表一些论文宣传裴斯泰洛齐的原则，努力将裴斯泰洛齐的思想英国化，而他的妹妹为他撰写了大量介绍这些论文的导言。多年来，伊丽莎白·梅奥一直作为

① See T. Raymont, *A History of the Education of Young Children* (London, New York, Toronto: Longmans, Green and Co., 1937), p. 148.

② See Nanette Whitbread, *The Evolution of the Nursery-Infant School* (London and Boston: Routledge & Kegan Paul, 1972), p. 22.

③ Nanette Whitbread, *The Evolution of the Nursery-Infant School* (London and Boston: Routledge & Kegan Paul, 1972), p. 22.

查尔斯·梅奥的助手管理培训学校，并编写了一些培训教材。

1.《实物课程》

1830年伊丽莎白·梅奥出版了《实物课程》（*Lesson on Object*），这本教材享有巨大的声誉，截止到1861年，一共印刷了17个版本。书中将一些生活中常见事物的属性罗列出来，如啤酒是液体、流动的、橘黄色的、令人微醺的，甜胡椒是辛辣的、球形的、不透明的、易燃的、易碎的、有滋味的。在早期，幼儿只需要通过真实的材料来学习，后期，幼儿需要对比类似的事物。在今天看来，这本书毫无用处，可能还会有一些错误，但在1830年，这本教材无疑是划时代的，代表了对学校中采用机械读写形式的一种反抗。这种通过真实的植物、动物、矿物进行教学的方法代表了一种新的方向，这些课程实际上都是在查尔斯·梅奥创办的学校里完成的，课程内容给教师本人及其教学过程带来了很多的快乐。查尔斯·梅奥认为，要引导幼儿从一开始就仔细观察日常生活中的物体，并通过物体与语言的联系来加深幼儿对该物体的印象。①

2.《数字教学》

1831年查尔斯·梅奥聘请的一位外国教师编写了《数字教学》（*Lesson on Number*）一书。查尔斯·梅奥在序言中宣称这不是一本教科书，而是对以后可能用到的任何教科书的一个基本介绍。以第一章加法为例，第一阶段学习加1，第一课学习加1，第二课加2，第三课加3，以此类推；第二阶段学习加10，第一课学习加10，第二课加20，第三课加30，以此类推。幼儿被引导学习四则运算、除法、分数和百分数。虽然现在看来这非常机械，但在当时，这种方法相对于怀尔德斯平的押韵法教学来说是一种进步，通过这种方式，不太聪明的幼儿

---

① See T. Raymont, *A History of the Education of Young Children* (London, New York, Toronto: Longmans, Green and Co., 1937), pp. 145-146.

也可以按部就班地学习数学。①

虽然培训计划有种种缺陷，但协会确实改善了全国各地的幼儿学校。毫无疑问，幼儿学校的教师即使没有受过训练，也比妇媪学校中的家庭主妇好。在伊丽莎白·梅奥女士的指导下，幼儿学校教师取得了较大进步。培训的收获远不止上课所学的内容，有的收获是在培训教材中看不到的，即使是很短时间的训练，同学之间的相互影响也促进了他们在道德、宗教和智力上的发展。② 协会的作用在创办之初非常有限，尽管确实为幼儿教师培训做出了一些贡献，但国家并未施行教师资格制度，因此很多幼儿学校仍然聘用未受培训的教师。③ 直到 19 世纪中叶协会与非国教徒联合起来时，才取得了重大突破。④

除了以上几个主要协会，英国一些工业城镇也建立了类似的机构，如伯明翰和莱斯特地区，但都没有产生广泛影响。1828 年莱斯特地区建立幼儿协会的计划，差点因教派反对而流产，保守党高级牧师反对幼儿学校将幼儿从父母的身边带走。⑤ 早期的幼儿学校运动吸引了很多非国教派的参与，如福音派、一神派、贵格会、普利茅斯教友会、斯维登伯格主义者及各种进步派和激进派。⑥ 这种异教文化围绕着早期的

① See T. Raymont, *A History of the Education of Young Children* (London, New York, Toronto: Longmans, Green and Co., 1937), p. 146.

② See T. Raymont, *A History of the Education of Young Children* (London, New York, Toronto: Longmans, Green and Co., 1937), p. 153.

③ See Kaspar Burger, "Entanglement and Transnational Transfer in the History of Infant Schools in Great Britain and Salles D'asile in France, 1816-1881," *History of Education* 43, no. 3 (2014): 314.

④ See Kristen Dombkowski, "Kindergarten Teacher Training in England and the United States 1850-1918," *History of Education* 31, no. 5 (2002): 478.

⑤ See Nanette Whitbread, *The Evolution of the Nursery-Infant School* (London and Boston: Routledge & Kegan Paul, 1972), p. 11.

⑥ See Phillip McCann and Francis A. Young, *Wilderspin and the Infant School Movement* (London and New York: Routledge, 2017), p. 81.

幼儿学校运动，提供了一种与正统宗教信仰截然不同的氛围，至少与布劳汉姆和他的合作者的观点有一段距离。这些教派的信徒高度接受各种新思想和改革，并愿意尝试各种改造社会的行动。他们视幼儿学校运动为一个新时代的开始，借机重新评估儿童的本性和现有的教育理论，他们认为塑造儿童早期的性格为社会改进提供了可能。麦坎南指出，相当多的支持者和教师认为幼儿学校是这些信徒行动哲学的体现，是改变现有状况的一种手段。①

理想是美好的，但保守一方的力量让现实显得很残酷，幼儿学校协会的消亡是幼儿学校运动的一大损失，它让幼儿学校的发展失去了方向，也失去了一个培养幼儿教师的机构，这为幼儿学校未来的发展留下了隐患。怀尔德斯平遗憾地指出，如果幼儿学校协会能坚持到1833年，或许幼儿学校可以像其他协会一样得到国家的支持。② 虽然如此，但从1824年6月至1825年，短短时间内英国就成立了60所幼儿学校，是以往总数的3倍，在新建的学校中，有一半以上位于伦敦的乡村小镇、大教堂城市和城乡接合处。当然，幼儿学校的建立有很大一部分原因是怀尔德斯平个人的努力，同时协会及其引起的公众影响促使了更多人建立幼儿学校。

第三节 怀尔德斯平对幼儿学校运动的贡献

欧文是历史上公认的幼儿学校创办者，他的教育理念超越时代，新拉纳克实验是幼儿教育史上一次革命性的探索。但欧文幼儿学校对教师极高的要求、去宗教化的教育实践和极具个人哲学色彩的性质使

---

① See Phillip McCann and Francis A. Young, *Wilderspin and the Infant School Movement* (London and New York: Routledge, 2017), p. 81.

② See Phillip McCann and Francis A. Young, *Wilderspin and the Infant School Movement* (London and New York: Routledge, 2017), p. 107.

它难以推广。新拉纳克实验只能称得上是欧文个人的成果，真正让幼儿学校规模化发展，从而成为一个全国性教育机构的当属怀尔德斯平，是他引领了英国的幼儿学校运动。1846 年在曼彻斯特召开的一次会议中，参会者一致认为怀尔德斯平是幼儿学校的主要推动者。[①] 19 世纪 20—40 年代，怀尔德斯平的幼儿学校体系成了全国幼儿学校的模板。很多工薪阶层家长开始愿意把子女送进幼儿学校。那么，怀尔德斯平的幼儿学校体系是什么样的？它是新拉纳克实验的一种延续还是独创？它对幼儿学校运动做出了怎样的贡献？本节将对这些问题进行讨论，以展示幼儿学校发展的状况，并对怀尔德斯平进行客观的评价。

一、创建幼儿学校体系

19 世纪初，妇媪学校、主日学校和济贫院是主要的贫困幼儿教育机构，但它们的教育理念落后、体系不健全，无法成为一个全国性幼儿教育体系的模板。而怀尔德斯平幼儿学校有明确的哲学基础、丰富的内容和独具特色的教学方法，这些为全国性幼儿教育体系的建立奠定了基础。怀尔德斯平在不同场合多次强调自己是英国幼儿教育体系的发明者，他对幼儿教育独特的认识受到了布坎南的青睐，欧文也对他的能力表示赞扬。幼儿学校运动中所推广的幼儿学校正是以他的体系为模板。经过幼儿学校运动，建立在怀尔德斯平体系基础上的幼儿学校蓬勃发展，这一事实有力地证明了怀尔德斯平制度的价值。

（一）怀尔德斯平的幼儿教育观及其思想基础

怀尔德斯平并未专门学习过教育理论，也不像欧文一样参观过一些著名的学校，甚至在担任幼儿学校负责人之前并未从事过教育行业。

---

① See "The Wilderspin Testimonial," *Manchester*, *Manchester Courier and Lancashire General Advertiser*, September 30, 1846, p. 6.

在这种情况下被推荐为幼儿学校的负责人，一定是他对幼儿教育有着独特的见解。经过斯皮尔菲尔德幼儿学校的实践，怀尔德斯平逐渐发现幼儿学校对社会和幼儿的重大价值，并通过实践不断完善他的幼儿教育体系。

1. 幼儿教育观

（1）幼儿教育可以改善社会道德问题

相较于欧文要重建社会秩序的理想，怀尔德斯平显得保守一些，他更关心社会的一些弊端，期望通过合理的幼儿教育来纠正社会中的道德问题。怀尔德斯平是一个敏锐的社会观察家，他看到了贫民窟中儿童可怕的生活状况，还发现他们从小就接受了偷窃的训练。①

通过考察当时社会所采取的措施，怀尔德斯平认为要降低青少年的犯罪率，唯一有效的办法就是对贫困幼儿进行教育。② 他认为主日学校能发挥的作用是有限的。学校不允许较小的幼儿入学，导致他们在入学前就已经染上了一些不良的习惯。此外，主日学校仅在周末开课，幼儿在一天中所接受的教育会被其他六天所习得的坏习惯抵消。③ 监狱也不能有效地减少犯罪。怀尔德斯平认为青少年在监狱中会遇到其他罪犯，接触到一些不好的教育。坐牢的经历会让青少年不再害怕监狱，不再在乎法律的权威，他们可能在出狱后再次犯法。青少年由于很早就被关进监狱，没有机会学习，所以在出狱后除了继续之前的恶行，并没有其他谋生方法，出狱后不到一天又被关进监狱的情况屡见不鲜。怀尔德斯平坚信建立更多的学校就意味着需要更少的监狱。④ 他强调幼

---

① See T. Raymont, *A History of the Education of Young Children*(London, New York, Toronto: Longmans, Green and Co., 1937), p. 96.

② See Samuel Wilderspin, *The Infant System*(London: Lincoln's Inn., 1852), p. 56.

③ See Samuel Wilderspin, *The Infant System*(London: Lincoln's Inn., 1852), p. 57.

④ See W. P. McCann, "Wilderspin and the Early Infant Schools," *British Journal of Educational Studies* 14, no. 2(1966): 189.

儿学校是同罪恶作斗争的道德先锋。①

此外，怀尔德斯平认为幼儿学校可以间接改善幼儿父母的品德，幼儿在学校中获得的良好品德会影响他们的父母。例如，一个幼儿对学校墙上的《圣经》图画很感兴趣，这引导了一个行动迟缓、举止粗鲁的父亲打开了家中绘有插图的《圣经》，他生平第一次看到其中的内容。②

（2）传统幼儿教育需要进行改革

怀尔德斯平对幼儿教育进行了批判。他认为，社会上的幼儿教育是有缺陷的，它们开始得太晚，而且为幼儿制订的计划和原则有很多是歪曲的，一些最重要的部分完全被搁置或忽视。③ 他说："我们现有的幼儿学校，它们都是些什么？只是一些妇媪学校，这些学校仅有一些入门的书籍和缝纫的课程，它们的招牌上写着'孩子们在这里可以进行学习和工作'。教室是在妇女家一个房间中，幼儿在角落中学习，旁边的家具上放着帽子和铃铛，甚至还有腌菜坛子，这就是我们国家的幼儿学校，在余下的人生中，我将着手改进这种教育。"④

学校的教育方式也是怀尔德斯平批判的对象。怀尔德斯平的童年是幸福的，学习对他来说是一件快乐的事情，所以当他看到孩子们哭着去学习时感到很奇怪。怀尔德斯平回忆自己的经历后，认为学校的教学方式是幼儿的痛苦之源，他第一次上学时受到了一位专横老师的殴打。⑤ 他认为自己在学校中什么也没有学到，之所以被惩罚仅是因为

---

① See Phillip McCann and Francis A. Young, *Wilderspin and the Infant School Movement* (London and New York: Routledge, 2017), p. 43.

② See Phillip McCann and Francis A. Young, *Wilderspin and the Infant School Movement* (London and New York: Routledge, 2017), p. 45.

③ See Samuel Wilderspin, *The Infant System* (London: Lincoln's Inn., 1852), p. 10.

④ Samuel Wilderspin, *The Infant System* (London: Lincoln's Inn., 1852), p. 3.

⑤ See W. P. McCann, "Wilderspin and the Early Infant Schools," *British Journal of Educational Studies* 14, no. 2(1966): 189.

忘记了老师所教的内容，教师成了他恐惧的对象[①]，于是他离开了学校。当他重新回到学校时发现传统的教学模式既脱离了自然世界，也远离了人的内心世界。[②] 早年幸福的经历让他深信，在人的一生中，童年起到了非常重要的作用。导生制当时在英国开始流行起来，但是怀尔德斯平认为这种模式并不适合 7 岁以下的幼儿。[③]

（3）幼儿教育对人一生价值重大

怀尔德斯平不止一次强调 7 岁之前是人生的黄金阶段。他说："如果人们能够认识到这一点（7 岁之前的重要性），并采用书中的一些原则，那么我就会感到没有白活。"[④] 怀尔德斯平认为在 2 岁前母亲就能向幼儿提供大量有用的教育。他指出："我清楚地记得母亲在我 2 岁时教给我的东西，就像在我 6 岁时教给我的一样清晰。"[⑤] 童年早期同样是幼儿道德形成的重要阶段，怀尔德斯平说："抓住第一个机会，把责任和美德的原则灌输到幼儿的头脑，是非常重要的。幼儿的模仿能力很强，但现在的家长并不能起到良好的榜样作用，导致幼儿常常会模仿家长一些不好的言语。"他还说："让幼儿远离受污染的街道，远离家中一些不良的榜样，可以为他们将来的美德打下基础。"[⑥] 所以有必要让贫困幼儿在特定的场所中接受教育。没有证据显示怀尔德斯平为什么以 7 岁作为早期教育的界限，他并没有像其他教育家那样对人生的教育阶段进行划分。之所以是 7 岁，可能是源自童年的经历，他 7 岁那

---

① See Samuel Wilderspin, *The Infant System* (London: Lincoln's Inn., 1852), p. 4.

② See W. P. McCann, "Wilderspin and the Early Infant Schools," *British Journal of Educational Studies* 14, no. 2(1966): 189.

③ See Samuel Wilderspin, *The Infant System* (London: Lincoln's Inn., 1852), p. 5.

④ Samuel Wilderspin, *The Infant System* (London: Lincoln's Inn., 1852), p. 9.

⑤ Samuel Wilderspin, *The Infant System* (London: Lincoln's Inn., 1852), p. 13.

⑥ Samuel Wilderspin, *The Infant System* (London: Lincoln's Inn., 1852), p. 61.

一年他父母的关系破裂，结束了他幸福的童年。[①] 此后，怀尔德斯平不得不在社会中单打独斗，他美好的童年记忆定格在了 7 岁。

（4）幼儿教育有助于贫困家庭提升幸福感

怀尔德斯平指出，幼儿学校作为幼儿成长的托儿所具有很大的存在价值。他宣称："在我看来，没有什么比照顾穷困幼儿的情感更能给社会带来幸福的了。"[②] 贫困的父母由于工作原因，无法照顾年幼子女，导致留守家中的幼儿不可避免地染上一些恶习。此外，由于无人照顾，幼儿的安全往往也受到威胁。当时很多穷人住在三四层楼高的阁楼里，幼儿常常会从楼梯上滚下来，有的摔断了脊背，有的摔断了腿或胳膊，还有一些跑到户外而发生一些意外。怀尔德斯平认为这是造成街上有很多残疾人的原因。[③] 当父母工作回来时，他们的子女可能已经去了医院，这种沉重的负担一直萦绕在父母的心头，往往会导致他们不受雇主欢迎，然后被赶出工厂。而幼儿学校可以提供照顾幼儿的场所，家长可以没有顾虑地工作。

此外，对于穷人来说，幼儿期可能是他们唯一可接受教育的时期。虽然当时一些机构学费很低，甚至是免费，但由于家庭过于贫困，父母不允许子女接受教育。很多幼儿在满 8 岁后就要去工作，尤其是男孩，所以他们接受教育的年龄被迫在 2—8 岁。虽然儿童的工资很低，但对于贫困的家庭来说，每一分钱都很重要。

2. 思想渊源

（1）童年的自然教育经历

怀尔德斯平早年自然教育的经历影响了他的思维方式。快乐与幸

---

① See Phillip McCann and Francis A. Young, *Wilderspin and the Infant School Movement* (London and New York: Routledge, 2017), p. 21.

② Samuel Wilderspin, *The Infant System* (London: Lincoln's Inn., 1852), p. 50.

③ See Samuel Wilderspin, *The Infant System* (London: Lincoln's Inn., 1852), p. 66.

福的童年为他一生奠定了知识基础，并引导了他性格和职业生涯的发展。① 怀尔德斯平生于 1791 年，在一所新耶路撒冷教会的教堂中接受洗礼。他是家中的独子，所住的地方与世隔绝，早年几乎没有同龄的伙伴，童年是在霍恩西河畔的田园中度过的。他从小就对自然产生了兴趣，周围美丽的事物常常令他惊叹不已。他认为这美丽的世界一定有一个创造者、统治者和保护者，生物的生命让他感到惊奇，因此他变得非常喜欢动物。他学会了观察自然界中的鲜花、水果、石头和矿物质，并标记它们的差异。他母亲告诉他这一切来自上帝。从那一刻起，怀尔德斯平就没有怀疑过上帝的存在。② 在人生的前 6 年，虽然没有玩伴，但怀尔德斯平是非常幸福的。每当回忆起这段时光，他总是非常喜悦。他说："母亲的教育就像神谕一样解决了我很多问题。没有作业，没有被学习任务纠缠，最初的功课主要是父母教授，几乎没有遇到什么麻烦。白天在美丽的田野和杂草丛生的灌木林里总能找到我，我与小动物为伴，为它们感到快乐，也会为它们的去世感到悲伤。父亲会在晚上耐心地为我答疑解惑，他的教育方法很好，知道什么时候教，什么时候让我一个人思考。"③ 父母也曾把怀尔德斯平送进学校，但他在学校的经历并不愉快，于是父亲决定让他退学，继续做他的老师。怀尔德斯平重新投入大自然中，他喜欢在令人愉快的乡村中独自阅读《鲁滨孙漂流记》和布丰的《自然史》。母亲是他的保护者，当他有危险时，母亲就会出现。正是这种安全又自由的环境让怀尔德斯平得以健康快乐地成长。早年的幸福经历让他深信人的一生中童年非常重要。离开家庭后，他去往伦敦生活，这里培养了他勇敢、自立和好斗的品质。

---

① See Samuel Wilderspin, *The Infant System* (London: Lincoln's Inn., 1852), p. 4.

② See Samuel Wilderspin, *The Infant System* (London: Lincoln's Inn., 1852), p. 2.

③ Samuel Wilderspin, *The Infant System* (London: Lincoln's Inn., 1852), p. 3.

（2）斯维登伯格主义的影响

怀尔德斯平的父亲亚历山大·怀尔德斯平（Alexander Wilderspin）是最早皈依新耶路撒冷教会（又称斯维登伯格主义）的人之一，该教会以瑞典神秘主义者斯维登伯格的学说为基础。怀尔德斯平非常尊敬他的父亲，以至斯维登伯格主义的氛围给他的人生观留下了不可磨灭的印象。成年后，怀尔德斯平也成了斯维登伯格主义中的一员。

斯维登伯格早年是一位科学家和工程师，深受笛卡尔（Descartes）的影响。他的哲学思想中包含了 17 世纪和 18 世纪早期的理性主义和经验主义，以及后来的唯心主义宇宙论。之后他对机械的科学论越来越不满意，转而更欣赏马勒布兰奇（Marlebrach）和莱布尼茨（Leibniz）的唯心主义理论，认为灵魂越来越重要。1745 年，在获得精神上的启迪之后，他放弃了对科学的兴趣，把漫长的一生都奉献给了对《圣经》的研究和解释。斯维登伯格把所有现存的现象分为自然现象、精神理性现象和神性现象，并与笛卡尔的二元性相呼应，假定自然与精神世界之间存在着一种对应关系，不仅是一般的对应关系，而且是每一个具体的对应关系。动物界、植物界和矿物界的一切自然事物都有“天堂的灵性”对应。

斯维登伯格的很多学说，特别是那些与教育有关的学说，包含了启蒙思想中常见的唯物主义、机械论和经验主义因素。① 斯维登伯格指出：“人被创造出来时是存在于精神世界和自然世界中的。”② 他认为人出生的时候是无罪的，这与卢梭和爱尔维修的观点一致，但这种无罪并不是人自然的本性，而是来自造物主的恩赐。他的教育观以洛克的经验主义为基础，认为对自然的感官是知识的基础。教育过程是一个

① See Phillip McCann and Francis A. Young, *Wilderspin and the Infant School Movement* (London and New York: Routledge, 2017), p. 73.

② Phillip McCann and Francis A. Young, *Wilderspin and the Infant School Movement* (London and New York: Routledge, 2017), p. 72.

发展的过程，幼儿从刚出生时一无所知，到不断学习秩序、知识和真理，最终领悟到上帝的智慧。[①] 他认为年幼的孩子是天真无邪的象征[②]，他并不否认邪恶的存在，但只要在成长的过程中幼儿爱他的父母和同伴，他们天性中的纯真就会一直保存，就能够抵制世界上的邪恶，可以在文明和道德生活中理解和实践善与真理。[③] 这种对纯真童年的有力阐述，像磁铁一样吸引着追随他的人，使他们不可抗拒地反对传统的基督教观点。怀尔德斯平非常熟悉这些观点，这奠定了他教育幼儿的立场。

除了斯维登伯格主义，怀尔德斯平还受到裴斯泰洛齐、格里夫斯和苏格兰颅相学家理论的影响。怀尔德斯平是一位孜孜不倦的革新者和实验家，他从前人的知识遗产中发展出一套自己独特的教育哲学。这些观点，都体现在他的幼儿学校体系中。

（二）怀尔德斯平幼儿学校体系的内容

凭借着卓绝的聪明才智、细致入微的观察力和坚定的教育信念，怀尔德斯平创造性地改造和发明了幼儿学校中的设施和教具，如操场、走廊等，这些都成了幼儿学校的标志。他发现了幼儿的学习方式，系统地提出了教学原则，转变了教师的角色。他自诩为感官教育方式的发明者。[④] 从某种程度上说，怀尔德斯平推广的不是幼儿学校而是一套幼儿教育体系。

1. 幼儿教育的原则

在《幼儿学校体系，发展1—7岁幼儿智力和道德的教育体系》（*The*

---

① See Phillip McCann and Francis A. Young, *Wilderspin and the Infant School Movement* (London and New York: Routledge, 2017), p. 75.

② See Phillip McCann and Francis A. Young, *Wilderspin and the Infant School Movement* (London and New York: Routledge, 2017), p. 75.

③ See Phillip McCann and Francis A. Young, *Wilderspin and the Infant School Movement* (London and New York: Routledge, 2017), p. 76.

④ See Samuel Wilderspin, *The Infant System* (London: Lincoln's Inn., 1852), p. 7.

Infant System, for Developing the Intellectual and Moral Powers of All Children, from One to Seven Years of Age）中，怀尔德斯平明确地说明了幼儿教育的原则："第一，给幼儿提供适当的事物；第二，简化解释事物的方式，使之适应幼儿的能力；第三，不要过度、过多地教导，超过幼儿年龄的内容会过度刺激大脑，损害官能；第四，在适当的时间内把运动、娱乐与教学结合起来，课堂教学要与操场上自由的娱乐活动交替进行。"① 怀尔德斯平认为当时的学校把时间都用在了教学上，指出幼儿学校应是学校和托儿所的结合。幼儿长时间地从事一项任务会削弱他们的活力，并滋生对学校的厌恶。② 如今，我们的幼儿园普遍采用了这种高密度、低强度的课程组织方式。怀尔德斯平宣称："如果遵循这些原则，幼儿的身体、精神和道德会有一个更好的状态。如果幼儿的身体、精神和道德得到适当的训练，就会增加他们的快乐，如果不这样做，幼儿就会变得不安、麻烦和淘气。"③

这些原则是怀尔德斯平在实践过程中不断摸索出来的。游戏这种让幼儿安静下来的方式让他认识到两点：第一，幼儿的感官必须活跃起来；第二，教学的秘诀是教师要与学生处于平等的地位，教师首先应是一个孩子。④ 不过要实现以上两点是比较困难的事情，怀尔德斯平表示："实际上要根据这一结论采取行动，是一件相当困难的事。"怀尔德斯平不具备布坎南那种和幼儿打成一片的天赋，如果要做到像幼儿一样则需通过理性的方式，并付出很多努力。

---

① Samuel Wilderspin, *The Infant System* (London: Lincoln's Inn., 1852), p14.

② See Phillip McCann and Francis A. Young, *Wilderspin and the Infant School Movement* (London and New York: Routledge, 2017), p. 42.

③ Samuel Wilderspin, *The Infant System* (London: Lincoln's Inn., 1852), p. 14.

④ See Phillip McCann and Francis A. Young, *Wilderspin and the Infant School Movement* (London and New York: Routledge, 2017), p. 39.

2. 教学方式

（1）实物教学

怀尔德斯平在实践中逐渐认识到幼儿教育的秘密在于让幼儿通过感官来学习。幼儿教育开始从关注幼儿学什么转向了幼儿怎么学。要刺激幼儿的感官就需要使用实物进行教学，课堂上怀尔德斯平会使用各种实物，教授物体的性质与功能：教室的墙壁上装饰了各种字母、数字和《圣经》故事的图片；墙上的版画也可以让幼儿学习有关《圣经》的知识；他发明了立体的字母卡片让幼儿通过触觉和视觉来学习；幼儿在学习书写时，老师会发给他们一块刻有字母表的纸板，并向他们展示如何用铅笔在上面刻字，以及如何按照字母的形状书写；幼儿采用临摹的方式学习数字，教室墙上固定的一些凸起数字可以让幼儿进行参照①；幼儿还通过操作学习加减法和乘法的基本原理②；怀尔德斯平用地图和彩色罗盘进行初级地理教学。一位绅士参观学校后，出版了一本名为《关于物体的课程》（*Lesson on Objects*）的书来介绍这种教学方式。

除了发明实物教具，童年经历让怀尔德斯平重视自然物本身的教育价值。学校操场上的花、草都是幼儿学习的对象。他经常利用身边的事物来进行教学。例如，他会捡起一块煤，与幼儿一起调查其来源，并讲述它在供暖或生产煤气方面的用途；与幼儿一起调查一些常见的物品，如砖头、刀叉或儿童玩具；带领幼儿探寻妻子的针线盒，让幼儿寻找长短不一的线、棉布、印花布、丝绸和天鹅绒，并讨论每一种

---

① See Phillip McCann and Francis A. Young, *Wilderspin and the Infant School Movement* (London and New York: Routledge, 2017), p. 40.

② See Phillip McCann and Francis A. Young, *Wilderspin and the Infant School Movement* (London and New York: Routledge, 2017), p. 40.

材料的制造和使用。①

（2）强调爱的教育

受斯维登伯格主义思想的影响，怀尔德斯平继承了斯维登伯格的善恶观，他宣称儿童是善良的而不是邪恶的。在发展善的途径方面，怀尔德斯平主张通过“爱”进行教育。他说：“只有善的种子……被神的能力放在心中，才能结出善的果实。即便如此，‘不当的处理’和‘不良的影响’可能会阻止善的发展。只有‘同情发展’，即善良和爱，才能达到这个目的。”② 人类运用自己的能力来行善或作恶，情感的误导会导致道德上的邪恶，但这些邪恶都不是人的本质，不是人与生俱来的。情感可以操控人的心灵，善良和爱可以教育头脑和手。③ 如果父母和教师培养了幼儿的良心，他们就能分辨善恶。

在一封信中，怀尔德斯平借用斯维登伯格主义的善恶学说，主张通过情感这一媒介来进行教育。他认为幼儿对母爱的依赖及由此产生的相互情感，是上天一种仁慈的安排，是不可分割的爱的纽带。幼儿善于模仿，父母和教师进行良好的行为示范或提供无害的娱乐是解决子女反社会倾向问题的良药。④

（3）注重学习中的同伴作用

怀尔德斯平认识到同伴学习的重要，在班级中他采用混龄的方式。年纪小的幼儿坐在阶梯教室的最底层，而不是像其他学校那样把他们限制在另一个房间里。他认为幼儿能看到和听到正在发生的一切，能

---

① See Phillip McCann and Francis A. Young, *Wilderspin and the Infant School Movement* (London and New York: Routledge, 2017), p. 41.

② Phillip McCann and Francis A. Young, *Wilderspin and the Infant School Movement* (London and New York: Routledge, 2017), p. 77.

③ See Phillip McCann and Francis A. Young, *Wilderspin and the Infant School Movement* (London and New York: Routledge, 2017), p. 77.

④ See Phillip McCann and Francis A. Young, *Wilderspin and the Infant School Movement* (London and New York: Routledge, 2017), p. 77.

够理解很多，尽管他们还不能把所学和所知道的一切都说出来，但当能够用语言表达的时候，他们会让教师感到惊喜。他说："如果因为幼儿还小，就把他们与一切客观的东西（课程和教学）隔绝，那就大错特错了。低龄幼儿通过与五六岁幼儿交流，学到的东西比聪明的成年人能教给他们的还要多。"幼儿学校在很多方面是一个自然状态的社区，一个人做什么，另一个人几乎是不由自主地学习。[①] 在学校中，幼儿通过集体与分组相结合的方式学习。幼儿会被分成若干个小组，类似于导生制，每个小组有两个小导师负责，在分组教学结束后，幼儿会集中在阶梯教室中学习。

3. 教学设施

（1）阶梯教室的发明

怀尔德斯平认为要让幼儿通过感官学习，就需要采用集体教学的形式，以便引起幼儿共同的注意。在课堂管理方面，怀尔德斯平倾向于一种高控的模式，期望通过一个温和的强制系统对幼儿进行良好行为的灌输。他曾公开说："……的确，这种迅速而心甘情愿地服从统治的特征，是所谓幼儿制度优越性突出的证据之一。"[②] 基于这些考虑，怀尔德斯平对教室进行了改造。刚开始他在教室地面上画了一条条平行线，让近 200 名幼儿一排排地站在线内，试图让他们"像军人一样"操练。[③] 这种方式并未收到很好的效果。之后，怀尔德斯平调整了座椅的高度，建成了一个由逐渐上升的座椅组成的固定走廊，这有点类似于现在的阶梯教室。这种装置后来在幼儿学校中被普遍采用。怀尔德

① See Samuel Wilderspin, *The Infant System* (London: Lincoln's Inn., 1852), p. 15.

② Samuel Wilderspin, *Early Discipline Illustrated* (London: Westley and Davis, 1832), p. 242.

③ See Phillip McCann and Francis A. Young, *Wilderspin and the Infant School Movement* (London and New York: Routledge, 2017), p. 39.

斯平声称："没有阶梯教室的幼儿学校是不完整的。"① 阶梯走廊更容易让教师在说话时吸引幼儿的注意力，并在幼儿之间建立一种共鸣②，教师可以同时教给幼儿更多的知识。

（2）教具的发明

怀尔德斯平还发明了一些感官学习的教具。例如，为了让幼儿通过眼睛来感知数字，他发明了一个架子，架子上串了一些纽扣。他也改革了传统学习字母的方法，将卡片上的字母做成立体的，然后贴在棍子的一端，幼儿可以通过视觉和触觉感知字母；他偶尔也会在这些卡片上印上动物的图片以保持幼儿的注意力。他还发明了一种学习书写的教具，类似于学习硬笔书法时的临摹卡片，幼儿通过临摹凹凸不平的纸卡来学习书写。在进行感观教育的过程中，语言和使用的物体都要进行简化，如一块石头，让幼儿了解形状、重量、硬度、颜色和声音等性质即可，因为这些是视觉和其他感官来表现的。

（3）操场的布置

怀尔德斯平是第一个真正开发并利用学校操场和花园的幼儿教育家。一个具有大型旋转秋千、铺有地砖的地面，以及具有树木、藤蔓、花坛、蔬菜和谷物的操场成了怀尔德斯平幼儿学校的标志。这种布置也是怀尔德斯平在实践中不断改进的。早期，他在操场上投放了一些皮球、羽毛球拍、棍棒、鞭子和陀螺等玩具，但幼儿在使用的过程中经常会发生一些意外，后来就被废弃了。取而代之的是 4 英寸长、1 英寸厚、2 英寸宽的木砖③，类似于现在幼儿园中的建构材料，幼儿被鼓励用这些木砖建造墙壁和房子，并利用拱门的原理建造桥梁。

操场作为一个集运动、感官刺激和合作游戏于一体的区域，像一

① Samuel Wilderspin, *The Infant System* (London: Lincoln's Inn., 1852), p. 8.

② See Samuel Wilderspin, *The Infant System* (London: Lincoln's Inn., 1852), p. 15.

③ See Phillip McCann and Francis A. Young, *Wilderspin and the Infant School Movement* (London and New York: Routledge, 2017), p. 42.

个小世界，在这个世界里，幼儿可以自己活动，也可以观察他人。教师不能干预幼儿的游戏，但要观察幼儿的活动。幼儿操场与大龄儿童操场分开，幼儿操场直通教室，这两个空间本质上是一个整体。幼儿的操场很大，人均空间是大龄儿童所在院子的6倍。

秋千是操场上重要的设备，怀尔德斯平觉得秋千不仅能锻炼幼儿的勇气和灵活性，还能让幼儿在等待时养成自律的习惯。怀尔德斯平的书中有一幅插图，展示了幼儿和教师在操场上玩耍的情景：一些幼儿在荡秋千，另一些在玩特殊的积木，操场上有树和花坛。与此同时，教师被快乐的幼儿团团围住，教师时刻关注着幼儿，但不干预幼儿的活动。操场上有两个秋千，幼儿必须合作才能一起荡秋千。天气好的时候，幼儿会围着树跳舞，唱着字母表、算术表或赞美诗。幼儿在操场上的活动是快乐的，怀尔德斯平说："孩子们就这样逐渐地长大，变得快乐了，他们管这叫玩耍，叫什么并不重要，只要他们受到熏陶、锻炼，感到快乐就行了。"[①] 怀尔德斯平还提倡教师帮助幼儿在操场周围种植蔬菜、谷物、果树和鲜花，并和他们一起散步。[②]

操场、秋千、阶梯教室及有秩序的活动，这些幼儿学校普遍的特征，怀尔德斯平认为都是源自于自己的发明。有一所幼儿学校使用了这些方式并自称是从瑞士引进的，但怀尔德斯平认为这些东西从来没有在瑞士产生过，因此他说道："我觉得有必要再强调一遍，这些计划和工具完全是我自己发明的。"[③]

---

① Phillip McCann and Francis A. Young, *Wilderspin and the Infant School Movement* (London and New York: Routledge, 2017), p. 42.

② See "Samuel Wilderspin's Garden and Playground," Wilderspin Natonal School, accessed March 3, 2019, http://www.wilderspinschool.org.uk/garden-and-playground-background.

③ Samuel Wilderspin, *The Infant System* (London: Lincoln's Inn., 1852), p. 9.

4. 教学内容

(1) 道德教育

既然怀尔德斯平认为幼儿学校的目标之一是改善社会的不良秩序，那么道德教育必不可少。他说道："……更至关重要的是，要教育幼儿养成良好的道德习惯，培养他们判断正确与错误的意识，启发他们年幼的良心，教他们认识'爱'与'好'，以及'邪恶'与'仇恨'，努力让他们认识到新基督的内涵，即'叫人们彼此相爱'。'己所不欲，勿施于人'这条黄金法则是最有力的戒律之一，可以用来唤醒幼儿公正的道德情感。"① 但要做到这些并不容易，幼儿从小没有接受过良好的家庭教育，已经染上了很多恶习，如咒骂、偷窃等。很多幼儿把时间浪费在观看哑剧上，这些剧里充斥着很多无趣而有害的东西，包括一些偷窃的技术，这种娱乐方式对他们的性格产生了可怕的影响。② 怀尔德斯平深信犯罪是影响幼儿发展的主要障碍之一，所以强调幼儿学校在解决青少年犯罪问题上的作用。

道德训练是一个复杂的过程，需要付出很多努力。幼儿学校中的道德训练早于其他内容，并贯穿整个学习阶段。幼儿在很小的时候就进行训练，他们首先被教导服从秩序，然后学习讲卫生、保持善良、控制自我和形成自尊，最后才开始正式的教学。在教学的过程中也会渗透道德教育，如出于对他人财产的尊重，在操场上游戏时禁止幼儿摘水果或摘花。③ 怀尔德斯平认为这种做法是成功的，他注意到，那些饿着肚子来上学的幼儿从未碰过其他人的盒饭。

---

① Samuel Wilderspin, *The Infant System* (London: Lincoln's Inn., 1852), p. 17.

② See T. Raymont, *A History of the Education of Young Children* (London, New York, Toronto: Longmans, Green and Co., 1937), p. 96.

③ See Phillip McCann and Francis A. Young, *Wilderspin and the Infant School Movement* (London and New York: Routledge, 2017), p. 44.

（2）宗教教育

怀尔德斯平注重宗教对幼儿道德教育的作用。他认为幼儿的宗教教育应是简单的，要与幼儿的认知能力相匹配。幼儿只需要了解“我们的救世主是仁爱和善良的，我们渴望上帝的恩典与仁慈，并以此为目标，生活在对父母和老师的爱和责任中，对兄弟姐妹和同学的友爱中”就可以了。[①] 怀尔德斯平拒绝让幼儿阅读《圣经》和学习教义问答，理由是《圣经》的内容超出了他们的理解能力，教义问答会限制宗教的多样性知识。他用精心挑选的图画、《圣经》的真理和事实、历史和寓言、合适的文本、简单的赞美诗和祈祷文来教导幼儿，并在教室的墙上挂满与《圣经》故事相关的色彩鲜艳的版画。[②]

（3）综合教育

幼儿学校的教学内容还包括基础的读、写、算及一些自然知识。在成为幼儿学校负责人之前怀尔德斯平就重视阅读，他说：“我始终认为，字母应该是首先学习的。”[③] 在幼儿学校中，他践行了这种想法并发明了一些字母教育的方法和工具。幼儿也会通过操作来练习算术和书写。此外，受益于小时候自然教育的经历，怀尔德斯平也注重自然知识的价值，常见动物的名称和特征是幼儿学习的内容。一些来源于生活中的知识，如建筑、编织、制鞋等也会让幼儿去了解。我们可以发现，幼儿学校的教育内容不再是某些固定的基本要素，而是更加综合化和生活化。一位来访的牧师 J. A. 简（J. A. Janes）对幼儿博学的知识感到惊讶，他说：“四五岁的孩子能给他详细讲述蝴蝶和豆子的故事，还有一些幼儿对桥梁建设和《圣经》历史等知识很了解。”[④] 无论

---

① See Samuel Wilderspin, *The Infant System* (London: Lincoln's Inn., 1852), p. 17.

② See Samuel Wilderspin, *The Infant System* (London: Lincoln's Inn., 1852), p. 17.

③ Samuel Wilderspin, *The Infant System* (London: Lincoln's Inn., 1852), p. 6.

④ Phillip McCann and Francis A. Young, *Wilderspin and the Infant School Movement* (London and New York: Routledge, 2017), p. 42.

是什么方面的知识，怀尔德斯平都要求教师避免传授太多枯燥无味或深奥难懂的内容，尽量采用幼儿容易理解的方式，如在一节关于“约瑟夫的梦”的课上，他要求全班幼儿讲述自己的梦。①

5. 教师

怀尔德斯平认为幼儿学校教师应由男性来担任，男性在家中的地位让他在教育时更容易展示自己的权威，而女性的体力和受教育水平难以让她们管理好幼儿学校。事与愿违，幼儿学校紧张的资金不得不让其聘用更多的女教师。怀尔德斯平认为不是所有人都能够做幼儿教师。首先，因为幼儿善于模仿，所以教师的外表很重要，一名幼儿教师应该具有“较好的声音并活泼好动”。其次，教师应诚实，能够践行传授给幼儿的道德行为。怀尔德斯平制定了一套“教师守则”，禁止教师教育愤怒的孩子，不准教师违背诺言，不准教师剥夺孩子的任何财产。最后，教师应具有耐心，具有坚持不懈和公正的品质，因为对成年人来说微不足道的事情对幼儿来说可能非常重要。② 怀尔德斯平认为，教师应得到较高的报酬，要像医生那样在上岗前接受较长时间的培训。

综上所述，怀尔德斯平幼儿学校体系的特征如下：学校的建筑包括一间大教室、一间小教室（供小组学习用）和一间足以容纳所有学生的阶梯走廊；学校有配备了秋千和其他设备的操场，并种上了树木和鲜花；学校有范围广泛的课程内容；强调通过感官进行教育；采用小组学习、问答及导生制的教学方法；使用大量的教具开展教学；采用灵活的组织形式，根据幼儿的情绪调整上课时间；游戏、行军和唱歌是日常生活的一部分；不给幼儿奖励，体罚减至最低限度。这个体

---

① See Phillip McCann and Francis A. Young, *Wilderspin and the Infant School Movement* (London and New York: Routledge, 2017), p. 41.

② See Phillip McCann and Francis A. Young, *Wilderspin and the Infant School Movement* (London and New York: Routledge, 2017), p. 214.

系融合了多种理论，并创造性地改造了教学用具和场地，体现了怀尔德斯平在教育方面的天赋。但怀尔德斯平的体系缺乏统一的教学理论，他没能根据某一理论基础架构整个教育体系。怀尔德斯平过于看重经验性和折中主义，大量的观察和实践使他对幼儿的思维和行为有了深刻的了解，但他缺乏统一、整合和分析各种思想的能力，这使得他的体系更像是各种思想的机械性堆叠。怀尔德斯平的体系成功地让人们认识到幼儿教育对人发展的重要作用，引起了人们对幼儿教育的重视。在幼儿教育的起步阶段，他的体系有效地指导了他人的实践。

系统梳理怀尔德斯平的幼儿学校体系，我们可以回答怀尔德斯平的幼儿学校体系是新拉纳克的延续还是他个人的独创。19 世纪 40 年代之前，更多人认为怀尔德斯平的幼儿学校体系是对欧文思想的一种继承。麦坎南说："事实上，如果我们把新拉纳克、威斯敏斯特和斯皮尔菲尔德的主要特征抽象出来，我们就必须认识到，这些机构是同种植物的变种，而不是不同种类的植物。"① 大卫·高德宣称，在斯皮尔菲尔德看到的一切都能在威斯敏斯特找到。格里斯柯姆（Griscom）认为威斯敏斯特和斯皮尔菲尔德的幼儿学校都是建立在新拉纳克的基础之上。② 确实，这三所学校具有一些共同的特征：具有一个游乐场作为快乐和健康的运动场所，教师与学生之间是一种非正式的传授关系，在一间教室里分年龄段进行教学，通过实物进行直观教学，通过一些押韵的话来学习。

与类似的地方相比，新拉纳克幼儿学校与怀尔德斯平幼儿学校的差异更加明显。新拉纳克幼儿学校是一个高度非正式的机构，在那里音乐、舞蹈、娱乐和在操场上锻炼几乎是唯一的活动，宗教教学和书

① Phillip McCann and Francis A. Young, *Wilderspin and the Infant School Movement* (London and New York: Routledge, 2017), p. 62.

② See Phillip McCann and Francis A. Young, *Wilderspin and the Infant School Movement* (London and New York: Routledge, 2017), p. 63.

籍都被排除在外。怀尔德斯平的幼儿学校组织程度更高，像是一个教学与训练的机器。尤其是怀尔德斯平背离欧文的教育理念，转向“更为僵化、以神学为中心的东西”。怀尔德布莱德（Wildbread）指出，怀尔德斯平关心的是使基础教育适应幼儿的能力，他的系统依赖于“书本、课程和设备”，以及死记硬背。[①] 在教学的规模上，欧文采用小班化教学，认为在面对大量幼儿时，教师如果没有帮手，就不可能公正地对待每一位幼儿。怀尔德斯平更认同集体教学，甚至声称一对夫妇可以同时教育 200 个幼儿。[②] 更进一步的差异表现在对宗教教育的态度上。二者都反对当时的宗教教育，但欧文明确反对宗教教育，把宗教看成是分裂社会的力量，他进行的是去宗教化的教育。怀尔德斯平则把宗教看成是教育的重要内容，他反对的是传统的宗教教育方式，而不是宗教本身。还有一点区别就是教师角色的差异。欧文认为理想的幼儿教师应是一个能毫无怨言地接受命令并严格执行的人。每当他离开新拉纳克时，他都会给教师们明确的命令，并等他回来后检查执行情况。[③] 怀尔德斯平没有这么强的控制欲望，他坚持发挥教师的独立性和自主性。

造成怀尔德斯平与欧文体系如此悬殊的深层次原因可能是二者对社会与教育之间关系的不同认识。欧文是一个乌托邦式的社会主义者，他的教育理论与他对无阶级社会和“新社会秩序”的希望密不可分，他坚持认为，幼儿很小的时候就应学会相互合作，成为理性的人，以改造未来的社会。怀尔德斯平拒绝接受教育和社会变革之间的这种联

---

① See Nanette Whitbread, *The Evolution of the Nursery-Infant School* (London and Boston: Routledge & Kegan Paul, 1972), p. 13.

② See Phillip McCann and Francis A. Young, *Wilderspin and the Infant School Movement* (London and New York: Routledge, 2017), p. 64.

③ See Phillip McCann and Francis A. Young, *Wilderspin and the Infant School Movement* (London and New York: Routledge, 2017), p. 64.

系，他将幼儿学校看成是改善社会而非改革社会的工具。所以怀尔德斯平幼儿学校体系并非是欧文思想的延续，与其他继承者相比，怀尔德斯平具有独特性。

二、建立幼儿学校网络

（一）推广阶段

早在斯皮尔菲尔德，就有一些人请求怀尔德斯平开办幼儿学校，1822 年，他帮助威廉·艾伦在斯托克纽因顿创办了一所幼儿学校。1824 年初，他帮助威廉·金在布莱顿组织了一所学校，随后又帮威廉·威尔逊牧师在沃尔瑟姆斯托开办了一所学校。[1] 同年 6 月，英国成立了幼儿学校协会，拉开了幼儿学校大发展的序幕。10 月，怀尔德斯平的妻子去世。圣诞节期间，他 5 个月大的儿子夭折，连续失去亲人让他悲痛不已。1825 年初，他不囿于在斯皮尔菲尔德践行自己的教育理念，接受了幼儿学校协会的请求，开始在全国推广幼儿学校，从此转变成幼儿学校的传教士。在推广的过程中，协会除了给予一些资金的帮助外，并没有起到很大的作用，而且协会在保守派的反对下自身难保。1828 年，协会的帮助逐渐消失后，怀尔德斯平结束了代理人的身份，在切尔滕纳姆定居下来，开了一所幼儿学校，开始了一段自由的教育生涯。此后他几乎一个人承担起幼儿学校推广的任务。

怀尔德斯平在全国进行巡回演讲时会通过展示“神童”来体现成功，并在宣讲的小镇上待几周以帮助开办幼儿学校。他用了大约 10 年的时间，直接帮助英国新建了 150 所幼儿学校。此外，他还通过出版图书来推广幼儿学校，早在 1823 年，他就出版了《论贫困幼儿的重要性》

---

① See Phillip McCann and Francis A. Young, *Wilderspin and the Infant School Movement* (London and New York: Routledge, 2017), p. 96.

(*On the Importance of Educating the Infant Poor*)，书中初步阐述了他的幼儿教育思想。之后，怀尔德斯平将此书不断地更新、完善，陆续将其出版，以不同的书名出版了 6 次，分别是《幼儿教育》（1825 年、1829 年），《早期教育原则》（1832 年、1834 年），《发展所有 1—7 岁幼儿智力和道德体系》（1840 年、1852 年）。到 1852 年《幼儿学校体系》再版时，已是第 8 个版本，这是一本系统地阐述幼儿学校理论的专著。书中，怀尔德斯平详细阐述了青少年犯罪现象及产生的原因，幼儿教育原则，幼儿学校必备的条件，教师标准，开办幼儿学校的注意事项，宗教和道德教学，奖惩的使用，以及语言、数学、地理、音乐、语法等内容的教学方式。这本书涉及幼儿学校运营的方方面面，具有很强的可操作性，为他人建立类似幼儿学校提供了方法论指导。他的演讲和书籍非常有影响力，所提倡的教育体系是斯皮尔菲尔德式而非新拉纳克式。①

（二）危机阶段

19 世纪 20 年代后期，幼儿学校的发展速度加快，但在推广过程中出现一个关键问题，即其他教师是否有能力践行这个体系。有迹象表明，在 1830 年一些教师错误地理解了体系中的内容。怀尔德斯平体系的支持者认为一些学校的校长未能理解这个体系，并对幼儿学校有偏见。② 一些教师担心幼儿学校中太多的娱乐活动会使幼儿将来不愿意工作，所以他们取消了幼儿在操场上的过多活动。③ 在幼儿学校随后的扩张中，师资短缺的问题更加突出。

---

① See Nanette Whitbread, *The Evolution of the Nursery-Infant School* (London and Boston: Routledge & Kegan Paul, 1972), p. 15.

② See Phillip McCann and Francis A. Young, *Wilderspin and the Infant School Movement* (London and New York: Routledge, 2017), p. 209.

③ See Nanette Whitbread, *The Evolution of the Nursery-Infant School* (London and Boston: Routledge & Kegan Paul, 1972), p. 15.

1832 年怀尔德斯平意识到一些问题开始困扰着很多新建的学校。他认为全国缺乏一个示范性学校是问题的根源。此外，很多学校没有操场和合适的设备，教师往往注重训练、不守规矩、办事效率低下、喜欢引进新鲜事物，而不注重健全的教学。3 年后，这种危机更加强烈，1835 年 2 月，《教育》杂志发表了一篇关于幼儿学校的长文，对当时的情况做出了冷静的评估。文章指出，在很多地方幼儿教育体系完全失败了，原因是教师效率低下和缺乏智慧，几乎没有教师可以理解他们应遵循的原则，很多学校正在退化为妇媪学校。一位苏格兰人在 1835 年 9 月调查学校的情况时吃惊地发现，学校的管理已恶化，锻炼和娱乐实际上已经被抛弃了，很多学校没有操场，教室通风不足，孩子们机械地学习拼写、发音、阅读、算术和几何问题。部分幼儿学校中冗长的课程、繁重的任务已经取代了道德和体育教育，教师们已经背离了幼儿培训的基本原则。[①] J. R. 伍德（J. R. Wood）基于对曼彻斯特、伯明翰和利物浦大量幼儿学校的观察而指出，学校人满为患，教师们专注于在阶梯教室上课，通过让幼儿死记硬背和唱歌来学习知识，幼儿受到了过度的灌输，他们智力的发展是以牺牲性格和情感为代价的。怀尔德斯平本人也指出，如果忽视了灵魂，只是机械地模仿，那么幼儿学校系统就是彻底的失败。

教师的缺乏束缚着幼儿学校的发展。幼儿学校系统比导生制要复杂很多，对于教师的要求也高很多，教师数量的不足导致幼儿学校难以践行怀尔德斯平的体系。如果幼儿学校协会继续存在，一些培训幼儿教师的机构和地方委员会办事效率再高一些，那么幼儿学校可能不会出现如此多的问题。很多新办的幼儿学校在挑选教师时也没有严格的标准，教学经验并不是考察的依据。例如，哈克尼幼儿学校委员会

---

① See Phillip McCann and Francis A. Young, *Wilderspin and the Infant School Movement* (London and New York: Routledge, 2017), p. 210.

主席华生（Watson）任命哈斯韦尔（Haswell）夫人为学校教师的原因仅是因为认识她，她被送到伦敦学习两个月后就开始了工作。利物浦邓肯街幼儿学校对教师的要求是身体健康、积极主动、有良好的朴素意识、有良好的生活习惯、有良好的脾气和举止、受过良好的教育。①

高昂的成本是阻碍幼儿学校发展的另一原因。幼儿学校在建造和运营上都很昂贵。旧建筑的改造费用高达 200 英镑，新建筑的造价是旧建筑的两倍还多。有 100 名学生的幼儿学校每年运营成本约为 100 英镑，而一所能容纳 200 多名的学生的普通学校平均成本为 340 英镑。类似怀尔德斯平这样水平的教师每年薪水在 80—90 英镑，另外还需提供给他们一套房子。幼儿学校的收入主要来自捐赠和学费，但这两个渠道都不稳定。几乎所有的学校都发现，捐赠者的热情在第一次捐赠之后会逐步消失。在 19 世纪 30 年代中期，伯明翰幼儿学校协会的收入持续下降，导致其债台高筑。学费也会随着出勤率的变化而波动，而且学费非常低，通常是每周 2 先令。伯明翰幼儿学校协会曾试图将学费提高至每周 3 先令，但由于遭到家长的反对，该计划不得不被放弃。1829 年，布里斯托尔的坦普尔幼儿学校发现其资金处于“萧条状态”，急需新的捐款。1837 年哈克尼幼儿学校委员会也提出过类似的投诉。创办于 1834 年的劳思幼儿学校，在其成立的头 5 年里，入学率下降了逾 33.3%。成立于 1837 年的圣伦纳德肖尔迪奇幼儿学校，早在 1840 年 11 月就因捐款大幅下降而陷入困境。② 各学校都在想办法缩减开支，最常用的方法就是减少教师的工资。这样一来使得越来越多的女性被雇佣，因为她们的工资要比男性少很多，在肖尔迪奇的一所幼儿学校，一位女教师的年薪降到了只有 5 英镑。超低的薪水难以吸引到优秀的

---

① See Phillip McCann and Francis A. Young, *Wilderspin and the Infant School Movement* (London and New York: Routledge, 2017), p. 212.

② See Phillip McCann and Francis A. Young, *Wilderspin and the Infant School Movement* (London and New York: Routledge, 2017), p. 213.

人，也降低了幼儿教师的社会地位，她们更像是仆人而不是教育者。[①] 持续的降薪使得教师队伍的质量每况愈下，19 世纪 30 年代中期，曼彻斯特对 19 名教师进行了三次调查，其中索尔福德和利物浦仅有 3 名教师接受过幼儿教育培训。[②] 很多学校因为教师没有受到足够的培训，或者根本没有受过培训，使得怀尔德斯平的幼儿教育原则在执行过程中大打折扣。

除了教师数量不足这个客观的原因，怀尔德斯平的斯维登伯格主义信仰也影响了幼儿学校的发展。当时英国的教育是由国教派主导，国教派声称拥有幼儿教育的专权，极端非国教派的成员面临很大的风险。怀尔德斯平的姐夫詹姆斯·布朗（James Brown）因为是卫斯理传教士而被布莱顿幼儿学校开除了校长职务。在这种情况下，怀尔德斯平不宣扬斯维登伯格主义的观点，也不公开阐述裴斯泰洛齐的理论，幼儿学校推广唯一代理人的身份让他避免了很多批评，避免了被幼儿学校协会解除职务。尽管如此，怀尔德斯平的宗教教育方法还是遭到很多人的反对和诽谤，有人说他的幼儿教育体系是为了破坏国教。[③] 怀尔德斯平的态度一向谨慎，但谨慎并不等于妥协，在他的一生中，始终坚持对非国教派幼儿进行教育，反对一切宗教教条和公式。

（三）福音派主导阶段

在经历一系列危机之后，宗教力量再一次占了上风，幼儿学校体系中逐渐渗透了福音派的内容。福音派根据教会政策的需要，在课程中增加了大量的《圣经》知识，要求幼儿学校大规模地采用死记硬背

---

① See Phillip McCann and Francis A. Young, *Wilderspin and the Infant School Movement* (London and New York: Routledge, 2017), p. 214.

② See Phillip McCann and Francis A. Young, *Wilderspin and the Infant School Movement* (London and New York: Routledge, 2017), p. 215.

③ See Phillip McCann and Francis A. Young, *Wilderspin and the Infant School Movement* (London and New York: Routledge, 2017), p. 79.

的方法。他们编写手册、培训教师，逐渐形成了一套原则体系。这个团体中有著名的作家查尔斯·梅奥博士和他的妹妹伊丽莎白·梅奥，还有幼儿教师托马斯·比尔比和 R. B. 里格威（R. B. Ridgway），他们的《幼儿教师指南》在 1831—1835 年出版了 4 版，声称在英国几乎所有的国民、外国人的手中都有这本书。比尔比是布坎南的门生，他在 1825 年开办了切尔西幼儿学校，里格威是哈特街幼儿学校的校长，这两所学校同时还是幼儿教师的培训机构。19 世纪 30 年代初，有 133 人在哈特街幼儿学校接受培训，切尔西幼儿学校在开办的前 10 年培训超过 300 名教师。[①] 还有詹姆斯·罗杰斯（James Rogers），他是切尔滕纳姆幼儿学校的第一任校长，19 世纪 30 年代早期出版了《幼儿教育实践论文》（*A Practical Treatise on Infant Education*）。

虽然同是幼儿学校的支持者，但怀尔德斯平与福音派水火不容，他们曾通过书信激烈地讨论幼儿学校中的教师和教学问题。怀尔德斯平谴责在幼儿学校里教授教义问答，认为幼儿不可能理解教义上的内容。在对人本性的认知方面，怀尔德斯平与福音派也有着根本区别。福音派认为邪恶和不道德是儿童本性中固有的，儿童只有从最年幼时开始接受《圣经》教育，才能得到拯救。怀尔德斯平认为幼儿是纯真的，能够对爱和情感做出反应，如果他们表现出邪恶和不道德的倾向，应该在社会方面寻找原因。怀尔德斯平在 1840 年版的《幼儿教育体系》一书中，批评了比尔比和里格威倡导的死记硬背宗教教义的方法。[②]

怀尔德斯平的另一个伟大成就是在英国建立了很多幼儿学校。凭借勤奋和主动，怀尔德斯平建立了一个由几百所幼儿学校组成的网络，

---

① See Phillip McCann and Francis A. Young, *Wilderspin and the Infant School Movement* (London and New York: Routledge, 2017), p. 226.

② See Phillip McCann and Francis A. Young, *Wilderspin and the Infant School Movement* (London and New York: Routledge, 2017), p. 230.

当时这些学校被认为是英国最先进的幼儿教育机构。[①] 到 1836 年，英国至少有 270 所幼儿学校，其中 150 所在英格兰，70 所在苏格兰，50 所在爱尔兰。[②] 大城市和工业城市中的很多儿童在 6 岁之后就进入工厂，幼儿阶段成了他们唯一可以接受教育的时期，这使得这些城市对幼儿学校的需求日益增加，到 1946 年，至少有 27 000 名幼儿上过幼儿学校。[③] 怀尔德斯平的幼儿学校模式也传到了欧洲大陆和美国，促进了世界幼儿教育的发展。

三、改变社会幼儿教育观

幼儿学校运动之前，在自由放任思想的影响下，英国政府认为贫困幼儿教育是教会的责任，所以并不主动推动幼儿学校的发展，甚至一些国教派还积极地反对幼儿学校的发展。经过怀尔德斯平的推广，上层社会人士开始认识到幼儿教育是一项可以促进个人发展和社会共同福利的事业[④]，并发现了传统慈善学校的弊端。

虽然有过一些幼儿学校失败的案例，但人们逐渐认识到早期教育是有益的，那些幼儿学校之所以失败是因为自身没有采用正确的教育方式。[⑤] 社会中强烈反对幼儿学校的态度基本消失，19 世纪 30 年代中

---

① See Phillip McCann and Francis A. Young, *Wilderspin and the Infant School Movement* (London and New York: Routledge, 2017), p. 17.

② See Phillip McCann and Francis A. Young, *Wilderspin and the Infant School Movement* (London and New York: Routledge, 2017), p. 209.

③ See "The Wilderspin Testimonial," *Manchester Courier and Lancashire General Advertiser*, September 30, 1846, p. 6.

④ See John Chapman, *The Westminster and Foreign Quarterly Review*, *October-January 1850-1851 v. 54-1851* (London: Groombridge and Sons, 5, Paternoster Row., 1851), p. 389.

⑤ See John Chapman, *The Westminster and Foreign Quarterly Review*, *October-January 1850-1851 v. 54-1851* (London: Groombridge and Sons, 5, Paternoster Row., 1851), p. 389.

期幼儿学校在英国版图上建立起来，越来越多的由福音派组织及那些由高级教会牧师赞助的学校，都根据新型幼儿学校的原则进行了调整。1835 年，时任英国财政大臣的布劳汉姆向英国上议院表示："幼儿学校显著的良好效果唤起了公众对它们的关注。"① 英国的媒体开始公开报道怀尔德斯平的事迹，支持他的工作。

1835 年，政府发现传统的慈善学校不能给大众提供基本的教育。英国一半的成年人不会读和写，英格兰和威尔士有一半的成年女性和三分之一的成年男性不能在结婚证书上签名。慈善经费的使用也不合理，大量的钱用于硬件的建设，1830 年后，爱丁堡共花费 14 万英镑修建唐纳森济贫院，其设计初衷仅仅是为 300 名贫困男孩提供食宿和教育。② 入学人数最多的主日学校不能提供一种"好"的教育，幼儿成了宗教竞争的牺牲品。各教派纷纷把学校看成是争夺会员的阵地，当一个地区出现了一所主日学校，很快另一个派别也会建起一所学校，表面看来学校的数量增多了，但学校并没有提供应有的教育。在很多情况下，竞争的学校会互相伤害。一旦某一教派的学校停办，另一教派支持的学校也就失去了建设的动机，然后逐渐衰落。③

当人们在找寻一种正确和合理的幼儿教育时，怀尔德斯平刚好提供了一种方案。幼儿学校致力于改善社会的道德状况，降低犯罪率，为幼儿提供基本的读、写、算教育，并结合宗教教育的特点迎合大部分人的需求。很多工薪阶层的家长非常愿意把子女送进幼儿学校。在一些新兴的工业城市，如曼彻斯特，幼儿学校尤其受欢迎，曼彻斯特

---

① Phillip McCann and Francis A. Young, *Wilderspin and the Infant School Movement* (London and New York: Routledge, 2017), p. 209.

② See John Chapman, *The Westminster and Foreign Quarterly Review*, *October-January 1850-1851 v. 54-1851* (London: Groombridge and Sons, 5, Paternoster Row., 1851), p. 390.

③ See John Chapman, *The Westminster and Foreign Quarterly Review*, *October-January 1850-1851 v. 54-1851* (London: Groombridge and Sons, 5, Paternoster Row., 1851), p. 394.

在 1846 年专门召开大型会议，为幼儿学校筹集资金。

怀尔德斯平在英国幼儿教育史上的地位被认为仅次于欧文，他对幼儿学校的推广让他声名鹊起，但他一贯强烈反对教派教育及自由主义的观点，故并没有受到国家的重视。1839 年，当国家开始干预幼儿教育时，忽视了他在实践或咨询方面可能做出的贡献。尽管他一生绝大部分时间都献给了幼儿教育事业，但后来他并没有得到广泛支持，他开始变得灰心丧气，选择在 1847 年退休。之后，他接受了新西兰公司的移民提议，和家人一起在好望角定居。1866 年，当他去世时，有媒体高度肯定了他对幼儿教育的巨大贡献，并将他与兰卡斯特和裴斯泰洛齐相提并论。①

通过对怀尔德斯平工作的梳理，我们可以尝试回答历史上欧文和怀尔德斯平谁才是幼儿学校体系的创立者。19 世纪 30 年代后期，幼儿学校在英国推广之后，欧文和怀尔德斯平就幼儿学校的首创者之争展开了辩论。在早年，怀尔德斯平承认欧文曾经帮助过他。之后，怀尔德斯平宣称自己从未接受过欧文的指导。② 在 1837 年利物浦的一次争辩中，欧文曾要求怀尔德斯平承认其在建立幼儿学校系统中所起的作用，但怀尔德斯平给予否认。③ 怀尔德斯平认为，在英国建立的幼儿学校是源于他的贡献而非欧文。④ 他自封为幼儿学校教育系统和学校网络的创始人。⑤ 1840 年在伦敦，欧文就这一问题再一次与怀尔德斯平争

① See "Obituary," *The Examiner*, March 24, 1866, p. 11.

② See Phillip McCann and Francis A. Young, *Wilderspin and the Infant School Movement* (London and New York: Routledge, 2017), p. 218.

③ See "The wilderspin Testimonial," *Manchester*, *Manchester Courier and Lancashire General Advertiser*, September 30, 1846, p. 6.

④ See "To the Editor of the Dundee Warder," *The Dundee Warder*, March 22, 1842, p. 3.

⑤ See W. P. McCann, "Wilderspin and the Early Infant Schools," *British Journal of Educational Studies* 14, no. 2(1966): 188.

辩。① 但是二者的争论并未有结果。他们都坚持认为自己才是英国幼儿学校体系的创立者。1858 年，欧文墓碑上的铭文写道："他创立并组织了幼儿学校。"②

对于二者的争论，笔者认为怀尔德斯平虽受欧文的影响，但他第一个完整地阐述了幼儿学校理论，且他的理论是建立在一套科学方法基础之上，并带有超验的理论色彩，体现出较强的"创"造性。个人努力和国家意志使他的体系在英国广泛传播，在历史车轮不断前行的过程中，幼儿学校不断地对外界的挑战进行回应，经受住了考验，深深地"立"在英伦三岛之中。若论幼儿学校体系的完整性、科学性、延续性和广泛传播性，怀尔德斯平的成就是欧文望尘莫及的。与欧文多重身份相比，怀尔德斯平更是一个纯粹的"幼儿学校事业"人，他将一生都献给了幼儿学校。正如他回顾自己的职业生涯时所说："多年来，我把我最大的精力和资源都奉献给了幼儿学校事业的发展，只要上帝仁慈地允许我这样做，我就决定继续奉献。我很乐意为它提供任何帮助，或者向需要它的人提供信息，或者通过个人努力支付这样做的费用。"③ 遗憾的是，在很多英国教育史的书籍中仅有一两段有关怀尔德斯平的描述，幼儿教育史也没有用浓重的笔墨去阐述他的贡献，甚至一些书籍都没有把他归为幼儿教育家之列。他的幼儿学校体系虽有不足之处，却远超前于他所处的时代，预见了很多与现代教育相联系的方法。事实上，他的体系可以被看作是现代幼儿教育的源头。没有他，英国"幼儿学校"的概念可能就停留在仅与 19 世纪几个慈善家相联系的水平。基于他的卓越贡献，史书中寥若晨星的记载显得有失公允。无论是亲身实践推广幼儿学校，还是著书立说表达教育理论，

---

① See "To the Editor of the Dundee Warder," *The Dundee Warder*, March 22, 1842, p. 3.

② Jane Read, "Free Play with Froebel: Use and Abuse of Progressive Pedagogy in London's Infant Schools, 1870-c. 1904," *Paedagogica Historica* 42, no. 3(2006): 304.

③ Samuel Wilderspin, *The Infant System* (London: Lincoln's Inn., 1852), p. 74.

他都对英国幼儿学校教育事业做出了不可磨灭的贡献，不愧为英国幼儿学校体系的“创立者”。

本章小结

欧文在新拉纳克的实验引发了英国社会有志之士的热情，他们建立了一些协会推广新型的幼儿学校，发起了幼儿学校运动。在幼儿学校运动期间，英国政府奉行传统的“自由放任”的原则，并未对幼儿学校进行实质的干预，异教徒和民间组织主导着幼儿学校早期的发展。新成立的各种民间幼儿学校协会极大地推动了新型幼儿学校在英国的传播，使人们逐渐认识到早期教育的重要性，但传统的贵族和教派人士依然抵制新型的幼儿学校。在此期间，怀尔德斯平创建了幼儿学校理论，并在英国建立了一定数量的幼儿学校，奠定了英国幼儿学校体系的基础。

幼儿学校运动对社会的稳定做出了贡献，数量庞大的工人阶级享受到了幼儿学校发展带来的福祉。子女在一个更安全和卫生的环境中接受教育，可以让家长有更多的时间和精力去工作，因而家庭生活质量不断提高。虽然民间组织和个人对幼儿学校贡献卓越，但我们也要清醒地认识到教育事业的发展绝不是靠个别人士或组织的努力就可以实现，早期工业化的弊病是促进幼儿学校发展的主要原因。在工业化的过程中，社会阶层之间的差别扩大了，社会的不平等进一步加剧，父母不得不工作很长时间，他们很难照顾好自己的子女。此外，随着工厂开始使用童工，保护儿童的需求也越来越大，幼儿学校刚好可以为幼儿提供大规模教育和保护。[①] 我们可以看到幼儿学校这种新事物在

---

① See Kaspar Burger,“Entanglement and Transnational Transfer in the History of Infant Schools in Great Britain and Salles D'asile in France,1816-1881,”*History of Education* 43, no. 3(2014):307.

推广过程中遇到的层层阻力，如教派掣肘、经济制约、思想束缚和教师质量羁绊等。随着贫困幼儿数量的激增，幼儿学校的数量远远不够，仅依靠民间的力量难以满足庞大的需求，人们对国家干预幼儿学校的呼吁越来越强。

第四章 民办公助下幼儿学校的推进（1839—1869）

幼儿学校运动使政府开始意识到幼儿教育对社会的作用。同时，幼儿学校良莠不齐的问题也让政府明白依靠慈善捐助远不能解决教学质量控制问题。于是政府开始介入幼儿学校的发展。这一时期是幼儿学校由民间创办转为政府主导的过渡时期。这是一个非常重要的时期，政府的干预标志着政府在幼儿教育中的角色开始发生改变，改变的背后是政府对教育在国家发展中作用的重新思考，是对教育市场中“看不见的手”的质疑和补充。教育是一种公益事业，在一个完全自由的教育市场中，个人选择产生的教育资源数量很可能低于整个社会最有效的资源配置数量。① 通过政府的干预，更多的幼儿学校建立起来，贫困幼儿的道德行为得到改善，贫困家庭的父母避免了教育投资失败的风险，国家也获得了更多的人力资本。1833 年，英国议会第一次为初等教育提供资助，1839 年幼儿学校也开始接受国家补助，从此政府对幼儿教育的干预逐渐呈现出组织性、系统性、广泛性、连续性、深入性等特点，涉及的教育领域逐渐扩大，干预的形式不断多样、程度不断加深。政府资金掣肘了幼儿学校事业的发展，在资金补助范围方面，

① See Martin West, “State Intervention in English Education, 1833-1891: A Public Goods and Agency Approach,” *Discussion Papers in Economic and Social History*, no. 37(2000): 3, https://www.researchgate.net/publication/5201296_State_Intervention_in_English_Education_1833-1891_A_Public_Goods_and_Agency_Approach.

政府从只提供建筑补助金逐渐发展到提供各种经费；在资助范围方面，政府从资助小部分幼儿学校到广泛资助符合要求的幼儿学校。政府的角色逐渐从“导”发展到“督”，权重不断加大，1862 年《修正法典》的颁布更是深刻影响了幼儿学校的教育内容。在政府干预下，幼儿学校发展呈现出新方向，国家意志和新的幼儿教育思想冲击着原有的体系，幼儿学校外部教学条件和内部教学实践都有所变化。1861 年《纽卡斯尔报告》的出现标志着幼儿学校的地位得到国家的承认，国家开始深入介入幼儿学校的发展，在办学模式和课程内容方面，国家越来越具有话语权，幼儿学校的发展呈现出统一化趋势。

第一节　民办公助下幼儿学校推进的背景

一、英国社会结构的改变

19 世纪 30 年代中期，工业革命进入了蒸汽时代，蒸汽为工厂和铁路提供了新的动力。技术变革剥夺了农村家庭的就业机会，对妇女保健、儿童照料和母乳喂养方式产生了未知的后果。[①] 这一时期工业化速度加快，城市人口迅速增加。工业革命改变了原有的经济结构，农业比例逐渐下降，工业规模稳步扩大，1850—1860 年，工业转变为国民生产总值的主要组成部分。经济变革改变了社会结构，传统的等级社会转变成现代的阶级社会，以往垂直的等级结构也变成了横向的阶级结构。[②] 中产阶级不断崛起，庞大的无产阶级逐渐形成，工业化的同时，农民原有的生活方式和文化结构也遭到了摧毁。

---

① See Steve King,“Dying with Style: Infant Death and Its Context in a Rural Industrial Township 1650-1830,”*The Society for the Social History of Medicine* 10, no. 1(1997): 5.

② 参见刘成等《英国通史》(第五卷)，江苏人民出版社，2016，第 196—197 页。

工业化之前的时代并非是劳动人民的天堂，在农业经济中，他们的生活常常是贫穷的，或刚刚达到温饱的水平①，土地为个人提供了一种维持生计的渠道。只要农民有机会拥有土地，保证足够的健康来劳作，他们就能勉强糊口；而当无法劳作时，富人或济贫院都可以实施救济。在这样的经济结构中，社会的每一个成员都要通过劳作来获取食物，即使是年幼的儿童，也被视为劳动力的一部分，特别是健壮的男孩，是家庭的一笔财富。18 世纪中期，畜牧业及工业的发展，吸引了很多劳工来到城镇，农业劳动力需求的减少使富余劳动力纷纷涌入城镇，他们发现自己将与来自威尔士、苏格兰和爱尔兰等地的贫困阶级竞争上岗。到 1840 年，英国城市人口是农村人口的两倍。1841 年，英格兰和威尔士成年男性中只有 26％务农②，大多数人去了城市工作。在 1846 年后的 5 年里，英国开通了 3600 多英里的铁路线，人口的流动更加便捷。1851 年，爱尔兰的人口又增加了 3％，英国的总人口更是从 1831 年的 1 626.1 万人增加到 1851 年的 2 081.6 万人。这 20 年间，出生率持续上升且死亡率得到了控制，因而儿童数量和比例大幅上升，当时 25％的人口都是不到 10 岁的儿童，居住在城镇里的居民增加了 300 多万人。③

工业化使家庭成员分散到几个地方，打破了原有的生活方式，虽然大多数行业的劳工状况都很差，但为了维持收支平衡，他们不得不努力工作。原有的安稳生活方式和文化结构遭到了破坏，旧的价值观念和关系变得毫无意义。人们无力抵抗那些控制经济的人和政府官员的剥削，数百万贫苦劳动者过着艰苦的生活，他们在很多情况下是按

---

① See Nigel Middleton, "The Education Act of 1870 as the Start of the Modern Concept of the Child," *British Journal of Educational Studies* 18, no. 2(1970): 166.

② 参见刘成等《英国通史》（第五卷），江苏人民出版社，2016，第 203 页。

③ See Nanette Whitbread, *The Evolution of the Nursery-Infant School* (London and Boston: Routledge & Kegan Paul, 1972), p. 23.

日被雇用的，没有就业保障。贫苦阶级经常出现在杂志的漫画主题中，劳动人民通常被描述为“像狗一样的”“温顺的野兽”，贫困地区被描绘成“暴力场所”。①

工业革命时期，约 33.3%的工人家庭始终处于贫困状态。工人阶级是最需要有社会机构照顾子女的阶层，但他们无法舍弃子女所带来的收入。1842 年左右，工人阶级的工资水平逐渐稳步上升，这才使得他们愿意每周花几便士把子女送到更干净和安全的幼儿学校中。但他们的经济状况没有得到很大改善，据统计，1867 年下层阶级和体力劳动者家庭的比例达到了 74.4%，而他们的总收入仅占全部的 39.1%。②机器效率的提高，使得童工的工作时间减少，这为他们接受教育创造了时间上的可能。

人们很容易从衣着、言谈举止和体格上区分贵族阶级、中产阶级和贫困的工人阶级。不同阶级代表着不同的文化，不同阶级之间存在着沟通障碍，使得维多利亚时代实际上是一个种姓制度的社会。对阶级的划分同样反映在教育制度上。不同阶级在不同类型的学校中读书，19 世纪中期，国家分别任命了不同的委员会去调查不同阶级的受教育情况。1864—1865 年的一份资料将英格兰和威尔士 2100 万人口分成若干阶层。陶顿委员会在 1864—1865 年的调查显示，家庭房产超过 20 英镑的中产阶级有 300 万人，他们 5—20 岁的子女约有 94.7 万人，在以学费为主的私立学校中读书。1858—1861 年纽卡斯尔委员会对那些没有支付学费能力的人群的受教育状况进行了初步调查，结果显示，英国有约 300 万来自劳动阶级的 5—12 岁的儿童在国家资助的学校中学

① See Nigel Middleton, "The Education Act of 1870 as the Start of the Modern Concept of the Child," *British Journal of Educational Studies* 18, no. 2(1970): 168.

② 参见刘成等《英国通史》（第五卷），江苏人民出版社，2016，第 252 页。

习。[1] 教育的阶级性还体现在国家的教育立法方面。1868 年的《公立学校法》（*Public Schools Act*）的实施对象只包括为贵族子弟和有影响力的上层阶级开办的公学。接下来的一年，《捐赠学校法典》（*Endowed Schools Act*）指向的是中产阶级所在的学校。1870 年的《福斯特法案》为工人阶级制定了一个全国性的学校体系。当时的教育术语也强调了阶级上的区别，公学和大学是一个单独的体系，这种传统的绅士教育被称为“高等的”或“主要的”；中产阶级所接受的教育被称为“中等”；而工人阶级的学校被称为“小学”。[2]

二、英国资产阶级力量的崛起

历史学家 E. P. 汤普森（E. P. Thompson）认为，在 18 世纪的英国只存在一个阶级，那就是贵族。[3] 他们富可敌国，1803 年占全国人口的 1.4%却拥有全国 15.7%的收入。他们还拥有强大的政治势力，牢牢地控制着从中央到地方，从政府到军队的各种职位。他们利用国家权力来保护自己在各方面的利益。不过从 19 世纪 30 年代开始，随着工业革命的完成，资产阶级的力量不断增强，开始挑战贵族阶级的垄断权。1832 年的议会改革使中等阶级成了“有权”的阶级，且在议会之外形成了强大的集团，贵族面临严重的挑战。[4]

1815 年为保护英国农夫及地主免受外国进口谷物的竞争，英国颁布了《谷物法》（*Corn Laws*），这是一项维护土地贵族利益的法律，但

---

① See Nigel Middleton, “The Education Act of 1870 as the Start of the Modern Concept of the Child,” *British Journal of Educational Studies* 18, no. 2(1970): 168.

② See Nigel Middleton, “The Education Act of 1870 as the Start of the Modern Concept of the Child,” *British Journal of Educational Studies* 18, no. 2(1970): 170.

③ 参见刘成等《英国通史》（第五卷），江苏人民出版社，2016，第 200 页。

④ 参见刘成等《英国通史》（第五卷），江苏人民出版社，2016，第 203 页。

它却使中等阶级的反抗意识觉醒，加速了中等阶级的形成。[①] 1832 年议会改革后，《谷物法》成为工业资产阶级与土地利益集团斗争的焦点。1839 年英国成立了“反谷物法同盟”，开展了废除《谷物法》的斗争。工业家通过各种途径表达自己的不满，在抗议中他们逐渐认识到群体的共同利益。在政治上，他们参与议会改革运动，要求改变贵族垄断政权的局面，废除腐败的议会选举制度；在经济上，他们要求实行自由买卖；在劳资关系上，他们争求劳动力的自由买卖，要求废除国家对雇佣工人的干涉。[②] 在共同利益的诉求中，工业资本家意识到他们处于统一战线，属于同一个“阶级”。1846 年，英国废除了《谷物法》，沉重地打击了土地贵族势力。

资产阶级力量的崛起使辉格党东山再起，促进社会进行多方面的改革。要想了解英国社会的改革，就必须了解其政党的发展。两党轮流执政是英国议会的主要特点，英国社会改革往往也是二者博弈的结果。托利党和辉格党是 19 世纪中期之前英国最大的两个政党，他们起源于 17 世纪的英国议会，托利党倾向于王权的不可侵犯性，属于保守一方；辉格党更张扬议会的权力，比托利党更加积极推进社会的变化。

随着工业革命的完成，资产阶级内部不断发生变动，工业资产阶级同土地贵族、资本家及大商人的利益冲突日益明显。各阶层和集团为了自身利益，需要组织自己的政治力量，托利党变成了土地占有者、金融贵族和大商人的政治代表，而辉格党则代表工业资产阶级的利益。[③] 1832 年第一次议会改革后，托利党和辉格党分别向保守党和自由党转变，这同时也是一场英国新兴工业资产阶级同土地贵族进行的重新分配政治统治权及扩大选举权的运动。19 世纪 30 年代后，辉格党逐

---

① 参见刘成等《英国通史》（第五卷），江苏人民出版社，2016，第 205 页。

② 参见刘成等《英国通史》（第五卷），江苏人民出版社，2016，第 205 页。

③ 参见高岩松《英国现代政党的起源与发展》，博士学位论文，南京大学，2013，第 1 页。

渐掌权，他们更加符合中产阶级对于社会领导者的期望，成为推动英国社会改革的政党先驱。[①] 利益上的矛盾使托利党和辉格党在天主教解放、议会改革、经济改革、王室特权、内阁制和公共秩序等重大问题上的观点趋于两极化。[②] 这一时期在两党的博弈下，英国政府广泛开展了各种社会改革。1839 年政府对地方学校的补贴只是各种改革之一；此外，1835 年的《市镇改革法典》（*Municipal Reform Act*）废除了自行任命市镇统治者的做法；1842 年的一项法令规定，煤矿不得使用女工和童工；1847 年的《工厂法》规定，妇女和青年人每天工作不得超过 10 个小时；1848 年的《公共卫生法》（*Public Health Act*）促进了供水系统和排水系统的改善。[③]

这一时期，资产阶级不仅代表着本阶级的利益，还积极争取工人阶级的利益。虽然资产阶级声称他们代表人民，但他们与贫困的工人阶级生活水平差异巨大，工人阶级往往把资产阶级当成是贵族阶级的旁支而非对立面。资产阶级在议会中仍然没有取得绝对的优势地位，没有独立的政治执行力。为了取得代表大众的合法性，就需要找到一些途径施加其影响力。宗教、教育和地方事务管理正是中产阶级可利用的途径，尤其在教育问题上他们表现出极大的热情。[④] 辉格党中激进的中产阶级代表认为大众教育是一种政治需要。例如，密尔、韦克菲尔德（Wakefield）、弗朗西斯·普雷斯等激进分子积极推动初等教育的发展，而保守党却反对在民众中普及教育。辉格贵族对大众教育的态度是支持的，并将其视为使人民习惯于现有社会秩序和土地贵族统治

① 参见李阳《19 世纪英国中产阶级参与初等教育改革的心态分析》，《英国研究》2014 年第 6 期。

② 参见刘成等《英国通史》（第五卷），江苏人民出版社，2016，第 162 页。

③ 参见克莱顿·罗伯茨、戴维·罗伯茨、道格拉斯·R. 比松《英国史》（下册），潘兴明等译，商务印书馆，2013，第 96 页。

④ 参见李阳《19 世纪英国中产阶级参与初等教育改革的心态分析》，《英国研究》2014 年第 6 期。

的手段之一。激进分子认为教育可以巩固大众对中产阶级的支持。[①] 英国第一个负责幼儿学校的管理机构——枢密院教育委员会（Committee of the Privy Council on Education）也是当时两党政治斗争的产物。1839 年经过激烈的斗争，辉格党在下议院投票中以 280 票对 275 票战胜托利党。[②]

三、福禄贝尔幼儿园在英国的传播

1837 年福禄贝尔在德国创办的幼儿园犹如夜空中的一道闪电，打破了幼儿教育界的宁静，幼儿园在世界逐渐传播开来。但幼儿园最早并没有传播到德国附近的陆地国家，而是在英吉利海峡对面的英国扎下了根。1851 年伯莎・荣格（Bertha Ronge）一家在布鲁姆斯伯里开设了英国第一所幼儿园，招收普鲁士移民家庭的子女。1854 年夏天，在狄更斯的强烈支持下，福禄贝尔思想的宣传者冯・马伦霍尔兹・布洛（Von Marenholtz-Bülow）男爵夫人访问伦敦，开始了一系列的国际巡回演讲之旅。在 1854 年的水晶宫博览会上，幼儿园进入了英国人的视野，受到了中产阶级的欢迎。《泰晤士报》和《雅典娜报》发表了有关幼儿园的文章。同年，荣格出版了一本小册子，用英语阐述了福禄贝尔的思想。1855 年她和丈夫制作了一份关于幼儿园的实用报告，并出版了《妇女教育使命》一书的英译本。[③] 从此英国幼儿教育进入了双轨时代，幼儿学校与幼儿园共同承担着幼儿教育的任务。幼儿园的建

---

① See G. Jeffrey Machin, "The Westminster Free Day Infant Asylum: The Origins of the First English Infant School," *Journal of Educational Administration and History* 20, no. 2(1988): 43.

② 参见徐辉、郑继伟《英国教育史》，吉林人民出版社，1993，第 144 页。

③ See Nanette Whitbread, *The Evolution of the Nursery-Infant School* (London and Boston: Routledge & Kegan Paul, 1972), p. 35.

立给幼儿学校带来了一些冲击，幼儿学校吸收了幼儿园中一些先进的思想，其教育方式与方法也在悄然发生改变。

虽然幼儿学校的设施是为幼儿学习专门设置的，如操场和走廊，但尺寸的大小并没有像幼儿园那样考虑幼儿的实际身高。不适宜的尺寸往往会给教师带来麻烦。幼儿园传播到英国之后，一些幼儿学校在设备上逐渐幼儿化。在沃博伊斯（Warboys）新建的幼儿学校里，阿特金斯（Atkins）先生建造了一个非常漂亮、完整的阶梯走廊，它略微呈圆形，尺寸与幼儿的身高相称。随后，一些幼儿学校也模仿幼儿园的做法，缩小阶梯教室的面积来降低班额。在大型的幼儿学校如位于布兰普敦（Brampton）的奥利维亚·斯佩罗（Olivia Sparrow）幼儿学校就有两个阶梯走廊，一个可以容纳 60—80 人，比其他幼儿学校的容纳人数要少很多；另一个阶梯走廊有 1—2 组类似于女子学校的课桌，但比女子学校的课桌小。①

幼儿园逐渐得到了英国社会的肯定，一些教育官员视幼儿园为幼儿教育的新纪元。M. 米切尔（M. Mitchell）牧师在 1854 年教育委员会的报告中说："我很高兴庆祝幼儿生活新纪元的开始，这个新纪元就是一种由福禄贝尔发明的教育方式……再也没有其他的幼儿教育方式可与之相比。这一制度在教授的知识方面虽然极为幼稚，但它把幼儿当幼儿，鼓励幼儿独立思考，并通过幼儿化的玩具和方法使他们通过行动和文字来发展自己的思想。这种制度的重点是'活动'，教给幼儿的东西很少，都是幼儿自己学习，只需要给幼儿提供最简单的玩具，如条状的木块或者是泡过的豌豆。这种制度最主要的改进就是一切事物皆由幼儿自己学习，绝不会受成人任何强迫，当他们疲倦时，就会停下来休息，然后再精神饱满地做下去或开始另外的活动。所有的这些

① See *Minutes of the Committee of Council on Education for 1854-55* (London: Grorge E. Eyre and William Spottiswoode, 1855), p. 474.

都需要有一个富有耐心和机敏的教师，他知道什么时候应该沉默。”① 米切尔鼓励大家去实地观察幼儿园，建议幼儿学校应配有大量动物、风俗、宗教和《圣经》等主题的彩色印刷品，一盒教具，一个包含故事书的图书馆，还有至少可以保障约66.7%的幼儿同时操作的黑板和画架，福禄贝尔系统的各种玩具和玩具盒也是需要的，操场上还要放置一些健身器材，幼儿操作的石板要装框，以防止噪音。②

幼儿园虽然很好，但学费让很多贫困家庭难以承担。1870年之前，英国5岁以下幼儿的入学问题还不紧迫，因此，幼儿园的影响一直没有扩大。直到1874年，幼儿园才广泛地影响幼儿学校。在幼儿园刚传播至英国的前20年，幼儿园平稳地发展着，为其在英国的扎根创造了温和的环境。另外在伦敦、曼彻斯特、贝德福德和都柏林等地还成立了相关协会，幼儿园的影响与日俱增，为将来影响幼儿学校奠定了基础。

第二节 “申请资助”制度下的幼儿学校

1833年以前，英国儿童教育的经费由慈善家捐款、教会资助和学费构成。1833年8月6日，英国议会决定拨款2万英镑资助英国贫困阶层的慈善教育。③ 虽然只有2万英镑，但标志着英国政府实质干预教育的时代来临。英格兰国教协会和英国及海外学校协会所属的学校达

① *Minutes of the Committee of Council on Education for 1854-55* (London: Grorge E. Eyre and William Spottiswoode, 1855), pp. 473-474.

② See *Minutes of the Committee of Council on Education for 1854-55* (London: Grorge E. Eyre and William Spottiswoode, 1855), p. 474.

③ See Lois Louden, *Distinctive and Inclusive the National Society and Church of England Schools 1811-2011* (London: The National Society, 2012), p. 21.

到一定的条件后可以通过申请得到资助。[①] 1834 年下议院成立了特别委员会，对幼儿学校的发展状况进行调查。1939 年 4 月 10 日，国家成立枢密院教育委员会，开启了干预幼儿教育的新阶段，在此之前幼儿学校从未受到国家任何资助。从这一年开始至 1862 年，国家资助的金额和形式不断变化，幼儿学校在政府的资助下得到了长足进步。

一、“申请资助”制度的产生

（一）政府资助的起源

历史上很早就有人呼吁政府要承担教育发展的责任。英国政府对教育的干预可以追溯到 1644 年，当时柴郡（Cheshire）地区政府驱逐了学校中一些“可耻的”校长。1649 年国会开展了一次关于学校改革、扩建和拨款问题的讨论，政府也通过资助项目来鼓励教育家、理论家和研究者开展工作。[②] 查理二世复辟以后，政府停止了对教育的干预。文法学校作为煽动叛乱的温床而不受政府欢迎，基础教育也不再使用公共资金。1656 年汉林顿（Harrington）在《大西洋》一书中指出教育对国家福利的重要性，倡议国家实施义务教育，并惩罚不送子女上学的父母。同一时期的威廉·戴尔（William Dell）在《正确的学习改革》（*The Right Reformation of Learning*）一书中声称教育是国家的责任。乔治·斯奈尔（George Snell）校长也曾写过一篇论文，建议国家成立一个处理教育问题的常务委员会以监督全国各地的学校，并在

① See Rowland Hamilton, "Popular Education in England and Wales before and after the Elementary Education Act of 1870," *Journal of the Statistical Society of London* 46, no. 2(1883): 294.

② See S. J. Curtis and Myrtle E. A. Boultwood, *An Introductory History of English Education since 1800* (London: University Tutorial Press Ltd., 1960), p. 40.

每个大城市建立一所学院，教授包括农业和卫生在内的所有艺术和科学。① 洛克从经济的角度建议政府设立招收 3—14 岁贫困家庭子女的教区工作学校，以使父母从照看子女的负担中解放出来，从而减少政府救济方面的支出。②

18 世纪下半叶，一些思想家建议英国政府扩大现有的教育规模，他们虽然在实现方式和手段上有分歧，但都坚决谴责已有规定的不足。亚当·斯密就是代表之一，他主张由政府来完成一些个人无法完成的任务，如为工人阶级提供教育。他设想在教区建立小型学校，收取很低的费用，以至于普通劳动者都能负担得起。他认为国家实施教育将帮助穷人变得有秩序和有自尊。③ 受过教育的民众将具备一定明辨是非的能力，从而不太可能屈从于反政府的煽动。作为一个经济学家，亚当·斯密并没有提出系统的教育体系，他关心的是经济的成本。他断言："只要花很少的钱，就能促进、鼓励甚至强迫几乎全体人民接受最基本的教育。"④ 他的思想深深影响着 1862 年《教育法典》的制定。

国家干预大众教育的想法催生了一系列试图从政府获得援助的提案。1807 年萨缪尔·惠特布雷德提出了《教区学校草案》（*Parochial Schools Bills*），这是《贫困法》（*Poor Law*）改革的一部分。草案的支持者认为，国家每年以 5 先令的费用教育一个儿童是可能的，该草案建议赋予教区委员会或地方行政官筹集办校资金的权力。经过激烈的争论，这一提案被上议院否决，他们认为穷人接受教育后会对自己的命

---

① See S. J. Curtis and Myrtle E. A. Boultwood, *An Introductory History of English Education since 1800* (London: University Tutorial Press Ltd., 1960), p. 40.

② See S. J. Curtis and Myrtle E. A. Boultwood, *An Introductory History of English Education since 1800* (London: University Tutorial Press Ltd., 1960), p. 41.

③ See S. J. Curtis and Myrtle E. A. Boultwood, *An Introductory History of English Education since 1800* (London: University Tutorial Press Ltd., 1960), p. 44.

④ S. J. Curtis and Myrtle E. A. Boultwood, *An Introductory History of English Education since 1800* (London: University Tutorial Press Ltd., 1960), p. 44.

运感到不满，容易受到反对派的煽动。坎特伯雷大主教拒绝支持任何企图把学校从教会中脱离的计划。①

19 世纪之前，这些扩大教育的建议不是没有被议会采纳就是因为种种原因未能施行，且很少涉及幼儿教育。19 世纪 30 年代，面对初等教育较差的发展状况，社会各界要求政府承担更多的责任。政府意识到必须进行一些改革来满足人们的需求。1833 年，议员约翰·罗布克（John Roebuck）提出建立全国教育体制的计划，包括设立享有内阁成员地位的公共教育大臣，选举产生学区委员会，中央和地方政府拨款资助教育，并创办师范学校。② 对于 6—12 岁的儿童，如果父母能够在家庭提供足够的教育，可以不强迫入学，否则国家就应该介入。他还建议国家建立四种类型的学校：幼儿学校、工业学校、夜校和师范学校。费用由父母承担一部分，授课内容包括 3R、艺术、音乐、自然史、公民学和贸易。③ 这个计划足够复杂和激进，未被下议院采纳。尽管这一提议没有通过，但为贫民提供一定教育的建议得到了广泛支持。随后议会接受了奥尔索普（Althorp）勋爵的提议，每年向英格兰国教协会和英国及海外学校协会拨款 2 万英镑，这笔款项不能用于除建造校舍以外的任何目的，且校舍中不包括校长或教师的住所。④ 1839 年，枢密院教育委员会提出了一种新的拨款分配制度，该制度不以学校已有的捐款数额为依据，而是以当地声誉为准。⑤ 从此，教育委员会取代了财

① See S. J. Curtis and Myrtle E. A. Boultwood, *An Introductory History of English Education since 1800* (London: University Tutorial Press Ltd., 1960), p. 54.

② 参见王璐《英国教育督导与评价》，高等教育出版社，2010，第 20 页。

③ See Howard C. Barnard, *A Short History of English Education from 1760-1944* (London: University of London Press, Ltd., 1947), pp. 80-81.

④ See *Final Report of the Commissioners Appointed to Inquire into the Elementary Education Acts* (London: H. M. Stationery Office, 1888), p. 4.

⑤ See A. D. C. Newbould, "The Whigs, the Church, and Education, 1839," *Journal of British Studies*, no. 3 (1987): 332.

政部的部分职能，成为分配学校拨款的机构。

（二）资助金额及内容的变化

尽管 1833 年的拨款在今天看来很重要，但当时却没能引起多少关注。当时的资助条件非常苛刻，补助金只能用于校舍的建设，只有当学校自筹到一半经费时才有权申请补助金并获得拨款，且政府会优先考虑来自大城市和城镇学校的申请。审核工作由英国国教协会和英国及海外学校协会共同完成，在查明自筹经费的用途之后才能拨款，幼儿学校和主日学校也可申请补助金。[①] 因此为了获得拨款，学校必须得到这些协会的支持。这项拨款刚开始被认为是一项临时措施，但在接下来的几年里，由于要求普及教育的呼声越来越高，这一拨款制度随即被固定了下来。

早期资助的申请主要来自农村，但议会为实现支持城镇的目标，优先考虑 5000 人以上的地区且学位数不低于 400 的学校。实际上这一目标并未实现，据 1835 年的数据显示，72%的资金用在了不到 3000 人的地区。[②] 1834 年政府拨款 3 万英镑，其中 1 万英镑专门用于苏格兰地区的校舍及英格兰教师培训学校的建设。[③] 这一年，财政部收到的申请金额为 44 238 英镑[④]，国家补助不足以满足需求。

从 1839 年开始，政府资助金额及内容发生了变化。表 4-1 表明国家资助金额大体上呈现出先少后多的趋势。1839 年枢密院教育委员会

---

① See Lois Louden, *Distinctive and Inclusive the National Society and Church of England Schools 1811-2011*(London: The National Society, 2012), p. 21.

② See Lois Louden, *Distinctive and Inclusive the National Society and Church of England Schools 1811-2011*(London: The National Society, 2012), p. 22.

③ See A. D. C. Newbould, "The Whigs, the Church, and Education, 1839," *Journal of British Studies*, no. 26(1987): 334.

④ See Lois Louden, *Distinctive and Inclusive the National Society and Church of England Schools 1811-2011*(London: The National Society, 2012), p. 22.

规定，只有接受政府督查的学校才有权获得教育补贴。① 1843 年枢密院教育委员会扩大了教育经费的使用范围，教师的宿舍建设、学校家具和设施的添置都可以使用教育经费。② 1855 年之前，经费增加的额度并不大，但 1855—1859 年，每年增加的额度都较大。1855 年，国家设立了枢密院教育委员会副主席一职，由负责下议院拨款的大臣担任，随后拨款的金额迅速增加，1859 年已达 836 920 英镑。

表 4-1　1839—1860 年政府资助初等教育的金额

时间	金额（英镑）	时间	金额（英镑）
1839 年	30000	1850 年	125000
1840 年	30000	1851 年	150000
1841 年	40000	1852 年	160000
1842 年	40000	1853 年	260000
1843 年	50000	1854 年	263000
1844 年	40000	1855 年	396921
1845 年	75000	1856 年	451213
1846 年	100000	1857 年	541233
1847 年	100000	1858 年	663435
1848 年	125000	1859 年	836920
1849 年	125000	1860 年	798167

资料来源：*Final Report of the Commissioners Appointed to Inquire into the Elementary Education Acts*（London：H. M. Stationery Office，1888），p. 11.

① See Lois Louden，*Distinctive and Inclusive the National Society and Church of England Schools 1811-2011*（London：The National Society，2012），p. 27.

② See *Final Report of the Commissioners Appointed to Inquire into the Elementary Education Acts*（London：H. M. Stationery Office，1888），p. 6.

经费的使用范围也进一步扩大，1856 年规定，补助金可以用于建设、扩建、改善学校，可以购买书籍、地图和图表、科学仪器，支付学徒教师的生活津贴和特殊教育经费，增加有资格证书教师的薪金等。[①] 1861 年《纽卡斯尔报告》指出，当时大众初等教育出现了出勤率较低、师资力量不足和教育质量低下等问题。委员会建议修改补助方式，只有在枢密院教育委员会登记在册，愿意接受督导的检查且仅招收穷人阶级子女的学校才有权获得资助，这些学校还须经督导证明是卫生、排水及通风条件良好的，人均活动面积不得少于 8 平方英尺；在有学徒教师或助理教师的学校，每位儿童可以获得额外 2 先令 6 便士的补助，前提是学徒教师的班额不超过 30 人，助理教师的班额不超过 60 人；7 岁以下的幼儿不用接受国家的考试，补助的金额仍由稳定的出勤人数决定，每位幼儿的补助额度为 20 先令。[②] 不过这些建议因为种种原因未被采纳。

从政府资助内容的变化可以看出，近 30 年来国家对幼儿学校的干预逐渐深入，从教学场所建设逐步扩大到师资、出勤率和教学设备改善等方面，经费的作用也逐渐从外部援助发展到教育内部调控。然而在整个初等教育阶段，幼儿学校接受的补助相对较少，大多数补助金用于两个协会所属的小学，幼儿学校的经费仍然主要来自慈善捐助。很多幼儿学校会通过年度的晚会筹集资金，当时的英国报纸经常报道一些为幼儿学校筹款的慈善活动。[③④] 塞恩斯伯里幼儿学校在 1860 年的

① See *Final Report of the Commissioners Appointed to Inquire into the Elementary Education Acts*(London: H. M. Stationery Office, 1888), p. 11.

② See *Final Report of the Commissioners Appointed to Inquire into the Elementary Education Acts*(London: H. M. Stationery Office, 1888), p. 15.

③ See "Warkham Infant School," *Dorset County Chronicle*, July 20, 1854, p. 1.

④ See "Birmingham Infant School Society," *Aris's Birmingham Gazette*, December 18, 1854, p. 3.

年会上期望各界人士慷慨相助以填补学校18先令的赤字。①

二、政府对幼儿学校的督查

教育督导是政府对教育施行指导和监督的有效机制和手段，是现代化教育管理体系中必不可少的组成部分。英国是世界上最早建立教育督导制度的国家之一，1840年英国教育委员会任命了两名督导检查受国家资助学校的情况，标志着督导制度的正式建立。之后在长期发展中英国形成了涵盖多个领域的标准化、规范化和系统化的督导制度。② 1939年幼儿学校开始接受国家补助，也因此被纳入督导范围之内。

（一）督导制度的建立

在政府建立督导制度之前，英国一些学校协会开展了类似督导的工作。英国及海外学校协会的邓恩建立了一套定期检查协会学校的制度。1831年玉米厂老板亨利·阿尔桑斯（Henry Althans）被任命为伦敦城外12英里范围内学校的兼职督导，年薪80英镑，同时担任当地主日学校的督导。③ 随着国家对初等学校进行补助的深入，国家督导制度开始慢慢建立。1833年，当国家资金对学校进行补助时产生了两个问题：一是补助的金额不足以满足全国需求，二是金额的分配缺乏合理性。那么怎么才能确定资金被明智地使用了？一些人认为政府应视察

---

① See "Salisbury Infant School," *Salisbury and Winchester Journal*, November 3, 1869, p. 5.

② 参见江夏《英国现行学前教育督导制度的内容、特点及其对我国的启示》，《外国教育研究》2014年第5期。

③ See George F. Bartle, "The Role of the British and Foreign School Society in the Education of Poor Children of the Metropolis during the First Half of the 19th Century," *Journal of Educational Administration and History* 24, no. 1(1992): 81.

所有接受国家资助的学校。在罗布克的努力下，1834年下议院成立了一个特别委员会，对英格兰和威尔士的教育进行调查。1834年对幼儿学校的调查主要来自斯皮尔菲尔德的威尔逊牧师，在他的教区中，有1所幼儿学校、2所国立学校和15所妇媪学校[①]，他的报告仅限基本情况的描述，并未提出任何建议。1835年弗朗西斯·普雷斯的调查认为，慈善学校无论是在数量上还是价值方面都有所不足，它们有很多的缺陷。这一年，怀尔德斯平向委员强调建立一所示范幼儿学校的必要性。同年5月，布劳汉姆在上议院的演讲中提议增加学校的数量，其中就包括建立幼儿学校，并强调了幼儿教育的重要性。[②] 1837年，罗布克向布劳汉姆建议国家加大对教育的干预，加快初等教育的普及。[③] 1838年，受雇于伯明翰委员会的J. R. 伍德对幼儿学校的状况进行了描述："虽然妇媪学校得到了改进，但是其仍然不能令人满意，幼儿学校同样也需要改进和推广。一些热情人士创办了幼儿学校，并依靠怀尔德斯平几周的讲座进行职前培训，他们在培养幼儿纪律方面做得不错，但学校中的幼儿太多而老师太少。"[④]

19世纪40年代之前，英国缺乏有效的教育管理制度，1839年辉格党的约翰·罗素（John Russell）勋爵建议女王利用皇家特权，成立一个专门的枢密院教育委员会，负责对全国的教育进行监督并开办一所

① See T. Raymont, *A History of the Education of Young Children* (London, New York, Toronto: Longmans, Green and Co., 1937), p. 113.

② See T. Raymont, *A History of the Education of Young Children* (London, New York, Toronto: Longmans, Green and Co., 1937), p. 115.

③ See A. D. C. Newbould, "The Whigs, the Church, and Education, 1839," *Journal of British Studies*, no. 3 (1987): 335.

④ T. Raymont, *A History of the Education of Young Children* (London, New York, Toronto: Longmans, Green and Co., 1937), p. 119.

师范学校来培训教师，同时任命督导人员。[①] 这是国家对贫困儿童教育实施集中控制的重要一步。1839 年枢密院设立了一个由委员会主席、掌玺大臣、财政大臣、内政大臣和铸币厂厂长等 5 名成员组成的枢密院教育委员会。凯·沙特尔沃斯（Kay Shuttleworth）爵士被任命为委员会秘书，作为实际领导者，他的睿智使这个机构得以生存且扩大了工作范围。1840 年沙特尔沃斯建议任命督导对接受补助的学校进行检查，并根据督查的情况给予资助，故督导成了教育委员会与受补助学校的联系人。同年 2 月，政府首次任命了 J. 艾伦（J. Allen）和 H. S. 屈里曼希尔（H. S. Tremenheere）律师为督导，标志着英国督导制度的开端。1839—1842 年，随着国家拨款金额的增长，督导的人数不断增加，由 1852 年的 36 人发展到 1864 年的 64 人，1886 年督导和助理一共达到了 302 人。[②] 督导每年都要发布调查报告，报告的调查时间截止于每年的 8 月 31 日。

虽然各学校都希望获得国家资助，但前提是必须接受检查，这让一些学校不满，这些学校认为这会剥夺当地捐赠者的权力。[③] 因此在 1846 年以后的几年里，一些学校放弃了国家资助。如英国国教和罗马天主教会，二者坚决主张学校教育要严格按照自愿的原则进行，不受国家控制。另一些抵制政府控制的教会人士也拒绝政府的援助，并试图完全依靠自愿制度来开办学校。1833—1846 年，政府资助的总额为 955 365 英镑，资助的学校约有 3200 所，没有接受资助的学校大约有 1300 所。1858 年接受督查的学校只有 6897 所，而没有接受督查的学校

---

① See Lois Louden, *Distinctive and Inclusive the National Society and Church of England Schools 1811-2011* (London: The National Society, 2012), pp. 25-26.

② See *Final Report of the Commissioners Appointed to Inquire into the Elementary Education Acts* (London: H. M. Stationery Office, 1888), p. 45.

③ See Lois Louden, *Distinctive and Inclusive the National Society and Church of England Schools 1811-2011* (London: The National Society, 2012), p. 27.

有 15 952 所。[①] 未接受政府督查的学校，一般是由于资源匮乏、不重视或不愿接受国家资助。幼儿学校的数据并未单列，考虑到异教徒在幼儿学校早期发展的作用，没有接受督导的幼儿学校比例可能会更高。

（二）政府对幼儿学校的督导内容

1839 年 9 月的一份会议记录写下了督导制度规定："委员会在任何情况下都拥有视察权；督导将不定时参观由公共资金资助的学校；督导的目的是收集事实和资料，并报告督查结果；督导不得干涉学校的宗教教学、纪律或管理。"[②]

这一规定是政府与宗教团体妥协后的结果。督导制度刚开始遭到了全国贫民教育促进会（National Society for Promoting the Education of the Poor）的反对，即使其有很多学校接受国家资助。这些学校的宗教教育由牧师监督，以教义问答和教会礼仪为基础，不愿意政府人士干预。英国及海外学校协会同样不希望其宗教教育由督导监督。当时教会宣称，对大众的教育负有首要责任，认为神职人员才是教区真正的校长，担心政府官员的督查弊大于利，可能会对学校内部的纪律和管理进行干涉。[③]

政府与宗教团体的冲突在 1840 年得到一个妥协的解决方案，国教协会的学校要接受督查，但督导人选必须经过坎特伯雷大主教或约克大主教的同意。[④] 由此，政府改变了督导的任务，督查不是行使控制而是提供援助，督导无权干预学校事务，甚至是提出意见，除非他们被

---

① See *Final Report of the Commissioners Appointed to Inquire into the Elementary Education Acts*(London: H. M. Stationery Office, 1888), p. 8.

② T. Raymont, *A History of the Education of Young Children*(London, New York, Toronto: Longmans, Green and Co., 1937), p. 156.

③ See T. Raymont, *A History of the Education of Young Children*(London, New York, Toronto: Longmans, Green and Co., 1937), p. 158.

④ See T. Raymont, *A History of the Education of Young Children*(London, New York, Toronto: Longmans, Green and Co., 1937), p. 157.

邀请这样做。[①] 在意见达成一致后，1840 年颁布的《学校督查的指示》中明确了督导的职责包括以下三个方面：第一，对修建学校和支持学校其他方面补助的申请进行调查，确保每个学校的经费得到合理的使用；第二，对得到补助的学校进行调查，通过定期督查，促进学校在内部安排、管理、纪律及教学方法方面得到改善；第三，通过对特定学校的调查了解整个初等教育的状况，为决策提供咨询。[②] 这种由教会权威授权的方式直到 1870 年《福斯特法案》颁布后才废除。从督导的职责可以看出，政府以补助为契机，开始渗透到学校内部的各个方面。

政府对幼儿学校的督查包括八个方面，具体如下。

第一，学校的设施：墙的四周是否有一块连起来的大黑板，或是刷上黑粉的墙？有没有一个备有桌子或黑板的阶梯教室，可以同时满足 40 个幼儿进行绘画和学习？

第二，休息和体格锻炼：儿童有些什么娱乐？学校提倡的是哪一类游戏？有没有体育器材？有哪些？有没有训练幼儿有次序地走路、列队和其他方面的体格训练？幼儿的训练结果如何？每天休息多少次？分别在什么时候休息？

第三，职业技能：有多少幼儿学习缝补？

第四，艺术模仿：幼儿有没有在墙上或者黑板上照着实物或摹本学画图案？幼儿写不写罗马字体和数字？这些是不是学习书写的初步阶段？幼儿是不是依次学习用粉笔在墙上或者黑板上写字母？

第五，学习阅读及唱歌：教室中有没有 M. 皮林森（M. Prinsen's）方字？教师有没有接受过教幼儿认字的培训？幼儿是不是能够熟练地用方字来辨认和拼写字母？教师以哪种方式教幼儿唱歌？幼儿学不学

---

① See T. Raymont, *A History of the Education of Young Children* (London, New York, Toronto: Longmans, Green and Co., 1937), p. 159.

② 参见王璐《英国教育督导与评价》，高等教育出版社，2010，第 24—25 页。

习音乐的符号？幼儿能不能抄写在墙上的音乐符号？幼儿能不能唱一些行军曲或者是校歌？幼儿能不能唱赞美诗？

第六，自然方面的知识：幼儿有没有以极简单和通俗的语句来探究和描述周围各自然物的种种特性？学校里有没有一间房子存放一些幼儿外出时会遇到的自然物？学校有没有一间小房子专放一些小型的家用器具或工作器具，以便向幼儿说明它们的用途？

第七，阶梯教室中的教育：阶梯教室中幼儿还学习什么别的课程？如果还有其他的课程，请列举其名称。阶梯教室中的课程需要多久的时间？幼儿所回答的问题是很灵活还是千篇一律？

第八，训育：幼儿的外表和衣服干不干净？幼儿的行为是不是有规矩又大方得体？幼儿是不是信任教师并敬爱他们？学校里有没有奖励和惩罚？如果有，采用什么样的方式？所依据的原则是什么？结果如何？幼儿是不是准时到校上课？

以上内容反映出督查的全面性，也体现出国家对幼儿学校的认识，其中诸如注重身体发展，采用实物教学，要以幼儿生活经验为基础等，在当今仍有重要价值。在这些内容当中，可以明显地发现，怀尔德斯平体系中的阶梯教室、自然教育、通过临摹进行学习的方法和注重幼儿的卫生习惯得到了国家的认可。[①]

三、"申请资助"制度对幼儿学校的影响

（一）小学建立附属幼儿学校

随着国家不断对初等教育进行资助，越来越多的幼儿学校作为小

① See Robert R. Rusk, *A History of Infant Education* (London: University of London Press, Ltd., 1933), pp. 165-167.

学的附属成立。[1] 这一特点为下一阶段国家通过立法把幼儿学校纳入小学阶段埋下了伏笔。1840 年教育委员会第一份报告显示，幼儿学校作为初等教育体系的一部分接受督查和资助。[2] 调查中发现，大量初等学校的建设蓝图包括了一所拥有操场的幼儿学校。[3] 一组数据可以反映出当时幼儿学校的数量，1865—1866 年米切尔在北米德尔塞克斯和东伦敦调查了 341 所学校，其中幼儿学校有 41 所。[4]

造成这种现象的原因之一是幼儿学校的价值得到了人们的认可。据弗莱彻（Fletcher）的调查，工人家庭的母亲很愿意把子女送到幼儿学校而不是妇媪学校。他的报告中充满了对幼儿学校的肯定："在不安定的社会状态下，没有一种力量能够像幼儿学校那样让父母感到便利和充满希望。一切促进国家繁荣和人民安康的努力，没有能像幼儿学校那样受到嘉奖。这些幼儿学校虽然不完美，但没有任何幼儿教育方式能够与它相比。"[5] 同时他还就当时社会上一些对幼儿学校的错误观念进行了批评，指出一些学校把幼儿学校仅当成了娱乐和进行道德训练的育儿所，还有一些学校把《圣经》作为主要的教学内容。他认为这些学校是失败的，因为其除了利用幼儿的记忆之外，很少开发幼儿的其他能力，很多幼儿机械地学习字母却不知道其含义。这些学校采用传统的制度，注重个别聪明幼儿的表现，这样只会引发幼儿的嫉妒、

---

① See *Report of the Consultative Committee on Infant and Nursery Schools* (London: H. M. Stationery Office, 1933), p. 19.

② See T. Raymont, *A History of the Education of Young Children* (London, New York, Toronto: Longmans, Green and Co., 1937), p. 153.

③ See T. Raymont, *A History of the Education of Young Children* (London, New York, Toronto: Longmans, Green and Co., 1937), p. 154.

④ See *Report of the Committee of Council on Education 1866-1867* (London: H. M. Stationery Office, 1867), p. 121.

⑤ Robert R. Rusk, *A History of Infant Education* (London: University of London Press, Ltd., 1933), p. 168.

自负和烦闷。[①] 弗莱彻的报告深深地影响了纽卡斯尔委员会对幼儿学校的态度，这也为幼儿学校地位的确立奠定了基础。

更重要的原因是小学涌入了大量的幼儿，因此学校不得不成立幼儿学校来接收这些幼儿。当时工人阶级家庭的幼儿主要是由哥哥姐姐照顾，如果哥哥姐姐去上学，那么他们便无人照顾。解决这一问题最简单的办法就是把幼儿也送去学校。正如马修·阿诺德（Matthew Arnold）在 19 世纪 50 年代视察小学时所发现的那样："如果不把小一点的孩子也送去，父母是不会把大一点的孩子送去的。"1861 年的大众教育调查显示，在 1750 个样本学校中，3 岁以下幼儿占 3%，3—6 岁幼儿占 19.8%，受国家资助的学校中 3—6 岁幼儿占 21.87%。[②]

小学里有大量 7 岁以下幼儿，这妨碍了对年龄较大儿童的有效教学，但大多数督导和教师并不愿驱逐这些幼儿，因为这样有可能会迫使年龄较大的儿童退学回家。当时儿童的入学率并不高，政府期望抓住机会尽早开始进行基础教育。部分议员认为，工人阶级的子女从 3 岁起就应该接受教育。不断改进的幼儿学校让督导认识到幼儿阶段教育的价值，即使幼儿学校什么也没做也会对幼儿的健康有益。督导建议在为 6 岁以上儿童开办的学校中都设立一个带操场的幼儿学校。[③] 在 1851 年，幼儿学校覆盖了 20%的 3 岁幼儿和 40%的 4 岁幼儿。[④]

（二）幼儿学校的条件得到改善

国家经费的支持给幼儿学校带来的最直接变化就是学校硬件条件

---

① See Robert R. Rusk, *A History of Infant Education*(London: University of London Press, Ltd., 1933), pp. 169-170.

② See *Report of the Commissioners Appointed to Inquire into the State of Popular Education in England*(London: H. M. Stationery Office, 1861), p. 171.

③ See Nanette Whitbread, *The Evolution of the Nursery-Infant School*(London and Boston: Routledge & Kegan Paul, 1972), p. 25.

④ See Sheila B. Kamerman, "A Global History of Early Childhood Education and Care," Unesdoc, 2006, https://unesdoc.unesco.org/ark:/48223/pf0000147470.

的改善。1867 年，一位督导指出，在他所调查的区域内有一些较好的幼儿学校，如萨福克的朗梅尔福德、伊斯普维奇的圣·克莱蒙特、切姆斯福德、维多利亚码头及威尔瑟姆幼儿学校。他以维多利亚码头幼儿学校为例描述了学校受资助后的变化："直到去年，这所学校还是在一间小屋里，没有排水，没有通风，总是让人窒息。现在的学校建筑我认为是本区内最好的学校，其管理也令人钦佩。学校的主教室有 88 英尺长，30 英尺宽，另外还有两个大教室和教师的宿舍。整个建筑的造价为 2511 英镑，可以为 400 个幼儿提供教育。"① 这所学校的经费来自社会捐赠、学费及国家的资助，在条件改善后的 4 年内，学校依然得到了 24 英镑的国家资助。②

（三）幼儿学校延续着怀尔德斯平体系

这一时期的幼儿学校基本上延续着怀尔德斯平体系。19 世纪中叶英国幼儿学校已形成较为统一的模式：教育目标是将幼儿从贫民窟环境的罪恶中拯救出来；强调幼儿形成良好的纪律、卫生习惯和对上帝忠诚；幼儿主要通过娱乐来学习，约 33.3%的时间都花在操场上。学校的布置也遵循着怀尔德斯平的理念。1839 年教育委员会规定，每一个新建的幼儿学校若想获得政府资助都应具备以下条件：教室里有供幼儿集体上课的阶梯走廊；墙壁上有一块长长的黑板以便幼儿在上面画画和写字，还必须有一个配有秋千和跷跷板等装置的操场；授课内容包括绘画、音乐、体育锻炼、缝纫、编织、园艺，初级的阅读、写作及关于自然物体和家庭用具的实物课。③ 米德尔顿（Middleton）在

---

① *Report of the Committee of Council on Education 1866-1867* (London: H. M. Stationery Office, 1867), p. 85.

② See *Report of the Committee of Council on Education 1866-1867* (London: H. M. Stationery Office, 1867), p. 85.

③ See Nanette Whitbread, *The Evolution of the Nursery-Infant School* (London and Boston: Routledge & Kegan Paul, 1972), p. 26.

1866 年发现 75%的幼儿学校都配备了可写字的石板。① 他列举了幼儿在石板上书写的好处：第一，有助于幼儿保持安静；第二，有助于幼儿记住字母的样子；第三，幼儿可以更加容易区分“b”和“d”“p”和“q”“n”和“u”“e”和“c”；第四，有利于未来督导的测试；第五，有助于幼儿学会书写。② 除了第四点是受到 1862 年《修正法典》的影响，其他观点都与怀尔德斯平体系类似。

幼儿学校同样是面向穷困幼儿招生，随着家长收入水平的提升和早期教育意识的改变，越来越多的幼儿被送进学校中，由于学校数量不足，一些幼儿学校会要求幼儿通过测试才能入学。③ 在国家的资助下，幼儿学校的教学效果得到了提升，1861 年一份报纸刊登了一所幼儿学校的年度考核实录：

> 本周四在戈登小姐的监督下，这所幼儿学校的年审在北教堂下面的教室里举行，在场的还有妇女委员会和一些孩子的家长。年审在贝斯牧师的祈祷后开始，之后各个部门都对课程进行了检查。幼儿的表现相当熟练，轻松和准确地通过了各项考核。参加考核的幼儿多达 270 人，比以往任何时期都多。结束时，贝斯对妇女委员会和来宾们的出席表示感谢，并对戈登小姐和她的助手们在学校取得的成绩表示高度赞扬。④

---

① See *Report of the Committee of Council on Education 1866-1867* (London: H. M. Stationery Office, 1867), pp. 316-317.

② See *Report of the Committee of Council on Education 1866-1867* (London: H. M. Stationery Office, 1867), p. 316.

③ See “Stirling Infant School,” *Stirling Observer*, June 12, 1856, p. 2.

④ “Infant School Annual Examination,” *Stirling Observer*, July 4, 1861, p. 2.

（四）幼儿学校的教师队伍质量得到提升

19 世纪 40 年代后，国家意识到，除了要资助幼儿学校建立校舍、教师宿舍和增添辅助教学设备外，还应该努力对教师进行资助和培训，以提高他们的水平。1839 年，英国只有四所教师培训学院，培训时间为 6—24 周，课程数量非常有限。沙特尔沃思（Shuttleworth）在 1839—1849 年担任教育委员会的秘书时认为，提高教育水平的关键是提高教师的薪酬和培训水平。于是教育委员会着手把导生制转变为专业的培训，并通过提高工资来吸引高水平的教师。

1. 教师数量快速增加

在 19 世纪 40 年代，英国从荷兰引进了学徒教师制度，目的是用较低的工资迅速提高教师的人数，并为今后师范教育提供候选人。[①] 学生将在 13 岁时被选为教师的学徒，每天接受 90 分钟的培训，每年接受一次考核。教师将对他们进行班级管理和日常工作方面的培训，并根据他们的考试成绩给予相应的报酬。[②] 他们每年可以获得 10 英镑的补助，到 18 岁时增加到 20 英镑。这一制度迅速增加了教师的数量，到 1868 年，学徒教师与正式有资格的教师人数几乎相等。在英格兰和威尔士地区，国家资助的学校中共有 10 677 名学徒教师，有 11 102 名有资格证书的教师；在苏格兰地区，学徒教师有 2510 名，有资格证书的教师有 2285 名。[③]

虽然幼儿学校教师的待遇得到了提升，但其在各级各类教师中仍处于最低水平。爱丁堡一所幼儿学校在 1852 年的招聘薪水是一年 50 英

① See *Final Report of the Commissioners Appointed to Inquire into the Elementary Education Acts*(London: H. M. Stationery Office, 1888), p. 7.

② See "Look at the History," accessed July 3, 2019, http://richardjohnbr.blogspot.com/2011/01/state-intervenes-1833-1862.html.

③ See *Report of the Committee of Council on Education 1866-1867*(London: H. M. Stationery Office, 1867), p. viii.

镑[1]，1856 年一所幼儿学校的招聘广告中开出的年薪是 40 英镑。[2] 米切尔的调查显示，1865 年幼儿教师的平均月薪是 54 先令（年薪 32.4 英镑），其中女教师是 60 先令，男教师是 93 先令。[3] 1870 年《福斯特法案》之前，幼儿教师的工资一直维持在这个水平，1869 年一所幼儿学校开出的价格是每月 50 先令。[4]

2. 教师准入门槛提高

1846 年地方教会向教育委员会建议，对希望成为教师的人进行资格考试，以便向他们颁发合格证书。这种证书可以通过在英格兰国教协会和教区的培训机构中接受培训或通过考试获得。考试每年举行两次，考核的内容包括《圣经》知识、《圣经》的历史及相关地理知识、英国国教的礼拜仪式、教义问答和章程，以及国教的历史。[5] 教育委员会的人也不愿意看到幼儿学校的教师由一些低水平的人担任。为了避免培训学校把不合格的学生送到幼儿学校中，教育委员会做了以下的规定：第一，任何专门训练幼儿教师的学校，若未经督导和教育委员会当局对其培训内容进行审核，不允许对教师进行资格审查。第二，培训学校的学生读满一年后可申请参加教师资格考试。第三，考试后督导会到学校对成绩进行报告，并进行口头考核，同时听考生朗读，并记录他在对孩子讲话时语言的正确性。第四，根据考生成绩的等级给予资助，第一等级的教师有 15 英镑，且可以招收实习生；第二等级为 10 英镑，不可以带实习生。第五，7 岁以上儿童就读的学校不得视

① See "George Heriot's Hospital Schools," *The Scotsman*, July 19, 1852, p. 1.

② See "Pocklington Infant School-Wanted," *Leeds Intelligence*, May 10, 1856, p. 10.

③ See *Report of the Committee of Council on Education 1866-1867* (London: H. M. Stationery Office, 1867), p. 123.

④ See "Teacher(Infant School) Wanted," *The Scotsman*, March 10, 1969, p. 1.

⑤ See Lois Louden, *Distinctive and Inclusive the National Society and Church of England Schools 1811-2011* (London: The National Society, 2012), p. 30.

为幼儿学校，督导也不得报告该学校的教学内容。[①] 1853 年教育委员会开设了一个教师培训班，指定《圣经》和英国教堂问答、英国史、地理、英文写作和文法、教学的理论和实施作为考试的内容。[②]

这一时期英国幼儿教师的培训采用了实习的方式。莱斯·伯恩（Rice Boon）1867 年 5 月在布里斯托尔和格洛斯特的培训学校参观时发现，学校规定学生每三个月都要花两周的时间进行实习，第一年去幼儿学校，第二年去女子学校。[③] 梯林（Tinling）描述了德比郡培训学校的实习方式：

一年级

实习生在教学前要进行见习，并用一周的时间报告高年级上的课。

二年级

每周五要准备好下一周的上课内容；每个学生负责一个阶梯教室，并负责秩序；打算在幼儿学校教书的学生一般都会在幼儿学校度过他们的全部时间；学生有时被要求互相评价；学生们有机会去训练幼儿，而不仅是玩耍；每周五下午要留出一个小时教幼儿唱歌。

实习考核

学生在三年级时由女教师检查成绩；学生要对白天的各种课程进行速写，由女教师检查；每一次实习课都要进行单独的评价，

① See Robert R. Rusk, *A History of Infant education* (London: University of London Press, Ltd., 1933), pp. 173-174.

② See Robert R. Rusk, *A History of Infant Education* (London: University of London Press, Ltd., 1933), p. 173.

③ See *Report of the Committee of Council on Education 1866-1867* (London: H. M. Stationery Office, 1867), p. 453.

口头评价的时间设在下午。[①]

在达拉莫培训学校，每位学生在幼儿学校实习的时间不少于 6 周，他们在上午和下午轮流管理教室。[②] 诺维奇和沃林顿培训学校也有类似规定。150 多年前英国就普遍采用了实习形式，且注重实践和及时反馈，这大大提高了教师的准入门槛。1854 年的报告中，米切尔牧师对幼儿教师的能力阐述如下：幼儿学校的教师须有高超的能力，虽然这种能力可以通过训练获得，但绝大部分是与生俱来的。幼儿教师应了解人类的本性、情感、思想、家庭习俗及同伴对幼儿的影响。教师应该具有读懂人类内心的能力，明了幼儿在思考或行动之前可能会有什么事情发生，之后又有什么事情可能发生，这是一种以观察幼儿品性为基础的知识。这种知识可以通过幼儿肌肉的颤抖、嘴唇的紧缩、头部的转动来推知。教师还应该研究如何使幼儿获得我们所赞美的那种德行，远离那些我们所排斥的恶习。[③] 1855 年米切尔又进一步阐述了教师选择的标准："假如一个幼儿学校的女教师能够写得好、读得好，懂得四则运算、普通的地理知识，对于《圣经》很熟悉并能够用图表来说明事物，那么她的知识就已经够了，不过这些都是她进入培训学校之前就应具备的。在培训学校她应学习研究幼儿的思想和行为、发展幼儿智力、教幼儿游戏和引起幼儿注意的方法，还应学习幼儿歌曲，了解幼儿常见的疾病及一些卫生常识。总而言之，凡欲担任幼儿学校教师的人，需要有健康的体魄、洪亮的声音、温和的性情、文雅的举

① *Report of the Committee of Council on Education 1866-1867* (London: H. M. Stationery Office, 1867), p. 456.

② See *Report of the Committee of Council on Education 1866-1867* (London: H. M. Stationery Office, 1867), p. 458.

③ See Robert R. Rusk, *A History of Infant Education* (London: University of London Press, Ltd., 1933), p. 175.

动、悦人的态度，以及整洁的外表和丰富的常识。”① 由此可见，当时幼儿教师的准入门槛大大提高了。

这一时期，幼儿学校普遍采用公开招聘的方式寻找合适的教师。报纸上的招聘信息反映出幼儿学校的要求。1854 年一所幼儿学校重新开始招生，从 28 位符合要求的候选人中聘用了伊丽莎白·邓巴（Elizabeth Dunbar）女士，她毕业于格拉斯哥圣乔治学校的幼儿和工业专业。② 博克林顿幼儿学校要求教师具有在幼儿学校工作的经验及能力。③ 1869 年一所幼儿学校对教师的要求是：“健康、优雅、具有教书的经验，并对任务感兴趣。”④

虽然有专门的培训机构，但当时幼儿教师的整体水平和数量远远不能满足需求。哈德利（Hadley）在 1866 年的报告中指出，并不是所有的幼儿学校都很优秀，一些幼儿学校中仅有一些小导师，他们无力管理较大的班额。⑤ 沙特尔沃思期望建立一所师范院校的提议遭到了教会人士的反对。据米切尔的调查，很少有合格的教师愿意从事幼儿教师，在调查的区域中虽然有几所不错的幼儿学校，但只有两名教师有资格证书，其他教师很少受过培训。⑥《纽卡斯尔报告》指出，当时全国只有本土及殖民地协会创办的培训机构，每年毕业的人数有限，期

---

① Robert R. Rusk, *A History of Infant Education* (London: University of London Press, Ltd., 1933), pp. 176-177.

② See "The Elgin Infant School," *Elgin Courant*, May 26, 1854. p. 3.

③ See "Pocklington Infant School-Wanted," *Leeds Intelligencer*, May 10, 1856, p. 4.

④ "Teacher(Infant School) Wanted," *The Scotsman*, March 12, 1869, p. 1.

⑤ See *Report of the Committee of Council on Education 1866-1867* (London: H. M. Stationery Office, 1867), p. 105.

⑥ See *Minutes of the Committee of Council on Education for 1854-55* (London: Grorge E. Eyre and William Spottiswoode, 1855), p. 472.

望国家能够重视幼儿教师的培训并为之提供资助。[①] 由于儿童在十一二岁的时候就会离开学校，所以在幼儿阶段的基础教育非常重要，而教师的水平就显得很关键。1869 年的报告显示，在教师具有资格证的学校，学生测验成绩良好的占 41.57%，而教师没有资格证的学校仅占 3.03%。[②]

（五）国教派主导了幼儿学校的发展

迄今为止，宗教的分歧一直存在于幼儿学校的发展之中。国家没有介入幼儿学校发展前，幼儿学校所属的教派只与创办者有关，在幼儿学校运动时期，大量的异教徒创办了幼儿学校。当国家开始对初等教育进行补助时，产生了新的问题，国家要不要体现出无教派差别的补助？异教徒创办的学校有没有资格获得补助？国教派认为，任何一所由政府资助的学校都应该属于国教派，这引起了非国教派和罗马天主教徒的强烈不满。非国教派认为，政府的补助金来自税收，这些钱有权用于不同宗教派别的学校。

1839 年辉格党试图利用宗教问题的棘手之处，建议政府培训无教派的教师，并向有需要的地区提供帮助，这项计划因托利党和一些主教的强烈反对而失败。[③] 同年 2 月的一次演讲中，约翰·罗素对教会期望建立一个教育体系进行了批评。沙特尔沃斯在上任之时向罗素表明，他理解任命他的人期望由他阻止教会建立一个纯粹的教会教育体系。[④]

---

① See T. Raymont, *A History of the Education of Young Children* (London, New York, Toronto: Longmans, Green and Co., 1937), p. 212.

② See *Report of the Committee of Council on Education 1866-1867* (London: H. M. Stationery Office, 1867), p. xiv.

③ See A. D. C. Newbould, "The Whigs, the Church, and Education, 1839," *Journal of British Studies*, no. 3 (1987): 332-346.

④ See A. D. C. Newbould, "The Whigs, the Church, and Education, 1839," *Journal of British Studies*, no. 3 (1987): 344.

他建议将宗教教学分为一般教学和特殊教学。[①] 不过，教会的力量依旧强大，教会当局控制了对公立学校督导的任命权，并有权制定宗教教育的指导方针，因此沙特尔沃斯的建议并未通过。这一时期，国家资金主要分给了国教派所属的学校，而在没有热心人士开办学校的贫困地区，最需要的也是国家的资金。想要获得资金支持就不得不与国家的意志保持一致，因此在金钱的驱动下，越来越多新建的幼儿学校归属于国教派。不过更普遍的是，在很多地方，国教派的牧师是幼儿学校的唯一负责人，他们自掏腰包为幼儿学校提供经费[②]，作为投资者，他们具有教育内容的决定权。

国教派的强势导致了 19 世纪英国教育史上一项重要条款的产生，即道德条款（conscience clause）。条款规定父母有权让子女从违反他们宗教原则的学校中退出。牛津运动后，国教派加强了对教育内容的控制，要求所有国家支持的学校必须教授国教的教义，这引发了非国教派的不满。异教徒声称，他们完全有权利在他们的学校里对宗教教育做出任何规定，他们的观点得到了一些人的支持。一些人认为，在全国范围内有很多非国教派的学生，如果强行实施国教派的教义，会导致子女与父母的宗教信仰相违背。于是非教派期望对宗教教育进行改革，打破国教派的垄断。国教派企图垄断的行为却加速了自己的瓦解，这是国教派没有想到的。

（六）幼儿学校地位的确立

早在 1839 年，幼儿学校就被认为是初等教育的一部分。[③] 1856 年

---

① See *Final Report of the Commissioners Appointed to Inquire into the Elementary Education Acts* (London: H. M. Stationery Office, 1888).

② See Lois Louden, *Distinctive and Inclusive the National Society and Church of England Schools 1811-2011* (London: The National Society, 2012), p. 32.

③ See T. Raymont, *A History of the Education of Young Children* (London, New York, Toronto: Longmans, Green and Co., 1937), p. 153.

报纸刊登了一封评价幼儿学校制度、社会地位和宗教方面的信，信中高度赞扬了幼儿学校在塑造人心灵过程中的地位：“个人是一种为幸福、有用及社交生活而设计的，但很明显，人天生就贪婪享受。人应该尽早地在天性还没有使他堕落之前就接受教育。必须承认，我们数以千计的幼儿学校提供了这样的条件。所有的人生享乐、目标和追求都是虚假的，实际上是有害的，它们不尊重灵魂崇高的起源、强大的力量和可怕的命运。幼儿学校可以通过设置正确的目标和动机来避免这些损害人心灵的事物。人类不仅要享受幸福，而且要传递幸福！走进幼儿学校的操场，你会高兴地看到这些小家伙们聚在一起是多么亲切、自由和无拘无束。他们的欢乐是多么自然，行为是多么相似，娱乐是多么天真和非正式。他们的唯一目的就是让彼此愉快。”①

随后成立的纽卡斯尔委员会更加提升了幼儿学校的地位。面对日益增长的教育经费，1858 年英国成立了大众教育国家皇家委员会，其任务是调查英国的大众教育状况，并向国家提出可以将健全和廉价的基础教育推广到所有阶层的建议。② 该委员会由纽卡斯尔（Newcastle）公爵③主持，因此被称为纽卡斯尔委员会。它是三个皇家委员会之一，另外两个分别是 1861 年任命的皇家公立学校委员会④和 1864 年成立的学校调查委员会⑤，每个委员会都针对特定的社会阶层处理学校事务。

纽卡斯尔委员会在 1861 年发表了一份有关幼儿学校的重要报告。该报告是幼儿学校发展的里程碑，委员们指出幼儿学校作为国家教育

---

① “Aspect of This Institution,” *Weston Super Mare Gazette*, August 23, 1856, p. 2.

② See “The Newcastle Report 1861,” accessed July 8, 2019, http://www.educationengland.org.uk/documents/newcastle 1861/index.html.

③ 1832—1846 年担任南诺丁汉郡的议员，1851 年接替父亲成为纽卡斯尔公爵，并成为法尔柯克堡的议员。

④ 该委员会在 1864 年撰写了《克莱登报告》（“Clarendon Report”）。

⑤ 该委员会在 1868 年发布了《陶顿报告》（“Taunton Report”）。

体系一部分的重要性，并加深了公众对幼儿学校价值的认识。[①] 该报告称，幼儿学校为贫困家庭提供了一个可以让幼儿远离街头各种意外的安全场所，幼儿学校虽然传授的知识很少但有很高的价值，可以让幼儿形成顺从的习惯。由于儿童大多在 10 岁或 11 岁时就会辍学，因此在幼儿学校里所受的教育就显得尤为重要。委员会把幼儿学校分为私立和公立。私立幼儿学校主要是指妇媪学校，其在几十年的发展中并未有什么改善。虽然这种学校很差，但在一些幼儿数量较少的偏远地区，其是唯一的选择。公立幼儿学校呈现出非常不同的面貌，这些学校所做的努力和取得的成就不仅限于使幼儿免受伤害，还会对幼儿进行基本的 3R 教育。报告引用了一位校长的观点："一个孩子在 7 岁离开一所好的幼儿学校时，应该能够进行阅读、写作和四则运算。"委员会在调查小学教育时还发现两个 7 岁的儿童，一个受过良好的幼儿学校教育，另一个没有上过幼儿学校，当他们在 10 岁时，前者会比后者取得更大的进步。[②] 幼儿学校良好的效果坚定了委员会扩大它们的想法。

第三节　"结果支付"制度下的幼儿学校

国家的干预让幼儿学校取得了长足进步，但 1862 年《修正法典》的出台使幼儿学校的发展出现了一些波澜。它对英国幼儿学校乃至整个初等教育的影响罄竹难书，英国基础教育自此走向了另一条轨道，直到 19 世纪 90 年代其效力才逐渐消除。很多人认为《修正法典》不啻为英国初等教育的一场灾难。1862 年，国家资助初等教育的标准发生

---

① See Kaspar Burger, "Entanglement and Transnational Transfer in the History of Infant Schools in Great Britain and Salles D'asile in France, 1816-1881," *History of Education* 43, no. 3(2014):316.

② See Nanette Whitbread, *The Evolution of the Nursery-Infant School* (London and Boston: Routledge & Kegan Paul, 1972), p. 26.

了重大改变，政府废除了已有的资助制度，代之以一套单一的标准。如果儿童定期上学，并通过了由一组专业检查员设置的阅读、写作和算术等各种考试，学校就会收到补助金，这一套制度称为“结果支付”（payment by results）制度。国家根据学生在国家教育督察局（Her Majesty’s Inspectorate of Education，HMIE）组织的考试中的成绩决定学校所获补助的多少，意图通过经济来促进教育的发展。这一功利性导向对幼儿学校的各方面发展造成了深刻影响。这一政策在 19 世纪 60—70 年代进行了微调，90 年代末被逐步淘汰。在《修正法典》生效的 35 年时间内，英国初等教育趋于统一，学生的读、写、算能力得到了加强，但《修正法典》功利性和狭隘的目标与初等教育的本质格格不入，这给学校的发展带来了负面的影响。由于很多幼儿学校附属于小学之中并被国家视为初等教育的一部分，所以《修正法典》也深刻地影响了幼儿学校的发展。

一、“结果支付”制度的产生

19 世纪 60 年代，改革者为什么要对政府的资助方式进行改革，他们想要回答的问题是什么？为了理解这个问题，我们需要了解是谁提出的改革，改革是在什么背景下进行的。

19 世纪英国政府在边沁、密尔和亚当·斯密等人自由主义思想影响下，在社会进行了一系列的改革，如《谷物法》的废除（1846）、公务员制度改革（1854）和军事委员会改革（1868—1874），其目的都是保护公众免受特权的侵害。自由主义的思想也渗透到教育领域，罗伯特·劳把教育描绘成自由主义反对特权的另一个领域。政策之所以改变，不仅是因为人们对教育的态度发生了变化，还因为利益集团的权力发生了变化。帕默斯顿（Palmerston）领导的联合政府从 1846 年以后就开始更多地参与公共服务，并通过一些方式规范公共服务，其中就包括教育。1858 年，帕默斯顿任命罗伯特·劳为教育委员会的副主席。罗伯特·劳的上司格兰维尔（Granville）勋爵是一位非常资深的政治家，但他对教育关注不多，所以罗伯特·劳可以自由地创新。[①] 罗伯特·劳得到了财政大臣威廉·格莱斯顿[②]的支持，直到 19 世纪 90 年代，他一直是“结果支付”制度的主要支持者。[③] 他在担任自由党党魁期间，推崇自由贸易与低税收、减少公共开支、改革政府机构、最小化政府、扩大非国教徒的选举权和反对不合理的战争的政策。[④]

19 世纪 50 年代末，政府逐渐认识到“申请资助”制度造成的一些问题，委员会认为沙特尔沃思领导下的那一套资助方式是烦琐、浪费和不公平的。[⑤]《纽卡斯尔报告》指出，议会拨款直接给教职工带来了行政上的烦琐，学校的教育成效与国家支出不符，国家资助的范围有限，建议罗伯特·劳和新成立的委员会通过一个新的法典解决现有的问题。

（一）缩减国家拨款

国家对初等教育的补助从 1833 年的 2 万英镑急剧增加到 1860 年的 72.4 万英镑。从 1854 到 1861 年，短短的 7 年时间内国家的补助金就翻了一倍。国家的补助金是幼儿学校的主要收入之一，沙特尔沃思爵士宣称大多数幼儿学校至少有约 33.3%的收入来自议会拨款。[⑥] 然而在

---

① See Henry Midgley, "Payment by Results in Nineteenth-Century British Education: A Study in How Priorities Change," *The Journal of Policy History*, no. 4(2016): 685.

② 英国自由党政治家，曾四度出任首相，以善于理财著称。

③ See Henry Midgley, "Payment by Results in Nineteenth-Century British Education: A Study in How Priorities Change," *The Journal of Policy History* 28, no. 4(2016): 685.

④ 参见刘成等《英国通史》(第五卷)，江苏人民出版社，2016，第 170 页。

⑤ See Laadan Fletcher, "A Further Comment on Recent Interpretations of the Revised Code, 1862," *History of Education* 10, no. 1(1981): 27.

⑥ See Henry Midgley, "Payment by Results in Nineteenth-Century British Education: A Study in How Priorities Change," *The Journal of Policy History*, no. 4(2016): 683.

19 世纪 50 年代，初等教育并没有突飞猛进地发展。越来越多的人认为钱没有用在刀刃上，他们的不满情绪日益高涨，要求议会进行改革。1853 年，政府推出了一项旨在惠及贫困地区的人头补助计划，但由于难以区分“贫困地区”和“富裕地区”，导致该计划未能实施。①

这一时期教育委员会的职能也发生了改变，在沙特尔沃斯的继任者拉尔夫·林根（Ralph Lingen）的领导下，教育委员会（1856 年更名为教育部）的工作职责稳步扩大，但更加正式和官僚化，其主要目标是尽可能有效和经济地管理教育系统。面对不断增长的经费，林根说：“我的工作就是遏制现在不断增长的经费，控制督导的数量增多。”② 他认为应该解决中央官僚机构过度膨胀的问题。③ 此外，他还希望政府在全国加快推广教育。

19 世纪英国政府面临着巨大的政府债务负担，这些债务是从 18 世纪和 19 世纪早期的战争中遗留下来的。克里米亚战争耗费了英国约 7800 万英镑，却没带来期望的胜利④，迫使新上任政府的重点任务是削减债务。1860 年，新上任的自由党首相格莱斯顿发现自己面临着 500 万英镑的债务。⑤ 他认为，平衡预算无论是从政策上还是道德上都是要做的事情，不断上涨的教育成本应该加以控制。⑥

---

① See Laadan Fletcher,“A Further Comment on Recent Interpretations of the Revised Code,1862,” *History of Education* 10,no. 1(1981):27.

② “Look at the History,”accessed July 3,2019,http://richardjohnbr.blogspot.com/2011/01/state-intervenes-1833-1862.html.

③ See Laadan Fletcher,“A Further Comment on Recent Interpretations of the Revised Code,1862,”*History of Education* 10,no. 1(1981):27.

④ See S. J. Curtis and Myrtle E. A. Boultwood,*An Introductory History of English Education since 1800*(London:University Tutorial Press Ltd.,1960),p. 68.

⑤ See Henry Midgley,“Payment by Results in Nineteenth-Century British Education: A Study in How Priorities Change,”*The Journal of Policy History*,no. 4(2016):684.

⑥ See Martin A. Patchett,*Life and Letters of the Right Honourable Robert Lowe Viscount Sherbrooke*,Vol Ⅱ(London:Longmans,Green,and Co.,1893),p. 240.

罗伯特·劳很高兴有机会将他的自由贸易信念应用于学校。他认为，可以通过减少相关的官僚机构和废除教师工资标准来减少预算。他指出，现存的补助制度是对教师的一种保护而非对儿童的帮助，为防止过高的教师成本，政府有必要增加对教育支出的监管，不然教育成本就会永远增加，而不会促进教育水平的提高。① 罗伯特·劳的本意并不是刚性地缩减经费，而是希望国家的钱可以产生更好的教育效果。他认为，基本的开支要保障，但要消除浪费，要让公众觉得物有所值，不能让学校拨款存在明显的不平均问题。②

（二）提高出勤率

1857 年的统计显示英国有 42%的儿童上学时间不到 1 年，22%的儿童上了 1—2 年，仅有 4%的儿童上学时间在 5—6 年。③ 到 1861 年，入学率低的问题依然没有得到改善。《纽卡斯尔报告》揭露了教育中的严重问题，每 7.7 个儿童仅有 1 人在公立学校注册读书，平均在校时间是 4 年。④ 注册的学生中，稳定出勤的有 73.4%⑤，多达 786 202 人一年只上了不到 100 天的课，因此很难得到有效的教育。⑥ 在这种支离破

① See Henry Midgley, "Payment by Results in Nineteenth-Century British Education: A Study in How Priorities Change," *The Journal of Policy History*, no. 4(2016): 686.

② See Laadan Fletcher, "A Further Comment on Recent Interpretations of the Revised Code, 1862," *History of Education* 10, no. 1(1981): 24.

③ See *Final Report of the Commissioners Appointed to Inquire into the Elementary Education Acts* (London: H. M. Stationery Office, 1888), p. 10.

④ See S. J. Curtis and Myrtle E. A. Boultwood, *An Introductory History of English Education since 1800* (London: University Tutorial Press Ltd., 1960), p. 69.

⑤ See *Final Report of the Commissioners Appointed to Inquire into the Elementary Education Acts* (London: H. M. Stationery Office, 1888), p. 13.

⑥ See "The Newcastle Report(1861)," accessed July 8, 2019, http://www.educationengland.org.uk/documents/newcastle1861/index.html.

碎的上学时间内，很多人毕业时和文盲差不多。[①] 另外，由于教学效率低下，即使是那些出勤率较高的人也未能得到有用的教育。调查还发现，即使在那些被认为很优秀的学校里，获得成功的人数也是有限的，至少有约 66.7%的学生在读、写、算方面没有达到基本标准。诺里斯（Norris）说道："几乎 66.7%的学生像没有接受过教育一样。"[②] 不到 60%的儿童上学时间充足且得到了良好的教育。[③]

对于入学率低的原因，《纽卡斯尔报告》指出，国家资助的制度很好，但对于大多数儿童来说，学校的目标过高使他们望而却步。同时，"贫困儿童不应花更多时间在学校"的观念依旧根深蒂固。纽卡斯尔教育委员会的一些人认为经济独立比教育更重要，儿童应该在刚能承受体力劳动之时就去工作，而不是留在学校。此外，家长不愿意送子女去上学也是重要原因之一。尽管绝大多数维多利亚时代的父母愿意为他们子女的教育进行投资，但零星的入学率表明这些父母会把自己的利益置于子女的教育之上，他们没有下定决心为子女不可知的未来而牺牲经济。[④] 在兰开夏郡，相当数量的父母在经济繁荣时送子女上学而在经济困难时送他们去工作。这不是北方贫困制造业地区的一个孤立现象，类似的趋势在整个伯明翰、德比郡、格洛斯特郡和诺维奇的特

---

① See Christopher Duke, "Robert Lowe-a Reappraisal," *British Journal of Educational Studies* 14, no. 1(1965): 21.

② *Report of the Commissioners Appointed to Inquire into the State of Popular Education in England*, *Vol. 1* (London: H. M. Stationery Office, 1861). p. 244.

③ See *Report of the Commissioners Appointed to Inquire into the State of Popular Education in England*, *Vol. 1* (London: H. M. Stationery Office, 1861), p. 225.

④ See Martin West, "State Intervention in English Education, 1833-1891: A Public Goods and Agency Approach," *Discussion Papers in Economic and Social History*, no. 37 (2000): 16, https://www.researchgate.net/publication/5201296_State_Intervention_in_English_Education_1833-1891_A_Public_Goods_and_Agency_Approach.

定行业中都有出现。① 较低和不稳定的入学率会给教育的发展带来很大的危害，英国教育部门期望能够解决这一问题。

（三）提升教育质量

米切尔在1854年的报告中指出："在诺福克，我不得不对学生的阅读情况做出不利的报告，这一点应该引起更多的注意。学生阅读水平低下的原因是在一些学校里，学生们把时间都花在其他科目上，以至于每天只有半小时用来学习阅读。"② 1858年约翰·帕金顿（John Pakington）爵士说："伦敦、曼彻斯特和其他制造业重镇的相当大一部分地区普遍存在严重无知的现象。"约翰·罗素愤慨地指出："国家的资助极其不公平，有些教区得到了非常大的资助，而在离教区10—12英里远的地方找不到一所有价值的学校。"③《纽卡斯尔报告》指出，即使在最好的学校，也只有大约25％的学生接受过良好的教育。④ 督导的报告显示，当时教育的普遍情况是班额非常大，学生缺乏个别指导，教室纪律混乱，噪音很大，学校普遍让年龄较大学生来监督年龄较小学生，教学完全是死记硬背，教师没有试图传达数学原理或鼓励阅读。⑤ 在乡村，教育质量更加令人担忧，有报告描述："在英格兰和威

---

① See Martin West, "State Intervention in English Education, 1833-1891: A Public Goods and Agency Approach," *Discussion Papers in Economic and Social History*, no. 37 (2000): 7, https://www.researchgate.net/publication/5201296_State_Intervention_in_English_Education_1833-1891_A_Public_Goods_and_Agency_Approach.

② *Minutes of the Committee of Council on Education for 1854-55* (London: Grorge E. Eyre and William Spottiswoode, 1855), p. 470.

③ Laadan Fletcher, "A Further Comment on Recent Interpretations of the Revised Code, 1862," *History of Education* 10, no. 1(1981): 26.

④ See *Final Report of the Commissioners Appointed to Inquire into the Elementary Education Acts* (London: H. M. Stationery Office, 1888), p. 13.

⑤ See Florence S. Boos, "The Education Act of 1870: Before and after," accessed august 24, 2019, https://www.Branch collective.org/? ps_articles=florence-s-boos-the-education-act-of-1870-before-and-after.

尔士的所有地区，很多学校设在马厩上方一间简陋的房间里，或市政厅下面一个黑暗的洞穴里，或一所最肮脏的破茅屋里。在这种环境下，教学的质量是可以预料的。在乡村学校里，常常只进行一些阅读、写作、算术，以及一些基础的《圣经》和宗教知识的教育。很多老师自己也不能正确地读和写，甚至有很多学校是由无法传授任何真正知识的妇女开办的。"[1] 女生的教育要比男生更糟糕，"离开学校的女孩几乎不会读书写字，只有少数人能算出一笔简单的数目。她们不懂针线活，不会裁剪，甚至不会修补"[2]。这种现象并没有让议员们感到奇怪，长期以来，英国的大众基础教育就落后于大多数的国际竞争对手。罗伯特·劳表示，根据委员会的调查结果，由政府资助的孩子中，只有约 11.1%的人真正接受了良好的教育。[3]

面对教育质量低下的问题，有督导建议学校应更加关注学生的读、写、算。[4] 还有些人提出延长教育时间，但教育委员会认为，儿童要早点工作以减轻家庭的经济负担。最终，纽卡斯尔委员会提出了以下建议：政府补助应以学生出勤率、校舍状况及督导的报告为依据；在 4 万以上人口的县和镇设立地方教育委员会；委员会应委任一组评审委员组织考试，评审委员由获得教师资格证 7 年以上的教师组成；每一所学校都应根据考试成绩获得相应的助学金。这一套制度被称为"结果支

---

① *Final Report of the Commissioners Appointed to Inquire into the Elementary Education Acts*(London: H. M. Stationery Office, 1888), p. 8.

② Florence S. Boos, "The Education Act of 1870: Before and after," accessed august 24, 2019, https://www. Branch collective. org/? ps_articles = florence-s-boos-the-education-act-of-1870-before-and-after.

③ See Henry Midgley, "Payment by Results in Nineteenth-Century British Education: A Study in How Priorities Change," *The Journal of Policy History* 28, no. 4(2016): 684.

④ See S. J. Curtis and Myrtle E. A. Boultwood, *An Introductory History of English Education since 1800*(London: University Tutorial Press Ltd., 1960), p. 69.

付”制度。[①] 由此可见，这一套制度的始作俑者并不是罗伯特·劳，他只是在纽卡斯尔委员会的基础上对这一制度进行了一些修改。

1862 年，进一步的改革提上了议程，罗伯特·劳和他的同盟认为，傲慢自大和缺乏管束的教师是教育质量不高的原因之一。[②] 由于国家的直接补贴，教师的地位受到了保护，导致他们缺乏竞争对手，在工作中变得懒散。在这种情况下，国家认为有必要进行一些改革，以便更好地利用大笔补助金。罗伯特·劳计划在初等教育阶段为学生提供基本的 3R 教育。为了确保学校提供物有所值的教育，政府应对学生的成绩进行测试。同时，地方政府和中央政府要共同参与学校的建设，允许地方政府机构提供资金来补充政府拨款。

二、“结果支付”制度的内容

1861 年，罗伯特·劳呈给议会的法典中，建议对幼儿进行考试，但是并没有通过。[③] 1862 年《修正法典》的主旨有三点：一是废除政府向教师个人支付款项的规定，将支付给学校的款项集中到管理者手中，让他们重新分配，从而精简补助的行政程序；二是资助金额以 12 岁以下儿童的考试成绩为依据，前提是这些儿童能够保证一定的出勤率；三是向一些具有较低学历教师的学校发放助学金。其中前两点对幼儿学校的发展影响较大。

---

① See S. J. Curtis and Myrtle E. A. Boultwood, *An Introductory History of English Education since 1800* (London: University Tutorial Press Ltd., 1960), p. 69.

② See Henry Midgley, “Payment by Results in Nineteenth-Century British Education: A Study in How Priorities Change,” *The Journal of Policy History* 28, no. 4 (2016): 685.

③ See S. J. Curtis and Myrtle E. A. Boultwood, *An Introductory History of English Education since 1800* (London: University Tutorial Press Ltd., 1960), p. 71.

（一）规定出勤率及学习要求

根据新规则，政府在两种情况下为学校提供资助。一是满足出勤率的要求。6 岁以下的儿童一年出勤不少于 200 次可以得到 6 先令 6 便士的补助①，不超过 100 次将得到 1 便士的资助。② 二是达到学习要求规定。6 岁以上的儿童需要在七门考试中至少通过一门，这七门考试包含阅读、写作和算术三个关键科目。如果考试不合格将被扣除三分之一的补助，学校在教学、纪律和人员任命方面有问题则会被扣除十分之一至二分之一不等的补助。③ 罗伯特·劳的这些改革期望引导孩子们早点上学，提高学生的平均出勤率，并尽可能地提高教育质量。他认为，改革是对《纽卡斯尔报告》所提出问题的一种回应，希望儿童无论在学校待多久，都能接受一些读、写和算术的基础教育。

《修正法典》第 43 条把初级学校的学生分为四组，其中 3—7 岁的幼儿为第一组。第 44 条规定了每一组要达到的水平，在读方面，幼儿须能读单音的故事；在写方面，须能在黑板或石板上书写教师口述的字母及字母的大小写；在算方面，须能在黑板或石板上书写教师口述的 20 以内的算式，能指出算式的名称并口头计算 10 以内的加减法。④ 对于 6 岁以下的幼儿，《修正法典》规定“不需要单独检查”，一份关于班级的一般性报告就足够了，但那些超过 6 岁的幼儿必须在阅读时接受

---

① See Rowland Hamilton, "Popular Education in England and Wales before and after the Elementary Education Act of 1870," *Journal of the Statistical Society of London* 46, no. 2(1883): 319.

② See *Final Report of the Commissioners Appointed to Inquire into the Elementary Education Acts*(London: H. M. Stationery Office, 1888), p. 16.

③ See *Final Report of the Commissioners Appointed to Inquire into the Elementary Education Acts*(London: H. M. Stationery Office, 1888), p. 16.

④ See "Revised Code of Minutes and Regulations of the Committee of the Privy Council on Education, 1862," accessed July 7, 2019, http://www.educationengland.org.uk/documents/cce/revised-code.html.

单独的口试。[①] 当地报纸经常会刊登幼儿学校年度测试的通知。[②③]

国家对幼儿的资助要依据他们的出勤率及督导报告。若 6 岁以下幼儿达到一定的出勤率并且督导对学校的办学情况满意，每位幼儿可以获得不超过 6 先令 6 便士的补助。[④] 表面上《修正法典》对 6 岁以下幼儿教育没有影响，但事实上，教师为了学生能在未来取得好成绩，他们会提前教授有关考试的内容。米德尔顿在 1866 年的报告中指出，教师让幼儿在石板上进行书写有利于他们未来完成测试。[⑤]

1862 年 9 月议会又出台了一份《修正法典》的详细实施细则，该细则对出勤率做出了明确要求："对每所学校的拨款，一如既往取决于学校的整体水平和工作。若督导对学校的出勤率感到满意，国家就会提供补助金，如果不满意且事实如此，则不给予补助。"此外，考试成绩不合格者的款项将被没收以作为惩罚。

（二）精简补助的程序

"结果支付"制度期望通过改革替代以往烦琐的补助系统，减少行政流程，提高效率，降低学校内部的成本。《修正法典》规定，将补助集中交给学校管理者，由各学校进行二次分配，每个学校获得金额的多少仅根据学生的测试成绩。这一改革对教育体系内的权力进行了重新分配，学校管理者取代政府部门控制了教师的工资和工作条件。为提高学生成绩，他们会把教师的一部分工资用于改善学校的教学条件。

---

① See Nanette Whitbread, *The Evolution of the Nursery-Infant School* (London and Boston: Routledge & Kegan Paul, 1972), p. 26.

② See "Infant School Annual Examination," *Stirling Observer*, July 4, 1861, p. 2.

③ See "Examination of the Infant School," *Montrose, Arbroath and Brechin Review*, July 3, 1868, p. 1.

④ See A. J. Marcham, "Recent Interpretations of the Revised Code of Education, 1862," *History of Education* 8, no. 2 (1979): 124.

⑤ See *Report of the Committee of Council on Education 1866-1867* (London: H. M. Stationery Office, 1867), p. 316.

教师间的竞争也会加大，因为他们的工资与学生的成绩挂钩。米切尔指出，36 位幼儿教师的平均工资在 54 先令，最高者达到了 95 先令，有 3 位幼儿教师有 35 先令，最低的一位只有 34 先令。[①]《修正法典》之后，督导的职能发生了改变，他们的任务主要限于检查学生是否会读、写和拼写这一简单的事实。他们由学校教学的建议者转变成机械的成绩检查者。

"结果支付"制度遭到了很多人的反对，但罗伯特·劳用政治经济学的理论来支持自己。他引用了巴斯夏（Bastiat）[②] 的观点，将看得见和看不见的效果进行了对比，指出我们只看到了国家资助干了什么而没有看到国家资助是如何阻碍教育的创新。[③] 保护政策阻碍了创新，"结果支付"制度可以打开教育创新之门。面对大众的批评，罗伯特·劳坚持认为教育委员会的宗旨是促进贫困儿童的教育事业发展。"结果支付"制度是为那些没有能力支付学费的人设计的，而不是为了全体大众。国家并不是要给这些贫困儿童提供一种能使他们在未来超越现有地位的教育事业，而是期望他们能够掌握工人阶级应有的知识。[④] 换言之，国家并不期望贫困者通过教育改变命运，而是希望他们能够在自己所属的阶级中安分守己。

"结果支付"制度对那些有政治经济学背景的官员很有吸引力。正如一些学者形容的那样："《修正法典》可以解释为曼彻斯特学派在教

---

① See *Report of the Committee of Council on Education 1866-1867* (London: H. M. Stationery Office, 1867), p. 123.

② 19 世纪法国的古典自由主义理论家、政治经济学家，以及法国立法议会的议员。巴斯夏认为，我们常常高估了国家干预的重要性，因为我们能看到它的效果，而不能看到它所取代的活动的效果。

③ See Henry Midgley, "Payment by Results in Nineteenth-Century British Education: A Study in How Priorities Change," *The Journal of Policy History*, no. 4(2016): 686.

④ See *Final Report of the Commissioners Appointed to Inquire into the Elementary Education Acts* (London: H. M. Stationery Office, 1888), p. 18.

育中教学原则的简单运用……督导作为技术娴熟的买家对产品进行评分，教师们则通过奖金制度保持教学上的警惕性。”① 纽卡斯尔委员会建议将《修正法典》作为基础教育中一些问题的一种解决方案。经济学家纳索·西尼尔（Nassau Senior）则希望它能解决 1862 年前教育体系的一些问题：“我希望《修正法典》可以解决教育质量低下造成的工人阶级的无知的问题。”② 除非政府改革这种教育，否则中产阶级不会同意他们的税收用于一项没有结果的支出。③ 也有人对《修正法案》提出反对意见，埃德温·查德威克（Edwin Chadwick）④ 认为，《修正法案》将让教师的注意力集中在机械的结果而不是真正的教育上。⑤ 有一些支持者认为，激励措施将改进教育并扩大到更多的学生。个人考试制度将是一个强有力的诱因，促使校长不要为了培养个别学生而忽视整个学校的教育质量。还有支持者认为，经济可以刺激教师改变他们的行为，如果教师根据学生的成绩标准来获得工资，那么他就会想出办法来提高学生的成绩。⑥

三、“结果支付”制度对幼儿学校的影响

在“结果支付”制度的影响尚未完全显现之前，罗伯特·劳在教

---

① A. J. Marcham, “Recent Interpretations of the Revised Code of Education, 1862,” *History of Education* 8, no. 2(1979): 125.

② Nassau W. Senior, *Address on Education Delivered to the National Association for the Promotion of Social Science* (London: R. Clay, Son and Taylor., 1863), p. 19.

③ See Nassau W. Senior, *Address on Education Delivered to the National Association for the Promotion of Social Science* (London: R. Clay, Son and Taylor., 1863), p. 20.

④ 著名的公共改革家和经济学家。

⑤ See Henry Midgley, “Payment by Results in Nineteenth-Century British Education: A Study in How Priorities Change,” *The Journal of Policy History*, no. 4(2016): 686.

⑥ See Henry Midgley, “Payment by Results in Nineteenth-Century British Education: A Study in How Priorities Change,” *The Journal of Policy History*, no. 4(2016): 687.

育委员会的统治就结束了，但《修正法典》并未寿终正寝，它对英国的幼儿学校产生了一系列影响。直到 1897 年，“结果支付”制度才完全退出历史舞台。

（一）积极影响

历史对于《修正法典》以批评为主，赞成的人并不是很多，詹姆斯·弗雷泽（James Fraser）牧师是赞成者之一，后来他成了曼彻斯特的主教，他确信《修正法典》是好的，希望将条款维持下去。[①] 约翰·赫特（John Hurt）将《修正法案》视为国家不断加大干预大众教育背景下的必然产物，是推动基础教育世俗化的工具，是一项里程碑式的决策。[②] 也有学者认为《修正法典》的消极影响被夸大了，如果《修正法典》真的如此之差，那怎么会在议会上通过呢？部分教师因为可以获得更多的收入所以对《修正法典》表示欢迎。事实上，从改革的目标来看，在提高幼儿成绩、提高入学率、改善教学实践和降低教育成本方面，《修正法典》是成功的。

第一，幼儿的读、写、算成绩得到了提高。学生考试通过率在《修正法典》颁布后不断上升：在阅读方面，1863 年有 79.8%的学生通过了第一级的考试，到 1888 年通过率上升到 87.8%；在算术方面，学生的通过率由 1863 年的 73.2%上升到 1888 年的 87.95%。[③] 1867 年几乎每所学校、每个班级的基础教育都变得更全面和有条理，尤其是在低年级。由于备考时必须认真学习，教师被迫从事更多的活动，学生被迫更有条理。J. D. 莫雷尔（J. D. Morrell）在 1865 年向下议院作证时

---

① See *Final Report of the Commissioners Appointed to Inquire into the Elementary Education Acts*(London: H. M. Stationery Office, 1888), p. 16.

② See A. J. Marcham, "Recent Interpretations of the Revised Code of Education, 1862," *History of Education* 8, no. 2(1979): 121.

③ See Henry Midgley, "Payment by Results in Nineteenth-Century British Education: A Study in How Priorities Change," *The Journal of Policy History* 28, no. 4(2016): 689.

称，学生的阅读、写作和算术都有了相当大的进步。① 为提高学生未来的成绩，幼儿学校越来越重视教师的水平，期望招聘一些受过专业训练的教师。1866 年一所 100 人规模的幼儿学校在招聘信息中写道："应聘者必须接受过专门的培训，并独立或合作承担过一所非常好的幼儿学校的工作，年薪是 35 英镑。学校提供备有家具的住所、炉火、蜡烛等。"②

第二，幼儿入学率趋于稳定并有所提高。在《修正法典》仅全面运行一年后，阿德金森（Adkinson）报告说，学校的出勤率普遍提高了 20%以上，符合领取助学金资格的儿童比例稳步上升。1862 年儿童的出勤率仅为 67%，4 年后这一比例已升至 75%。③ 1863 年纽卡斯尔幼儿学校协会在年度会议上报告了幼儿学校的检查情况："在亚瑟山学校，在册的幼儿为 193 人，去年稳定出勤的有 113 人，一个月前到达了 138 人，在过去的四个月平均出勤 136 人，偶尔几天这个数字达到了 140 以上，为幼儿支付的补助金总额是 25 英镑 12 先令 3 便士。"④ 1862 年督导巡视的学校中共有 1 057 426 名儿童，其中 7 岁以下的幼儿有 1587 人⑤，到 1869 年，儿童入学人数上升至 1 685 168 人。⑥

芬奇（French）也在斯卡布罗发现，当地幼儿学校人数很多，而

---

① See Henry Midgley,"Payment by Results in Nineteenth-Century British Education: A Study in How Priorities Change,"*The Journal of Policy History*, no. 4(2016): 689.

② "Infant School Mistress Wanted,"*Reading Mercury*, May 12, 1866, p. 6.

③ See Laadan Fletcher,"A Further Comment on Recent Interpretations of the Revised Code, 1862,"*History of Education* 10, no. 1(1981): 28.

④ "Newcastle Infant School Society,"*Newcastle Journal*, May 20, 1863, p. 2.

⑤ See *Report of the Committee of Council on Education 1866-1867*(London: H. M. Stationery Office, 1867), p. viii.

⑥ See *Report of the Committee of Council on Education 1866-1867*(London: H. M. Stationery Office, 1867), p. xi.

且管理和教学较为有效。① 1868 年教育委员会在报纸上公开称赞了切斯菲尔德幼儿学校。委员会高兴地指出："这所学校仍处于高效率的状态，入学的人数比前一年更多，上午有 108 人，下午有 110 人，学校中还有 180 本图书，工人阶级对学校感到满意。"委员会认为，这所学校避免了众多幼儿在大街上闲逛，使他们远离了恶习，取而代之的是在学校里接受良好的教育。②

第三，推动了教育内部的公平。一是《修正法典》旨在帮助普通学生，而不是那些聪明的学生，学生的个别成绩促使教师关注每一个学生。督导指出，学校越来越重视平庸的学生，而不是成绩优异的学生。教师们更多地与年龄较小的幼儿打交道，并在课堂上把注意力分配到每个幼儿身上而不仅是那些聪明者。一些令老师失望的幼儿往往不是因为愚笨，而是因为没能通过测试获得资助。③ 二是《修正法典》加大了对非国教派学校的资助，推动了基础教育的世俗化。自政府干预幼儿学校以来，绝大多数的资金都用于国教派所属的学校，非国教派很难受到支持。罗伯特·劳打破了国教派对资金的垄断，虽然面临牧师们的强烈反对，但他依然支持将教育拨款扩展到国教派之外。④ 政府不再单一资助那些以培养笃信基督教原则为主要职责的学校。在一些小的教区，国教派无力建设更多的学校，孩子们不得不在其他教派或世俗的学校中进行学习，面对这一情况，教育委员会在 1862 年和

---

① See *Report of the Committee of Council on Education 1866-1867*(London: H. M. Stationery Office, 1867), p. 65.

② See "Chesterfield Infant School," *Derbyshire Courier*, December 19, 1868, p. 3.

③ See T. Raymont, *A History of the Education of Young Children*(London, New York, Toronto: Longmans, Green and Co., 1937), p. 223.

④ See Laadan Fletcher, "A Further Comment on Recent Interpretations of the Revised Code, 1862," *History of Education* 10, no. 1(1981): 25.

1863 年两次建议对这些地区的儿童进行补助。[①]

第四，隐秘地促进了幼儿教育的世俗化。虽然《修正法典》颁布后遭到了教会人士的反对，但它并未忽视宗教教学，宗教因素仍然是国家援助的基础，如果督导认为学校的宗教教育不能令人满意，政府将扣除部分款项。[②]《修正法典》使世俗的读、写、算技能成为学校得到补助金额的条件，从而潜在地使教师将更多时间用于训练学生的读、写、算能力而非灌输教义。

（二）消极影响

《修正法典》由于没有采纳罗伯特·劳在 1861 年提出的要对幼儿进行考试的建议，一定程度上减少了对幼儿学校的危害，但作为初等教育的一部分，《修正法典》的危害也波及了幼儿教育。尽管《修正法案》成功地实现了其狭隘的目标，但它的脆弱恰恰是因为它的狭隘。《修正法典》给学校教学带来的不良后果，恐怕是罗伯特·劳始料未及的。在制定之初就有很多人或组织抵制它，认为它将会带来恶劣的后果。已退休的沙特尔沃思谴责《修正法典》将会使国家成为 3R 教育的机械执行者，他的警言在后来几年中被证明是正确的。[③] 本国及殖民地协会指出《修正法典》会严重影响到幼儿学校，“在一所幼儿学校里，首先要关心的应是身体、智力和道德的培养，该法典完全没有认识到幼儿学校应该是什么样子，应该做什么。它只关心阅读、写作和算术。当然，没有 3R 的教育是不完整的，但它们只构成真正教育的一小部

---

① See *Final Report of the Commissioners Appointed to Inquire into the Elementary Education Acts*(London: H. M. Stationery Office, 1888), p. 19.

② See A. J. Marcham, "Recent Interpretations of the Revised Code of Education, 1862," *History of Education* 8, no. 2(1979): 126.

③ See T. Raymont, *A History of the Education of Young Children*(London, New York, Toronto: Longmans, Green and Co., 1937), p. 216.

分，这完全是一个倒退的运动。”[①] 后人对《修正法典》更多地持批评的态度，荣艳红认为《修正法典》的实施对英国初等教育的各个方面都造成了极为恶劣的影响。[②] 马绍尔（Marsham）和贾巴尔（Jabbar）认为这项政策完全失败了。[③] 雷蒙特很难相信国家会做出这么荒唐的决定，他认为《修正法典》的制定者忽视了幼儿的本性，幼儿学校被考试主导带来的只有恶果没有好处。[④] 萨瑟兰（Sutherland）指出《修正法典》是无效的且造成了糟糕的教育成果。[⑤] 克罗斯（Kroos）认为“结果支付”制度是对道德和智力的一种虚幻的检验，本质上这二者是无法进行检查的。[⑥] 100 多年后，拉达·弗莱彻（Laadan Fletcher）依然认为《修正法典》贬低了教师的作用，导致了一些不符合实际的督查记录，阻碍了聪明学生的发展，造成了机械的教学，影响了课程发展。[⑦]

第一，《修正法典》打破了学校课程设置的平衡，使得幼儿学校片面重视考试成绩而忽略了幼儿发展的全面性。幼儿学校普遍增加了 3R 教学的比重，同时也改变了分班原则，以往是以年龄为标准而现在是

---

① T. Raymont, *A History of the Education of Young Children* (London, New York, Toronto: Longmans, Green and Co., 1937), p. 216.

② 参见荣艳红《“按成绩拨款”：1862 年英国教育修正《法典》及其影响》，中国教育史研究六十年学术研讨会会议论文，2009，第 1442 页。

③ See T. Raymont, *A History of the Education of Young Children* (London, New York, Toronto: Longmans, Green and Co., 1937), p. 216.

④ See T. Raymont, *A History of the Education of Young Children* (London, New York, Toronto: Longmans, Green and Co., 1937), p. 217.

⑤ See Henry Midgley, “Payment by Results in Nineteenth-Century British Education: A Study in How Priorities Change,” *The Journal of Policy History*, no. 4 (2016): 681.

⑥ See *Final Report of the Commissioners Appointed to Inquire into the Elementary Education Acts* (London: H. M. Stationery Office, 1888), p. 16.

⑦ See Laadan Fletcher, “A Further Comment on Recent Interpretations of the Revised Code, 1862,” *History of Education* 10, no. 1 (1981): 22.

以考试成绩为标准。《修正法典》实施后不久，幼儿学校还能维持以往的教学内容和课程设置。1863 年纽卡斯尔幼儿学校协会的年度会议报告指出，幼儿学校当时的教学内容与以往类似，包括基本的数学、色彩、日常的物体、自然和《圣经》历史。幼儿同样学习字母、基本的音节，高年级学习读和写，女孩子还要学习缝纫。① 《修正法典》实施两年后，米切尔发现幼儿教育体系被国家放弃了。② 国家最重要的目标是让幼儿进行读、写、算，没有时间留给幼儿去唱歌、讲故事或者玩恩物等。1867 年伦敦的一份报纸描述了一所幼儿学校中的场景，270—280 名幼儿在贝利（Bailey）夫人的指导下像一个整体，有效地进行着心智的训练。

第二，《修正法典》并未真正提高学生的阅读能力。成绩的提高并不意味着能力得到了加强。罗伯特·劳发现一些阅读成绩好的学生并不能真正地进行阅读。幼儿或许可以读三个音节的词，但五个音节的词却难住了他们。《修正法典》造成大量填鸭式教学，学生浅尝辄止。大多数通过这些课程和特定科目考试的学生在离开学校几个月后就失去了对这些课程的兴趣。③ 罗伯特·劳所观察到的是事实，但更值得注意的是，当时让幼儿阅读的书籍都是成人化的，并非专门针对幼儿的。如果仅靠外在的教育而忽视幼儿的心理发展水平，那么也难以实质性地提高幼儿的能力。我们知道幼儿的学习具有独特性，与小学不同，但当时罗伯特·劳并没有认识到这一点，他坚持认为阅读和算术方面机械式练习是小学的主要任务，幼儿也是如此。④ 可见当时的教育领导

---

① See "Newcastle Infant School Society," *Newcastle Journal*, May 20, 1863, p. 2.

② See T. Raymont, *A History of the Education of Young Children* (London, New York, Toronto: Longmans, Green and Co., 1937), p. 223.

③ See T. Raymont, *A History of the Education of Young Children* (London, New York, Toronto: Longmans, Green and Co., 1937), p. 221.

④ See T. Raymont, *A History of the Education of Young Children* (London, New York, Toronto: Longmans, Green and Co., 1937), p. 221.

者对于幼儿教育的独特性认识还比较浅。

第三，幼儿学校生均经费下降，师生比缩小。从缩减国家预算的角度，“结果支付”制度是成功的。廉价和优质似乎难以共存，教育也是如此，较少的投入意味着低效，较多的投入会带来更好的结果。在介绍“结果支付”制度时，罗伯特·劳说：“我不能向议会保证这个制度是经济的，也不能保证是有效的，但我可以保证它必定会占有其中一方面。”① “结果支付”制度也确实如他所说，低效和经济只能取其一，表面看来《修正法典》是经济的。表 4-2 揭示了《修正法典》颁布前后教育经费的变化。《修正法典》实施的第一年，英国教育总经费从 813 441 英镑降至 774 743 英镑，主要原因是建筑金额补助的减少。第二年，当没有这种原因时，总经费再次下降到 721 386 英镑，这是“结果支付”制度的直接体现。1864 年教育总经费进一步减少到 655 036 英镑，1865 年又减少到 636 806 英镑。

表 4-2 1860—1866 年英国初等学校稳定入学人数与教育总经费情况表

年份	稳定入学人数	教育总经费（英镑）
1860	803708	724403
1861	855077	813441
1862	888923	774743
1863	928310	721386
1864	937678	655036
1865	1016558	636806
1866	1048493	649307

资料来源：*Final Report of the Commissioners Appointed to Inquire into the Elementary Education Acts*（London：H. M. Stationery Office，1888），p. 18.

① T. Raymont，*A History of the Education of Young Children*（London，New York，Toronto：Longmans，Green and Co.，1937），p. 219.

教育总金额的下降和入学率的上升导致生均经费呈逐年下降趋势（见图 4-1）。1861 年生均经费达到 0.95 英镑，1862 年后持续下降，1866 年的生均经费仅为 5 年前的三分之二。教育委员会在 1868 年报告切斯菲尔德幼儿学校情况时指出，学校资金远不足以维持开支。[①] 经费缩减造成的不良后果之一是学徒教师人数的减少。《修正法典》之前政府直接资助他们，以致人数成倍增长；《修正法典》之后他们的工资遭到了削减，人数逐渐减少。工作人员的减少和入学人数的增多导致班级规模不断扩大，1860 年初等教育平均师生比为 1∶37.7，而在 1866 年，为 1∶43.4。[②] 工作人员的减少不仅会影响教学，还缩减了未来培训学校的生源，从源头上切断了教师的供应。

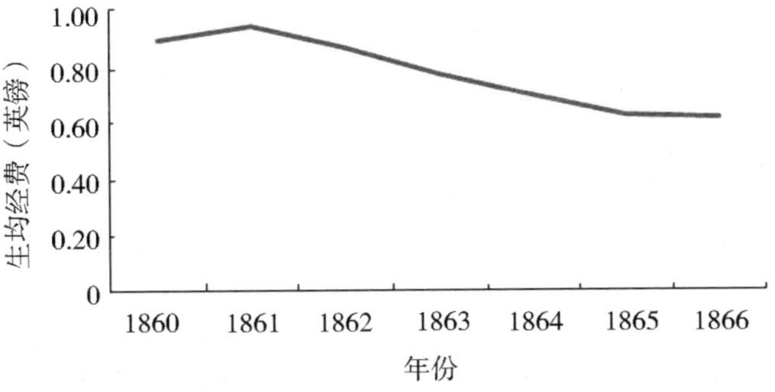

图 4-1　1860—1866 年初等学校生均经费变化图

但“结果支付”制度真的经济吗？从某种角度说，一件劣质的商品再便宜也是昂贵的。崔哥森（Tregarthen）就曾一针见血地指出《修正法典》的伪经济性。据他在北安普顿、拉特兰和莱斯特等地的调查，好的幼儿学校并不多。他指出：“在面对幼儿时，教师需要具有非凡的

---

① See “Chesterfield Infant School,” *Derbyshire Courier*, December 19, 1868, p. 3

② See S. J. Curtis and Myrtle E. A. Boultwood, *An Introductory History of English Education since 1800* (London: University Tutorial Press Ltd., 1960), p. 72.

教学才能、无限的耐心，能很好地控制脾气并能很快地解释问题。幼儿教师不仅要有天赋，而且要受过良好的训练……我很痛苦地注意到，为了节省开支，有一种倾向，就是让幼儿学校由一些非常年轻的女职员管理。我有责任指出幼儿教师培训的重要性，并在任何可能的情况下坚持雇用合格的教师。《修正法典》是一种以牺牲效率为代价的虚假经济。"[①] 此外，它并未实现扩大教育范围的目标，国家教育的触角并未触及最贫困的阶层，在贫困地区的学校没有足够的宿舍，学校的存在并不能保证出勤率。[②]

马修·阿诺德认为《修正法典》带来的低效是因为没有找到幼儿教育问题之所在。他在 1867 年指出："1862 年，教育的真正问题是学生不规律入学和大量辍学，而不是教师不能很好地履行他们的职责。两个月不来上课，或者长期不按时上学的学生，无论教师教得多好，他们都难以通过考试。相反，那些长期待在学校的儿童很容易通过考试。"[③]

"结果支付"制度的危害是显而易见的，1867 年教育部门在看到《修正法典》带来的一些不良影响后修改了部分条款，如鼓励学生参加符合其年龄的标准考试、鼓励 3R 以外的教学、提高师生比等。这些努力使教育状况有所改善[④]，但在根本上并未改变"结果支付"制度带来的脱离教育规律的问题，在修修补补中《修正法典》持续了 30 多年。之所以能坚持这么久，更多是因为历史的惯性，而不是它本身的价值。

把《修正法典》造成的错误归咎于罗伯特·劳是不公平的，因为

---

① *Report of the Committee of Council on Education 1866-1867* (London: H. M. Stationery Office, 1867), p. 235.

② See A. J. Marcham, "Recent Interpretations of the Revised Code of Education, 1862," *History of Education* 8, no. 2 (1979): 128.

③ T. Raymont, *A History of the Education of Young Children* (London, New York, Toronto: Longmans, Green and Co., 1937), pp. 219-220.

④ See *Final Report of the Commissioners Appointed to Inquire into the Elementary Education Acts* (London: H. M. Stationery Office, 1888), p. 20.

每一个人都会在工作岗位中根据他所面临的环境和支持者的期望去做一些改变，况且《修正法典》并非是罗伯特·劳个人的决议，而是集体智慧的结果。1861 年的报告已提出有必要对儿童的成绩进行测试。[①]在 1862 年，罗伯特·劳不能无视行政改革的压力、教育体系无能的扩张、对教育公平分配的呼吁、《纽卡斯尔报告》的建议和财政部的命令。他的行为只是教育部长面对危机和压力时有限选择的结果，西尔维斯特撰文肯定了罗伯特·劳对《福斯特法案》的巨大贡献，指出他当时在各方举棋不定时推动了《福斯特法案》的施行。[②] 事实上，《福斯特法案》中的一些建议是罗伯特·劳提出的。

对于罗伯特·劳和《修正法典》，詹姆斯·温特（James Winter）客观评价道："总的来说罗伯特·劳作为教育改革家的优点要比缺点多。与当时大多数自由派政治家不同，他认为大众教育是最重要的。《修正法典》前的资助方式无法形成英国所需要的教育制度。'结果支付'制度是改变英国教育的一种必要尝试。"[③] 克里斯托弗·杜克（Christopher Duke）也认为罗伯特·劳是英国 19 世纪最有头脑的政治家之一。[④] 在某种程度上，"结果支付"制度是当时初等教育自然而又唯一的发展结果。我们不能一味地根据是否符合教育的规律而进行批判，如果把"结果支付"制度剥离历史的时空，不与当时英国财政紧缺的状况联系起来，那么就会剥夺它的很多意义。任何对历史政策的分析都应是谨慎的，不能脱离特定的意识形态、制度和社会背景。

---

① See *Report of the Commissioners Appointed to Inquire into the State of Popular Education in England* (London: H. M. Stationery Office, 1861), p. 157.

② See D. W. Sylvester, "Robert Lowe and the 1870 Education Act," *Journal of the History of Education Society* 3, no. 2(1870): 16-26.

③ A. J. Marcham, "Recent Interpretations of the Revised Code of Education, 1862," *History of Education* 8, no. 2(1979): 121.

④ See Christopher Duke, "Robert Lowe-a Reappraisal," *British Journal of Educational Studies* 14, no. 1(1965): 35.

尽管《修正法典》是“自然而又唯一”的选择，但同期德国和法国都在大力推进大众教育，罗伯特·劳却没有这个意愿，作为教育部门的负责人，他的眼光还是不够长远。虽然他想将基础教育渗透到贫困阶层中，但是他并不期望将学校无限地扩大。他从未强调过开展普及教育的紧迫性，也从未建议培训大量教师以保持英国的工商业霸主地位。他一直想要的是如何将教育经费花得更值。“结果支付”制度是英国政府为解决当时教育问题的特定产物，是多方博弈的结果，它的成功与失败让政府对初等教育进行了反思。初等教育大众化的力量已不可阻挡，并通过随后的《福斯特法案》显现出来。

明晰英国政府干预下幼儿学校的发展状况固然重要，但同时也要分析为何一直奉古典自由主义为圭臬的政府会去主动干预教育？是什么原因改变了国家在教育中的角色？我们不能将政府干预简单地视为教育现代化道路上的一种普遍现象。从教育经济学的视角，这一现象可以被重新解释为国家解决教育市场固有问题的结果。国内有学者认为是人口的增长打破了民间团体对初等教育的垄断，促使国家直接干预教育。[①] 这条理由并不充分，在自由市场中某种商品的需求量大增，市场会通过提高价格来限制需求，政府并不会主动加大商品的供应量。英国政府转变角色的原因在于教育在放任自由的情况下会失灵。教育不等于普通的商品，它是人人都需要的必需品，关乎国家的发展。贫困阶层的父母在投资子女教育的时候都会受到经济的限制，家长对教育的投资是有风险的，对教育的投资能否得到充分的回报取决于未来某个时候的劳动力市场状况。如果幼儿未能成功地完成课程任务，没有得到充分的就业补偿，或者在工作之前就死亡，那么家长投入的金钱和时间就会损失，这些不确定性决定了家长对幼儿教育的投资。假设父母是风险厌恶者，他们将不会让子女去上学。有效的政府干预为

① 参见王璐《英国教育督导与评价》，高等教育出版社，2010，第 21 页。

父母提供了一种保障，降低了不确定的风险。虽然贫困家庭可以在积累到足够的资金时延迟教育的投资，但这种拖延从人力资本投资的角度来说代价特别大，由此带来的社会总生产力的损失是不可挽回的。虽然民间创办的幼儿学校只收取很少的学费，但其资本有限，也无法提供足够多的学位。所以从人力资本的角度说，国家的干预对贫困幼儿教育至关重要，其在为家庭提供帮助的同时，也提高了国家未来可获取的人力资本。

本章小结

1839 年英国议会的第一笔补助开启了政府干预贫困幼儿教育之门，国家通过补助金和督导制度将部分幼儿学校纳入统一监管之中。政府在幼儿学校的发展中扮演着越来越重要的角色，但这一时期政府的干预方式属于一种有限的干预，办学的主动权依旧在各幼儿学校手中，政府并没有提出一些强力措施。这种干预方式反映了政府在意识形态上对自由主义的承诺，以及对部分议会元老政治影响力的顾忌，他们强烈反对国家对教育的任何实质性干预。正如约翰·罗素勋爵在 1839 年一次关于教育的议会辩论中指出的那样，英国政府在干预大众教育方面的选择是有限的。①

在民办公助时期，议会主要围绕着学校设施不足、教学质量低下和教育经费低效等问题展开，与之前不对贫困幼儿进行教育的态度相比已取得了重大进步，《纽卡斯尔报告》确立了幼儿学校在国民教育中的基础地位。随着国家干预的深入，国教派逐渐控制幼儿学校。这一

---

① See Martin West, "State Intervention in English Education, 1833-1891: A Public Goods and Agency Approach," *Discussion Papers in Economic and Social History*, no. 37 (2000): 23, https://www.researchgate.net/publication/5201296_State_Intervention_in_English_Education_1833-1891_A_Public_Goods_and_Agency_Approach.

时期幼儿学校较低的出勤率、低下的教学质量问题仍然存在。在缺乏一种强有力的措施之前，国家很难将资助渗透到广大的乡村地区，1862 年的《修正法典》又开了历史的倒车。但如果认为现有的幼儿学校教育体系已经失败，那就大错特错了。事物发展的道路上往往充满着荆棘，在无他国经验可借鉴的情况下，幼儿学校的发展经历一些反复是正常之事，关键在于遇到问题时政府与幼儿学校如何去面对。虽然这一时期国家并未发力普及幼儿学校，但通过一些干预手段，幼儿学校的发展有了一些革命性的突破，让幼儿学校在思想上的大众化做好了准备：幼儿学校获得了社会的广泛理解；国家意识到要为贫困幼儿教育承担全部义务，而不是仅涉及教育过程中某些学术内容和宗教因素；工业化有效地将幼儿学校与科技发展和社会改革联系起来；幼儿学校逐渐依靠政府来实施而不再依靠分散的非官方社会活动。现在等待的就是一个强有力的手段将幼儿学校推广至全国。

第五章　国家主导下幼儿学校的普及（1870—1900）

19 世纪中后期，英国各利益集团在议会中的竞争延伸至教育领域，各政党在贫民初等教育方面展开了激烈争论，分别提出了一些教育计划，并在 1870 年的《福斯特法案》中达到高潮。这一时期社会上自由放任主义的思想依旧强大，但影响正逐渐退却，人类在面对自由经济时无能为力的悲观假设已经站不住脚。教育在自由市场下的弊端也逐渐显现，无效的资本市场、投资者和受益人之间的分歧，以及父母缺乏远见，共同导致了教育没有处于最优的投资水平。1870 年之前政府的教育补贴规模不足以弥补市场资源配置的损失，越来越多的人呼吁政府主动强力地干涉教育。1870 年之后国家通过一系列教育法案极大地提高了贫困幼儿入学率，幼儿学校得以普及。幼儿学校的社会地位也逐渐上升，以“infant school”为关键词，在英国报纸文献数据库搜索后发现，1870—1879 年有关幼儿学校的报道有 20 万条，19 世纪最后 10 年达到 29 万条，而 19 世纪前 50 年一共才 13 万条。随着政府主导力量的不断加强，幼儿学校内部也悄然发生改变，5 岁以上儿童入学人数的增多迫使很多幼儿学校开办了婴幼儿班，大众化发展趋势促使教育内容逐渐去国教化，福禄贝尔思想的加速传播使幼儿学校开始采用幼儿园的一些原则。这一时期是英国幼儿学校发展的另一个高潮期，政府接过了民间团体的接力棒，幼儿学校迎来了国家主导的时期。

第一节 国家主导下幼儿学校普及的背景

一、基础教育的落后

1870 年前英国基础教育进展缓慢，比很多欧洲国家都落后，1867—1871 年英国男孩平均受教育时间是 6.6 年，比 20 年前仅提高了 1.6 年。[①] 瑞典、丹麦、冰岛、芬兰和荷兰地区的大多数公民在 1800 年时就可以阅读，整个 19 世纪，这些国家的识字率始终明显高于整个英国。关于英国具体的识字率，历史上有多种说法。据 R. K. 韦伯（R. K. Webb）估计，英国在维多利亚时代的早期，约 66.7%—75%的工人阶级都能阅读。国家办学的倡导者菲尔·加德纳（Phil Gardner）估计，到 1870 年学校只服务于适龄人口的 25%左右。据文森特（Vincent）估计，英国在 1850 年文盲率是 36%。[②] 韦伯的数据与其他人相比过于乐观，尽管如此英国仍有 25%的人是文盲。与之形成鲜明对比的是，普鲁士 18 世纪末确立的 8 年义务教育规定，使本国的文盲率在 1850 年降到 7%[③]，且普鲁士在 1870 年实现了全面扫盲，而英国在 1870 年才开始通过法律普及大众基础教育。1866 年普鲁士与奥地利的战争及 1870

---

① See Michael Sanderson, *Education, Economic Change and Society in England 1780-1870* (London: Macmillan Press, 1991), p. 18.

② See Florence S. Boos, "The Education Act of 1870: Before and after," accessed august 24, 2019, https://www. Branch collective. org/? ps_articles=florence-s-boos-the-education-act-of-1870-before-and-after.

③ See Florence S. Boos, "The Education Act of 1870: Before and after," accessed august 24, 2019, https://www. Branch collective. org/? ps_articles=florence-s-boos-the-education-act-of-1870-before-and-after.

年普鲁士在普法战争中的胜利甚至被称为基础教育的胜利。[①] 普鲁士的胜利引发了英国人的担忧，他们认为如果发生战争，未受教育的英国人将无法与对手竞争。

19 世纪 60 年代末，英国已经成为世界上最工业化的国家，但在向国民提供基础教育方面比较落后。《福斯特法案》之前，上层阶级可以在私立学校接受良好的教育，但那些无力支付学费的贫困阶层，主要接受宗教性质的教育，且程度很低。尽管主日学校、教会学校和收费较低的非正式社区学校越来越多地为贫困儿童提供服务，但仍有很大一部分更贫困的儿童得不到教育系统的帮助。1833 年以来，国家在加强初等教育的中央集权方面做了很多努力，但在为人民提供普遍的教育方面仍存在很大缺陷。1851 年的一项调查发现，曼彻斯特和伯明翰只有不到一半的儿童受益于或正在受益于各种形式的教育，纽卡斯尔委员会认为只有 17%的儿童处于这种情况。1861 年《纽卡斯尔报告》显示，英国中上层阶级的儿童数量约占全国的 14.3%，大量贫困人群拉低了英国的整体教育水平。能够上学的贫困儿童是幸福的，最底层的儿童只能去妇媪学校或乞儿学校。尽管如此，无论以何种形式接受教育都是一种幸运，英国当时存在大量无法得到任何教育的贫困儿童。[②]《修正法案》提高了幼儿学校出勤率，但平均出勤率也只占注册人数的 66.7%左右。学校中的课程设置也不科学，“结果支付”制度使一些没有得到国家资助的学校教学效果逐渐变差。1869 年乔舒亚·费奇（Joshua Fitch）和费伦（Fearon）先生主持了对曼彻斯特、利物浦、

① See Florence S. Boos, “The Education Act of 1870: Before and after,” accessed august 24, 2019, https://www. Branch collective. org/? ps_articles = florence-s-boos-the-education-act-of-1870-before-and-after.

② See Florence S. Boos, “The Education Act of 1870: Before and after,” accessed august 24, 2019, https://www. Branch collective. org/? ps_articles = florence-s-boos-the-education-act-of-1870-before-and-after.

利兹和伯明翰等地的教育调查。结果揭示了一种令人震惊的事态，自从纽卡斯尔委员会成立以来，不仅私立学校没有得到改善，初等教育设施也严重不足，相当多的学龄儿童没有接受过任何有组织的教育。[①] 利物浦大约有 8 万名 5—13 岁的适龄儿童，其中 2 万人没有上过学，还有 2 万人接受了非常差的教育。[②] 曼彻斯特大约有 1.6 万名儿童根本没有上学，利兹的情况和利物浦差不多。[③] 此外，福斯特认为英国学校教育的质量也很差。[④]

这种经济与教育发展不匹配的现象与英国政府秉持放任自由主义的传统有关，宗教社团和民间团体在 19 世纪很长一段时间内扮演着教育的主要角色。19 世纪前英国的上层阶级在私立学校接受着良好的教育，下层阶级却一直没有得到有效的教育。19 世纪初随着工业化和城市化的进程，慈善家们开始为穷人提供教育，期望可以改善贫困儿童的生活困境、减少犯罪并灌输宗教原则。由于宗教通常被认为是贫民教育中最重要的因素，所以政府认为最适合监督教育的是教会而不是国家。这一主张也是英格兰国教派和异教徒之间争论的根本原因，二者的分歧拖延了国家教育制度的建立。[⑤] 19 世纪 60 年代，这种政府不主动介入教育的思想仍然是社会的主流。1864 年 5 月 20 日的《泰晤士报》写道："任何由国家负责的教育体系都将与英国的自我完善原则完

① See S. J. Curtis and Myrtle E. A. Boultwood, *An Introductory History of English Education since 1800* (London: University Tutorial Press Ltd., 1960), p. 74.

② See T. Raymont, *A History of the Education of Young Children* (London, New York, Toronto: Longmans, Green and Co., 1937), p. 226.

③ See *Final Report of the Commissioners Appointed to Inquire into the Elementary Education Acts* (London: H. M. Stationery Office, 1888), p. 22.

④ See T. Raymont, *A History of the Education of Young Children* (London, New York, Toronto: Longmans, Green and Co., 1937), p. 232.

⑤ See P. N. Farrar, "American Influence on the Movement for a National System of Elementary Education in England and Wales, 1830-1870," *British Journal of Educational Studies* 14, no. 1 (1965): 36.

全对立，如果工人阶级想要学校，他们必须自己去建设。”[①] 1870 年之前 90%为贫民开办的学校是由 1811 年成立的全国促进穷人教育协会和 1814 年成立的英国及海外学校协会组织。这类学校收取少额的费用，主要采用导生制，这种制度提高了管理的效率，缓解了教师不足的问题，但儿童在其中难以取得实质的进步。

19 世纪后期，国际竞争的加剧提高了英国政府对大众进行基础教育的重视。1867 年的巴黎展览会让英国人看到他们在工业方面不再一骑绝尘，他们意识到工业的繁荣离不开基础教育的发展，期望通过普及教育来提高经济效益。此时英国社会已完成了结构转型，农业经济逐渐转向工业经济，社会需要一种不同类型的劳动力。福斯特说：“想对我们这些没有受过基础教育的工人进行技术培训是没有用的，没有受过教育的劳动者，在很大程度上是没有技能的劳动者。尽管工人阶级有强壮的肌肉和充沛的精力，但不掌握技能将被未来淘汰。”[②]

虽然在 19 世纪 70 年代之前英国政府为改善贫民的教育质量做出了一些努力，如采用绩效制并对教师进行培训，但这些措施并不兼容甚至还有些冲突，“结果支付”制度产生了错误的激励导向，导致教学偏离了应有的轨道。1867 年后人们对大众教育的态度发生了转变，“我们必须教育我们的主人”成了时代的口号。[③]

---

① P. N. Farrar, “American Influence on the Movement for a National System of Elementary Education in England and Wales, 1830-1870,” *British Journal of Educational Studies* 14, no. 1(1965): 42.

② T. Raymont, *A History of the Education of Young Children* (London, New York, Toronto: Longmans, Green and Co., 1937), p. 227.

③ See A. J. Marcham, “Recent Interpretations of the Revised Code of Education, 1862,” *History of Education* 8, no. 2(1979): 180.

二、政府政策的支持

19 世纪 70 年代后，英国两个主要政党都认为国家要对大众教育进行干预，于是制定多项政策推动幼儿学校的普及。不过一项国家政策的推行，需要有一个强有力的稳定政府支撑，才能在全国范围内有效实施起来。英国在 19 世纪中后期两党政治制度得以确定，在两党轮流执政和内阁共进退的原则下，某党一旦掌权就会在政府各部门安插本党派成员，形成裙带关系。而政府一旦下台，各部门就可能发生大洗牌，致使官吏频繁变动，这既不利于行政工作，也妨碍官员精通业务，导致工作效率低下。[①] 两党虽然交替频繁，但领导人没有太大变化，主要是格莱斯顿与迪斯雷利（Disraeli）轮流掌权，他们都是中产阶级代表。保守党与自由党之间的主要分歧也不在国内事务上，而是在外交和帝国政策方面。[②] 稳定的政治路线和共识有利于在全国范围内推广基础教育。

迪斯雷利在 19 世纪 60 年代成为英国保守党领袖，他曾担任三届内阁的财政大臣，两度出任英国首相（1868 年、1874—1880 年），在把托利党改造为保守党的过程中起了重大作用。在他去世之后，索尔兹伯里（Salisbury）侯爵接任保守党党魁，在 1885—1886 年、1886—1992 年、1895—1902 年三度出任首相。在这一时期，格莱斯顿执政时间最长，他四次出任首相（1868—1875 年、1880—1885 年、1886 年 2—7 月、1892—1894 年），在他执政期间，英国自由资本主义进入黄金时代。[③] 1832 年格莱斯顿成为托利党议员，1865 年他成为辉格党下

① 参见刘成等《英国通史》（第五卷），江苏人民出版社，2016，第 177 页。

② 参见刘成等《英国通史》（第五卷），江苏人民出版社，2016，第 171 页。

③ 参见刘成等《英国通史》（第五卷），江苏人民出版社，2016，第 165 页。

议院的领袖，辉格党完成了向自由党的转变。[①] 格莱斯顿主张自由放任的经济政策，在他的领导下，自由党的理念逐渐明确：放任自由经济、支持社会改革、主张个人自由、削减国王和教会权力及扩大选举权。虽然他不受维多利亚女王的喜欢，但广受人民的欢迎，被称为“人民的威廉”[②]。从这个称号就可以看出他代表的是更广泛的人民的利益。他的长期执政从政治上保证了大众教育政策的稳定推行。1868 年的大选导致了自由主义者的回归，格莱斯顿担任首相，福斯特成为教育部副部长。格莱斯顿在第一次首相任期内，对英国社会多方面进行了激进的改革，如废除军队中买官的惯例；颁布了 1870 年《福斯特法案》、1871 年《工会法》及 1873 年《司法法案》；允许非国教徒进入牛津大学和剑桥大学等。1874 年保守党上台，但他们并不只是代表某个阶级的利益，而是代表所有阶级。保守党与自由党在国内社会改革的问题上只有形式和程度的差异，而非方向上的不同。他们在一些具体的条款上意见不同，但在大方向上保持一致，如迪斯雷利在 1874 年减少女工的工作时间，改善公共卫生，1876 年推动义务教育等。[③]

19 世纪 80 年代，一种“新”自由主义开始兴起，新自由主义者主张国家的积极干涉，而不是古典自由主义所强调的自主、自强与行动自由。到这个时候，那种认为“不干涉是国家的最高原则”的自由放任学说已经过时。新自由主义者主张用“积极自由”代替古典的“消极自由”，政府要对个人在健康、教育和福利方面提供帮助。[④]

---

① 参见刘成等《英国通史》（第五卷），江苏人民出版社，2016，第 164 页。

② 刘成等：《英国通史》（第五卷），江苏人民出版社，2016，第 164 页。

③ 参见刘成等《英国通史》（第五卷），江苏人民出版社，2016，第 171 页。

④ 参见刘成等《英国通史》（第五卷），江苏人民出版社，2016，第 165 页。

三、社会财富的激增

19 世纪 50 年代英国工业革命基本完成，机器生产成为经济主体，稠密的铁路网遍及全国，英国成为世界上最大的工业国和贸易国之一。19 世纪 70 年代，英国集权势、繁荣和财富于一身，伦敦成了世界金融中心。1871 年英国国民总收入为 7.82 亿英镑，1901 年这一数字达到 19.48 亿英镑，英国成为世界上最富裕的国度之一。① 强大的海上力量保障了英国在世界市场中的垄断地位，来自海外的红利在 1911 年达到 1.88 亿英镑。②

国家财富增长的同时，国民收入也在提高。除了最贫困的人群，英国各阶层都从普遍的繁荣中受益，19 世纪 70 年代，英国大约有 50 万人交税，1900 年上升到 90 万。1860 年英国的人均收入比法国高 50%，比德国几乎高两倍。③ 1882—1902 年，英国的货币工资增长了 30%，实际工资增长了近 40%。即使在 1875—1880 年的大萧条期间，工人也不容易失业。人民收入的增长改变了生活质量和方式，餐桌上菜肴开始丰富，除了面包、土豆等必需品，肉类、牛奶和蔬菜日益普及，咖啡、茶、糖也成为英国人喜爱的日常食品。④ 到了 19 世纪 80 年代，英国人有了更多的休闲时间，大众体育运动开始流行。

家庭收入的提高使童工的收入变得不再那么重要，家长更有可能让孩子入学。在这之前，为维持家庭的开销，儿童不得不过早工作，这影响了他们的学业。贫困幼儿虽然可以免除学费，但政府强迫低收入、临时工和失业者的子女上学是困难的。19 世纪 70 年代后英国工人

---

① 参见刘成等《英国通史》(第五卷)，江苏人民出版社，2016，第 39 页。
② 参见刘成等《英国通史》(第五卷)，江苏人民出版社，2016，第 246 页。
③ 参见刘成等《英国通史》(第五卷)，江苏人民出版社，2016，第 247 页。
④ 参见刘成等《英国通史》(第五卷)，江苏人民出版社，2016，第 248 页。

阶级的薪水逐渐提高，他们发现将幼儿送到学校是件好事。

此外，城市人口聚集带来的规模优势使幼儿学校普及的成本更低。自 18 世纪中期以来，英国人口持续增长。从 1870 年开始，虽然英格兰和威尔士的出生率持续下降，但死亡率下降更快，婴儿的死亡率在 19 世纪最后 25 年降到了 15％。[①] 1851—1901 年，少儿增长了 2.3 倍。[②] 英国人口结构也在发生变化，工业革命使农村人口流向工商业区和矿山，导致大城市人口膨胀。1851 年英国有 52％的人生活在城市中，1901 年英国完全成为以大城市为主的城市化国家。[③] 人口的集中使城市的规模优势得以发挥，学校可以在更小的范围内让更多的人入学，有限的经费才有可能提供充足的学位。

从以上的梳理可以看出，政治家们在英国建立基础教育制度的原因和动机是多方面的，而且极其复杂。在经济方面，基础教育是促进国家繁荣和避免落后于竞争对手的必要条件；在社会方面，发展初等义务教育可以减少犯罪。此外，推广大众的基础教育还与自身的政治前途有关，议员们意识到基础教育受公众欢迎，通过改进教育可以赢得额外的选票。执政党普遍会在选举前夕实施受欢迎的教育政策和其他社会项目以保住权力。休·莱姆金的研究显示，在 1870 年后议员关于教育在“道德”方面作用的争论逐渐减少。[④]

---

① 参见刘成等《英国通史》（第五卷），江苏人民出版社，2016，第 263 页。

② 参见刘成等《英国通史》（第五卷），江苏人民出版社，2016，第 266 页。

③ 参见刘成等《英国通史》（第五卷），江苏人民出版社，2016，第 267 页。

④ See H. C. Lamkin,“What Was the Significance of Enfranchisement on the Establishment of Elementary Education in England and Wales between the Years 1870-1891?”(MA thesis. , Utrecht University,2016:54).

第二节　法律推动下幼儿学校教育的普及

英国幼儿学校从被纳入义务教育到真正实现大众化、强制化和免费化，经历了约 30 年的时间。1870 年后英国初等教育迎来了新纪元，政府尝试建立一种国家教育制度，《福斯特法案》的颁布标志着国家开始全面干预初等教育，幼儿学校进入了国家主导的发展时期。这种“国家教育制度”被社会理论家和教育政治家迈克尔·萨德勒（Michael Sadler）认为是“民主集体主义国家”重要的构成要素。[①] 19 世纪最后 30 年，英国议会通过了一系列基础教育法案，建立了一个全民基础教育体系。其中比较重要的法案有 1870 年的《福斯特法案》、1876 年的《桑登法案》（*Sandon's Act*）和 1891 年的《免费初等教育法》（*Free Schooling Elementary Education Act*）。[②] 在这些法案的共同作用下，幼儿学校经历了普及入学、强制入学和免费入学三个时期。到 1900 年，有 82.5%的 5—14 岁儿童就读于有国家补助的学校[③]，3—5 岁的幼儿入学率达到 43.1%。[④]

---

① See Kevin J. Brehony, "The 'School Masters' Parliament': The Origins and Formation of the Consultative Committee of the Board of Education 1868-1916," *History of Education* 23, no. 2(1994): 172.

② See "Cross Report(1888)," accessed August 17, 2019, http://www.educationengland.org.uk/documents/cross1888/index.html.

③ See Nanette Whitbread, *The Evolution of the Nursery-Infant School* (London and Boston: Routledge & Kegan Paul, 1972), p. 42.

④ See *Report of the Consultative Committee on Infant and Nursery Schools* (London: His Majesty's Stationery Office, 1933), p. 29.

一、普及入学的启动：1870 年《福斯特法案》

1870 年颁布的《福斯特法案》是英国历史上最重要的教育法案之一，它是第一部专门针对英国教育的法律。该法案创建了一种“志愿学校”和“寄宿学校”的双重体系。[①] 最重要的是它表明了国家对初等教育进行援助的决心，是政府主导初等教育的分水岭。它是英国初等教育史上的一大转折，扭转了大众教育不受国家重视而受制于教会的局面，在一定程度上推动了英国教育的发展。[②] 法案最大的成就是第一次从法律上确定了国家在教育领域中的主导地位，初等教育不再只是宗教慈善事业，它成了全社会关注和支持的对象，成了政府事业的一部分[③]，幼儿学校也被确立为初等教育的核心组成部分。[④] 该法案建立了一个世俗的“学校董事会”体系，规定学校董事会在各自地区建立和管理学校。法案对强制上学年龄做了规定并弱化了宗教教学，这些开创性的规定使幼儿学校在教育制度化和大众化发展的道路上迈出了重要的第一步。

（一）《福斯特法案》的制定

教育部门向公众宣称《福斯特法案》的目的是“为全国提供良好的学校，使所有家长确信其子女能够接受初等阶段教育”[⑤]，这是一次初等教育大众化的尝试。1870 年福斯特估计，只有 41％的工薪阶层的

---

① See Lois Louden, *Distinctive and Inclusive the National Society and Church of England Schools 1811-2011* (London: The National Society, 2012), p. 38.

② 参见刘成等《英国通史》（第五卷），江苏人民出版社，2016，第 302 页。

③ 参见程西筠《论 19 世纪英国初等教育改革》，《世界历史》1989 年第 4 期。

④ See Kaspar Burger, "Entanglement and Transnational Transfer in the History of Infant Schools in Great Britain and Salles D'asile in France, 1816-1881," *History of Education* 43, no. 3(2014): 316.

⑤ 徐辉、郑继伟：《英国教育史》，吉林人民出版社，1993，第 169 页。

子女在国家资助的小学中接受教育。[①] 他期望法案可以为剩下的 59%的儿童提供资金帮助。《福斯特法案》的第 5 条指出："每一个学区都应该提供足够多的住所，供该学区的所有儿童使用。"[②] 《福斯特法案》规定，将在儿童需要的地方建立小学，强迫家长送子女上学，至少是接受最基础的教育，并与任何宗教信仰无关。[③] 为了实现以上的目的，克罗斯认为《福斯特法案》有着双重任务，一是在全国范围内建立良好的学校，二是让更多的家长送子女上学。[④]

1870 年之前，英国为提高广大贫困阶级的受教育水平想了很多办法，但都没有产生全国性的影响。最早在爱尔兰，1831 年格雷（Grey）勋爵的辉格党政府成立了一个委员会，负责监督公共资金对学校的拨款，希望罗马天主教和新教儿童都能上学。1836 年这一制度也在利物浦的公司、学校实行，但教会的反对和保守党在地方选举中的胜利导致这一制度在 1842 年终结。[⑤] 1833 年议会为部分学校提供建设经费。1853 年罗素勋爵建议扩大《贫困法》的权力，以征税支付基础教育费用，不过该提议未能通过，但它表明了为劳动者子女提供教育的想法。19 世纪 60 年代英国曾提出一些建议以改善大众教育，如继续通过教会和私立教育扩大教育人群范围；扩大《工厂法》的内容，禁止雇佣儿

---

① See Nanette Whitbread, *The Evolution of the Nursery-Infant School* (London and Boston: Routledge & Kegan Paul, 1972), p. 41.

② *The Elementary Education Act 1870* (London: Willian Amer, Lincoln's Inn Gate, 1870), p. 9.

③ See William C. Glen, *The Elementary Education Act, 1870, with Introduction, Notes, and Index, and Appendix Containing the Incorporated Statutes* (London: Shaw and Sons, 1870).

④ See *Final Report of the Commissioners Appointed to Inquire into the Elementary Education Acts* (London: H. M. Stationery Office, 1888), p. 21.

⑤ See P. N. Farrar, "American Influence on the Movement for a National System of Elementary Education in England and Wales, 1830-1870," *British Journal of Educational Studies* 14, no. 1 (1965): 37.

童或者要求雇主提供教育指导；通过1866年《工业学校法》，招收儿童入学；采用传统《济贫法》对贫困人群进行教育救助等。这些建议都因为一些原因而没有被采纳。[①] 面对当时初等教育存在的问题，布鲁斯（Bruce）、福斯特和埃格顿（Egerton）在1867年提出了《教育法案》的草案。大约在同一时期，罗伯特·劳根据教育发展的需要草拟了国民教育工作大纲。同年，罗伯特·劳还在爱丁堡的演讲中表达了强制教区建立学校为大众提供足够学位的意愿。[②] 然而当时国家无力实施这一计划，不久格莱斯顿政府执政，罗伯特·劳不再担任教育部门的负责人，福斯特作为继任者促成了《福斯特法案》的颁布。

在《福斯特法案》颁布前，一系列有关问题得到了讨论。一是如何提供学校的问题。按照当时的标准，英国已经具备一些较好的学校。因此，进一步的问题是如何把新机构与已经存在的机构联系起来。大家普遍认同学校应该渗透到每一个工人阶级家庭中，但是如何提供新的学校？是对原有的志愿入学制度予以帮助，还是通过建立地方管理部门并授权这些部门提供教育？如果是后者，地方当局的权力应该扩大到什么程度？二是学校中宗教教育的问题。在初等教育中是否保留宗教教育？如果保留，应容许何种程度的宗教教育？受国家资助学校中的“道德条款”是否也适用于义务学校？三是学费问题。国家提供的学校是收费还是免费？四是为所有人提供学校住所的规定是否受出勤率的影响？[③] 这些问题其实并不是新出现的，只是随着1870年立法的临近而得到激烈讨论，一些解决方案在《福斯特法案》的条款中得

---

① See Nigel Middleton, "The Education Act of 1870 as the Start of the Modern Concept of the Child," *British Journal of Educational Studies* 18, no. 2(1970): 170-171.

② See *Final Report of the Commissioners Appointed to Inquire into the Elementary Education Acts* (London: H. M. Stationery Office, 1888), p. 21.

③ See T. Raymont, *A History of the Education of Young Children* (London, New York, Toronto: Longmans, Green and Co., 1937), p. 228.

到了回答。

（二）《福斯特法案》的内容

《福斯特法案》的条款众多，其主要内容有以下七点：全国划分为数千个学区，国家对每个学区的情况进行检查；必须为 5—13 岁的儿童提供基础教育；学校应该由政府资助；父母必须支付子女的教育费用，除非他们负担不起；幼儿入学应该是强制性的；宗教教学应该是不分宗派的，父母可以让子女放弃宗教教育；学校应该定期检查以保持教育水平。其中推动幼儿学校普及的规定有以下几个方面。

1. 初步规定强制入学的年龄

《福斯特法案》第 74 条中规定："董事会有权让父母把 5—13 岁的儿童送进小学（除非有特殊情况）。"这些特殊情况包括：第一，儿童通过其他方式能够获得良好的教育；第二，儿童身患疾病或因其他原因无法上学；第三，3 英里范围之内没有公立小学。[①] 这一项条款打破了原有 7 岁开始志愿上学的做法，正式将 5—7 岁幼儿阶段纳入初等教育。这样幼儿学校被人为地分为义务阶段和非义务阶段。

《福斯特法案》对强制入学还是留有一些余地，并非无条件入学，而且实施强制的机构并非国家而是地方董事会。对于未履行义务的家长，也没有惩罚措施。对此福斯特解释，强迫纳税人为无用的学校买单是不公平的。他并不倡议实施普遍强制，国家要保障家长不会因为正当理由不让子女上学而受到惩罚。[②] 当时传统的观点认为对儿童的教育是父母的责任而非国家的，建立志愿社团是为了使贫穷的父母能够履行他们本来无法承担的责任。福斯特明确表示，虽然国家将弥补学

---

① See William C. Glen, *The Elementary Education Act, 1870, with Introduction, Notes, and Index, and Appendix Containing the Incorporated Statutes* (London: Shaw and Sons, 1870), pp. 62-63.

② See *Report of the Commissioners Appointed to Inquire into the State of Popular Education in England* (London: H. M. Stationery Office, 1861), p. 30.

校不足的问题，但父母仍有义务教育子女，政府应通过支付费用迫使父母承认这一责任。①

强制 5 岁以上幼儿入学是《福斯特法案》中最为重要的规定之一，在 19 世纪末就强制 5 岁的幼儿入学是比较激进的。为什么以 5 岁为界，而不是 6 岁？之前英国从未有人将 5 岁作为入学界限。欧文的幼儿学校接收 2—6 岁的幼儿。1833 年罗巴克（Roback）建议国家为 6—12 岁的儿童提供教育。怀尔德斯平和斯托等人的幼儿学校也以接收 2—6 岁的幼儿为主。19 世纪 50 年代，福禄贝尔幼儿园接收 6 岁以下的幼儿。《纽卡斯尔报告》创造了一种重视早期教育的氛围，但十分明确地将小学与幼儿学校的界限定在 6 岁或 7 岁。报告建议将 3 岁的幼儿送到幼儿学校，当他们到了 6 岁或 7 岁的时候送入日校。② 1862 年的《修正法典》也规定 6 岁以下的幼儿不接受检查。

没有任何心理学或教育学可以解释为何在 1870 年突然将 5 岁作为基础教育的界限，这个时间的划分与幼儿的身心发展无关，更多的是人道主义和经济方面的考量。1870 年夏天，英国国会就强制入学的最低年龄展开了激烈的辩论，60 栏会议记录中有 50 栏是关于这一问题的讨论。③ 索尔兹伯里、托利党议员约翰·曼纳斯（John Manners）和利兹的激进议员贝恩斯（Baines）等人支持 6 岁入学，他们认为 5 岁太小，6 岁前家长更倾向把孩子留在家中。福斯特本人也赞成 6 岁入学。④这一观点遭到了迪斯雷利的反对。他认为儿童在学校比在家里更安全，

---

① See Henry Roper, "Forster's Memorandum of 21 October, 1869: A Re-Examination," *British Journal of Educational Studies* 21, no. 1(1973): 65.

② See R. Szreter, "The Origins of Full-Time Compulsory Education at Five," *British Journal of Educational Studies* 13, no. 1(1964): 18.

③ See R. Szreter, "The Origins of Full-Time Compulsory Education at Five," *British Journal of Educational Studies* 13, no. 1(1964): 20.

④ See R. Szreter, "The Origins of Full-Time Compulsory Education at Five," *British Journal of Educational Studies* 13, no. 1(1964): 20.

得体、懂卫生和讲秩序的习惯的养成越早越好，幼儿在学校比在贫民窟成长得更快。[①] 迪克逊（Dixon）认为幼儿在能挣到工资的时候就去工作了，所以要尽早对他们进行教育。上议院的沙夫茨伯里（Shaftesbury）伯爵甚至要求将入学的年纪降到 4 岁，他认为《工厂法》并没有很好地保护幼儿，学校可以为他们提供保护。当时的社会经济情况及舆论让一些进步人士认为，将初等教育提前至 5 岁是一项可取的措施。[②] 最终，激进的一方占得了上风。福斯特本人推论，《福斯特法案》的起草者可能认为降低学龄是延长受教育时间的一种切实可行的方法，它可以保护幼儿不受父母的剥削，即使他们不大可能在外面找到“有收入的工作”。[③] 从辩论中可以看出在 19 世纪最后的几十年中，中产阶级对大众教育的态度发生了显著而积极的转变，他们非但不反对，反而成了捍卫者。他们希望大众接受教育，以确保英国工人有充足的竞争力，比欧洲其他国家的同龄人早一年上学似乎会让他们在竞争中处于优势。[④] 此外，工厂雇佣幼儿不再有利可图，幼儿可以有更多的时间去学习，这使得尽早入学成为可能。

2. 增加小学的数量

为了提供足够的学校，英国政府采用了地方为主、国家为辅的策略。《福斯特法案》将全国划分为数千个学区，每个学区都有义务在管辖范围内提供基础教育。《福斯特法案》的第五部分规定，任何没有为儿童提供“有效”和“匹配”学校的学区都应该建立公立小学，并为

---

① See Nanette Whitbread, *The Evolution of the Nursery-Infant School* (London and Boston: Routledge & Kegan Paul, 1972), p. 40.

② See R. Szreter, "The Origins of Full-Time Compulsory Education at Five," *British Journal of Educational Studies* 13, no. 1(1964): 21.

③ See R. Szreter, "The Origins of Full-Time Compulsory Education at Five," *British Journal of Educational Studies* 13, no. 1(1964): 19.

④ See R. Szreter, "The Origins of Full-Time Compulsory Education at Five," *British Journal of Educational Studies* 13, no. 1(1964): 22.

儿童提供足够的住所。这一规定备受争议，主要是因为涉及了几个术语：一是“小学”。法案对“小学”的概念进行了解释，这里的小学并非是只招收5—13岁儿童的学校，而是以提供基础教育为主体的学校。所以一些招收5岁以下幼儿的学校也属于本条款中的小学。二是“有效”。在福斯特眼中“有效”是指拥有良好建筑和良好教学。三是“匹配”。“匹配”指的是家长不能以任何宗教理由反对法案的条款。一位督导将“有效”和“匹配”学校的特点概括为：凡需要接受基础教育的儿童，在距离住处合理距离内只要父母支付一定费用他就可以接受基础教育，无须参加任何宗教教育。① 所以，法案不仅要求地方提供一定数量的学校，还对学校的质量和性质做了要求。

《福斯特法案》还规定，在教育设施“不足、低效和不合适”的地方，国家给予6个月的“宽限期”以供它改进，在这一时期内政府将提供50%的基建拨款。6个月后学校设施仍不足的学区，由地方纳税人选举的学校董事会负责解决问题，学校董事会享有广泛的法定权力。如其可以接收已有的民办学校、新办初等学校，征收地方教育税补助，强制征集校舍土地，同时，决定是否放弃所属学校的宗教教学，是否减免贫民儿童的学校，是否制定地方规定强迫入学及任命自己的常任官员。② 雷蒙特对学校董事会过度的权力进行了批判，认为这将带来学校董事会的混乱，其将权力发挥到了最大限度，而“落后者”国家什么也没做。③

《福斯特法案》与其他大多数法案一样是政治博弈和宗教斗争的产物，条款的内容反映了各方的利益，多分歧并未达成一致。1871年政

---

① See *Final Report of the Commissioners Appointed to Inquire into the Elementary Education Acts*(London: H. M. Stationery Office, 1888), p. 25.

② 参见徐辉、郑继伟《英国教育史》，吉林人民出版社，1993，第169页。

③ See T. Raymont, *A History of the Education of Young Children*(London, New York, Toronto: Longmans, Green and Co., 1937), p. 233.

府对《福斯特法案》进行了一些修改，国家将专门拨出一笔数额较大的经费用于资助 4—7 岁幼儿的教育，期望他们在一个精心设计的单独部门中接受良好的指导。国家对 6—7 岁以下幼儿的检测也取消了，但政府对幼儿学校的干预却未停止，政府认为要加大对幼儿学校中高年级儿童的指导。[①]

《福斯特法案》打开了大众教育的“潘多拉魔盒”，只是这个盒子的大部分结果是有益的。英国普遍建立了一种国家资助的宗教学校模式，这种模式将持续到 20 世纪甚至更久远。也许《福斯特法案》最深远的影响是给予儿童一种特殊的地位，并制定了一系列改革其社会地位的措施。米德尔顿认为，方案创造了一种新型的社会，从根本上改变了儿童在社会中的地位。[②] 19 世纪之前，“童年”的概念在英国并不存在，当然也不存在一个需要特殊照料的年龄阶段。童年的概念与《福斯特法案》共同发展，在此之前儿童被认为与成年人一样，但是身体条件和经验都不足，被视为社会的弱势群体，之后 5 岁以上的儿童成了一个需要特别对待的群体。

《福斯特法案》取得了惊人的效果，学校的数量呈爆发式增长，1872 年小学的数量就达到了 9854 所，学生的入学率也得到了极大提升，幼儿的入学时间逐渐规律。[③] 1870—1885 年，属于英国国教学校的数量从 6382 所增加到 11 864 所，罗马天主教学校从 350 所增加到 892

---

① See T. Raymont, *A History of the Education of Young Children* (London, New York, Toronto: Longmans, Green and Co., 1937), p. 235.

② See Nigel Middleton, "The Education Act of 1870 as the Start of the Modern Concept of the Child," *British Journal of Educational Studies* 18, no. 2 (1970): 166.

③ See Rowland Hamilton, "Popular Education in England and Wales since 1882," *Journal of the Royal Statistical Society* 53, no. 1 (1890): 51.

所。[1] 1876年英国教育部秘书弗朗西斯·桑福德（Francis Sanford）爵士在一封私人信件中指出：“在很多地区，学校供应充足。”[2]《福斯特法案》虽然使英国初等教育取得了重大进展，但也受到了激烈的争论。该法案远没有赋予政府对公共教育的控制权，也没有及时纠正《修正法典》带来的不良后果。课程设置、教学质量和教师培训都一如既往地存在缺陷，也没有解决强制入学的问题。女子教育状况依旧没有得到很大改善，即使到了19世纪80年代，一个有志向的女性也很可能只接受过6周的正规教育。部分地区也没有能力提供合格的学校，伯明翰的一个调查小组发现，当地没有足够的学校名额，很多家长无力为孩子支付学费。[3]

尽管《福斯特法案》有局限性，但它在推动国家进步方面的贡献依旧是前所未有的。它为推动大众教育做出了极大的努力，20年后几乎所有的英国儿童都能从中受益，福斯特的名字永远光荣地与英国教育的发展联系在一起。它是19世纪英国历史上最可行的妥协法案，虽然没有引入免费教育或义务教育，却使两者成为可能，它没有取代民办学校，而是补充了它们。它使国家在教育方面采取了前所未有的行动，教育从此成为一种国家职能而不是私人或慈善事业。若将历史的长河展开，从《福斯特法案》颁布之后200多年的效果来看，它所引起的变化是根本的和深远的，它从根本上改变了儿童在社会中的地位。

---

① See Florence S. Boos, "The Education Act of 1870: Before and after," accessed august 24, 2019, https://www. Branch collective. org/? ps_articles = florence-s-boos-the-education-act-of-1870-before-and-after.

② Lois Louden, *Distinctive and Inclusive the National Society and Church of England Schools 1811-2011* (London: The National Society, 2012), p. 42.

③ See Lois Louden, *Distinctive and Inclusive the National Society and Church of England Schools 1811-2011* (London: The National Society, 2012), p. 39.

二、强制入学的推动：1876 年《桑登法案》

19 世纪 70 年代之前，英国社会各界反对强制入学的声音一直存在，早在 1802 年、1819 年和 1833 年，议会就多次建议通过立法减少儿童的工作时间，但遭到工人阶级和贵族的反对，他们一致认为，父母应该对子女的管理有自主权。到了 1870 年英国实行强制教育的条件仍不成熟，主要原因是国家、地方无力承担免费的教育，而贫困家长又无法放弃儿童所挣的工资。儿童甚至幼儿是家中收入的一部分，若强制 5 岁以上儿童入学，儿童会从资方转向借方，其所在家庭的收入不仅要减少，同时支出也会增多。当时的很多行业，特别是农业和纺织业，工资低于家庭的支出，所以这些家长难以将 5 岁以上的儿童送进学校。在 1876 年《桑登法案》制定前的讨论中，威廉·马金斯（William Makins）认为强制入学将给很多贫困父母带来难题，他们将被迫支付学费，同时牺牲子女本来可以带来的收入。① 即使到了 1884 年，一些适龄儿童因为工作而没有入学也未被法院强制执行。② 奈杰尔·米德尔顿（Nigel Middleton）认为在农村地区，强制儿童入学会影响到传统父权家庭的权威，在这样的家庭中，父亲将子女和妻子视为自己的财产，他负责提供食物、住所和医疗以换取对家庭的控制。强制儿童入学，会诱使父亲忽视他的孩子，放弃他的责任，把他们留给社会来照顾。③

《福斯特法案》虽未实现强制入学，但为每个儿童提供了学校，并

---

① See H. C. Lamkin, "What Was the Significance of Enfranchisement on the Establishment of Elementary Education in England and Wales between the Years 1870-1891?"(MA thesis., Utrecht University, 2016: 36).

② See Nigel Middleton, "The Education Act of 1870 as the Start of the Modern Concept of the Child," *British Journal of Educational Studies* 18, no. 2(1970): 175.

③ See Nigel Middleton, "The Education Act of 1870 as the Start of the Modern Concept of the Child," *British Journal of Educational Studies* 18, no. 2(1970): 176.

为将来的普遍强制入学搭建了保障框架。1873 年的《修订法案》进一步加强了强制入学的规定，主要针对最贫困的家庭，法案强制要求接受救济家庭的子女入学，其费用由董事会监护人支付。① 1874 年当《福斯特法案》还未解决幼儿接受义务教育的问题时，格莱斯顿政府就宣告结束，迪斯雷利领导的保守党政府开始执政。福斯特在教育部的职位由桑登（Sandon）子爵接替。幸运的是，下一届政府继续坚持《福斯特法案》，并为初等教育义务化的道路做出了重要贡献。福斯特离任时说："我的确认为现在英国所有的儿童都受到了一定的教育，现在的问题是其中一些是否具有真正的价值，我不认为这项工作可以停止，我相信桑登会尽其所能地继续下去。"②

1876 年《桑登法案》在推动幼儿强制入学方面取得了巨大进步。法案接受了英国皇家工厂法案委员会（Royal Commission on the Factory Act）的建议，宣布雇佣 10 岁以下的儿童是非法的，除非在儿童住处两英里内没有学校，或是收获季节的前六周。③ 法案首次赋予家长确保子女上学的法律责任，强调每个家长都有义务教育自己的子女。该法案规定："让孩子接受有效的阅读、写作和算术基础教育是每位家长的责任，家长不履行义务的应当依照本法的规定接受处罚。"④

《桑登法案》还通过入学与就业挂钩的形式推动幼儿的入学。法案

---

① See *Final Report of the Commissioners Appointed to Inquire into the Elementary Education Acts* (London: H. M. Stationery Office, 1888), p. 31.

② T. Raymont, *A History of the Education of Young Children* (London, New York Toronto: Longmans, Green and Co., 1937), p. 233.

③ See T. Raymont, *A History of the Education of Young Children* (London, New York, Toronto: Longmans, Green and Co., 1937), p. 233.

④ *Final Report of the Commissioners Appointed to Inquire into the Elementary Education Acts* (London: H. M. Stationery Office, 1888), p. 31.

规定，10—14 岁的儿童在就业时需要有学业证书或学校出勤的证明。[①]在此之后，未受教育的儿童被禁止就业。这对两类人群有较大影响：一是忽视为子女提供有效教育的父母，二是经常与流氓、流浪汉或罪犯为伍的儿童。地方当局有责任向法院提出申诉，要求儿童定期到愿意接收其入学的公立学校上课。对于未履行职责的家长，法律采取一种间接惩罚的方式，违法的家长将受到不超过 40 先令的惩罚。家长第一次违反规定，将受到不超过 5 先令的惩罚；第二次违反，法院可酌情将儿童送进工业学校或对其父母处以罚款，或两者兼而有之。[②]

自此，英国教育第一次规定了家长的法律义务，对家长的行为进行约束，要求他们给予子女足够的教育，使子女具备初步的学习基础，但这仍是一种间接的强制入学措施。直到 1880 年 A. J. 芒德拉（A. J. Mundella）才迈出了最后一步，他在 1876 年就呼吁国家进行强制教育。[③] 1880 年的《芒德拉法案》（*Mundella's Act*）规定，5—10 岁的儿童不得在学校中缺席[④]，违反规定的父母将被惩罚。此法案的制定标志着英国义务初等教育制度正式确立。[⑤]

1893 年英国进一步立法，将强制入学年龄延长到 11 岁，1899 年又延长到 12 岁。强制入学的规定使贫困家长失去了选择权，从教育经济学的角度来看，国家不会承担因为家长的投资喜好和个人意愿带来的

---

① See Lois Louden, *Distinctive and Inclusive the National Society and Church of England Schools 1811-2011* (London: The National Society, 2012), p. 43.

② See *Final Report of the Commissioners Appointed to Inquire into the Elementary Education Acts* (London: H. M. Stationery Office, 1888), p. 32.

③ See H. C. Lamkin, "What Was the Significance of Enfranchisement on the Establishment of Elementary Education in England and Wales between the Years 1870-1891?" (MA thesis. , Utrecht University, 2016: 40).

④ See T. Raymont, *A History of the Education of Young Children* (London, New York, Toronto: Longmans, Green and Co. , 1937), p. 233.

⑤ 参见王承绪《世界教育大系（英国教育）》，吉林教育出版社，2000，第 142 页。

社会总生产力的损失。在自由市场中，父母通常是子女教育的主要决策者并承担其大部分费用，但教育的经济回报中有很大一部分是由子女单独享有的。虽然父母爱他们的子女，但他们更爱自己。如果父母的行为不受约束，在自由教育市场中，当他们的利益与子女的教育相冲突时，他们可能会偏好适合自己的教育模式。在投资过程中，短视或近视的行为也比较常见，心理学家乔治·安斯利（George Ainslie）认为，人天生倾向于放弃遥远回报的投资而选择即时满足，所以即使父母从教育投资中获得全部利益，但教育的回报周期比较长，父母也可能不会让子女去学校。① 这是国家不愿意看到的，英国政府期望每一个贫困幼儿都能在国家所期望的教育模式中学习。

三、免费入学的实现：1891 年《免费初等教育法》

1891 年之前，很多人反对实施免费教育，有的人认为免费教育会削弱父母的责任，有的人认为会增加公共资金的负担，其中就包括福斯特。福斯特在 1870 年的演讲中说："去年家长交的学费有 42 万英镑，如果实行免费教育，那么国家将多承担两倍甚至三倍的经费。对以招收贫困儿童为主的公立小学实行免费政策，必定会遭到中产阶级的反对，他们同样会要求对小学以外的教育实行免费政策，这样的代价会让财政大臣感到恐慌。我认为免费不仅是不必要的而且是有害的。我们为什么要免除父母支付给子女的教育费用呢？他们中的绝大多数人

① See Martin West, "State Intervention in English Education, 1833-1891: A Public Goods and Agency Approach," *Discussion Papers in Economic and Social History*, no. 37 (2000): 4, https://www.researchgate.net/publication/5201296_State_Intervention_in_English_Education_1833-1891_A_Public_Goods_and_Agency_Approach.

有能力，而且将继续有能力支付这些费用。”① 此外，不实施免费教育与英国传统的“傲慢”心理也有关系。部分贫困者认为接受国家的免费帮助是一种耻辱，19 世纪初创办的一些慈善学校中也会收取少量的学费以减免家长的羞耻之心。福斯特在 1870 年也有这种考虑，他谨慎地强调，对于那些无法支付学费的家长，学校将提供免费教育，并保证“这些免费门票不会带有贫困的污名”②。

《福斯特法案》规定公办学校的经费由中央政府提供拨款，并由地方税款和学费补充。民办学校不能获得地方税款补助，但可以获得中央政府拨款，不足部分由教会捐助和学费予以补充。公办学校的学费不得超过每周 9 便士，民办学校不受限制。③ 学校董事会的经费由一个基金来筹集，主要收入包括学费、国家助学金和利息，若学校经费不足，则由地方政府填补。《福斯特法案》虽然没有实行免费教育，但赋予了地方学校董事会免除贫困儿童学费的权力，法案第 74 条第三款规定：“任何子女的全部或部分学费，如家长向校董会保证他因贫穷而无法支付，便可减免或支付部分学费。”④ 此外，在征得教育部同意的情况下，董事会还有权建立免费的学校。但现实中使用这一条款的地方并不多，仅在伯明翰地区建立了一所免费学校。⑤ 1873 年的一部法案规

---

① *Final Report of the Commissioners Appointed to Inquire into the Elementary Education Acts*(London: H. M. Stationery Office, 1888), p. 25.

② Nigel Middleton, “The Education Act of 1870 as the Start of the Modern Concept of the Child,” *British Journal of Educational Studies* 18, no. 2(1970): 172.

③ 参见徐辉、郑继伟《英国教育史》，吉林人民出版社，1993，第 169 页。

④ William C. Glen, *The Elementary Education Act, 1870, with Introduction, Notes, and Index, and Appendix Containing the Incorporated Statutes*(London: Shaw and Sons. 1870), p. 62.

⑤ See *Final Report of the Commissioners Appointed to Inquire into the Elementary Education Acts*(London: H. M. Stationery Office, 1888), p. 25.

定，贫困儿童的学费和入学费用应予以减免。[①] 1876 年议会再一次讨论有关基础教育费用的问题。在《桑登法案》的第一次审议会上，保守党的 W. H. 戴克（W. H Dyke）建议学校的学费不得超过 10 先令，每个儿童都应该获得免费的教育。对于这项激进的建议，戴克解释道："如果国家不得不强迫家长失去子女的劳动所得，那么国家就应该帮助家长执行强制程序。这对我国广大人民群众大有裨益，同时将最大限度地保持目前有效的基础教育制度，并在全国进一步推广。"[②] 像往常一样，这一建议在讨论时也遭到了强烈的反对，乔治·巴特利（George Bartley）议员认为，免费教育没有好处，因为它无助于提高出勤率。[③] 但大多数议员支持了这个建议。最终，法案将人均补助从 15 先令提高到 17 先令 6 便士。[④]

随着强制入学规定的实施，人们开始呼吁免费教育。很多人认为强迫贫困的父母支付学费让子女上学是不公平的。[⑤] 1882 年议会对拨款制度进行了重大修改，学生的补助只看平均出勤率而不再参考个人成绩。[⑥] 这一规定避免了一些学生因为考试不合格而不能获得补助，从而

---

① See *Final Report of the Commissioners Appointed to Inquire into the Elementary Education Acts*(London: H. M. Stationery Office, 1888), p. 35.

② H. C. Lamkin, "What Was the Significance of Enfranchisement on the Establishment of Elementary Education in England and Wales between the Years 1870-1891?"(MA thesis., Utrecht University, 2016: 46).

③ See H. C. Lamkin, "What Was the Significance of Enfranchisement on the Establishment of Elementary Education in England and Wales between the Years 1870-1891?"(MA thesis., Utrecht University, 2016: 46).

④ See S. J. Curtis and Myrtle E. A. Boultwood, *An Introductory History of English Education since 1800*(London: University Tutorial Press Ltd., 1960), p. 77.

⑤ See Lois Louden, *Distinctive and Inclusive the National Society and Church of England Schools 1811-2011*(London: The National Society, 2012), p. 46.

⑥ See *Final Report of the Commissioners Appointed to Inquire into the Elementary Education Acts*(London: H. M. Stationery Office, 1888), p. 39.

降低了对学习能力的要求，增强了强制教育的可能性，但也造成了一些学校为了获得更多的补助而在出勤的数据上造假。还有人指出，当学生获得补助后便会降低出勤的次数。① 1885 年教会人士对这种免费教育的倾向进行了攻击，他们声称免费教育将导致学费的浪费，让那些没有子女的人为那些有子女的人买单是不公平的，甚至会产生一个没有教会学校的世俗体系。② 尽管一直有人反对免费教育，但人民的意志不可抵挡。1890 年大部分人士在思想上认为免费教育是不可避免的，部分人呼吁立法，希望在免费教育实施前，先确定义务学校是国家基础教育体系的永久组成部分。③

1891 年《免费初等教育法》的第二次审议会进一步讨论了实行免费教育的年龄段。皮克顿（Picton）议员反对小学以任何形式和年龄的原因收取学费，尤其是 5 岁以下的幼儿，因为他们的心智最具可塑性，需要免费教育。他还通过对比瑞士和德国的做法来支撑自己的观点。乔治·特里维廉（George Trevelyan）支持了皮克顿的观点，他认为对 5 岁以下幼儿实施免费教育可以让他们远离街道上的邪恶。④ 而早在半个世纪以前，怀尔德斯平就曾发出过类似的声音。如果不让付不起学费的 5 岁以下幼儿接受免费教育，他们就可能暴露在街头的危险中。自由党人士约翰·罗根（John Logan）同样认为国家有责任使最贫穷的公民能够接受适当的教育。会议上，保守的乔治·巴特利又一次提出了

---

① See *Final Report of the Commissioners Appointed to Inquire into the Elementary Education Acts*(London: H. M. Stationery Office, 1888), p. 40.

② See Lois Louden, *Distinctive and Inclusive the National Society and Church of England Schools 1811-2011*(London: The National Society, 2012), p. 45.

③ See Lois Louden, *Distinctive and Inclusive the National Society and Church of England Schools 1811-2011*(London: The National Society, 2012), p. 47.

④ See H. C. Lamkin, "What Was the Significance of Enfranchisement on the Establishment of Elementary Education in England and Wales between the Years 1870-1891?"(MA thesis., Utrecht University, 2016: 52).

反对意见，他仍然坚持认为免费教育是不负责任的，因为“尽管教育是银，但自力更生是金”，国家为免费教育而增加的税收会使部分人变穷。[①] 查尔斯·杨（Charles Young）支持巴特利，认为免费教育是迈向国家社会主义的一步，类似的自由放任原则可能是建立和发展免费公共教育的障碍。

最终在保守党政府的领导下，英格兰和威尔士的儿童普遍实现了免费入学。1891 年的《免费初等教育法》规定教育部门向 3—15 岁的儿童每年提供 10 先令的补助。这项规定可以使绝大多数人享受免费教育，因为当时招收贫困阶级的学校学费普遍不足 10 先令。至此英国的基础教育制度已经建立起来，并且是强制性的和免费的。1896 年国际劳工党领袖基尔·哈迪（Keir Hardie）进一步呼吁一种强制的和世俗的教育，即教育的所有阶段都是免费的，任何年龄段的人都不需要进行成绩测试。[②] 随着免费教育的推行，国家的教育经费也水涨船高，政府补助从 1870 年的 562 611 英镑增加到 1886 年的 2 958 766 英镑。学校的生均成本从 25 先令 5 便士增加到 44 先令 11.74 便士。[③]

19 世纪后 30 年，一系列法律对提升幼儿的入学率起到了巨大的推动作用。1860—1866 年，5—7 岁幼儿的入学率稳定在 20%左右[④]，

---

① See H. C. Lamkin,“What Was the Significance of Enfranchisement on the Establishment of Elementary Education in England and Wales between the Years 1870-1891?”(MA thesis., Utrecht University,2016:53).

② See Florence S. Boos,“The Education Act of 1870:Before and after,”accessed august 24,2019,https://www. Branch collective. org/? ps_articles=florence-s-boos-the-education-act-of-1870-before-and-after.

③ See *Final Report of the Commissioners Appointed to Inquire into the Elementary Education Acts*(London:H. M. Stationery Office,1888),p. 40.

④ See R. Szreter,“The Origins of Full-Time Compulsory Education at Five,”*British Journal of Educational Studies* 13,no. 1(1964):19.

1900 年有 82.5%的 5—14 岁儿童就读于有国家补助的学校。① 1872 年入校的儿童约为 1 969 000 人，10 年后达到了 4 190 000 人。② 随着大多数 5 岁以上的儿童逐渐被强制上学，5 岁以下幼儿的入学率也随之升高（见表 5-1）。

表 5-1　1870—1900 年英格兰及威尔士地区 3—5 岁幼儿入学率

年份	入学率（%）
1870	24.2
1880	29.3
1890	33.2
1900	43.1

资料来源：Nanette Whitbread, *The Evolution of the Nursery-Infant School* (London And Boston: Routledge & Kegan Paul, 1972), p. 42.

5 岁以下幼儿的入学引发了地方提供多少住宿名额的问题，5 岁以下幼儿并不在强制规定入学的范围之内，《福斯特法案》也没有要求地方为低龄幼儿提供住所。牧师罗（Roe）认为乡村地区的幼儿都应该在 4 岁之前上学，这些地区要为所有 3 岁以上的幼儿提供资助。卡明（Kamin）则认为 3—5 岁的幼儿即使有能力上学并获得助学金，也并不意味着要为他们提供住所。夏普（Sharp）认为在非常贫困的地区，为幼儿提供住所是绝对必要的。因为幼儿的父母必须工作，如果这些幼儿得到适当的照顾，他们将获益匪浅，年龄较大的儿童也可以更有规

① See Nanette Whitbread, *The Evolution of the Nursery-Infant School* (London and Boston: Routledge & Kegan Paul, 1972), p. 42.

② See Rowland Hamilton, "Popular Education in England and Wales since 1882," *Journal of the Royal Statistical Society* 53, no. 1(1890): 51.

律地上学。有些地方，如伦敦的部分地区，为 3—5 岁的幼儿提供了充分的住所，但他们不像年龄较大的儿童那样经常上学，于是就造成了一定的浪费。[①]

事实上，在《福斯特法案》之前已有大量 2—6 岁的幼儿在小学中就读。T. 巴特利（T. Bartley）在 1870 年对学校进行了一项独立调查。他估计 3—6 岁的幼儿人数占当时所有学生人数的 33.3%。[②] 强制 5 岁以上幼儿入学使得 5 岁以下幼儿的入学率提升了 5 个百分点。1870—1890 年，5 岁以下幼儿的入学增长率为 3.9%，工人阶级逐渐愿意把幼儿送进小学。在 1891 年取消学费时，幼儿的入学率显著增长。大量 5 岁以上的幼儿被送进学校，他们的入学率从 1890 年的 77.4%上升到 1895 年的 81.6%。[③] 相比较而言，5 岁以下的低幼儿童入学率则没有那么高，1901 年有 43%的 2—5 岁的幼儿在幼儿学校中学习。[④] 对此考克斯海德（Coxhead）认为是家长并没有意识到幼儿教育的作用。[⑤]

此消彼长，这一时期，之前曾占据幼儿教育半壁江山的妇媪学校因缺乏生源逐渐消失。参考这一时期的适龄人口，更容易发现幼儿入学率的激增。1870—1900 年，3—5 岁的幼儿从 1 179 228 人增长到 1 428 597 人[⑥]，增长率为 21.1%，而入校的幼儿数几乎翻了一倍。一

① See *Final Report of the Commissioners Appointed to Inquire into the Elementary Education Acts*(London: H. M. Stationery Office, 1888), p. 54.

② See Nanette Whitbread, *The Evolution of the Nursery-Infant School* (London and Boston: Routledge & Kegan Paul, 1972), p. 42.

③ See Nanette Whitbread, *The Evolution of the Nursery-Infant School* (London and Boston: Routledge & Kegan Paul, 1972), p. 43.

④ See Sheila B. Kamerman, "A Global History of Early Childhood Education and Care," Unesdoc, 2006, https://unesdoc.unesco.org/ark:/48223/pf0000147470.

⑤ See Rowland Hamilton, "Popular Education in England and Wales since 1882," *Journal of the Royal Statistical Society* 53, no. 1(1890): 111.

⑥ See Nanette Whitbread, *The Evolution of the Nursery-Infant School* (London and Boston: Routledge & Kegan Paul, 1972), p. 43.

份督导的报告（见表 5-2）显示，1882—1888 年，他所在的学区 5 岁以下幼儿的入学人数是 5—7 岁幼儿的 45%左右。5—7 岁幼儿的入学率在 1882 年后缓慢上升，5 岁以下幼儿的入学人数虽然略有上升，但占总入学的比例略有下降，与全国的统计类似。入学率的增长意味着需要更多的幼儿学校。在 19 世纪末，英国官办学校达到 2500 所①，幼儿学校的数量虽未找到数据，但报纸上经常报道幼儿学校开园的消息。其中不少幼儿学校的规模比较大，1893 年怀特广场的一所小学建立了一个可以容纳 500—600 名幼儿的中心幼儿学校。② 随着国家补助的增多，幼儿学校的规模越来越大，硬件设施也不断改善。1895 年媒体报道了纽波特的幼儿学校："该建筑从外部呈现出非常漂亮和整洁的外观。1200 英镑的地方税收用于这所幼儿学校，不久幼儿义务教育将在这个镇子上实现。学校整体建筑内部的长度是 48 英尺，宽 20 英尺，高 15 英尺；学校建有采光良好的教室，并配有大堂和其他便利设施；教室可以容纳 150 名幼儿，其中已有 115 名幼儿报道。"③

表 5-2 1882—1888 年英国某学区初等学校的入学情况

年份	5 岁以下		5—7 岁	
	人数	占小学人数比例	人数	占小学人数比例
1882	416	9.94%	899	21.44%
1885	427	9.67%	944	21.40%
1888	448	9.55%	1013	21.61%

资料来源：Rowland Hamilton,"Popular Education in England and Wales since 1882," *Journal of the Royal Statistical Society*, no. 1(1890):89.

① 参见刘成等《英国通史》（第五卷），江苏人民出版社，2016，第 303 页。

② See "The Proposed Central Infant School," *Montrose, Arbroath and Brechin Review*, January 27, 1893, p. 6.

③ "New Infant School at Newport, Barnstaple," *Exeter and Plymouth Gazette*, September 26, 1895, p. 4.

经过30年的推广，英国初等教育得到了飞速发展，1895年英国人的识字率已超过90%，而在此之前约有60%的英国女性和40%的英国男性是文盲。[①] 1898年，《苏格兰人报》刊登了伦敦德里（Derry）勋爵对当前教育发展的评论："在《福斯特法案》之后的近30年中，教育取得了令人惊讶的成就，没有人能反驳，正在崛起的这一代建设者比他们的前辈拥有巨大的优势。教育取得了长足的进步，国家也从这种进步中获益。随着教育的发展，一些隐性好处逐渐渗透到国家的各个阶级中，尤其是对大城镇，人们会发现犯罪率正在降低。"[②]

第三节　幼儿学校普及过程中学校的改革

一、大力开办婴幼儿班

5岁作为法定上学年龄，使幼儿学校被分为两部分。招收5岁以上幼儿的学校仍称为幼儿学校，属于小学阶段，但当时英国并未产生新的机构来接收5岁以下的幼儿。对这一部分幼儿的教育问题在1870年后逐渐显现，这些幼儿在家中往往由哥哥或者姐姐照顾，照顾他们的哥哥或者姐姐一旦入学，他们便无人照顾，因此他们中的绝大多数要与哥哥姐姐一起进入幼儿学校。5岁以上幼儿入学率的激增让幼儿学校充斥着大量的低龄幼儿。

表5-3清晰地显示了1870年后英国各年龄段幼儿的入学情况。强制入学以后，5岁以上幼儿的入学人数在25年内翻了将近3倍。1871

---

① See Florence S. Boos, "The Education Act of 1870: Before and after," accessed august 24, 2019, https://www. Branch collective. org/? ps_articles = florence-s-boos-the-education-act-of-1870-before-and-after.

② "Lord Londonderry on Education," *The Scotsman*, August 27, 1898, p. 1.

年幼儿学校中 5—7 岁幼儿人数为 3—5 岁的 1.47 倍，到了 1895 年这一数值达到了 2.13 倍，这表明 5 岁以上幼儿的入学率提升更快。到 1900 年，伦敦有 178 224 名 3—5 岁的幼儿进入幼儿学校，比 5—7 岁的幼儿还多 9000 人。①

表 5-3 1871—1895 年英格兰及威尔士地区 7 岁以下幼儿入学人数

年份	3 岁以下	3—5 岁	5—7 岁
1871	6687	275608	404929
1872	18775	268897	456402
1875	19358	344039	620598
1881	11629	390494	866127
1885	8986	417721	944038
1891	5548	457007	1059798
1895	3508	527714	1122565

资料来源：Nanette Whitbread, *The Evolution of the Nursery-Infant School* (London and Boston: Routledge & Kegan Paul, 1972), p. 50.

面对幼儿学校中大量的低龄幼儿，一些组织开始讨论国家是否要建立公共托幼机构。伦敦慈善组织协会（Charity Organization Society）的成员就曾考虑过这一问题。在当时伦敦东部和中部已经有一些廉价的托儿所，它们都是为工资较高的工人阶级服务的。这些托儿所的学费是每天 2 便士到 4 便士，每个托儿所大约有 20 个孩子，由一个护士长和一个年轻的女助手照管，她们的周薪分别是 10 先令和 5 先令。这

① See Jane Read, "Bringing Froebel into London's Infant Schools: The Reforming Practice of Two Head Teachers, Elizabeth Shaw and Frances Roe, from the 1890s to the 1930s," *History of Education* 42, no. 6 (2013): 745.

些机构都难以实现经费自足，尽管大多数都是免租金，但每个幼儿每天至少需要 5 便士，显然这些托儿所的费用超出了工薪阶层的承受能力。1871 年，曼彻斯特地区开设了 2 所免费幼儿园，这是英国在 1900 年以前仅有的 2 所免费幼儿园。伦敦慈善组织协会对 14 所托幼机构调查后建议学校董事会在每所学校设置一个为 5 岁以下幼儿服务的专属房间。[①] 这个建议虽然没有被采纳，但实际上伦敦和其他城市的学校董事会迫于现状，不得不为大量 2—5 岁的幼儿提供教育。学校通常的做法是将 7 岁以下的幼儿分成两个班：婴幼儿班和学前班。前者由 5 岁以下的婴幼儿组成，他们的课程包括学习说话、理解图画、背诵字母表和随着音乐行进。5—7 岁幼儿所在的学前班的课程包括 3R、简单的手工作业和缝纫。[②] 在婴幼儿班中，婴幼儿经常被限制在座位上，以防止他们恶作剧。不断增长的幼儿数使班级过度拥挤，1893 年莱斯特的一所小学就增加了一所新的婴幼儿班，原本计划容纳 40 人的班级 5 年后就发展至 80 人。[③] 一些农村地区建立了一些农舍学校，接收 5 岁以下的婴幼儿。[④]

虽然建立了单独的班级，但仍然不能满足大量婴幼儿的需求。婴幼儿的人数占到了整个小学的三分之一至二分之一。[⑤] 1875 年 3 岁以下婴幼儿入学人数达到了顶峰。婴幼儿人数增多也让一些人呼吁幼儿学

---

① See Nanette Whitbread, *The Evolution of the Nursery-Infant School* (London and Boston: Routledge & Kegan Paul, 1972), p. 44.

② See Nanette Whitbread, *The Evolution of the Nursery-Infant School* (London and Boston: Routledge & Kegan Paul, 1972), p. 41.

③ See Nanette Whitbread, *The Evolution of the Nursery-Infant School* (London and Boston: Routledge & Kegan Paul, 1972), p. 44.

④ See Rowland Hamilton, "Popular Education in England and Wales since 1882," *Journal of the Royal Statistical Society*, no. 1(1890): 53.

⑤ See Nanette Whitbread, *The Evolution of the Nursery-Infant School* (London and Boston: Routledge & Kegan Paul, 1972), p. 48.

校建立更多的宿舍："在任何改进教育的措施中，提高幼儿学校的住宿率是必要的，尤其适用于人口众多的地区。"① 很多小学也确实将 5 岁以下婴幼儿纳入新生名额之中。或许是来自硬件条件的压力，19 世纪最后 10 年，一些校长不得不寻求学校董事会的许可，将一些婴幼儿驱逐出学校。于是到 19 世纪 90 年代中期，全国 3 岁以下婴幼儿的入学数量下降到 3500 人。

二、逐渐去"国教化"

去国教化不是指不要宗教教育，而是董事会学校可以进行各教派的教育。当时幼儿学校还无法做到完全的世俗教育，只是宗教教育不再由国教派控制。福斯特本人也认为宗教教育必不可少，他指出："教授宗教是所有信教的人的事，我们相信校长也是信教的人，不能对任何有宗教信仰的人说不要宗教。"② 所有接受政府拨款的学校都必须遵守道德条款。

自 1833 年议会第一笔拨款以来，英国政府一直奉行不干预宗教教育的原则。1839 年国家介入幼儿学校之后，幼儿学校基本被国教派所左右，国教派的学校才有权获得国家补助，而要获得补助就要接受督导有关宗教内容的检查。《福斯特法案》之后，幼儿学校中的国教派元素越来越淡化，办学的性质及教学的内容逐渐多元化和世俗化。

宗教问题是《福斯特法案》颁布前讨论的重点。宗教教育在公立学校依旧是不可缺少的，但宗教内容占多大比重存在争议。《福斯特法案》的"时间表道德条款"（The Time-Table Conscience Clause）保留

---

① Nanette Whitbread, *The Evolution of the Nursery-Infant School* (London and Boston: Routledge & Kegan Paul, 1972), p. 43.

② Lois Louden, *Distinctive and Inclusive the National Society and Church of England Schools 1811-2011* (London: The National Society, 2012), p. 40.

了宗教中的道德条款，但限制了宗教教育和宗教仪式的时间，规定学校须将宗教活动安排在每天的开头或结尾。[①] 另一个激烈讨论的问题是，是否要像福斯特建议的那样，学校董事会完全自由地以其喜欢的任何方式组织宗教教学。在 1867 年的草案中，建议任何一所董事会学校不得教授任何独特的教义问答或宗教仪式。[②] 福斯特指出，国家资助的学校中任何宗教教导都将由公共资金支付，因此这类学校教授某一固定教派的教义是不能被接受的。假如税收来自一个天主教派的人，但对他们的子女实施圣公会的教育，这对纳税人来说是不公平的。[③] 所以，所有接受国家补助的学校都需要接受道德条款。不幸的是，格莱斯顿作为国教派的高级领导人，并不同意无教派的宗教教育。不过，这一草案最终还是获得了通过，《福斯特法案》的“考伯-坦普尔条款”（Cowper-Temple Clause）规定，在一所寄宿学校里不应教授任何宗教教义问答或任何一种宗教特有的知识。对此项规定，坦普尔解释道，它是宗教自由原则和宗派主义原则之间的妥协。[④] 学校董事会可在非教派性质的宗教学校教学与完全放弃宗教教学之间进行选择，家长有权不让子女接受宗教礼拜和教学。[⑤] 这一规定确保了受补助的公立学校免受教派教育的限制。与此同时，国家也废除了与宗教团体之间的各种协约。从逻辑上讲，福斯特的观点似乎会导致所有的宗教教育被排除

---

① See *Final Report of the Commissioners Appointed to Inquire into the Elementary Education Acts*(London: H. M. Stationery Office, 1888), p. 28.

② See *Final Report of the Commissioners Appointed to Inquire into the Elementary Education Acts*(London: H. M. Stationery Office, 1888), p. 21.

③ See Henry Roper, “Forster's Memorandum of 21 October, 1869: A Re-Examination,” *British Journal of Educational Studies*, no. 12(1973): 67.

④ See P. N. Farrar, “American Influence on the Movement for a National System of Elementary Education in England and Wales, 1830-1870,” *British Journal of Educational Studies* 14, no. 1(1965): 45.

⑤ 参见徐辉、郑继伟《英国教育史》，吉林人民出版社，1993，第 169 页。

在国家资助的学校之外，但福斯特不愿看到宗教从教室里消失。他坚持认为宗教应是教育的一部分，他拒绝接受由国家支持的学校进行世俗教育，学校应该提供非教派主义的宗教教育，要体现出宗派的多样性。① 这一观点遭到了格莱斯顿的反对，但也有一些支持者如狄克逊(Dixon)。

《福斯特法案》同时取消了宗教教育作为每年接受助学金的必要条件，国家对于宗教内容的检查也降低了。对于督导的职责，法案规定小学必须随时接受督导检查，但对学校任何有关宗教教学、学生的宗教知识或宗教书籍的检查，均不应成为他们的职责。② 在每个地区，不论是国教派还是异教徒，都能让他们的子女获得受保护的世俗教育。

1871年伦敦学校董事会提供了一套理想的幼儿学校课程，他们建议幼儿学校的课程应该由以下几个内容构成：第一，《圣经》，在幼儿理解能力之内进行宗教和道德原则的解释和指导；第二，阅读、写作和算术；第三，简单的实物课程，幼儿在课程中进行手和眼睛的训练，就像福禄贝尔系统那样；第四，音乐和练习。③ 受1862年《修正法典》的影响，这套课程除了宗教，重点仍在3R。大多数学校董事会和伦敦董事会一样，认为学生在学校中应阅读《圣经》，应为学生提供符合他们能力水平的宗教指导和解释，但这种宗教不能限定在某一特定的教派。④

1908年出版的《幼儿学校原则及方法》中列举了伦敦一所大型幼

---

① See Henry Roper, "Forster's Memorandum of 21 October, 1869: A Re-Examination," *British Journal of Educational Studies*, no. 12(1973): 68.

② See *Final Report of the Commissioners Appointed to Inquire into the Elementary Education Acts*(London: H. M. Stationery Office, 1888), p. 25.

③ See T. Raymont, *A History of the Education of Young Children*(London, New York, Toronto: Longmans, Green and Co., 1937), p. 235.

④ See S. J. Curtis and Myrtle E. A. Boultwood, *An Introductory History of English Education since 1800*(London: University Tutorial Press Ltd., 1960), p. 76.

儿学校的一日计划。表 5-4 清晰地展现了当时幼儿学校中的教学内容和教学时间，可以发现宗教的内容所占的比例非常少，仅在每天最开始的时候进行。幼儿更多的时间用于绘画、唱歌及娱乐活动。

表 5-4　幼儿学校一日教学计划

高年级组		婴幼儿班	
时间	课程内容	时间	课程内容
9:20—9:40	宗教知识	9:00—9:20	祈祷、自由绘画
10:00—10:30	阅读	9:20—9:40	《旧约》
10:30—10:45	娱乐	9:40—9:55	体育锻炼
10:45—11:20	数学	9:55—10:00	自由绘画
11:20—11:55	书写、徒手画或唱歌	10:00—10:25	徒手画或用工具画
14:00—14:25	复述	10:25—10:45	复述或自由游戏
14:25—15:00	实物学习（地理、绘画）	10:45—10:55	游戏、唱歌、复述
15:00—15:30	娱乐	10:55—11:15	各种消遣活动
15:30—16:20	唱歌、复述、绘画或幼儿园游戏和故事	11:15—11:25	游戏、唱歌、复述
		11:25—11:45	数字
		14:00—14:30	自由绘画或体育锻炼
		14:30—14:55	实物课程
		14:55—15:15	复述或自由娱乐
		15:15—15:40	消遣活动
		15:40—15:50	游戏、唱歌、复述或讲故事
		15:50—16:10	游戏或故事（消遣）

资料来源：J. Gunn, *The Infant School: Its Principles and Methods* (London, Edinburgh, Dublin, and New York: Thomas Nelson and Sons, 1908), pp. 405-406.

《福斯特法案》造成了一种双轨的大众教育制度，一条是属于学校董事会，这类学校的经费由国家补助、地方税收和学费组成；另一条属于国教派，经费由国家补助、学费、捐赠及固定资产收入组成，不能依靠地方税收使这类学校在之后的发展中处于不利地位。1880年国教派的学生人均经费是1英镑14先令10.25便士，董事会的学生是2英镑1先令11.75便士。[①] 随着教育成本的不断提升，董事会学校的经费优势越来越大，国教派学校在竞争中处于劣势。在19世纪末纽波特幼儿学校的开校典礼上，R.尚特尔（R. Chanter）主席说："我来到了一间非常明亮、阳光充足的房间。除了极少数例外，其他人承诺给这所学校的1200英镑的全部捐款都已支付。一旦经费出现任何不足，我们可以立即从纳税人的口袋里掏钱。希望现在的学校能像纽波特学校那样，继续进行良好的教学工作。"[②] 而国教派所属的学校日子并不好过，据英国国教协会的调查发现，1892年是非常困难的一年，很多学校拖欠了学费；1894年整个协会每个月都出现赤字；1895年寻求协会资助的学校很多，这意味着它们的经济状况比较糟糕。学校认为协会必须做出贡献，否则全国的初等教育将由学校董事会主导。[③]

1870年后，英国还出现了为不同民族开办的幼儿学校，1872年伦敦教育委员会的督导访问了一所为犹太人开办的幼儿学校，他们对学校的效率进行了高度评价。在这所学校中，幼儿学习希伯来语及犹太族一些特殊教学内容。学校为幼儿每周提供两次肉和米饭，而仅需要幼儿交0.5便士，额外的费用由一些善良的人士来支付，幼儿偶尔也会

---

① See S. J. Curtis and Myrtle E. A. Boultwood, *An Introductory History of English Education since 1800* (London: University Tutorial Press Ltd., 1960), p. 77.

② "New Infant School at Newport, Barnstaple," *Exeter and Plymouth Gazette*, September 26, 1895, p. 4.

③ See Lois Louden, *Distinctive and Inclusive the National Society and Church of England Schools 1811-2011* (London: The National Society, 2012), p. 48.

收到一些衣服作为礼物。① 1875 年玛格丽特·简·史蒂夫（Margaret Jane Stiff）女士刊登广告，招收中产阶级 3—8 岁幼儿，学费是每季度 1 基尼。之前她曾经在一所幼儿学校中工作了 27 年。②

幼儿教育去国教化的过程是艰辛的，《福斯特法案》引发了国教派的担忧。一些教会人士悲观地认为教会学校会灭亡，伦敦的杰克逊（Jackson）主教在信中写出："7 年后，你将没有一所学校。"沙夫茨伯里在日记中担心地写下："这些学校一切为了肉体，没有什么为了灵魂；一切为了时间，没有什么为了永恒。"③ 其中一些人将这种担忧转化为实际的行动。1870 年后英国成立了 3 个比较重要的组织，分别是曼彻斯特教育草案委员会、伯明翰的国家教育联盟及总部在曼彻斯特和伦敦的全国教育工会，其中后面两个影响较大，分别支持世俗化和国教派。④ 国教协会对国家教育联盟的计划进行攻击，指出其建立世俗学校的做法冒犯了几乎整个国家的宗教情感，将改变所有初等学校的性质。全国教育工会宁愿对所属的学校进行收费，也不愿受地方当局的控制，工会所有学校都要进行国教派的宗教教育。⑤ 不过在普及教育的形式下，道德条款还是勉强被国教派所属的学校接受了。

---

① See "The Jews' Infant School," *Morning Post*, April 12, 1872. p. 7.

② See "Middle-Class Infant School, Southampton Terrace, Reading," *Reading Mercury*, June 5, 1875, p. 6.

③ Lois Louden, *Distinctive and Inclusive the National Society and Church of England Schools 1811-2011* (London: The National Society, 2012), p. 41.

④ See Maltby S. Edwin, *Manchester and the Movement for National Elementary Education* (London, New York, Bombay: Longmans, Green and Co., 1918), p. 105.

⑤ See Lois Louden, *Distinctive and Inclusive the National Society and Church of England Schools 1811-2011* (London: The National Society, 2012), p. 40.

三、借鉴福禄贝尔理论

1870 年后幼儿学校发展的显著特点之一是部分幼儿学校尝试引进福禄贝尔幼儿园的方法和原则。福禄贝尔思想早在 1851 年就传播至英国。本国及殖民地协会、英国及海外幼儿协会是引进幼儿园思想的两大组织。1857 年前者根据福禄贝尔思想重新设计了课程，后者从 1865 年开始在斯托克维尔培训学校使用福禄贝尔的方法培训幼儿教师。① 由于种种原因，幼儿园并没有取代幼儿学校成为幼儿教育的主要机构。面对这一情况，幼儿园的倡导者们加快了福禄贝尔思想在幼儿学校的渗透。

（一）1870 年后幼儿园在英国的传播加速

幼儿园真正对英国幼儿教育产生影响是在 1870 年后。强制上学之前，幼儿的入学率较低，低龄幼儿的照顾问题不那么突出。《福斯特法案》为福禄贝尔思想的引入提供了机会。19 世纪 70 年代中期，福禄贝尔思想在英国迅速传播。1873 年，曼彻斯特成立幼儿园协会。② 1874 年是福禄贝尔思想在英国深入传播的重要一年，这一年发生了三件重要的事情：第一，伦敦董事会任命毕晓普（Bishop）女士为幼儿教师做讲座，她是福禄贝尔的追随者。第二，英国及海外学校协会任命埃利亚诺拉·海尔沃特（Eleanora Heerwart）为一所幼儿园及相关培训部门的负责人。协会认为在 1864—1874 年，幼儿学校歪曲了福禄贝尔的理论，需要有人对福禄贝尔的思想进行正确阐释。于是在斯托克维尔培训中心，协会聘请海尔沃特小姐为二年级的学生讲了为期 3 个月的幼

---

① See Nanette Whitbread, *The Evolution of the Nursery-Infant School* (London and Boston: Routledge & Kegan Paul, 1972), p. 47.

② See Kristen Dombkowski, "Kindergarten Teacher Training in England and the United States 1850-1918," *History of Education* 31, no. 5(2002): 477.

儿园系统。同时在培训中心附近建立了一所幼儿园培训学院及实习中心。虽然幼儿园培训学院仅存在 9 年，但对幼儿学校的教师产生了深远影响。[①] 第三，成立了福禄贝尔协会，使福禄贝尔思想的传播有了组织保障。在此之前的 20 多年时间里，幼儿园一直接收少数富裕的家庭子女，现在教育部门认为贫民也应有机会接受幼儿园教育。人们开始感到有必要建立一个协会来完成这样的事情，于是在 1874 年 11 月，在海尔沃特、毕晓普、米切尔斯（Michaelis）及约瑟夫·佩妮（Joseph Payne）等人的组织下，伦敦地区成立了福禄贝尔协会。协会成立后不久就开始了长期的教育活动，其为教师开设讲座课程，并从 1876 年开始举办幼儿园理论和实践能力证书考试。1877 年毕晓普辞职时，伦敦学校董事会要求每一所幼儿学校至少有一名教师接受过幼儿园教学方法的培训。[②] 19 世纪后期，T. G. 鲁铂（T. G. Rooper）、W. H. 赫福德（W. H. Herford）和伊丽莎白·肖（Elizabeth Shaw）为幼儿园在英国的传播做出了重大贡献。1885 年伊丽莎白·肖成为威斯敏斯特地区霍斯费里路幼儿学校的校长，她尝试将幼儿学校福禄贝尔化，她打破了幼儿学校严格的活动时间规定，拓宽了有关自然学习和教育空间的概念。[③] 鲁铂从 1877 年担任督导开始，将幼儿园方法引入幼儿学校，他鼓励幼儿学校建造花园，并注重幼儿的工艺制作及手工训练。赫福德翻译并编辑了福禄贝尔的《人的教育》，还写了一本名为《学校：关于

---

① See T. Raymont, *A History of the Education of Young Children* (London, New York, Toronto: Longmans, Green and Co., 1937), p. 240.

② See Jane Read, "Free Play with Froebel: Use and Abuse of Progressive Pedagogy in London's Infant Schools, 1870-c. 1904," *Paedagogica Historica* 42, no. 3(2006): 316.

③ See Jane Read, "Bringing Froebel into London's Infant Schools: The Reforming Practice of Two Head Teachers, Elizabeth Shaw and Frances Roe, from the 1890s to the 1930s," *History of Education* 42, no. 6(2013): 747.

人的教育》的书。①

1854—1884 年，在荣格夫人、海尔沃特小姐和米切尔斯夫人的努力下，伦敦、曼彻斯特、贝尔法斯特、都柏林、克罗伊登和贝德福德等地相继建立了幼儿园。但直到 19 世纪 80 年代，幼儿园并未像人们期待的那样在英国迅速发展。1884 年，在英国及海外学校协会组织的国际健康展览会中，"幼儿的训练和教育"成了讨论的主题之一。在这次会议上，人们提及最多的问题是：尽管英国及海外学校协会、福禄贝尔协会和其他机构做出了很多努力，但为什么幼儿园的进展如此缓慢？幼儿园的方式似乎很难渗透进幼儿学校中，家长们仍然不愿送子女去幼儿园。对此，简·里德（Jane Read）认为幼儿学校没有为福禄贝尔思想的移植提供理想的温床。② 缺乏合格的教师也是阻碍幼儿园在英国传播的原因。1878 年《泰晤士报》中一篇文章指出，很多幼儿园教师根本没有接受过教育或良好的培训，这必然会使家长感到失望，并给幼儿园带来负面声誉。③

19 世纪 80 年代后期，英国加快了幼儿学校幼儿园化的进程。1884 年萨弗伦沃尔登学院根据幼儿园的原则培训幼儿教师。④ 1886 年福禄贝尔协会进一步向英国教育部门提交了幼儿学校建筑和教师资格的标准，并反对当时在幼儿学校中进行阅读检测。1892 年的《教育法案》承认

---

① See S. J. Curtis and Myrtle E. A. Boultwood, *An Introductory History of English Education since 1800* (London: University Tutorial Press Ltd., 1960), p. 156.

② See Jane Read, "Bringing Froebel into London's Infant Schools: The Reforming Practice of Two Head Teachers, Elizabeth Shaw and Frances Roe, from the 1890s to the 1930s," *History of Education* 42, no. 6 (2013): 746.

③ See Kristen Dombkowski, "Kindergarten Teacher Training in England and the United States 1850-1918," *History of Education* 31, no. 5 (2002): 479.

④ See Richard Aldrich, "The British and Foreign School Society, Past and Present," *History of Education Researcher*, no. 91 (2013): 9.

幼儿园教师资格证可以用做幼儿学校助理教师资格证。[①] 1893 年福禄贝尔协会进一步向督导提交了一份关于如何使用福禄贝尔理论和实践的文件。文件建议 3—5 岁的幼儿通过音乐、图片、故事、背诵、折纸、拼图、用铅笔或刷子绘画、几何形体、测量长度或重量、摆桌子、用黏土做模型、剪图案和形状、造字、用立方体和珠子数数等游戏进行学习。另一份类似的文件鼓励幼儿学校采用幼儿园训练幼儿手和眼的方法，并责成督导向管理人员展示这些方法的重要意义。[②]

19 世纪 90 年代，政府逐步认同了福禄贝尔的理论，大多数的学校董事会要求在幼儿学校和婴幼儿班级里开展幼儿园的活动。政府对教育经费的使用也体现出其幼儿教育观点，1888 年 1 065 000 名幼儿一共得到 797 000 英镑的资助，占整个初等教育经费的 24.9%，其中 59.4%是固定支出，29.1%用作绩效奖励，剩余的 11.5%用于歌唱和缝纫课程。用于 7 岁以上儿童的资金仅有 25%作为固定支出，11.4%用于绩效，只有 5.35%用于歌唱和缝纫课程，余下部分用于其他科目。[③] 固定支出占较大比例说明幼儿教育的外在目的性减弱，不再强调外在的学习结果。

（二）福禄贝尔理论在幼儿学校效果不佳

一些幼儿学校在使用幼儿园的方法后取得了一定的效果，但没有达到预期效果，反而导致了福禄贝尔思想的扭曲。如全班 60 多人坐在阶梯走廊上按照教师的指示，用“恩物”做机械练习。一位教师描述了幼儿学习的场景：“这里更像是一所监狱而非学校，幼儿的行为都通

---

① See Nanette Whitbread, *The Evolution of the Nursery-Infant School* (London and Boston: Routledge & Kegan Paul, 1972), p. 48.

② See T. Raymont, *A History of the Education of Young Children* (London, New York, Toronto: Longmans, Green and Co., 1937), pp. 257-258.

③ See Rowland Hamilton, "Popular Education in England and Wales since 1882," *Journal of the Royal Statistical Society* 53, no. 1 (1890): 91-92.

过数字般的指令表现出来……幼儿在 45 分钟内仅用一根针和一根线来学习编织。我看到 19 个小男孩站成一排被教师打，因为他们学习了两年缝纫后，仍然不能织东西。”① 19 世纪末幼儿园的原则仍然没有在幼儿学校中得到很好的应用。1897 年督导夏普说道：“令人遗憾的是，有些教师似乎无法摆脱陈旧的教学大纲，仍然会要求 3—7 岁的儿童每周接受一定的知识。我担心 6 岁以下的幼儿要摆脱书籍和纸板的束缚，恐怕还需要很多年的时间。”② 显然在幼儿学校中不可机械地复制幼儿园的原则，强行使用福禄贝尔的原则会适得其反。幼儿学校错误的使用方法使幼儿园在一些地方变得声名狼藉。③ 造成这一现象的原因可能有以下几点。

一是人们对福禄贝尔理论的理解程度有限。雷蒙特指出，当时的教育者并未真正领悟福禄贝尔理论的精髓，培训学校中的学生被灌输了错误的观念。④ 1876 年的报告显示英国当局把幼儿园当成一种幼儿学习的科目而非一种全新的体系。⑤ 福禄贝尔的课程被挤在 3R、祈祷、《圣经》和其他活动之间，幼儿每周花在幼儿园活动上的时间为 3 小时 20 分钟，相比之下，他们花在祷告和《圣经》上的时间为 5 小时，阅读、写作和心算上的时间为 7.5 小时，穿针的时间为 1.5 小时。⑥ 甚至

---

① T. Raymont, *A History of the Education of Young Children* (London, New York, Toronto: Longmans, Green and Co., 1937), p. 256.

② *Report of the Commissioners Appointed to Inquire into the State of Popular Education in England*, Vol. 1 (London: H. M. Stationery Office, 1898), p. 281.

③ See Thomas A. Spalding, *The Work of the London School Broad* (London: P. S. King & Son, 1900), p. 189.

④ See T. Raymont, *A History of the Education of Young Children* (London, New York, Toronto: Longmans, Green and Co., 1937), p. 238.

⑤ See T. Raymont, *A History of the Education of Young Children* (London, New York, Toronto: Longmans, Green and Co., 1937), p. 239.

⑥ See Jane Read, "Free Play with Froebel: Use and Abuse of Progressive Pedagogy in London's Infant Schools, 1870-c. 1904," *Paedagogica Historica* 42, no. 3 (2006): 313.

到了 1887 年，幼儿园在英国部分地区取得较大成功时，仍有督导认为幼儿学校中的手工练习是一种在繁忙学习间的消遣。[①] 很多事情的上层观念是一回事，到了下层实践又是另一回事，理念的落实需要一个过程，从政府到一线教师，思想经过层层转达，其精神和含义在传达的过程中有所变化，且“结果支付”制度给幼儿学校一线教学产生了长久深刻的影响，幼儿教师在短时间内难以转变教学模式。

二是英国幼儿学校与幼儿园有着本质的区别。虽然教育的对象都是幼儿，但二者无论是教育理念还是方法内容都有很大差异。一本小说生动地描绘了 1876 年一所幼儿学校的教育场景：

> 我和妈妈不知怎么被人带进了教室。这似乎是一间很大的公寓，里面挤满了孩子，他们被安排在走廊里，几乎到了天花板，教室里热气腾腾的，充斥着喃喃细语，空气中充满了灰尘，弥漫着刺鼻的粉笔味、清漆味和脏衣服的气味。女教师问我妈妈我的名字，并把它写在一个大登记簿上。就在这时，阶梯顶端的一个幼儿突然从座位上摔了下来，然后从一条过道滚到走廊底部的地板上，发出一连串可怕的砰砰声和尖叫声。教师继续写着，只是轻轻地抬起头来，说：“你活该，你是班上最懒的！我告诉过你多少次双臂要交叉，坐着不要动！现在，你看，你因不听话而受到惩罚！”我想我一定是一个非常紧张和胆小的孩子。我当然讨厌上学，上学对我来说是一场噩梦和折磨。但我相信我是一个非常听话的学生。我过去常常一连几个小时坐着，从来没有展开过双臂，也没有回过头。我从来没有和邻居们交谈过，也没有在上学的时候和他们一起玩耍过。我在学业上取得了很好的成绩，每年都会

---

① See T. Raymont, *A History of the Education of Young Children* (London, New York, Toronto: Longmans, Green and Co., 1937), p. 247.

稳步提升。我是一个优秀的写作者，擅长数学，也相当擅长阅读，这通常被校长认为是对我在折纸、背诵和实物课表现不佳的某种补偿。①

这段文字充分展示了当时幼儿学校糟糕的班级环境及教育理念。1862 年“结果支付”制度使幼儿学校重视更实用的 3R 教育，而幼儿园更加重视“无用”的日常活动。1881 年教育部门发出警告：“采用幼儿园中恩物和日常活动的方式是没有用的，除非它们可以对幼儿的手、眼、智力方面进行真正的训练。”② 当时英国认为手和眼的训练对未来的工作会起到很大作用，而幼儿园并不重视。W. 休伊特（W. Hewitt）就对幼儿园没有以“更先进的方式”进行手和眼的练习感到遗憾。督导普遍认为在幼儿学校中 3R 的教育是最重要的，幼儿园的原则是不适用的，也没有太大的用处。③

幼儿学校更注重实用性知识的做法与工人阶级的需求是分不开的。工人阶级的子女更早进入社会工作，他们的学习生涯往往在童年中期就会结束，导致他们在幼儿阶段不得不学习一些实用的读、写、算等知识。而幼儿园主要面对中产阶级，他们的子女不需要尽早工作，所以在幼儿阶段可以不进行那些“功利”知识的学习。可以说，只要 1862 年《修正法典》有效，幼儿学校就几乎没有机会开展任何类似幼儿园的工作。尽管马修·阿诺德在 1882 年发表的《幼儿园综合报告》中对“幼儿园练习”的价值做出了积极的评价，但在“结果支付”制

① T. Raymont, *A History of the Education of Young Children* (London, New York, Toronto: Longmans, Green and Co., 1937), p. 242.

② Nanette Whitbread, *The Evolution of the Nursery-Infant School* (London and Boston: Routledge & Kegan Paul, 1972), p. 47.

③ See T. Raymont, *A History of the Education of Young Children* (London, New York, Toronto: Longmans, Green and Co., 1937), p. 246.

度面前，这些都不堪一击。[1] 遗憾的是 19 世纪 90 年代，英国政府才开始质疑这一制度的效果。人们逐渐认识到不应给幼儿学校的教师施加 3R 教育的压力，并建议教育部门鼓励幼儿学校的女教师接受专门的培训，同时抗议某些督导坚持把幼儿按年龄而不是按智力和身体发育水平来分班的做法。[2] 1894 年国家取消了对大龄幼儿的测验，并在第二年取消了各项标准考试。1897 年《修正法典》的最后残余消失在历史之中。

三是幼儿学校缺乏合格的教师。幼儿园强调小班教学，注重幼儿个别化发展。幼儿学校则倾向集体教学。幼儿学校教师的数量和质量使其难以开展福禄贝尔式的教学。幼儿学校的班额约为幼儿园的 3 倍，一个 50—60 人的班级往往只有一个 13 岁或 14 岁的女孩来管理。在这样的环境中，幼儿不太可能有机会自由地尝试各种艺术形式。这些教师有一半都没有接受过系统的培训，而是直接通过考试来获得资格。[3] 即使一些地方当局认识到幼儿学校的教师需要经过特别训练，但英国本土很难提供合格的教师。1875 年伯明翰学校董事会的成员认识到幼儿园的教育体系是建立在训练有素而又具备慈母般性格的教师基础之上，于是他们试图在英国寻找一位受过幼儿园原则训练的女性教师来幼儿学校工作。他们的努力换来的只是一场空，于是只能将范围扩大到欧洲其他地区。[4] 虽然福禄贝尔宣传他的理论适用于所有的社会阶层，并将幼儿时期视为国家公共教育系统的第一阶段，但在理论形成

---

① See Nanette Whitbread, *The Evolution of the Nursery-Infant School* (London and Boston: Routledge & Kegan Paul, 1972), p. 47.

② See T. Raymont, *A History of the Education of Young Children* (London, New York, Toronto: Longmans, Green and Co., 1937), p. 254.

③ See Nanette Whitbread, *The Evolution of the Nursery-Infant School* (London and Boston: Routledge & Kegan Paul, 1972), p. 49.

④ See Katharine Hogg, "Handel and the Foundling Hospital: The Gerald Coke Handel Collection at the Foundling Museum," *Fontes Artis Musicae* 55, no. 3(2008): 478.

之初，德国并不像英国那样具有规模庞大的幼儿教育需求，福禄贝尔本人恐怕也未思考过如何在大班额中进行教育。

幼儿园在英国的传播历史最为悠久，但直到 19 世纪 90 年代，英国还未出现幼儿园替代幼儿学校的现象。究其原因，这与英国人的性格有关。英国人缺乏钻研基本原则的精神，而且历来对修补旧制度感到满意。一些人认为幼儿园是外来的，不适合英国人的生活方式。除了文化，还与当时幼儿学校的发展状况有关。虽然有一些幼儿学校教育状况令人担忧，但整体是较好的，1870 年后幼儿学校更是取得了长足的进步。幼儿学校 19 世纪初就在英国成立，历经欧文、布坎南、怀尔德斯平等人的改造，其模式已深入英国社会。一些督导认为，现有的幼儿学校发展得很好，没有必要冒着毁坏幼儿学校的风险引入其他的教学系统。① 1878 年费奇描述了伦敦一所幼儿学校场景："在幼儿学校中有着整洁、漂亮的教室，里面有一些色彩明快的图片。幼儿进行着多样的练习，他们齐声歌唱，愉快地一起前行，通过阅读童话故事和专业教师的指导激发想象力。"② 克罗斯报告显示幼儿学校的进步多于其他类型学校。1884 年政府将优异奖金发给了 12.45%接受调查的幼儿学校，1886 年这一比例上升到 18.71%。③ 调查还显示幼儿学校的评级与规模成正比，优秀评级的幼儿学校平均人数是 134 人，良好是 83 人，合格 55 人，不合格的仅有 50 人。④ 这可能与获得的补助有关，学校的人数越多，获得的补助就会越多，相应的教师工资就会越高，教学条

---

① See T. Raymont, *A History of the Education of Young Children* (London, New York, Toronto: Longmans, Green and Co., 1937), p. 246.

② T. Raymont, *A History of the Education of Young Children* (London, New York, Toronto: Longmans, Green and Co., 1937), p. 248.

③ See *Final Report of the Commissioners Appointed to Inquire into the Elementary Education Acts* (London: H. M. Stationery Office, 1888), p. 48.

④ See *Final Report of the Commissioners Appointed to Inquire into the Elementary Education Acts* (London: H. M. Stationery Office, 1888), p. 49.

件就会越好，因而被评为优秀的可能性就越大。在报纸和一些报告中也能发现，优秀的幼儿学校规模都比较大。1883 年督导对维多利亚幼儿学校评价道："幼儿们很有秩序，在基础工作方面取得了令人满意的进展；幼儿很聪明，教师对幼儿的指导很耐心。4—7 岁经常入学的幼儿有 120 人，在册的有 155 人，其中 35 人在 4 岁以下。"①

19 世纪后 30 年，英国幼儿学校的办学规模、教学内容和办学条件有较大改善，但教师水平没有得到明显提高。幼儿教师的培训规模仍然比较小，专业性不够，数量不足。在 1884 年国际健康展览会中，人们对于幼儿学校最普遍的抱怨是严重缺乏训练有素的教师，很多所谓的"幼儿园教师"也令人不满意。② 当时仅有斯托尔维尔培训中心可以提供较好的幼儿教师培训。这与英国社会对幼儿教师的认识程度有关，任何一个人都足以胜任幼儿教师的思想占据着主流。③ 学校管理者认为幼儿教师并非一个特别专业的职业，其专业性是低于女子学校教师的，薪水也应处于较低的水平。所以在女子培训学院，幼儿教师与女子教师的培训几乎一样，只是在教学大纲及考试的个别问题上稍有区别。④

雷蒙特通过对当时幼儿教师培训手册的分析，揭示了幼儿学校的培训内容。手册显示"幼儿园的练习"被认为是一种令幼儿愉快的手工教学形式。"实物课程"的目的是对幼儿的感官进行训练，真正有必要的课程是"阅读、写作和算术的艺术"。阶梯教室是幼儿学校必不可少的，但最多容纳 80 人。另一本手册中介绍了幼儿学校中的日常活动，

---

① "Victoria Infant School, Bathwick," *Bath Chronicle and Weekly Gazette*, March 20, 1884, p. 7.

② See T. Raymont, *A History of the Education of Young Children* (London, New York, Toronto: Longmans, Green and Co., 1937), p. 251.

③ See Katharine Hogg, "Handel and the Foundling Hospital: The Gerald Coke Handel Collection at the Foundling Museum," *Fontes Artis Musicae* 55, no. 3(2008): 478.

④ See T. Raymont, *A History of the Education of Young Children* (London, New York, Toronto: Longmans, Green and Co., 1937), p. 233.

包括制作沙雕、认识图形、装饰贝壳和戒指、刺绣、摆放餐具等，这些活动中蕴含着很多几何知识。① 这些内容的学习都是为小学做准备，但培训者还未普遍认识到幼儿教师的专业性。

本章小结

《福斯特法案》是英国当时社会、政治、经济及初等教育受教育权发展的必然产物。对全民实施一定的基础教育成为上层社会的共识，贫困幼儿的家长也愿意把幼儿送进专门的机构进行教育。《福斯特法案》使幼儿学校由民间主办转到国家主导的轨道上来，幼儿学校教育也从少数人的慈善转变为全民性的福利。在 19 世纪最后 30 年中，英国通过一系列教育法案逐步实现了幼儿学校的强制和免费入学，完成了普及 5 岁以上幼儿教育的任务。在普及幼儿学校的过程中，大量低龄幼儿涌入学校，迫使幼儿学校开办了大量的婴幼儿班。国家主导下的幼儿学校不仅发展更快，而且弥补了自由市场下的一些弊端。

一是解决了家长不愿送子女入学的问题。在自由的市场下，贫困家庭难免会由于短视行为而拒绝进行教育投资。在教育行业，信息不对称使得个人很难判断市场所提供产品的质量。在这种情况下，作为生产者的政府比营利性或志愿组织表现得更好。二是规范了教学。19 世纪 70 年代之前，幼儿学校的发展主要由一些民间组织和个人推动，幼儿学校相对处于一种自由的状态，教学中的各要素都没有明确的规定，创办者可以根据自己对幼儿教育的理解改造幼儿学校，虽然有督导制度，但是许多幼儿学校并不愿意接受国家的检查。国家主导之后，幼儿学校的教学内容在一定程度上得到了规范，宗教性质逐渐弱化，

---

① See T. Raymont, *A History of the Education of Young Children* (London, New York, Toronto: Longmans, Green and Co., 1937), p. 249.

教学内容也逐渐世俗化，福禄贝尔的思想越来越多地渗透在幼儿学校之中。

19 世纪最后 30 年，英国幼儿学校的发展体现了国家机器在推动教育发展方面巨大的能力。不过，即使有法律的保障和财政的支持，义务教育的实现也非一蹴而就，经济投入、家长理念和法律的保障程度都会影响其实施。在普及过程中，幼儿学校的发展也逐渐暴露出一些问题，如 5 岁以下幼儿的入学问题、宗教教育的方式、补助金额的多少和缺乏师资等，有些问题在幼儿学校的发展过程中得到了有效解决，有些问题遗留给了未来，英国幼儿学校也正是在不断解决问题的过程中逐渐完善的。此外，幼儿园的模式在幼儿学校中的不适，启示我们学习先进的教育模式并不是简单移植和工具引入，每种模式都有其独特的哲学基础和文化底蕴。

第六章　19 世纪英国幼儿学校发展的历史反思

经过百年的发展，英国幼儿学校经历了从无到有再到普及的发展历程，实现了从个人实验到国家主导的转变，奠定了现代英国幼儿教育的基础，幼儿教育也从贵族的奢侈物发展成为大众的必需品。中上层社会对幼儿学校日益增长的需求驱动幼儿学校从个人实验走向国家主导，英国经济的持续增长为幼儿学校发展提供了物质基础，政府强有力的法律手段保障了幼儿学校的普及。19 世纪英国幼儿学校始终围绕着 18 世纪遗留的“幼儿学校数量不足”“缺乏学校标准”两个问题不断探索。在解决问题的过程中，幼儿学校的发展跌宕起伏，宗教、政党和不同阶级都为了自己的利益争夺幼儿学校的控制权。从民间到国家，幼儿学校走的是一条自下而上的发展模式，带有明显的阶级特性。19 世纪英国幼儿学校在实现政府主导的过程中，基本上延续着怀尔德斯平的体系，并成功地将幼儿教育场所从家庭转移到了社会，教育内容也逐渐世俗化，大量的贫民子女开始接受更优质的教育，幼儿教育从民间慈善转变为一项国家福利。

第一节　19 世纪英国幼儿学校发展的动因

教育是社会的一部分，虽然有其独立性，但它的发展与政治、经济、文化、科技和人口等因素密不可分，可能还与气候、地貌等物理环境相关。因此很难将教育从整个生存环境中剥离出来与其他各因素一一进行比照，并建立一种函数关系，但事物发展的原因有主次之分。通过梳理 19 世纪英国幼儿学校的发展历程，笔者发现中上层社会对幼儿教育的需求是幼儿学校发展的动力，在从动力转化为结果的过程中，经济提供了条件，法律提供了保障。

一、上层社会的需要推动幼儿学校的发展

梳理 19 世纪英国幼儿学校的发展历史不难发现，虽然幼儿学校服务对象是贫困阶层的幼儿，但贫困家庭自身对幼儿学校的需求并未显著提升，反而是上层社会人士不断认识到幼儿学校在提高国民素质、发展国家经济和稳定社会秩序等方面的重大作用，从而推动了幼儿学校的发展。

在国家强制入学之前，幼儿学校的数量较少，幼儿入学时间短，以及入学不规律的现象体现了家长对幼儿教育的态度。从教育角度看，家长并没有认识到早期教育对幼儿发展的意义；从经济角度出发，贫困家长不愿意为了幼儿不可知的未来牺牲即时的利益。这两个因素使贫困家庭对幼儿学校的需求不足。在 18 世纪以前，英国的上层社会认为对贫困幼儿的教育会对社会的发展起到消极的作用，贫民一旦受教育，就会变得难以服从管理。19 世纪前期，贫困家庭对幼儿教育的重视不够，幼儿上学的人数少、学习时间短，上学不规律。随着工业革命的完成，中产阶级迅速崛起，他们对利益的诉求越来越强，对幼儿教育的态度与土地贵族差异很大。随着他们政治权力的加大和对幼儿学校教育认识的加深，幼儿学校逐步成了大众的必需品。

第一，英国政府逐渐认识到幼儿学校独特的育人价值。学校教育是一种有意识地影响人、培育人和塑造人的社会活动，它主要通过引导和促进年轻一代体、智、德、美等方面的发展，使他们社会化、个

性化，成为社会活动的积极参与者和继承人，以保证并促进社会的延续与发展。[①] 现代教育的这一功能在 19 世纪前并未被英国统治阶级所发现。在英国人传统的观念里，教育是一种身份的象征，是贵族才能享有的特权。因此，英国国教徒不愿意将这种特权让给其他世俗的组织，反对国家对大众实施教育。19 世纪初，非国教派的力量较弱，在议会中没有多少话语权，他们也明白国教派对于政府决策的影响力。假如积极推进国家对教育的干预，那么教育的天平一定会倾向国教派。因此两个派别都反对国家干预教育。所以在 19 世纪初，个人和民间组织填补了国家在贫困幼儿教育上的空白，领导了幼儿学校的发展。1816 年欧文发现贫困幼儿早期教育的积极作用，他从创造新世界的理想出发，在新拉纳克进行了幼儿学校实验，期望塑造幼儿的性格以为将来新世界塑造新人。同时他也认识到当父母知道子女受到高质量的照顾和教育时，会用心工作，提高生产率。[②] 在他的影响下，英国部分地区建立了几所幼儿学校，其中就有怀尔德斯平所负责的斯皮尔菲尔德幼儿学校。由于工业革命的兴起，传统的手工业遭到严重破坏，家庭经济基础受到很大威胁，大批的贫困妇女自觉或被迫地走进了工厂，导致家中的幼儿无人照顾。因为无人管教，这些幼儿养成了一些不良的习惯，犯罪率陡增，引发了社会对这些贫困幼儿的关注。为降低居高不下的犯罪率，国家采取了一些措施，但效果不佳。怀尔德斯平从改善幼儿的行为和解放父母的目的出发，创造性地发明了幼儿学校体系，并通过著书立说和实践推广，在全国建立了幼儿学校网络。幼儿学校在各地所取得的良好效果让政府认识到早期教育对个体发展、家庭和睦和社会和谐的重要作用，政府开始通过设立少部分的资金干预幼儿学校的发展。1861 年后，幼儿学校的地位进一步得到提升，《纽卡

---

① 参见王道俊、郭文安《教育学》，人民教育出版社，2016，第 65 页。

② 参见霍力岩等《美、英、日、印四国学前教育体制的比较研究》（上册），北京师范大学出版社，2013，第 205 页。

斯尔报告》肯定了幼儿学校对幼儿发展的重要价值："如果两个7岁的儿童进入学校，一个来自幼儿学校，另一个没有受过教育，那么幼儿学校的儿童在10岁时就能达到另一个儿童在12岁时的文化水平。"[①] 报告促使国家开始加快对幼儿学校的干预，政府陆续颁布一系列法案加强对幼儿学校的推广。

第二，幼儿学校促进社会生产发展的功能在19世纪70年代后逐渐被国家所重视。虽然教育扩张在多大程度上可以促进经济发展很难得到精确的答案，但在工业革命后期，教育进步和持续的经济发展之间确实存在着直接的因果关系，这是历史学家们的普遍共识。[②] 幼儿学校对经济发展有着直接的促进功能被资产阶级发现。厉以宁教授指出，教育在促进一个国家经济增长中的作用可以大致归纳为五个方面：一是向社会提供一支能在科学上有所发现、发明，在生产技术上有创新、变革的科学研究和设计队伍；二是向社会提供一支能掌握和运用先进生产方法的技术队伍；三是向社会提供一支适应工业化水平的生存和技术管理的队伍；四是提高全社会的科学文化水平，为新产品的推广使用，为先进科学技术知识的普及准备条件，同时也为今后技术力量的成长提供广阔的基础，为源源不断的高质量科研人员、工程技术人员、管理人员和熟练工人的供给提供保障；五是使社会积累起来的科学知识和生产经验得以保存和传播。[③] 教育的这些功能在工业革命前以农业和手工业为主的生产方式中体现得不明显，因为在这种自给自足的经济社会里，生产的技术含量较低，技术更新速度慢，劳动者所要

① V. Celia Lascarides and Blythe F. Hinitz, *History of Early Childhood Education* (New York & London, Falmer Press, 2000), p. 79.

② See Martin West, "State Intervention in English Education, 1833-1891: A Public Goods and Agency Approach," *Discussion Papers in Economic and Social History*, no. 37 (2000): 11, https://www.researchgate.net/publication/5201296_State_Intervention_in_English_Education_1833-1891_A_Public_Goods_and_Agency_Approach.

③ 参见厉以宁《教育经济学》，北京出版社，1984，第2页。

掌握的能力比较单一，不需要面对复杂的机器和现代的管理，师徒制或生产实践中的口耳相传就可以完成人才培养的需求。随着工业革命的完成，英国率先进入现代工业社会，在这种更先进、更现代化的环境中，教育的积极作用可能比在传统农业条件下明显得多。[①] 社会经济结构的转变也要求教育职能的转变。工业社会对庶民教化不再是劳动力与生产几无关系的一种“纯教化”活动了，而是和劳动力的专门培养与训练紧密结合在一起。[②] 英国亟须一批有一定读、写能力，能够操作机器，适应现代管理的人才。可惜19世纪中叶的英国，仍对普及的、有效的初等教育是公共事业和工业企业建设的有力手段认识不清，导致英国当时的识字率普遍低于欧洲其他国家，英国的工业走在了教育的前面。

巴黎博览会后，英国政府意识到其他欧洲国家已在某些方面赶超了自己，原因之一是他国对基础教育的重视。英国政府亟须解决工业需求与人才供给的矛盾。从发展身心的功能出发，幼儿学校可以改善幼儿身体孱弱、智力荒废和道德堕落的状况，有利于将来劳动生产率的提高。1858年纽卡斯尔委员会指出，社会对受过教育的劳动者的偏见正在迅速消失，即便是在农业区也是如此。随着更加科学的耕作方法的发展，农业地区的人也需要具备更高的智力水平和知识水平。因此，初等教育所教授的基本技能不仅是中产阶级职员或律师工作的先决条件，还适用于较普通的职业。[③] 幼儿学校除了可以外在提高生产能力，还可以内在提高劳动者的精神文明程度，激发劳动者的主动性、

---

① 参见顾明远、薛理银《比较教育导论——教育与国家发展》，人民教育出版社，1998，第178页。

② 参见吴康宁《教育社会学》，人民教育出版社，1998，第63页。

③ See Martin West, “State Intervention in English Education, 1833-1891: A Public Goods and Agency Approach,” *Discussion Papers in Economic and Social History*, no. 37 (2000): 8, https://www.researchgate.net/publication/5201296_State_Intervention_in_English_Education_1833-1891_A_Public_Goods_and_Agency_Approach.

积极性和创造精神。为保障国家可以继续保持在世界的领先地位，整个社会呼唤一种可以保护和促进幼儿发展的教育机构。1862 年在罗伯特·劳的支持下，英国颁布了《修正法典》，虽然《修正法典》对幼儿学校的发展产生了负面的影响，但表明了国家进一步干预大众教育的想法。罗伯特·劳与当时大多数自由派政治家不同，他认为大众教育是重要的。[①] 1870 年之后，政府积极干预初等教育的思想占据了主流，于是通过多个法案推动了幼儿学校大众化、义务化和免费化的发展。

第三，英国政府意识到幼儿学校可以促进政治和经济制度的稳定。教育不仅生产现存的社会结构，也促进社会结构的变革，即教育对国家的整合和巩固具有反功能。[②] 19 世纪随着中产阶级经济实力的增强和阶级意识的形成，其必然产生要求政治变革和参与政权的愿望。然而他们的对手在英国议会根基牢固，要想完成权力的更迭，他们需要一批有文化的人来支持他们。19 世纪英国的选举制度发生了改变。1867 年第二次议会改革之后，英国选民人数进一步扩大，全民普选成了未来的趋势。中产阶级想保证普选权的效率就必须要让未来的选民具备一定的文化水平，实现这种想法的最佳途径就是教育。英国必须改革现存的初等教育系统，为更多工人阶级的子女提供学习的机会。[③] 受过教育的阶层，拥有更多参与政治的权利，而缺少教育的人则较少有参与政治的机会和手段。当中产阶级逐渐取代土地贵族阶级成为议会的主要力量时，要想保障本阶级的利益，维持政治经济制度，就需要通过普遍的学校教育来培养所需要的人才。1867 年，罗伯特·劳在一场

---

① See A. J. Marcham, "Recent Interpretations of the Revised Code of Education, 1862," *History of Education* 8, no. 2(1979): 121.

② 参见顾明远、薛理银《比较教育导论——教育与国家发展》，人民教育出版社，1998，第 193 页。

③ 参见李阳《19 世纪英国中产阶级参与初等教育改革的心态分析》，《英国研究》2014 年第 6 期。

演讲中说道："我们不能放任整整一代人在无知中长大，要知道他们的双手握有我们的未来，也是国家的未来。"[①] 中产阶级通过引导幼儿接受一定的政治意识形态教育，促使他们形成适应于当时社会政治经济制度的思想态度和认同感，可以为建构、巩固和优化社会秩序服务。从罗伯特·欧文开始，经怀尔德斯平、纽卡斯尔委员会、罗伯特·劳及《福斯特法案》，人们已经认识到了社会、生产和教育这三者之间的相互作用。个人教育即便不是为了社会的改造，也被认为与社会的发展密不可分。

二、经济发展为幼儿学校提供了条件

幼儿学校的普及需要雄厚的经济基础，没有工业带来的物质基础很难实现大范围持久的教育普及，也不可能实现幼儿学校教育的发展。经济发展提高了大众家庭的收入，把幼儿从劳动力中解放了出来。

首先，经济发展提高了国家教育资源投入能力，扩大了幼儿学校的规模。教育资源投入是教育供给和发展的物质基础，影响着幼儿学校发展的规模和速度。只有为幼儿学校提供充足的资源，才有可能为幼儿提供足够的教师和设备。无论哪个时代哪个人办教育，也无论办什么样的教育，总要有一定的经济条件，有一定的人力、物力和财力。[②] 欧文是一个富裕的工厂主，他有足够的经济实力去建立一所理想的幼儿学校，前文提到，新拉纳克一年的运营费用就高达 1200 英镑，这与 19 世纪末期很多大型幼儿学校的建设费用相当。在国家拨款之前，幼儿学校的资金主要来源于慈善捐款，有限的捐款限制了幼儿学校的扩张。幼儿学校运动期间，幼儿学校因为昂贵的造价遭遇了一些危机，

---

① 李阳：《19 世纪英国中产阶级参与初等教育改革的心态分析》，《英国研究》2014 年第 6 期。

② 参见靳希斌《教育经济学》，人民教育出版社，2009，第 93 页。

个人或组织难以承担学校的运营费用。据估计，一所100人的怀尔德斯平式的幼儿学校人均年运营费用在1英镑。一些慈善组织在刚开始还有创办的热情，但是不久便会减少对幼儿学校的捐助，导致部分学校举步维艰。1839年后，幼儿学校开始得到国家的资助，随后国家的经费急速上涨，大型幼儿学校得以创办，部分地区的幼儿学校条件得到改善。19世纪40年代末，英国遭遇了经济危机，政府面临着巨额的财政赤字，1862年《修正法典》颁布的目的之一就是削减不断上涨的教育开支，在《修正法典》的影响下，幼儿学校的补助金额减少，教师人数减少，幼儿学校的规模停滞不前。1870年之后，随着英国经济的腾飞，国家在初等教育阶段投入了大量经费，幼儿学校迎来了蓬勃发展的时期，19世纪后30年媒体有关幼儿学校的报道数量与19世纪前70年相当。

其次，经济发展改善了幼儿学校的环境设施。1833年，英国教育补助金创立的目的就是改善初等学校的设施。1867年一位督导报道了一些幼儿学校使用国家补助改善校舍的情况。① 在此之前，幼儿学校的环境状况令人担忧。由于大量的幼儿学校是私人创办，这些学校经费有限，故学校的设施非常差，甚至基本的设施都不具备。“教室往往既是厨房，又是客厅，还能当卧室，学生们都挤在这里一起学习；学生们想带什么书来都可以；再加上一根教鞭，这个学校就算完整了。大家挤在一起连取暖都省了……空气时常令人窒息……”这就是1870年之前很多伦敦小学的图景。据纽卡斯尔委员会的调查，大概有66%的学校都是如此。② 小学如此，可想而知附属于小学的幼儿学校的条件也好不到哪里去。1870年后，英国政府投入了大量资金用于校舍条件的

---

① See *Report of the Committee of Council on Education 1866-1867* (London: H. M. Stationery Office, 1867), p. 85.

② 参见李阳《维多利亚时代后期英国中产阶级的教育改革——以伦敦教育委员会(1870—1904)为例》，博士学位论文，南京大学，2013，第100页。

改善。1870—1886 年，政府用于初等教育的资金增长了 4 倍，学校的硬件条件也得到了提升。

最后，经济发展提高了幼儿家庭的支付能力，提升了幼儿学校的入学率。影响 19 世纪英国幼儿学校入学率的主要原因不是家长的教育理念而是家庭的经济状况。幼儿学校的招生对象是贫困家庭的子女，这些家长往往因为经济贫困而不愿送子女去上学。19 世纪中叶以前，因为家庭贫困，父母很早就让幼儿去工作，一旦幼儿去上学，幼儿就会从资方转变成劳方，给家庭的生存带来困难。19 世纪 50 年代末，贫民子女在幼儿学校的入学率在 12%左右。[①] 1855 年教育委员会的一份报告清楚地说明了学费的重要性：在兰开夏郡的一个小镇，由于很多家长完全无法支付学费，导致学校停课很久，几位当地学校的管理人员决定暂时停收学费，学校立即挤满了学生。甚至一些地区的贫困家长因为无法为幼儿提供合适的衣服和鞋子而拒绝让幼儿去学校。[②] 19 世纪中期以后，英国贫困家庭的收入不断增长，幼儿所挣的工资就显得没那么重要，越来越多的家长愿意把幼儿送进学校读书。但这不足以实现幼儿学校的普及，为了让所有 5 岁以上的幼儿都能实现入学，国家投入了大量资金，1891 年政府决定向每个在校的贫困幼儿补助 10 先令，使得绝大部分的幼儿可以免费上学，这才初步实现了 1870 年强制 5 岁以上幼儿入学的目标。

---

① 参见陈文华主编《中外学前教育史（第 3 版）》，科学出版社，2011，第 148 页。

② See Martin West, "State Intervention in English Education, 1833-1891: A Public Goods and Agency Approach," *Discussion Papers in Economic and Social History*, no. 37 (2000): 6-7, https://www.researchgate.net/publication/5201296_State_Intervention_in_English_Education_1833-1891_A_Public_Goods_and_Agency_Approach.

三、法律为国家主导幼儿学校提供保障

英国政府干预幼儿学校的方式有很多，如建立教育管理机构、设立教育督导制度、提供教育补助金及颁布教育法律等，在众多方式中，法律是最有力的武器。宗教戒律、道德规范、社会习俗等规范对人和社会组织都有一定的约束力，但这些社会规范是以人的自觉自愿为前提的，它们的强制性也仅限于个人所能接受的范围。一旦超出了个人能够接受的范围，这些规范也就失去了它本身的约束作用。① 而法律作为反映统治阶级的意志，是由国家制定或认可的行为规范，并以其特有的国家强制性保证其贯彻和实施。因此，它比任何其他社会规范都具有坚实的可靠性和稳定性。② 英国政府在 19 世纪并没有颁布专门规范幼儿学校的教育法，但一些涉及幼儿的法律，如《工厂法》《福斯特法案》等都对幼儿学校的发展产生了巨大的影响。这些法案保护了贫困幼儿的受教育权，规定了幼儿学校培养的内容、目的、方式及幼儿学校的资金来源等。

首先，法律保障了幼儿受教育的权利。19 世纪英国对幼儿教育权利的保护始于对工厂童工的关注。1833 年《工厂法》是英国历史上第一部有效力的工厂法案，它实现了改革者期望保护处于弱势地位儿童的权利，并使得他们有机会接受基本教育的愿望。③ 此法案的实施拉开了英国改革工厂的序幕，同时也触动了英国社会要加强对幼儿进行教育的神经。1842 年的《煤矿工厂法案》和 1853 的新《工厂法》都改善

---

① 参见黄明东主编《教育政策与法律》，武汉大学出版社，2007，第 211 页。

② 参见孙梁予《略论〈教育法〉的基本功能与作用》，《教育理论与实践》1995 年第 6 期。

③ 参见陈日华《19 世纪英国对工厂制度的规制：实践与立法》，《贵州社会科学》2014 年第 1 期。

了幼儿的生活状况。随后法律又将触角延伸至各个行业，1867 年政府又通过两项措施，保护了金属厂、印刷厂、造纸厂及玻璃制造厂中幼儿的受教育权利。[①] 但这些法案实施的对象仅限于各类工厂，目的在于禁止童工而非要求幼儿入学，所以并未实质性地提高全国幼儿入学率。1870 年是英国历史上幼儿受教育权改变的分水岭。在这之前，没有专项的教育法案保护幼儿的受教育权；之后，英国政府加快了对幼儿受教育权的保护，仅在教育领域，就有不少于 20 项法案问世，完成了幼儿阶段普及教育、免费教育、义务教育的框架，改进了学校的管理和标准，为残疾儿童及一些行业的儿童提供了特别的条件。如《福斯特法案》强制 5 岁以上的幼儿入学，并且要求各个地区为适龄的儿童提供合适的学校。从此 5 岁以上幼儿的义务教育走向了法制的轨道，幼儿学校迎来了“爆发期”。[②] 之后英国政府在 1872 年、1874 年、1876 年、1879 年和 1891 年通过多部《初等教育法》，规定了幼儿上学的时间、学习的内容及补助的标准。19 世纪末，5—7 岁幼儿的入学人数是 30 年前的 4 倍，实现了幼儿学校教育的普及。3—5 岁幼儿的入学率也得到了迅速提升。1890 年和 1893 年英国都颁布了《盲人和聋哑人教育法》（*Education of Blind and Deaf-Mute Children Act*）。英国在 19 世纪最后 30 年还广泛关注幼儿的各项福利。1873 年的《农村儿童法案》（*The Agricultural Children's Act*）、1874 年的《纺织厂法》（*Textile Factories Act*）、1889 年的《儿童宪章》（*Children's Charter*）和 1894 年的《防止虐待儿童法》（*Cruelty to Children Act*）都对幼儿给予了额

---

① 参见陈日华《19 世纪英国对工厂制度的规制：实践与立法》，《贵州社会科学》2014 年第 1 期。

② See Nanette Whitbread, *The Evolution of the Nursery-Infant School* (London and Boston: Routledge & Kegan Paul, 1972), p. ⅸ.

外的保护。[①]

其次，法律引导了社会和人们按照国家的意图和要求开展幼儿学校教育。法律最基本的功能之一就是规范人们的行为，调整人们彼此间的权利义务关系。[②] 引导作用是教育法律的规范功能在教育实践过程中得以发挥的重要外部表现，是国家统治阶级教育意志的体现，是国家以法律的形式向各种社会团体和个人宣布教育规定和知识，并明确要求相关的个人、团体、政府部门必须执行这些条文。英国通过一系列的法律，告诉了人们哪些行为是国家规定或鼓励的，哪些是明文禁止或不提倡的。如《工厂法》规范了企业家对待儿童的方式，要求他们要对幼儿实施教育，《福斯特法案》明确了地方教育委员会要为本地区的幼儿提供足够的学位。

最后，法律调整了幼儿学校的教学内容。政府干预前，幼儿学校的教学实践更多的是接受某个组织或个人的指导而非规范。1839 后，幼儿学校如果想要获得国家补助就要通过督导的检查，这也使国家能够对幼儿学校的教学实践进行要求，这也是怀尔德斯平体系得以广泛深入传播的原因之一。国家对幼儿学校实践的干预在 1862 年达到了顶峰，在“结果支付”制度的影响下，幼儿学校的体系被瓦解，3R 的教学取代了原有体系中多样的教学内容。19 世纪 90 年代“结果支付”制度取消后，幼儿学校才渐渐回到正轨。

除了上述的动因，贫困幼儿人口的增长也在客观上促进了国家对幼儿学校的需求。国家贫困幼儿人口的构成情况，包括贫困幼儿人口基数、增长速度，这些决定着幼儿学校的基本规模和走势。19 世纪是英国城市人口大爆炸的时期，1821 年 10 岁以下儿童有 610.75 万人，

---

① See Nigel Middleton,“The Education Act of 1870 as the Start of the Modern Concept of the Child,”*British Journal of Educational Studies* 18,no.2(1970):178.

② 参见孙梁予《略论〈教育法〉的基本功能与作用》,《教育理论与实践》1995 年第 6 期。

1901 年达到 1 404.28 万人。[①] 人口给城市带来生产力的同时，也给社会治理带来了困扰。19 世纪最初的 20 年，青少年犯罪率迅速上升，越来越多的监狱被建立起来，但仍然无济于事。对这些人群的教育成了国家的困扰，而当时的教会学校难以提供足够的学位，这迫使社会开始创办幼儿学校。贫困幼儿数量的持续增长，促使越来越多的幼儿学校建立起来。

第二节 19 世纪英国幼儿学校发展的特征

从不同视角去看幼儿学校的发展可以发现不一样的轨迹，在多样的轨迹中有一些不变的特征，那就是幼儿学校是在波动中不断向前发展的，而且基本延续着怀尔德斯平体系，体现出明显的中产阶级特性。

一、幼儿学校的发展历程跌宕起伏

幼儿学校从 1816 年创办到 19 世纪末的普及，80 余年的发展历程并非一帆风顺，表现出极大的波动性。宗教派别、政治立场、政策法令、经济条件、阶级利益等都会左右幼儿学校的发展。

教育是宗教争夺的重要阵地，不理解宗教就难以把握英国幼儿学校的发展历程。任何社会的发展无一例外地始终处在维护和颠覆社会的双重力量作用之下。[②] 从宗教斗争的角度，幼儿学校是在英国国教派和非国教派有关贫民幼儿教育的斗争中发展的。国教派主要来自地主阶级，是英国社会中最有权威和社会地位的贵族群体。非国教派主要

---

① 参见刘成等《英国通史》(第五卷)，江苏人民出版社，2016，第 267 页。

② 参见费尔南·布罗代尔《十五至十八世纪的物质文明、经济和资本主义》，顾良、施康强译，商务印书馆，2017，第 679 页。

来自新兴阶层，包括普通市民、新兴的资产阶级和工人阶级。群体利益的不同导致了双方在国家事务的多个方面处于敌对的状态。19 世纪早期非国教派领导了幼儿学校运动，乌托邦主义者欧文、斯维登伯格主义者布坎南和怀尔德斯平、神秘主义者格里夫斯，以及查尔斯·梅奥为幼儿学校的创办及推广做出了突出的贡献。国教派感受到了来自异教徒的威胁，他们以成立相应的幼儿协会组织、撰文批评和罢免幼儿学校负责人的形式对异教徒进行猛烈打击。欧文新拉纳克实验的失败、布坎南离开威斯敏斯特、幼儿协会解散及怀尔德斯平停止推广幼儿学校都是国教派的战果。19 世纪前期和中期，国教派和非国教派之间的斗争无法找到平衡点，双方都不肯做出让步和妥协，导致幼儿学校的发展停滞不前。1839 年英国开始资助幼儿学校，国教派开始主导幼儿学校的发展，他们通过规定检查内容来渗透宗教的意识。1870 年后，英国政府大力推动幼儿学校的普及，面对教育大众化与教派一元化的矛盾，国教派做出了一定的让步，幼儿学校中国教派元素逐渐淡化，宗教教育的时间遭到了缩减，幼儿学校办学的性质及教学的内容逐渐世俗化。

政党之间的权力斗争也影响了幼儿学校的发展。党派关于幼儿学校的争论前期围绕“要不要普及幼儿学校教育”，后期围绕“实施怎样的幼儿学校教育”。自由党或辉格党多数代表新兴资产阶级的利益，他们对幼儿学校普遍持一种积极的态度；保守党代表着传统的王权，不期望大众教育逾越国教派雷池半步。每一次教育政策的背后都可以看到两党之间的博弈。1807 年萨缪尔·惠特布雷德扩大贫困法的建议被上议院否决，1833 年约翰·罗布克期望建立全国性教育制度的提议又被下议院否决。1839 年前，因为两党的斗争，几乎没有一项教育法案得到实施。这使得国家难以介入幼儿学校的发展，也给民间机构主导幼儿学校发展留下了空间。19 世纪中叶，托利党逐渐意识到幼儿学校的大众化是大势所趋，两党的斗争重点围绕着幼儿学校的一些细节展开。1853 年罗素勋爵要扩大贫困法律的权力，1862 年自由党期望缩减日益增长的补助，1870 年两党围绕着地方教育权利的范围、义务教育的起点、宗教教育与学费问题进行了激烈的讨论。幼儿学校从非国教派领导到国教派化，再到注重 3R 的教育，最后到大众化，其前行的方向随着两党的博弈不断发生变化。

纵然幼儿学校这条小船在历史的浪潮中左右摇摆，但它向前发展的势头一直未变。个人、民间团体和国家一直在努力开办更多、更好的幼儿学校。幼儿学校契合社会发展需求的内在本质决定了它具有顽强的生命力。19 世纪前，英国上层社会认为教会是改善贫困幼儿德行的主要机构，幼儿学校运动之后，政府和社会逐渐认识到幼儿学校对于幼儿良好行为塑造的作用，对贫困幼儿进行学校教育的意识在英国各界逐渐树立起来。工业革命完成之后，英国社会完成了结构转型，社会需要大量的有文化的劳动力，幼儿学校提高人们文化水平的作用契合了经济发展的需求。英国也看到其他国家因为基础教育的发展而带来的红利，开始认识到教育对个人和社会的作用："教育，我们把它定义为对道德和智力能力的早期训练，是一项可以促进个人和社会共同发展的事业。"① 19 世纪 60 年代末英国政府开始思考如何在全国提供数量充足、有一定质量的幼儿学校，并在 19 世纪最后 30 年通过多项政策实现了幼儿学校的普及。

幼儿学校曲折的发展历程彰显了它的重要性。正是因为各个利益集团发现幼儿学校与自己的利益相关，才使得幼儿学校每一次前行都要经受激烈的讨论。幼儿学校培养人才、解放父母和促进社会生产发展等本质功能是各个集团所看重的，这也是幼儿学校在曲折中前行的动力。

---

① John Chapman, *The Westminster and Foreign Quarterly Review*, *October-January 1850-1851 v. 54-1851* (London: Groombridge and Sons, 5, Paternoster Row., 1851), p. 389.

二、幼儿学校的发展模式自下而上

从市场和政府关系的视角审视，可以发现不同时期英国政府和市场在幼儿学校发展道路上的角色、地位和作用机制不尽相同，依次主要表现为弱市场—无政府、强市场—弱政府、较强市场—较强政府、较弱市场—强政府四种形态。相应地，幼儿学校依次表现为个人主导，市场主导、政府放任，市场主导、政府支持，政府主导四种模式。幼儿学校的办学主体从个人到民间组织再到国家，层次分明，各有侧重，将幼儿学校的发展一波一波地推向高潮。

19 世纪英国幼儿学校从创办之初就带有鲜明的个人色彩，欧文为实现创造新社会的理想创办了幼儿学校，很快他的体系就传播到了英国各地，伦敦随即成立了两所幼儿学校，怀尔德斯平就是其中一所的负责人。怀尔德斯平从改善社会秩序和解放父母的角度出发，创建了一套幼儿学校体系，同时英国成立了一些民间组织将幼儿学校推广至全国。当幼儿的行为在幼儿学校得到改善后，英国政府认识到这种机构的作用，开始温和地干预。当国家要提高国民的识字率后，加大了对幼儿学校的控制。可以说，幼儿学校的价值并不是国家首先发现的，而是由民间的力量推动国家去认识，是由下层激发了上层的改革，而非上层对下层的一种灌输。由下而上的发展之路是以个人的理想为出发点，在不断上升的过程中，各利益团体对其进行不断调试，可以激发幼儿学校自主性、自发性的改变，不同人群都为幼儿学校的发展做出智力贡献。最终国家要推广的幼儿学校是集群智慧的结果，而非某一个人的思想。在这条发展之路上，幼儿学校始终处于一个活跃的、动态的而又能保持稳定的状态。这类似于自然界中的涌现现象，如鸟群在空中保持飞行的列队、蚁群合作筑巢等，这些群体没有统一的领导，但是能够形成一种共同行为。这种发展模式决定了当国家开始推行幼儿学校时，几乎没有障碍，幼儿学校的普及已得到了充分酝酿，国家的推行顺理成章。在这条道路上，各幼儿学校可以自发起作用，不需要昂贵和复杂的官僚机构来协调做出决策，幼儿学校能对社会或家长变化的需求迅速做出反应，及时对学校的实践和环境进行改善，避免了由于政策失误造成的大规模运营不协调的危险。

三、幼儿学校发展带有明显的阶级特性

虽然幼儿学校是为贫困幼儿开办的，但回顾其百年历程，能明显地发现其中产阶级特性。首先，幼儿学校最早是由中产阶级创办并推广的。19 世纪前创办慈善教育的科拉姆是一位退役的军官，同时也是一位成功的商人；主日学校的创办者雷克斯是一位报业商人。中产阶级通过慈善的性质对贫困儿童进行教育的传统延续至 19 世纪。幼儿学校的首创者罗伯特·欧文也是一位工厂主。之后政治家布劳汉姆组织了一个推广幼儿学校的教育委员会，其中大部分成员都是中产阶级。非国教派成立的第一个幼儿学校协会，其成员也以一些成功的商人为主。他们热衷于教育事业，甚至倾向于策划并支持激进的教育政策。财力是创办免费学校的基础，土地贵族虽更有资本，然而他们却不愿投身于贫困阶层的公益教育。少数中产阶级这种自身萌发的社会责任感，促使他们改善贫困阶级的生活状况，他们充当了政府介入幼儿学校改革的探索者和先锋者。

其次，中产阶级的利益驱动幼儿学校的发展。19 世纪争取贫困幼儿受教育权的既不是贫困阶层本身，也不是传统的土地贵族，而是夹杂在两者之间的中产阶级。原因有两点：一是权力斗争。崛起的中产阶级期望能够成为国家的主人，这就需要代表更广泛的人群利益。英国选举制度改革之后，中产阶级为了赢得政权，需要争取广大贫困阶层的选票，在教育方面为贫困阶级代言是他们的策略之一。二是社会

生产的需要。工业革命的发展让中产阶级认识到具有一定文化素质的人可以更好地促进生产发展。

最后，幼儿学校的教学注重传承中产阶级的价值观。维多利亚时代被后世推崇的一方面就是“中产阶级美德”①。维多利亚女王当政之后，以身作则，为众人在德行方面做出表率。在德行方面，中产阶级是理想的榜样，他们在信仰、工作、家庭、心态和生活品质方面有着具体的要求。要想让大众形成良好的美德，教育是一个主要的途径。最早雷克斯创办主日学校时就是受到一些道德不良、行为乖张幼儿的激发。怀尔德斯平的目的也是改善幼儿的德行，降低犯罪率。对于良好行为的培养一直是国家所重视的，所以在很多督导的报告中都有对幼儿良好行为的描述。托马斯·阿诺德认为，学校的首要功能是传授宗教与道德原则，其次是培养绅士举止规范，最后才是提高智力水平。②

四、幼儿学校发展延续怀尔德斯平体系

虽然欧文最早创办了幼儿学校，但 19 世纪英国幼儿学校的发展之路证明，幼儿学校更多具有怀尔德斯平元素而非欧文的基因。阶梯教室、操场这些怀尔德斯平体系中的设施一直是 19 世纪英国幼儿学校的标志。19 世纪 20 年代初，怀尔德斯平在斯皮尔菲尔德幼儿学校创立了自己独特的体系，经过幼儿学校运动，他在英国建立了幼儿学校网络。他的体系中很大一部分得到了政府的认可，幼儿学校要想得到国家的资助就必须配有阶梯走廊、带秋千和跷跷板等装置的操场，以及进行

---

① 李阳：《19 世纪英国中产阶级参与初等教育改革的心态分析》，《英国研究》2014 年第 6 期。

② 参见李阳《19 世纪英国中产阶级参与初等教育改革的心态分析》，《英国研究》2014 年第 6 期。

实物教学等。

汤因比在考察文明的起源时指出，挑战与应战间的互动是超出其他因素的决定性原因。[①] 而且，文明的不断生长，仅有一次从挑战的动荡到应战的平衡运动是不够的，需要把这种运动转变成周而复始的节律。[②] 英国幼儿学校的发展也体现出这样的特点，怀尔德斯平体系在面对每一次的挑战时都可以做出较好的应对，使得它可以不断优化；而欧文在面对挑战时，反应过激，导致毁灭。怀尔德斯平体系在应对各种挑战时并非一帆风顺，假如在外部环境的冲击下不堪一击，那么他的体系也难以产生广泛而深远的影响。从 1820 年体系初步建立至 19 世纪末幼儿学校普及，怀尔德斯平体系历经三次重大挑战依然延续，体现出强大的生命力。

首先是来自国教派的诋毁。教育长期以来就是宗教争夺的阵地。19 世纪，英国贫困幼儿的教育权主要掌握在国教派手中，而怀尔德斯平是斯维登伯格主义者，是异教徒，在教义上和国教派有较大冲突。因此怀尔德斯平在推广幼儿学校时，自然会受到国教派人士的攻击。绝大多数神职人员是传统教育的守护者，他们对幼儿学校运动要么持冷淡态度，要么极力反对。幼儿学校的教学模式受到了攻击和嘲笑。为推广幼儿学校而成立的幼儿学校协会也因国教派的打击而解散。虽然受到攻击，但怀尔德斯平的办学宗旨却契合当时国教派的需求。相对于欧文重建社会秩序的理想，怀尔德斯平要显得保守一些，他期望通过合理的幼儿教育来纠正社会上的道德问题。对社会进行改良而非重建，这点正是政府及国教派所期望的。幼儿学校还解除了贫困父母的后顾之忧。父母因为担忧幼儿在家无人照顾而在工作上分心，这往

① 参见阿诺德·汤因比《历史研究》（上卷），郭小凌等译，上海人民出版社，2010，第 82 页。

② 参见阿诺德·汤因比《历史研究》（上卷），郭小凌等译，上海人民出版社，2010，第 186 页。

往会使他们的雇主不满意。幼儿学校解决了这一问题，也间接促进了社会生产力的发展。因此怀尔德斯平体系中的以上两个方面得到了国教派的认可。同时，国教派要求怀尔德斯平所属的幼儿学校使用操场和阶梯走廊。

其次是 1862 年《修正法典》的影响。在金钱的导向下，幼儿学校打破了原有的教学内容设置，开始注重 3R 的教学，忽略了幼儿发展的全面性。《修正法典》实施后不久，幼儿学校还能维持以往的教育系统。但很快，以往的系统就被打破了。因祸得福，怀尔德斯平体系中的阶梯走廊更加适合大班额的教学，这反而巩固了阶梯走廊在幼儿学校的地位。

最后是来自幼儿园的冲击。1854 年水晶宫博览会上，福禄贝尔幼儿园进入了英国人的视野，受到了中产阶级的欢迎。如果此时幼儿园在英国广泛传播并在贫民中普及，那么怀尔德斯平的名字将被丢进历史的垃圾桶。但当时幼儿园服务的对象是中产阶级，因此在被引入英国的 20 年内，并没有给幼儿学校带来冲击。1874 年英国成立了福禄贝尔协会，加速了幼儿园的传播。一些相关的书籍被翻译和出版。在面对这一挑战时，幼儿学校并没有与幼儿园展开竞争，反而是主动吸收幼儿园的理念。幼儿园的方法开始引入幼儿学校，部分学校开始建造花园，并注重幼儿的工艺制作及手工训练。伦敦地区的幼儿学校开始像幼儿园那样让幼儿进行一些手和眼睛的训练。然而幼儿学校并没有因为引入幼儿园的原则而使自身消亡，至 19 世纪末，幼儿园的原则仍没有在幼儿学校中得到深入应用，幼儿学校体系并未发生改变，只是在教学方法和内容方面进行了微调。究其原因，一方面是英国教育部门没有想用幼儿园替代幼儿学校；另一方面是怀尔德斯平式的幼儿学校在英国已发展得较好，没有必要冒着毁坏的风险引入其他的教学系统。相较于怀尔德斯平体系顽强的生命力，新拉纳克犹如昙花一现。可以说，19 世纪英国幼儿学校的发展史就是怀尔德斯平体系的推广史和变化史。

第三节　19 世纪英国幼儿学校发展的影响

幼儿学校从个人实验到国家主导的过程中性质也悄然发生了改变，即从一种私人的慈善行为转变成一项国家福祉，办学主体从民间转向政府并逐渐世俗化。此外，幼儿的教育场所也从家庭转移到了社会，英国幼儿学校逐渐走向现代化。

一、促进了幼儿学校从慈善到福利的转变

《福斯特法案》出台后，政府取代了教会，开始主导幼儿学校的发展。中央、地方、团体和个人在办学上形成相互协调合作的伙伴关系，幼儿学校逐渐从一种少数人受益的慈善机构转变为全国性的福利机构。著名社会史和慈善史专家周秋光指出："慈善应该是一种社会行为，是指在政府的倡导下或帮助与扶持下，由民间的团体和个人自愿组织与开展行动，对社会中遇到灾难或不幸的人，不求回报地实施救助的一种高尚无私的支持与奉献行为。"① 慈善潜在对象是全体社会成员，实际对象是弱势群体，其权利义务关系不是特殊主义的而是普遍主义的，是一种普遍的、最低限度的道德人权，而不是一种特权。不难看出，19 世纪 70 年代之前成立的幼儿学校都带有慈善的性质，其目的是对贫困家庭的子女实施救助，期望为幼儿提供更好的生活环境并拯救他们的道德。幼儿学校更加关注其社会功能，即解放父母、降低社会犯罪率等。幼儿学校主要的运营费用来自私人或者教会的捐款，其发展受制于慈善资金和慈善团体的意愿。在这种情况下，幼儿学校的覆盖面

① 周秋光、曾桂林：《中国慈善简史》，人民出版社，2006，第 4 页。

难以迅速扩大，能够享受到幼儿学校教育的幼儿人数比较有限。同时，教师队伍的质量难以保障，教育模式带有鲜明的个人色彩。在国家有效干预之前，这些慈善组织承担了部分政府的职责，弥补了政府在大众教育方面的不足。然而慈善的性质决定了其注定是一种补充，而不是常规行为，其无法为全国幼儿接受较公平的教育提供保障。

慈善组织的努力让政府看到了幼儿学校对社会的巨大作用，政府意识到众多贫困幼儿健康成长对家庭和国家未来发展的意义，高质量的幼儿教育和照护不仅能积极作用于幼儿个体智力和社交能力的发展，而且能促进家庭收入增加，保持社会稳定，推动经济发展。不过，由市场主导的私人慈善幼儿学校教育也逐渐暴露出一些弊端，幼儿学校亟须供给侧改革，英国需要一种组织较为统一、质量较高的教育机构为幼儿提供正规的服务。于是在 19 世纪最后 30 年，英国大力推动幼儿学校的普及。从私人慈善转向国家福利，是英国破解当时幼儿学校教育发展不均衡和不充分问题的有效策略。在转变的过程中，政府逐渐明确了在幼儿教育中应承担的责任，通过法律的手段，对幼儿学校提供财政支持、进行优化管理和规定课程内容，实现了贫困幼儿学校教育的普及，从而较好地解决了英国幼儿学校发展不充分的问题。19 世纪 70 年代后期，福利性质下的英国幼儿学校以幼儿教育权为核心，以政府为责任主体，更加关注幼儿学校对个人发展的价值。同时，它为幼儿提供必要的照顾与保护，从而解放了母亲，让她们全身心投入社会生产中。因此幼儿学校是保证家庭幸福、社会和谐的重要途径与手段。这一时期，英国幼儿学校的福利性质带有“普遍主义”的价值取向，是一种国家主导下的“社会公平”伦理取向。幼儿学校的受益群体不再是少数的贫困家庭子女，而是全体幼儿。英国政府建立了城乡一体化的财政保障机制，不分农村和城市学校，凡公立学校都可以接受国家大体一致的财政支持，从而实现了幼儿学校在全国范围内的普及，保障了幼儿享受到基本及公平的教育资源。

二、推动了教育场所从家庭到社会的转移

幼儿学校的普及让幼儿的教育场所从家庭转移到社会，完成了幼儿教育社会化的进程。19 世纪前，少数有条件的家庭通过聘请私人教师的形式对子女进行教育，广大贫困家庭的幼儿难以享受这样优越的教育资源，最多是在家庭式的妇媪学校中接受非常有限的教育。随着幼儿学校的普及，在家庭中实施教育的形式逐渐式微，妇媪学校逐步退出历史舞台。家庭化是幼儿教育发展的早期阶段，早在史前社会，随着家庭的出现和逐步稳定，家庭成了幼儿教育的主要实施场所，对英国教育发展发挥着重要作用。家庭教育呼唤和催生了近代初等学校教育，促进了英国大众文化水平的提高，为英国率先进入工业化时代奠定了教育基础。① 但是家庭教育的功能有限，随着社会的发展，经济、文化、政治等方面对于幼儿教育的需求需要有一个独立于家庭的组织出现。社会上的幼儿学校是理想的组织。作为一个组织，学校具有以下特点：具有共同的目标；有相对固定的并且相互作用的结构形式；成员之间通力协作，努力完成预设目标。② 这些特点都是家庭教育不具备的，计划性、目的性、系统性和组织性让幼儿学校具备很强的改造社会的功能，这也是英国政府所看中的。最早，英国幼儿学校是欧文为实现个人理想而创建的，他首先将教育的理想化构想和社会发展问题结合起来。之后，怀尔德斯平将幼儿学校与贫困幼儿的救济和教育问题结合起来，使幼儿学校社会化的探索更具有时代特征和意义。经过他的推广，幼儿学校逐渐成为社会和教育的重要组成部分。

教育场所从家庭转移到社会让英国政府更容易引导和控制幼儿教

---

① 参见侯建新、张晓晗《家庭教育：英国近代初等教育的催生剂》，《天津师范大学学报（社会科学版）》2010 年第 6 期。

② 参见马健生、邹维《论学校及其功能》，《清华大学教育研究》2019 年第 8 期。

育的发展。政府可以通过经济、政策和制度等手段对幼儿学校进行干预。如政府的经济资助很大程度上影响了幼儿学校发展的规模。1839 年国家资助幼儿学校后，幼儿学校的数量逐步上升，然而，需要注意的是，只有满足了国家的要求，经过督导的检查，幼儿学校才能获得资助。这种通过经济手段控制幼儿学校的现象在 1862 年达到顶峰。政府还可以通过政策影响幼儿学校。1870 年，政府强制 5 岁以上幼儿入学后，幼儿学校呈现出爆发式增长的态势。在“结果支付”制度的影响下，幼儿学校放弃了以往的体系，开始注重 3R 教育。当生存与国家补助挂钩时，幼儿学校不得不随着政府的指挥棒走。19 世纪后期，政府还对幼儿学校的教学内容进行了直接干预，建议幼儿学校采用福禄贝尔的方式。教育场所的转移使得原本不可控制的幼儿教育变得更加规范，为幼儿学校的制度化和规范化发展做好了准备。同时，国家也可以通过学校这个有力的武器去实现自己的发展目标。此外，幼儿学校的社会化为女性职业发展开辟了新的道路，因为女性占据了幼儿教师人数的绝大部分。在幼儿学校社会化之前，社会并不存在“女性”的职业，最初很多幼儿学校的教师也都是男性。1838 年一本幼儿学校的培训书籍明确地把妇女作为教育者。① 这表明妇女在幼儿学校中越来越多地承担起公共角色和责任，随着幼儿学校的普及，幼儿学校教师逐渐成了女性的专属。到了 19 世纪末期，初等学校教师已发展成为中下层阶级年轻妇女的一种默认工作。② 幼儿教师无论是其工作性质还是薪水，对女子来说都是一份较体面的工作。1875 年，一所幼儿学校就

---

① See Kaspar Burger, “Entanglement and Transnational Transfer in the History of Infant Schools in Great Britain and Salles D'asile in France, 1816-1881,” *History of Education* 43, no. 3(2014): 314.

② See Kristen Dombkowski, “Kindergarten Teacher Training in England and the United States 1850-1918,” *History of Education* 31, no. 5(2002): 478.

以 80 先令的月薪招聘女教师。[①]

三、实现了幼儿教育从宗教性走向世俗化

世俗化是现代教育的重要构成指标。[②] 幼儿学校的发展削弱了宗教在幼儿教育中的地位。就宏观而言，幼儿学校的发展使得国教派逐渐丧失了在幼儿教育系统中的权威地位。19 世纪中期以前，英国社会上的幼儿教育被教会所属的学校把控；19 世纪末期，更加世俗的幼儿学校取代了这些教会学校。从中观层面，宗教、政治、经济、文化等影响幼儿教育发展的因素发生了重构，幼儿教育更加契合个人的发展和国家生产的需要。从微观层面，幼儿教育的目标和教育内容都逐渐去宗教化。幼儿学校诞生之时就是世俗的，欧文坚决反对宗教教育，所以在幼儿学校中排除了宗教内容。虽然他的学校也因为宗教问题而停办，但拉开了幼儿教育世俗化的帷幕。布坎南和怀尔德斯平虽然是虔诚的宗教徒，但是在他们的学校中，实用性的知识占据很大的教学比例。国家干预幼儿学校后，宗教是考量幼儿学校是否可以接受补助的基本条件，但是学校依旧保留了一些有关自然物的教育。1862 年的《修正法典》重视 3R 教育本身就是世俗化的目标。《福斯特法案》再一次推动了幼儿学校世俗化的进程，宗教的内容被减少。

教育世俗化使得教育大众化成为可能，要想让幼儿学校面向信仰多元的贫困阶层，就需要进行一些价值中立的学术教育，如读、写、算、自然教育、常识教育等。教育世俗化提高了英国民众的识字率，文盲人数急剧下降。1841 年，男性文盲率为 32.7%，女性为 48.9%；

---

① See "Teacher(Certificated)Wanted," *The Scotsman*, May 5, 1875, p. 1.

② 参见王金霞、赵丹心《构建中国教育早期现代化分期研究的指标体系》，《河北大学学报（哲学社会科学版）》2006 年第 5 期。

到1900年，男性文盲率只有2.8%，女性为3.2%，英国基本扫除了文盲。① 教育世俗化也加快了幼儿学校的普及。1818年、1833年和1851年英国儿童的入学人数与总人口的比例分别是1∶17.25，1∶11.25，1∶8.36。② 1872年7—13岁儿童的入学率是42%，到1882年已飙升至91%。③ 世俗化的人才培养模式为英国的发展提供了大量的智力支持。

虽然幼儿学校取得了惊人的成就，但在一些方面仍存在不足，其中教师队伍问题最为突出。19世纪70年代初，中央及地方当局虽然认识到幼儿并不需要非常正式的课程，快乐和智力的发展才是更重要的，但这一理念很难在实际教育中体现，因为任何教育计划的核心都是教师，而英国当时并没有足够多的合格教师。19世纪，英国政府颁布了多部法律保障初等教育的普及，但在决心发展学校的同时，政府没有确保幼儿师范教育的发展。幼儿教师的培训规模比较小，专业性不够，因此教师的水平没有得到明显提升。

---

① 参见张湘洛《19世纪英国教育普及综述》，《洛阳师范学院学报》2003年第4期。

② See Rowland Hamilton, "Popular Education in England and Wales before and after the Elementary Education Act of 1870," *Journal of the Statistical Society of London* 46, no. 2(1883): 301.

③ See Rowland Hamilton, "Popular Education in England and Wales before and after the Elementary Education Act of 1870," *Journal of the Statistical Society of London* 46, no. 2(1883): 314.

结　　语

19 世纪是英国社会剧变的时期，生产力的发展、人口的激增、政权的更迭，使英国社会各方面经历了一次又一次的洗礼。这一时期的幼儿学校作为社会的一部分，也发生着从个人实验走向国家主导的巨大改变，英国贫困幼儿教育基本实现了普及。伴随着幼儿学校的发展，贫困幼儿教育从最初的民间慈善发展成为一种国家福利事业，教育的场所也从家庭转移到了社会，教育的内容变得逐渐世俗化，现代幼儿教育的一些特征初露端倪。拨开 19 世纪英国教育的历史迷雾，可以发现在幼儿学校发展过程中，经济发展、宗教斗争、阶级诉求和政权更迭留下了深深的痕迹。幼儿学校就像整个社会的一个缩影，反映着整个 19 世纪英国政治、经济及思想的变化。

一、历史的回答

行文至此，回顾研究开始提出的一些问题和疑虑，我们可以简要地进行回答。

（一）19 世纪幼儿学校从个人实验走向国家主导是英国解决贫困幼儿教育问题的必然之路

英国幼儿学校的发展历经个人实验探索、民间运动传播、政府有限支持及国家主导普及四个阶段。这条道路符合英国人的文化传统及 19 世纪英国社会的发展历程，但这条道路跌宕起伏，充满斗争。正如汤因比在考察文明的起源时指出："创造是遭遇的结果，起源是互动的产物。"[①] 幼儿学校的诞生也是如此，19世纪初，为广大贫困幼儿提供教育的想法与工业革命相遇，受工业革命影响最大的是社会中处境不利的工人及他们的后代。欧文敏锐地看到了这一社会现象，在自己的工厂中建立起英国第一所幼儿学校，作为其创造新社会秩序的手段，从而拉开了幼儿学校发展的序幕。欧文提出了一种自由、愉悦及去宗教化的幼儿教育模式，这一创举是当时社会背景下的必然产物。新拉纳克学校引起了很多人的关注，来自世界各地的参观者络绎不绝，新拉纳克一时声名鹊起。此后，新拉纳克犹如星星之火，点燃了英国社会创办新型幼儿学校的热情，并为其他幼儿学校的创办提供了一种可借鉴的模式。欧文的学校很快传播至英国第一大城市——伦敦。在布劳汉姆的组织下，伦敦相继成立了两所幼儿学校，并聘请了新拉纳克原来的教师布坎南和怀尔德斯平分别作为两所学校的负责人。至此，幼儿学校从偏于一隅的工厂走向了英国的中心城市。这种新兴的教育机构开始在一些大城市出现，随后在布里斯托尔、格拉斯哥也建立了几所幼儿学校。

有效的组织是新事物传播的保障，但在这一时期，不论是欧文个人还是国家，由二者主导幼儿学校的发展并不现实。首先，欧文个人并未致力使幼儿学校在全国传播，况且他的学校还因为一些原因而停办；其次，国家主导需要有经济基础、社会舆论支持和一个可行的模式，而当时新拉纳克模式还没有在全国证明它的可行性；最后，在这一时期，除了学校推广者自身，几乎所有的舆论都不利于幼儿学校的发展。究其原因，一是上层社会认为贫困幼儿接受教育是一种"僭越"，会打破贵族享有教育的特权，同时他们也担心贫困阶层接受教育

---

① 阿诺德·汤因比：《历史研究》（上卷），郭小凌等译，上海人民出版社，2010，第74页。

会破坏社会已有制度，使社会动荡不安，于是通过议会的权力来抵制幼儿学校；二是国教派担心这种新型幼儿教育机构会对宗教带来冲击，于是通过建立相应的协会、散播流言、恶意诋毁等方式阻碍幼儿学校的发展；三是那些贫困家庭，即使在我们看来是幼儿学校的受益者，也不愿意将他们的子女送进幼儿学校。因为他们不愿意损失子女工作带来的收益，也不认为幼儿必须接受教育。贫困阶层的这种心理一直持续到 19 世纪中后期家庭收入普遍增长后才渐渐发生改变。

幼儿学校由新模式发展成为一种大众普遍认同的模式，需要有一段酝酿和缓冲的时间，民间团体显然是一个理想的代理者。1824 年，英国民间发起了幼儿学校运动，成立了一些致力于推广幼儿学校的组织，其中最著名的是在伦敦成立的幼儿学校协会。后来怀尔德斯平和幼儿学校协会接过了发展幼儿学校的接力棒，在怀尔德斯平的努力及民间慈善组织的捐助下，19 世纪 40 年代末英国建立了 2000 多所幼儿学校，一个可行的幼儿学校模式逐渐形成，上层社会对待幼儿学校的态度也有所改变。

随着幼儿学校运动的深入，英国政府发现依靠民间团体作为幼儿教育的主要提供者存在一些问题。一是在经济上慈善捐助的力度有限，二是民间团体主导了幼儿学校的教育内容。当幼儿学校的发展不可避免时，国教派不希望教育的领导权落入其他教派之手。于是在 1839 年英国政府开始干预幼儿学校的发展，一些隶属于宗教组织的幼儿学校可以收到国家的补助金，很多初等学校也纷纷建立起附属幼儿学校。随着时间的推移，幼儿学校逐渐得到官方的认可，1861 年《纽卡斯尔报告》正式承认了幼儿学校在国民教育中的地位，从此官方加大了干预幼儿学校的力度。

随着工业革命的完成，英国政权的重心开始发生转移，中产阶级逐渐成了英国政权的中坚力量，他们要求对幼儿教育进行普及。幼儿学校模式成为他们的必然选择，而这种模式也必须由国家主导。在 19

世纪 70 年代之前，英国幼儿教育的机构主要有私立性质的妇媪学校、宗教性质的主日学校、救济性质的济贫院及新型的幼儿学校。宗教组织下属的学校是以灌输特定教派教义为目的。妇媪学校的数量在 19 世纪早期迅速增加，基本上满足了大众对教育需求的增长，但这些学校不是专门为了传播知识，而是为了个人生计；妇媪并不把教书育人当成一种职业追求，而是当成谋生的手段。因此，中产阶级发现只有幼儿学校提供了一种世俗而又实用的教育。但此时幼儿学校也有很多不足，在民办公助下，很多幼儿学校实行一种保守的教育，捐助者认为有限的教育才适合工人阶级，这无疑妨碍了幼儿获得一些对国家经济发展至关重要的技能。[①] 此外，在非义务教育制度下，幼儿学校一部分的运营资金来自学费，这导致了幼儿学校之间相互竞争，而且还面临儿童就业、在家照顾弟弟妹妹等方面的压力。因此，教育市场流动性极大，家长们可以利用他们的购买力将学费从一个机构转到另一个机构，一所学费高而效率低的学校很快就会失去学生。[②]

当国家需要一种大众化、世俗化和实用性的幼儿教育时，必然会采用国家主导的模式。强迫入学的规定及经费支持为幼儿学校提供了有力的保障，使它们免受市场竞争的影响。于是 1870 年英国颁布了《福斯特法案》，从法律上确立了幼儿学校在初等教育中的重要地位，从此幼儿学校迎来了蓬勃的发展时期，幼儿学校数量激增。与国家主导前形成鲜明对比的是，之前学位充足的幼儿学校现在人满为患，甚

---

① See Martin West, "State Intervention in English Education, 1833-1891: A Public Goods and Agency Approach," *Discussion Papers in Economic and Social History*, no. 37 (2000): 16, https://www.researchgate.net/publication/5201296_State_Intervention_in_English_Education_1833-1891_A_Public_Goods_and_Agency_Approach.

② See Martin West, "State Intervention in English Education, 1833-1891: A Public Goods and Agency Approach," *Discussion Papers in Economic and Social History*, no. 37 (2000): 18, https://www.researchgate.net/publication/5201296_State_Intervention_in_English_Education_1833-1891_A_Public_Goods_and_Agency_Approach.

至还有很多幼儿学校超出了最大的接收量，5 岁以上幼儿基本上实现了教育普及。

从以上梳理不难看出，19 世纪英国幼儿学校的发展历经了一条由下而上的曲折道路，个人和民间对贫困幼儿的教育意识先于国家，但国家的力量却比慈善力量更具有效力，国家的经费支持和制度保障促进了幼儿学校的快速发展。

（二）幼儿学校系统内部的演变表现出一种“进化”而非“进步”模式

从低级到高级、从简单到复杂的进步之路是大部分教育机构的发展模式，然而 19 世纪英国幼儿学校的发展并没有走上这条道路。19 世纪初，欧文凭借其非凡的智慧和殷实的财富创造了一个至今看来都比较先进的幼儿学校。在这所学校中，充足的空间、弹性的教学时间、混龄教育、劳逸结合、禁止体罚、去宗教化、强调实物教学等都是当今幼儿教育所倡导的。可以说，新拉纳克幼儿学校从诞生之日起就是一个比较现代的新事物。但可惜的是，欧文的幼儿学校并不符合当时社会的环境。宗教问题、教师匮乏和高昂的运营成本使其未能得到广泛传播。欧文之后，怀尔德斯平从解决社会道德问题出发，以“感官”教育为原则，创造性地发明了阶梯教室，改造了操场，并使它们成为未来幼儿学校的标志。怀尔德斯平幼儿学校的教学内容同样丰富。但与欧文不同的是，他认为宗教是必不可少的，而且注重幼儿读、写、算等基本能力的培养。在课程模式上，他倾向于集体教学，并把导生制引入教学。怀尔德斯平的这一套模式得到了国家的认可，并且国家在很长一段时间内延续了这种模式，直到 1862 年《修正法典》的颁布。该法典改变了国家资助的方式，幼儿学校开始注重 3R 教育，阶梯教室这种能够适应大规模知识传授的设施得到了重视。然而这一法典也给幼儿学校体系带来了负面的影响，幼儿学校的独特性被抹杀，直到 19 世纪末该法典才寿终正寝。在 19 世纪中叶，福禄贝尔幼儿园传播至英国，但其并没有像在美国那样很快取代幼儿学校成为幼儿教育的主要机构，反而在幼儿学校的夹缝中缓慢发展。1874 年，幼儿园加快了在英国的传播，人们开始意识到幼儿园的先进性，幼儿学校也部分地采用福禄贝尔的一些方法和原则。

经过一个世纪的发展，幼儿学校已在英国及人们的观念中扎下了根，但和最初的幼儿学校相比，19 世纪末幼儿学校的部分功能和结构已发生改变，适应社会需求的部分得到了加强，甚至由于社会的变化产生了新的结构，如阶梯教室的问世；与社会需求不紧密的部分逐渐消失，如去宗教化的教育内容、统一的服饰、小班额的教学等。这些都表现出"适者生存"的进化特点。之所以表现出这样的模式，可能是因为幼儿学校作为一个新生事物，其内部系统的成熟度还不足以支持其发展。与当代教育体系相比，19 世纪幼儿学校的独立性不足，面对外部环境的冲击时，缺乏有效的"护城河"。

（三）幼儿学校发展与社会幼儿教育观相互影响

幼儿教育观和幼儿学校并不是一种单向的关系，它们彼此之间相互作用。社会幼儿教育观的变化影响着幼儿学校的发展，同样幼儿学校的发展也改变了社会幼儿教育观。在 19 世纪的英国，社会对幼儿学校的态度发生了从"要不要办幼儿学校"到"怎样办好幼儿学校"的转变。在 19 世纪之前，反对贫困幼儿进行任何形式的教育思想占据了上风，反对者认为贫困阶层接受教育会使他们的思想超越其原有的社会地位，引发社会的动荡，所以并没有成立专门接收贫困阶层子女的学校。19 世纪初，宗教和功利的思想让中上层社会认为要对贫困阶层的子女实施以宗教为主的教育。首先，中上层社会认为贫困阶层的阅读能力对理解《圣经》至关重要，这能使工人阶级对中产阶级倡导的价值观有更清晰的认识，即节制、节俭、有规律地工作。其次，宗教可以提高工人阶级的道德水平，从而阻止他们的一些不良行为，并减少入狱人数。最后，受法国大革命的影响，部分中上层社会人士认识到工人阶级是法律和秩序的支柱，教育他们认识到自己的命运有利于社会的稳定。所以，当欧文对工厂中的幼儿进行教育时得到了支持，但他的去宗教化教育内容却被国教派视为异教徒的挑战。但无论如何，19 世纪时对贫困幼儿进行教育的观念已普遍确立，正如 1825 年布劳汉姆指出的那样，现在的问题不再是人民是否应该接受教育，而是他们应该受到良好的教育还是不好的教育。①

到 19 世纪中叶，上层社会对于过多的贫困幼儿教育可能会加剧社会混乱的担忧已基本消除，取而代之的是一种普遍认同的观点，即普及初等教育会使社会更有序、更易于管理。② 随着中产阶级的崛起，对贫困幼儿进行教育的作用也发生改变，幼儿教育不仅可以维持社会的稳定，还成为中产阶级夺取权力的突破口。19 世纪英国政权的重心发生转移，中产阶级取代土地贵族登上了政治舞台，这是一种渐变而不是突变。中产阶级是一种新的利益团体，他们声称代表着更广泛人民的声音。他们在社会各方面都积极寻求改革，在与传统贵族的权力对抗中，如果在条件未成熟时反抗过于激烈，必定会以失败收场。教育领域的问题相对而言没有那么尖锐，因而教育成了他们争夺权力的阵地。随着国内外环境的变化和选举权的改革，19 世纪 60 年代后要求政府干预幼儿教育的呼声不断高涨。罗伯特·劳曾宣称："从你把权力托付给民众的那一刻起，他们的教育就成为绝对必要，这对国家的持续

---

① See Martin West, "State Intervention in English Education, 1833-1891: A Public Goods and Agency Approach," *Discussion Papers in Economic and Social History*, no. 37 (2000): 23, https://www.researchgate.net/publication/5201296_State_Intervention_in_English_Education_1833-1891_A_Public_Goods_and_Agency_Approach.

② See Martin West, "State Intervention in English Education, 1833-1891: A Public Goods and Agency Approach," *Discussion Papers in Economic and Social History*, no. 37 (2000): 12, https://www.researchgate.net/publication/5201296_State_Intervention_in_English_Education_1833-1891_A_Public_Goods_and_Agency_Approach.

和平至关重要。”① 当资产阶级正式夺取权力时，就开始大刀阔斧地进行改革，并在 1870 年达到一个高潮。19 世纪后期也是儿童观念快速变化的时期，儿童的心理开始成为专门的研究对象。弗朗西斯·高尔顿（Francis Galton）的《天才的本质》（*Inherent Nature of Genius*，1869）系统研究了高智商个体家庭，约瑟夫·杰斯特罗（Joseph Jastrow）写了《天才与早熟》（*Genius and Precocity*，1888），罗布林·罗林斯（Roblyn Rawlins）研究了儿童早期或早熟智力发展的社会和临床结构的变化。② 这些都或多或少地影响了英国幼儿教师的培养和幼儿学校的教学。

19 世纪英国幼儿学校的发展也促使人们的教育观发生改变。一方面，欧文在新拉纳克实验所取得的效果让一些上层人士开始关注幼儿教育，并试图将这种新型的教育传播；另一方面，怀尔德斯平通过著书立说，详细地阐述了幼儿学校体系，让人们可以系统、深刻地认识幼儿教育。他所创建和推广的幼儿学校更是改变了亲历者的观念，英国督导的报告多次报道了在幼儿学校所见到的场景。当 1862 年《修正法典》实施后，社会各界的反对声十分强烈，即使是国教派所属的学校协会也对此进行了批评，并拒绝国家的检查。可见当时一些人士已意识到幼儿的独特性，认为不能以考试成绩作为评价幼儿的标准。19 世纪后 30 年，幼儿学校的发展使得注重早期教育的思想深入到贫困家庭之中，越来越多的家庭出于对子女进行教育的原因将不足 5 岁的子女送入学校。从 19 世纪中叶起，经过半个世纪的发展，幼儿教育的观念

① Martin West, “State Intervention in English Education, 1833-1891: A Public Goods and Agency Approach,” *Discussion Papers in Economic and Social History*, no. 37(2000): 12, https://www.researchgate.net/publication/5201296_State_Intervention_in_English_Education_1833-1891_A_Public_Goods_and_Agency_Approach.

② See Nuzhat Malik, “An Infant Phenomenon in Colonial Australia—The Case of Anna Maria Quinn, 1854-1858,” *The Historian* 71, no. 1(2009): 55-78.

在英国发生了巨大的改变，幼儿学校不再是一个可有可无的东西，它对幼儿发展和国家进步有着重要的价值。

二、当下的观照

回溯历史，观照当下，19 世纪英国幼儿学校的发展历程也引发了研究者对我国学前教育事业发展的些许思考。

我国正处在学前教育大发展时期，“政府主导、社会参与、公办民办并举”的学前教育公共服务体系逐渐建立。2018 年颁布的《关于学前教育深化改革规范发展的若干意见》标志着学前教育的工作重点逐步从规模扩张向扩大公平、提高质量等内涵要素延伸。[①] 新时代，建立一个普及、优质和均衡的学前教育体系是我国学前教育事业发展的核心主题。[②]

一是长期坚持普惠性幼儿园政策。与幼儿教育质量的提升相比，19 世纪英国的民间组织和政府更加关心扩大贫困阶层幼儿受教育的机会，英国幼儿学校走的是先普及再均衡、优质之路。前文指出，19 世纪英国幼儿教育主要解决的两大问题分别是增加学校数量及建立一个可以被大众理解和支持的学校模式。幼儿学校只有建立一种被大众理解和支持的学校模式，才有可能实现普及。伦敦幼儿学校协会成立的目的是推广新的幼儿学校模式，英国政府起初对幼儿教育的资助仅限于校舍的建设，1870 年《福斯特法案》的宗旨之一是为 5 岁以上幼儿提供入学的机会。整个 19 世纪，英国政府都比较忽视对幼儿教师的培养，而将更多资金用于增加幼儿学校的数量。普及、优质和均衡的发

---

① 参见佘宇、单大圣《中国学前教育发展 70 年及未来展望》，《发展研究》2019 年第 10 期。

② 参见霍力岩等《普及、优质和均衡应是新时代学前教育发展的核心主题》，《人民教育》2018 年第 7 期。

展难以同步，当前我国学前教育仍然要做好普惠性幼儿园的建设，解决部分有需要的幼儿入学“最后一公里”的问题。普惠性学前教育政策将是我国未来相当长一段时期内的基本政策，政府要合理设定普惠性幼儿园的认定条件，同时利用直接资助或者间接减免等多种形式扩大普惠性政策对园所和幼儿的覆盖。

二是加大对学前教育资金的投入。发展高水平的教育，没有资金是不可行的。英国正是在人民收入水平提高，国家提供免费教育后才逐渐实现了幼儿学校教育的普及。2017 年，中国学前教育经费仅占财政教育经费的 4.6%，而经合组织国家平均占比约 13%[①]，可见我国的资金投入明显不足。我国疆域广阔，长期以来存在着东西部经济悬殊、城乡差距较大等问题，现阶段单纯依靠政府的投资和扶持很难实现学前教育均衡性发展。《2018 年度中国慈善捐助报告》显示，2018 年我国社会慈善捐助总额为 1 624.15 亿元，其中 29.4%流向教育领域，企业占据了捐助的主力地位，61.89%的资金来自企业。[②] 与英国相比，新中国慈善公益事业发展时间较短，1981 年首个公益团体——中国儿童少年基金会才建立。而英国在 19 世纪中期已逐渐形成了以私人慈善、自助互助和政府救济为主要形式的多元救助体系，建立了大量的慈善组织，19 世纪 60 年代初期，伦敦有 640 个慈善机构，其中 1700 年之前成立的就有 103 个。[③] 我国慈善捐款总额与政府投入比也较小。在 1850 年之后的 10 年里，仅伦敦市慈善机构每年的慈善善款收入就超过了 250 万英镑，远超同期济贫法当局在伦敦的济贫投入，这还不包括那些私人的慈善捐赠。1868 年英国慈善机构有 22.4%的资金用于贫困阶

① 参见佘宇、单大圣《中国学前教育发展 70 年及未来展望》，《发展研究》2019 年第 10 期。

② 参见王勇《中国慈善联合会发布〈2018 年度中国慈善捐助报告〉》，《公益时报》2019 年 9 月 24 日。

③ 参见郭家宏《19 世纪英国民间慈善活动探析》，《学海》2011 年第 2 期。

层的教育[①]，极大地弥补了政府在教育方面投入的不足。当前，我国慈善捐助还处于较低水平，培养现代慈善意识、培育慈善组织和加强法规制度建设是从根本上解决贫富差距、提升经济发展水平的途径。[②] 根据这一途径，政府要加强人们慈善观念和传统财富观念的转变，以提高社会的捐助意愿；加强对学前教育作用的宣传，引导慈善资金向学前教育倾斜；降低慈善组织的门槛，提供政策扶持，大力推动教育慈善组织的成立；完善法规政策，保障和规范教育慈善组织的行为，从而缓解我国当前东西部、城乡学前教育资源不均衡的问题。

三是重视学前教育师资队伍建设。19 世纪英国幼儿学校的发展历史告诉我们，幼儿教师掣肘着幼儿学校发展的规模和质量。欧文因对教师的过高要求而使得他的实验难以在全国推广，怀尔德斯平也曾指出，幼儿学校运动期间，缺乏合格的教师是造成幼儿学校发展危机的原因。教师缺乏使得怀尔德斯平发明的阶梯走廊在很长一段时间内成为幼儿学校的标配。妇媪学校的消失也与妇媪的水平较低有关，人们不愿意将子女送进这类机构中，而是倾向于有合格教师的幼儿学校。幼儿园未能取代幼儿学校在很大程度上也是由于缺乏教师。19 世纪英国为解决幼儿师资力量不足的问题，在民间成立了相关的协会，凯·沙特尔沃斯提出了学徒教师制度，其很好地完成了历史的使命，满足了当时幼儿学校发展的需要。21 世纪以来，我国对幼儿教师的关注程度愈来愈高，陆续颁布了关于幼儿教师队伍建设的相关法律和法规，幼儿教师的数量持续增加，学历层次有所提高，幼儿教师队伍建设进入了完善创新阶段。[③] 但需要注意的是，幼儿教师的专业素质能力还有

---

① 参见郭家宏《19 世纪英国民间慈善活动探析》，《学海》2011 年第 2 期。

② 参见张强、韩莹莹《中国慈善捐赠的现状与发展路径——基于中国慈善捐助报告的分析（2007—2013）》，《中国行政管理》2015 年第 5 期。

③ 参见曲铁华、张妍《我国幼儿教师队伍建设的历程、成就与展望》，《河北师范大学学报（教育科学版）》2020 年第 2 期。

待提升。专业化教师队伍的建设是提升学前教育质量的核心，现阶段幼儿园教师还存在着身份定位不明确、入职门槛低、职业认同度不高、晋升困难等问题，这些严重影响了稳定、高质量幼儿园教师队伍的建设。[①] 其中一些问题在 19 世纪英国幼儿学校中同样存在，由此可见，当前我国幼儿教师队伍存在的问题在一定程度上是由幼儿教育本身的特点所决定的。虽然 19 世纪英国并不注重幼儿学校教师队伍专业能力的提升，但仍采取了资格证制度并在 19 世纪末期建立了专门的师资培训机构。可见加强师资准入制度和职前培训仍是幼儿园教师队伍建设的重要途径。目前我国幼儿园教师的学历按照准入要求仅为中专及以上，相比于发达国家低很多。现实中，很多幼儿园发布的招聘公告中对学历要求仅为初中及以上，甚至一些幼儿教师并没有教师资格证。面对这一问题，政府和园所要严格执行教师准入制度，完善教师录用程序；高校要扩大本科、专科培养规模和公费师范生规模。

四是注重学前教育的立法工作。英国幼儿学校的普及是在一系列法案的推动下实现的。目前学前教育立法问题已在我国酝酿很久，这一立法应当慎之又慎，充分论证，发挥好法律的引领、评价与教育作用，保障我国学前教育事业健康发展。法律制定既要依据幼儿教育自身发展的规律，又要考虑社会整体的条件，避免重蹈英国《修正法典》的覆辙。我们看到了在经济导向下，以成绩作为评价的唯一尺度带给幼儿学校的危害，也看到了在各方条件都比较成熟后，1870 年《福斯特法案》给幼儿学校带来的良好发展局面。

五是做好课程本土化建设。19 世纪后期幼儿学校不顾理念与教学条件的差异，机械、简单地将福禄贝尔的原则引入实践中造成的不适，让我们认识到只有切合实际需要的课程，才能落地生根，才会有生命

① 参见张汶军、张绵绵《深化改革背景下幼儿园教师队伍建设的思考》，《河北师范大学学报（教育科学版）》2019 年第 2 期。

力。当前，我国一些幼儿园为突出特色及国际化，盲目地生搬硬套西方课程模式，在没有理解课程的真正内涵情况下，导致园所流于注重课程表面的外在形式、注重物质投入和课程拼装[①]，师幼互动的形式及教学的效果并未发生实质性的改变。借鉴和应用西方的一些课程模式对我国幼儿园课程现代化和幼儿的多元发展具有积极的意义，但要认识到没有一种模式是普适的，尤其是在幼儿阶段，每一种模式都有其核心的理念，与之配套的是合格的幼儿教师和教育环境。教育现代化并不意味着西方化，国际化更不是不要本土化，只有建立在共同文化基础上的课程模式，才能具有普适性。我国与西方文化有着巨大的差异，近年来国家经济实力不断增强，更加强调民族特有的价值观，所以我国与西方在一些理念方面是趋异而不是趋同，要有选择地引入和借鉴西方的模式。在选择性引入的同时也要注意保持本土课程改革的动力，避免当引进的推动力被耗竭时产生不可避免的混乱。

六是完善学前教育的督导制度。英国政府早在 1839 年有限地支持幼儿学校时就建立了督导制度，督导每年要对受补助的幼儿学校进行评价与监督，以促进幼儿学校依据国家的意志进行改进和发展。我国在完善学前教育督导制度时，要坚持以幼儿发展为核心价值取向，保障幼儿教育不偏离其教育的本质；建立一支专业的督导队伍，保持其工作的相对独立性，避免既是裁判员又是运动员的现象，同时增加工作的透明度，定期向公众发布督导情况；在“督”的同时更应发挥“导”的作用，引领学前教育机构更好地发展。

总之，19 世纪英国幼儿学校从无到有再到普及，其发展既是一系列社会事件的产物，也是一个十分缓慢的过程。19 世纪英国幼儿学校从与妇媪学校、主日学校、济贫院、幼儿园的竞争中脱颖而出，成为

---

① 参见谢梦雪、陈时见《我国幼儿园瑞吉欧方案教学的批判与改进》，《中国教育学刊》2019 第 3 期。

国家系统的一部分，体现出它的先进性和适应性。19 世纪英国幼儿学校发展的历史提醒我们：任何教育的革命都要依靠各种力量的汇集、整体经济的协调发展、政策与制度的保障等几股力量的推动。有时孤立地出现一个教育学家，虽然他的思想先进，但外部却没有实践的环境，他的想法也会成为空中楼阁。有时适逢一次文化运动，一个突然的舶来品，一次人口爆发，开始推动教育发展，但由于政治或者意识形态原因，发动机刚启动却又戛然而止。一种教育机构的革命，在严格意义上不是也不可能是一个简单的教育发展过程，教育的发展从来不是闭门造车，它同时要触及社会的所有领域，并与社会各个领域互相依存。

参考文献

一、译著

［1］奥尔德里奇. 简明英国教育史［M］. 诸惠芳，李洪绪，尹斌苗，译. 北京：人民教育出版社，1987.

［2］伯恩斯，皮卡德. 历史哲学：从启蒙到后现代性［M］. 张羽佳，译. 北京：北京师范大学出版社，2009.

［3］博伊德，金. 西方教育史［M］. 任宝祥，吴元训，译. 北京：人民教育出版社，1985.

［4］布罗代尔. 十五至十八世纪的物质文明、经济和资本主义［M］. 顾良，施康强，译. 北京：商务印书馆，2017.

［5］格林. 教育与国家的形成：英、法、美教育体系起源之比较［M］. 王春华，王爱义，刘翠航，译. 北京：教育科学出版社，2004.

［6］古特克. 教育学的历史与哲学基础：传记式介绍［M］. 缪莹，译. 长沙：湖南教育出版社，2008.

［7］黑格尔. 法哲学原理［M］. 张企泰，范扬，译，北京：商务印书馆，2016.

［8］胡森，波斯尔斯韦特. 教育大百科全书：第 6 卷［M］. 张斌贤，等译. 重庆：西南师范大学出版社，2006.

［9］科利. 英国人：国家的形成（1707-1837）［M］. 周玉鹏，刘

耀辉，译. 北京：商务印书馆，2017.

[10] 罗伯茨 C，罗伯茨 D，比松. 英国史：下册 [M]. 潘兴明，等译. 北京：商务印书馆，2013.

[11] 莫里森. 当今美国儿童早期教育：第 8 版 [M]. 王全志，孟祥芝，等译. 北京：北京大学出版社，2004.

[12] 欧文. 欧文选集：第 1 卷 [M]. 柯象峰，何光来，秦显果，译. 北京：商务印书馆，2014.

[13] 欧文. 欧文选集：第 2 卷 [M]. 柯象峰，何光来，秦显果，译. 北京：商务印书馆，2014.

[14] 平冢益德. 世界教育辞典 [M]. 黄德诚，夏凤鸾，王宣琦，等译. 长沙：湖南教育出版社，1989.

[15] 日本世界教育史研究会. 世界幼儿教育史：上册 [M]. 刘翠荣，梁忠义，吴自强，等译. 长春：吉林人民出版社，1986.

[16] 汤因比. 历史研究：上卷 [M]. 郭小凌，王皖强，杜庭广，等译. 上海：上海人民出版社，2010.

[17] 西格曼，瑞德尔. 生命全程发展心理学 [M]. 陈英和，译. 北京：北京师范大学出版社，2009.

[18] 詹金斯. 英格兰简史 [M]. 钱峰，译. 北京：化学工业出版社，2016.

二、中文著作

[1] 北京师范大学教育系学前教研室. 学前教育学 [M]. 北京：北京师范大学出版社，1990.

[2] 陈文华. 中外学前教育史：第 3 版 [M]. 2 版. 北京：科学出版社，2011.

[3]《第欧根尼》中文精选版编辑委员会. 对历史的理解 [M]. 北

京：商务印书馆，2007.

［4］冯晓霞．世界教育大系：幼儿教育［M］．长春：吉林教育出版社，2000.

［5］顾明远，薛理银．比较教育导论：教育与国家发展［M］．北京：人民教育出版社，1998.

［6］郭法奇．外国学前教育史［M］．北京：北京大学出版社，2015.

［7］郭家宏．日不落帝国的兴衰：英国与英帝国史研究［M］．北京：北京师范大学出版社，2012.

［8］黄明东．教育政策与法律［M］．武汉：武汉大学出版社，2007.

［9］黄人颂．学前教育学：第2版［M］．2版．北京：人民教育出版社，2010.

［10］霍力岩，等．美、英、日、印四国学前教育体制的比较研究：上册［M］．北京：北京师范大学出版社，2013.

［11］教育大辞典编纂委员会．教育大辞典：第2卷［M］．上海：上海教育出版社，1990.

［12］靳希斌．教育经济学［M］．北京：人民教育出版社，2009.

［13］柯天华，谭长强．临床医学多用辞典［M］．南京：江苏科学技术出版社，2006.

［14］雷雳．发展心理学：第2版［M］．2版．北京：中国人民大学出版社，2013.

［15］李季湄．幼儿教育学及基础［M］．北京：北京师范大学出版社，2007.

［16］李经纬，余瀛鳌，欧永欣．中医大辞典［M］．北京：人民卫生出版社，1995.

［17］李明德，金锵．教育名著评介［M］．福州：福建教育出版

社，1992.

［18］李沐明. 幼儿教育词典［M］. 哈尔滨：黑龙江科技出版社，1987.

［19］李生兰. 学前教育学［M］. 上海：华东师范大学出版社，2006.

［20］李燕，赵燕. 学前儿童发展心理学［M］. 上海：华东师范大学出版社，2008.

［21］厉以宁. 教育经济学［M］. 北京：北京出版社，1984.

［22］林崇德. 发展心理学［M］. 杭州：浙江教育出版社，2002.

［23］林玉体. 西方教育思想史［M］. 北京：九州出版社，2006.

［24］刘成，胡传胜，陆伟芳，等. 英国通史：第5卷［M］. 南京：江苏人民出版社，2016.

［25］马健生. 比较教育［M］. 北京：高等教育出版社，2010.

［26］庞钊珺，杨进红，李玉芳. 学前教育简史［M］. 成都：西南财经大学出版社，2016.

［27］钱乘旦，高岱. 英国史新探：工业革命的新视角［M］. 北京：北京大学出版社，2018.

［28］单中惠. 外国素质教育政策研究［M］. 济南：山东教育出版社，2004.

［29］单中惠. 西方教育问题史［M］. 北京：人民教育出版社，2011.

［30］单中惠，刘传德. 外国幼儿教育史［M］. 上海：上海教育出版社，1997.

［31］施义慧. 童年的转型：19世纪英国下层儿童生活史［M］. 南京：南京大学出版社，2012.

［32］唐淑，何晓夏. 学前教育史［M］. 大连：辽宁师范大学出版社，2001.

［33］王承绪. 世界教育大系：英国教育［M］. 长春：吉林教育出版社，2000.

［34］王道俊，郭文安. 教育学［M］. 北京：人民教育出版社，2016.

［35］王璐. 英国教育督导与评价［M］. 北京：高等教育出版社，2010.

［36］魏曙光. 学前心理学［M］. 天津：南开大学出版社，2014.

［37］吴康宁. 教育社会学［M］. 北京：人民教育出版社，1998.

［38］吴遵民. 教育政策国际比较［M］. 上海：上海教育出版社，2009.

［39］肖全民，周香. 幼儿教育概论［M］. 北京：北京师范大学出版社，2012.

［40］徐辉，郑继伟. 英国教育史［M］. 长春：吉林人民出版社，1993.

［41］徐小洲，赵卫平. 外国教育思想通史：第7卷［M］. 北京：北京师范大学出版社，2017.

［42］阎水金. 学前教育学［M］. 上海：上海教育出版社，1998.

［43］杨汉麟. 外国幼儿教育史［M］. 北京：人民教育出版社，2011.

［44］易红郡. 英国教育思想史［M］. 上海：华东师范大学出版社，2017.

［45］袁贵仁. 中国教师新百科：幼儿教育卷［M］. 北京：中国大百科全书出版社，2003.

［46］虞永平，王春艳. 学前教育学［M］. 北京：高等教育出版社，2012.

［47］张世英. 哲学导论：第6卷［M］. 3版. 北京：北京大学出版社，2016.

［48］中共中央马克思恩格斯列宁斯大林著作编译局. 马克思恩格斯选集：第1卷［M］. 北京：人民出版社，1972.

［49］中共中央马克思恩格斯列宁斯大林著作编译局．马克思恩格斯选集：第 2 卷［M］．北京：人民出版社，1995.

［50］周采．比较学前教育［M］．北京：人民教育出版社，2012.

［51］周采，杨汉麟．外国学前教育史：第 2 版［M］．2 版．北京：北京师范大学出版社，2012.

［52］周秋光，曾桂林．中国慈善简史［M］．北京：人民出版社，2006.

［53］钟文芳．西方近代初等教育史［M］．上海：上海科技教育出版社，2006.

［54］朱宗顺，陈文华．学前教育学［M］．北京：北京师范大学出版社，2012.

［55］朱作仁．教育辞典［M］．南昌：江西教育出版社，1988.

三、中文期刊论文与会议录

［1］陈日华．19 世纪英国对工厂制度的规制：实践与立法［J］．贵州社会科学，2014（1）：90-96.

［2］陈瑶．1870 年英国《初等教育法》评述［C］．中国教育史研究六十年学术研讨会，2009.

［3］程西筠．论 19 世纪英国初等教育改革［J］．世界历史，1989（4）：58-67.

［4］郭家宏．19 世纪英国民间慈善活动探析［J］．学海，2011（2）：172-177.

［5］侯建新，张晓晗．家庭教育：英国近代初等教育的催生剂［J］．天津师范大学学报（社会科学版），2010（6）：17-24.

［6］霍力岩，胡恒波，沙莉，等．普及、优质和均衡应是新时代学前教育发展的核心主题［J］．人民教育，2018（7）：31-36.

[7] 江夏．英国现行学前教育督导制度的内容、特点及其对我国的启示 [J]．外国教育研究，2014 (5)：50-57.

[8] 李定仁．空想社会主义者欧文的教育思想 [J]．西北师大学报（社会科学版），1979 (3)：89-96.

[9] 李阳．19 世纪英国中产阶级参与初等教育改革的心态分析 [J]．英国研究，2014 (6)：79-83.

[10] 李志锋．罗伯特·欧文：一位伟大的教育家 [J]．江西师范大学学报（哲学社会科学版），1999 (2)：93-96.

[11] 马健生，邹维．论学校及其功能 [J]．清华大学教育研究，2019 (8)：23-31.

[12] 苗曼．英国幼教机构的分型及对我国幼儿教育的启示 [J]．江苏师范大学学报（哲学社会科学版），2018 (1)：146-151.

[13] 曲铁华，张妍．我国幼儿教师队伍建设的历程、成就与展望 [J]．河北师范大学学报（教育科学版），2020 (2)：47-57.

[14] 荣艳红．“按成绩拨款”：1862 年英国教育修正法案及其影响 [C]．中国教育史研究六十年学术研讨会，2009.

[15] 绍政达．英国牛津运动探微 1833-1845 [J]．大连大学学报，2017 (10)：57-64.

[16] 佘宇，单大圣．中国学前教育发展 70 年及未来展望 [J]．发展研究，2019 (10)：79-87.

[17] 孙梁予．略论《教育法》的基本功能与作用 [J]．教育理论与实践，1995 (6)：10-13.

[18] 王金霞，赵丹心．构建中国教育早期现代化分期研究的指标体系 [J]．河北大学学报（哲学社会科学版），2006 (5)：11-17.

[19] 谢梦雪，陈时见．我国幼儿园瑞吉欧方案教学的批判与改进 [J]．中国教育学刊，2019 (3)：71-75.

[20] 熊伟．“学前教育”“幼儿教育”与“早期教育”等基本概念

内涵界定及应用［J］. 陕西学前师范学院学报，2017（9）：142-146.

［21］许志强. 英国主日学校运动的背景、发展与影响［J］. 历史教学，2011（5）：52-57.

［22］臧书磊. 19世纪中前期慈善主导英国下层初等教育原因［J］. 理论界，2014（9）：100-105.

［23］张强，韩莹莹. 中国慈善捐赠的现状与发展路径：基于中国慈善捐助报告的分析（2007-2013）［J］. 中国行政管理，2015（5）：82-86.

［24］张汶军，张绵绵. 深化改革背景下幼儿园教师队伍建设的思考［J］. 河北师范大学学报（教育科学版），2019（2）：17-20.

［25］张湘洛. 19世纪英国教育普及综述［J］. 洛阳师范学院学报，2003（4）：104-108.

［26］周洪宇. 教育史学若干基本问题的看法［J］. 河北师范大学学报（教育科学版），2009（1）：5-16.

［27］朱镜人，金仲夏. 兰卡斯特的导生制实践活动和民众教育思想研究［J］. 河北师范大学学报（教育科学版），2014（1）：50-53.

四、中文学位论文

［1］刁小伟. 试论19世纪英国的初等教育及政府对策［D］. 华东师范大学，2007.

［2］高岩松. 英国现代政党的起源与发展［D］. 南京大学，2013.

［3］江铃. 英国近代幼儿学校运动研究［D］. 华中师范大学，2011.

［4］康晓燕. 18世纪英国导生制研究［D］. 福建师范大学，2012.

［5］李倩. 十九世纪英国初等教育普及研究［D］. 华中师范大学，2009.

［6］李清萍. 麦克米伦姐妹与英国保育学校［D］. 华中师范大学，2012.

［7］李阳．维多利亚时代后期英国中产阶级的教育改革：以伦敦教育委员会（1870-1904）为例［D］．南京大学：2013.

［8］梁璐璐．近代以来英国政府在慈善事业中的角色转变［D］．曲阜师范大学，2017.

［9］石卉．欧文幼儿学校及其影响［D］．河北大学，2006.

［10］徐晶雪．一种历史的视角：英国慈善事业的现代化转型［D］．曲阜师范大学，2013.

［11］严亚男．英国《1870教育法》的历史探析［D］．华东师范大学，2013.

［12］赵勇．英国主日学校办学模式研究（1780-1803）［D］．吉林大学，2014.

［13］周晓慧．英国近代幼儿教育思想的演进及其启示［D］．沈阳师范大学，2018.

五、外国著作

［1］BARNARD H C. A short history of English education from 1760-1944[M]. London:University of London Press,Ltd. ,1947.

［2］BIRCHENOUGH. History of elementary education in England and Wales[M]. London:W. B. Clive,1914.

［3］BROWNLOW J. The history and objects of the Foundling Hospital,with a memoir of the founder[M]. London:Printed By C. Jaques, 30,Kenton Street,Brunswick Square,1865.

［4］CHAP MAN J. The Westminster and foreign quarterly review, october-January 1850-1851 v. 54-1851[M]. London:J. Chapman,1851.

［5］CLIFF P B. The rise and development of the sunday school movement in England 1780-1980[M]. Nutfield: Robert Denholm House,

1986.

[6] COLE M. Robert Owen of New Lanark[M]. London: Batchworth Press, 1853.

[7] CUBBERLEY E. The history of education[M]. Boston: Houghton Mifflin Company, 1920.

[8] CURTIS S J, BOULTWOOD M E A. An introductory history of English education since 1800[M]. London: University Tutorial Press Ltd., 1960.

[9] DEMAUSE L. The history of childhood[M]. Lanham, Boulder, New York, Toronto, Oxford: Rowman & Littlefield Publishers, Inc., 1995.

[10] EDWIN M S. Manchester and the movement for national elementary education[M]. London, New York, Bombay: Longmans, Green and Co., 1918.

[11] FINDLAY J J. The children of England: a contribution to social history and to education[M]. London: Methuen & Co. Ltd., 1923.

[12] GLEN W C. The elementary education Act, 1870, with introduction, notes, and index, and appendix containing the incorporated statutes[M]. London: Shaw and Sons, 1870.

[13] GRAY K. A history of English philanthropy[M]. London: P. S. King & Son, 1905.

[14] GREGORE A. Robert Raikes: Journalist and philanthropist, a history of the origin of sunday schools[M]. London: Hodder and Stoughton, 1877.

[15] GUNN J. The infant school: its principles and methods[M]. London, Edinburgh, Dublin, and New York: Thomas Nelson and Sons, 1908.

[16] HANWAY J. An earnest appeal for mercy to the children of the poor[M]. London: J. Dodsley in Pall-Mall, 1766.

[17] HARRISON J F C. Robert Owen and the Owenites in Britain and America[M]. London:Routledge,2009.

[18] HAYES E H. Raiked the Pioneer: founder of sunday schools [M]. London:The National Sunday School Union,1930.

[19] HENRY H J. Robert Raikes:The man and his work[M]. New York: E. P. Button & Company Bristol, England, J. W. Arrowsmith, 1899.

[20] Hints for the information and establishment of Sunday Schools [M]. London:Printed for T. Smith,1807.

[21] JARVIS P, SWINIARSKI L, HOLLAND W. Early years pioneers in context[M]. London and New York:Routledge,2017.

[22] JONES M G. The charity school movement:a study of eighteenth century puritanism in action[M]. Cambridge: Cambridge University Press,1938.

[23] KRIEGER L. Ranke: The meaning of history[M]. Chicago: The University of Chicago Press,1977.

[24] LASCARIDES V C,HINITZ B F. History of early childhood education[M]. New York and London:Routledge,2000.

[25] LAWSON J,SILVER H. A social history of education in England [M]. London:Routledge,2007.

[26] LEITCH J. Practical educationists and their systems of teaching [M]. Glasgow:James Maclehose,1876.

[27] LEVENE A. Childcare, health and mortality at the London foundling hospital, 1741-1800: "left to the mercy of the world"[M]. Manchester and New York:Manchester University Press,2007.

[28] LOUDEN L. Distinctive and Inclusive the National Society and Church of England schools 1811-2011[M]. London: The National Society,

2012.

[29] MAY H, KAUR B, PROCHNER L. Empire, education, and Indigenous childhoods: nineteenth-century missionary infant schools in three british colonies[M]. Burlington: Ashgate Publishing Ltd. , 2014.

[30] MCANN P, YOUNG F A. Samuel Wilderspin and the infant school movement[M]. London and New York: Routledge, 2017.

[31] MCCANN P. Popular education and socialization in the nineteenth century London: Routledge, 2007.

[32] MCCLURE R K. Coram's Children: the London foundling hospital in the eighteenth century[M]. New Haven and London: Yale University Press, 1981.

[33] MICHEL S. Children's Interests Mothers' Rights the shaping of America's child care policy[M]. New Haven and London: Yale University Press, 1999.

[34] Minutes of the committee of council on education for 1854-55 [M]. London: Grorge E. Eyre and William Spottiswoode, 1855.

[35] MUSGERAVE P W. Society and education in England since 1800[M]. New York and London: Routledge, 2007.

[36] OWEN R. The life of Robert Owen by himself[M]. London: G. Bell and Sons Ltd. , 1920.

[37] PARKER F, JUNE P B. Education in England and Wales[M]. New York & London: Garland Publishing, Inc. , 1991.

[38] PATCHETT M A. Life and letters of the right honourable Robert Lowe viscount sherbrooke, Vol Ⅱ [M]. London: Longmans, Green, and Co. , 1893.

[39] POWER J C. The rise and progress of sunday schools: a biography of Robert Raikes and William Fox[M]. New York: Sheldon & Company,

1871.

[40] PROCHNER L, HOWE N. Early childhood care and education in Canada: past, present, and future[M]. Vcancouver: UBC Press, 2000.

[41] PROCHNER L. A history of rarly childhood education in Canada, Australia, and New Zealand[M]. Vancouver, Toronto: The University of British Columbia, 2009.

[42] RAYMONT T. A history of the education of young children [M]. London, New York, Toronto: Longmans, Green, and Co., 1937.

[43] RUSK R R. A history of infant education [M]. London: University of London Press, Ltd., 1933.

[44] SALMON D. Infant schools their history and theory [M]. London, New York and Bombay: Longmans, Green, and Co., 1904.

[45] SANDERSON M. Education, economic change and society in England 1780-1870[M]. London: Macmillan Press, 1991.

[46] SENIOR N W. Address on education delivered to the national association for the Promotion of Social Science[M]. London: R. Clay, Son and Taylor, 1863.

[47] SILVER P, SILVER H. The education of the poor: the history of a national school 1824-1974 [M]. London, Boston: Routledge & K. Paul, 2007.

[48] SPALDING T A. The work of the London School Broad[M]. London: P. S. King & Son, 1900.

[49] STEPHENS W B. Education in Britain 1750-1914 [M]. New York: Palgrave Macmillan, 1998.

[50] STURT M. The education of the people: a history of primary education in England and Wales in the nineteenth century [M]. London and New York Routledge, 2007.

[51] The Elementary Education Act 1870[M]. London: Willian Amer, Lincoln's Inn Gate, 1870.

[52] WHITBREAD N. The evolution of the nursery-Infant school [M]. London and Boston: Routledge & Kegan Paul, 1972.

[53] WILDERSPIN S. The importance of educating the infant poor from the age of eighteen months to Seven Years[M]. London: W. Simpkin & R. Marshall, Goyder, printer, 1824.

[54] WILDERSPIN S. The infant system[M]. London: Lincoln's Inn. , 1852.

[55] WILDERSPIN S. Early discipline illustrated[M]. London: Westley and Davis, 1832.

六、英文期刊论文

[1] ALDRICH R. The British and Foreign School Society, past and present[J]. History of Education Researcher, 2013, 91: 5-11.

[2] ANAE N. An Infant phenomenon in colonial Australia: the case of Anna Maria Quinn, 1854-1858[J]. The Historian, 2009, 71(1): 55-78.

[3] BARTLE G F. The role of the British and Foreign School Society in the education of poor children of the metropolis during the first half of the 19th century[J]. Journal of Educational Administration and History, 1992, 24(1): 74-90.

[4] BETCHAKU A. Thomas Chalmers, David Stow and the St John's Experiment: a study in educational influence in Scotland and beyond, 1819-1850[J]. Journal of Scottish Historical Studies 2007, 27(2): 170-190.

[5] BLACKSTONE T. Some issues concerning the development of

nursery education in Britain[J]. Paedagogica Europaea, Preschool Education in Europe, 1974, 9(1): 172-183.

[6] BRADBURN E. Britain's first nursery-infant school[J]. The Elementary School Journal, 1966, 67(2): 57-63.

[7] BREHONY K J. The "school masters" parliament: the origins and formation of the consultative committee of the board of education 1868-1916[J]. History of Education, 1994, 23(2): 171-193

[8] BURGER K. Entanglement and transnational transfer in the history of infant schools in Great Britain and salles d'asile in France, 1816-1881[J]. History of Education, 2014, 43(3): 304-333.

[9] CARPENTER. On educational help from government for the destitute and neglected children of Great Britain[J]. Journal of the Statistical Society of London, 1861, 24(1): 22-29.

[10] CHRISTOPHER, MCCORMACK. "Straw bonnets" to superior schooling: the "failure" of the charity school movement in the context of nineteenth-century Ireland—a reappraisal[J]. Paedagogica Historica, 2012, 48(5): 717-727.

[11] CLARK G, BRIGHT J. The foundling hospital and its token system[J]. Family & Community History, 2015, 18(1): 53-68.

[12] CRUICKSHANK M. David Stow, Scottish pioneer of teacher training in Britain[J]. British Journal of Educational Studies, 1966, 14(2): 205-215.

[13] DAVIS R. Government Intervention in child rearing: governing infancy[J]. Educational Theory, 2010, 60(3): 285-298.

[14] DOMBKOWSKI K. Kindergarten teacher training in England and the United States 1850-1918[J]. History of Education, 2002, 31(5): 475-489.

[15] DUKE C. Robert Lowe：a reappraisal[J]. British Journal of Educational Studies，1965，Vol. 14(1).

[16] FARRAR P N. American influence on the movement for a national system of elementary education in England and Wales，1830-1870[J]. British Journal of Educational Studies，1965，14(1)：19-35.

[17] FLETCHER L. A further comment on recent interpretations of the revised code，1862[J]. History of Education，1981，10(1)：21-31.

[18] GIANOUTSOS J. "A new discovery"of charles hoole：method and practice in seventeenth-century English education[J]. History of Education，2019，48(1)：1-18.

[19] GRIGG G R. "Nurseries of ignorance?"Private adventure and dame schools for the working classes in nineteenth-century Wales[J]. History of Education，2005，34(3)：243-262.

[20] HAMILTON R，Popular education in England and Wales before and after the elementary education act of 1870[J]. Journal of the Statistical Society of London，1883，46(2)：283-349.

[21] HAMILTON R. Popular education in England and Wales since 1882[J]. Journal of the Royal Statistical Society，1890，53(1)：50-112.

[22] HOGG K. Handel and the foundling hospital：the gerald coke handel collection at the foundling museum[J]. Fontes Artis Musicae，2008，55(3)：453-447.

[23] HOPKINS E. A charity school in the nineteenth century：old swinford hospital school，1815-1914[J]. British Journal of Educational Studies，1969，17(2)：177-192.

[24] KAUR B. Keeping the infants of coolies out of Harm's Way：Raj，church and infant education in India 1830-51[J]. Contemporary Issues in Early Childhood，2004，5(2)：221-235.

[25] KING S. Dying with Style：Infant death and its context in a rural industrial township 1650-1830[J]. The Society for the Social History of Medicine，1997，10(1)：3-24.

[26] KRISTEN D，NAWROTZKI. Froebel is dead；long live froebel! The national Froebel foundation and English education[J]. History of Education，2006，35(2)：209-223.

[27] LEINSTER-MACKAY D P. Dame schools：a need for review [J]. Journal of Educational Studies，1976，24(1)：33-48.

[28] LEOPOLD D. Education and Utopia：Robert Owen and charles fourier[J]. Oxford Review of Education Aquatic Insects，2011，37(5)：619-635.

[29] MACHIN G J. The Westminster free day infant asylum：the origins of the first English infant school[J]. Journal of Educational Administration and History，1988，20(2)：43-56.

[30] MALIK N. Defining "charity" and "charitable purposes" in the United Kingdom[J]. International Journal of Not-for-Profit Law，2008，11(1)：36-50.

[31] MARCHAM A J. Recent interpretations of the revised code of education，1862[J]. History of Education，1979，8(2)：121-133.

[32] MATHIVET S. Alice Buckton(1867-1944)：the legacy of a froebelian in the landscape of glastonbury[J]. History of Education，2006，(2)：263-281.

[33] MAY H. Nineteenth century early childhood institutions in Aotearoa New Zealand：legacies of enlightenment and colonisation[J]. Journal of Pedagogy，2015，6(2)：21-39.

[34] MCCANN W P. Samuel Wilderspin and the early infant schools [J]. British Journal of Educational Studies，1966，14(2)：188-204.

[35] MIDDLETON N. The education act of 1870 as the start of the modern concept of the child[J]. British Journal of Educational Studies, 1970, 18(2): 166-179.

[36] MIDGELY H. Payment by results in nineteenth-century British education: a study in how priorities change[J]. The Journal of Policy History, 2016, 28(4): 680-706.

[37] NEWBOULD A D C. The whigs, the church, and education, 1839[J]. Journal of British Studies, 1987, 26(3): 332-346.

[38] NEWMAN C. To Punish or Protect: the new poor Law and the English workhouse[J]. International Journal of Historical Archaeology, 2014, 18(1): 122-145.

[39] PETER G. Robert Owen[J]. The Quarterly Review of Education, 1994, 24(1/2): 279-296.

[40] PLUMB J H. The new world of children in eighteenth-century England[J]. Past & Present, 1975, 67(1): 64-95.

[41] READ J. Bringing Froebel into London's infant schools: the reforming practice of two head teachers, Elizabeth Shaw and Frances Roe, from the 1890s to the 1930s[J]. History of Education, 2013, 42(6): 745-764.

[42] READ J. Free play with Froebel: use and abuse of progressive pedagogy in London's infant Schools, 1870-c. 1904[J]. Paedagogica Historica, 2006, 42(3): 299-323.

[43] ROACH J. The Sheffield boys' and Girls' charity schools 1706-1962[J]. Journal of Educational Administration and History, 1999, 31(2): 114-129.

[44] ROBERTS A F B. A new view of the infant school movement [J]. British Journal of Educational Studies, 1972, 20(2): 154-164.

[45] ROPER H W E. Forster's memorandum of 21 october,1869:a reexamination[J]. British Journal of Educational Studies, 1973, 21(1): 64-75.

[46] SEDRA P. Exposure to the eyes of god:monitorial schools and evangelicals in early nineteenth-century England [J]. Paedagogica Historica,2011,47(3):263-281.

[47] SMITH S. Back to the workhouse: poverty from the past serving the present[J]. Museum International,2001,53(1):21-24.

[48] SNELL K D M. The sunday-school movement in England and Wales: child labour, denominational control and working-class culture [J]. The Past and Present Society,1999,164(1):122-168.

[49] SONG N S. Sunday school revisited:an alternative to christian education of the church today? [J]. Journal Religious Education, 2013, 108 (2):180-192.

[50] SYLVESTER D W. Robert Lowe and the 1870 Education Act [J]. Journal of the History of Education Society,1974,3(2):16-26.

[51] SZRETER R. The origins of full-time compulsory education at five[J]. British Journal of Educational Studies,1964,13(1):16-28.

[52] TURNER D A. 1870:the state and the infant school system [J]. British Journal of Educational Studies,1970,18(2):151-165.

[53] VÁG O. Public preschool education in Hungary: a historical survey[J]. Paedagogica Historica,1980,20(1):251-265.

七、英文学位论文

[1] DICK M M. English conservatives and schools for the poor c. 1780-1833:a study of the sunday school, school of industry and the philanthropic

society's school for vagrant and criminal children[D]. Leicester: Univ. of Leicester, 1979.

[2] FREESE D, "The role of the sunday school conventions in the preparation of protestant sunday school teachers, 1832-1903"[D]. Chicago: Univ. of Loyola 1979.

[3] GALLIMORE A. "Restored to its mother": reclaiming children at the London Foundling Hospital in the nineteenth century[D]. Bristol: Univ. of Bristol , 2013.

[4] HITCHCOCK T V. The English Workhouse: a study in Institutional Society's School for Vagrant and Criminal Children[D]. Leicester: Univ. of Leicester, 1979.

[5] KEOGH I W. The evolution of infant education in Manchester 1850-1920[D]. Manchester: Univ. of Manchester, 1999.

[6] LAMKIN H. What was the significance of enfranchisement on the establishment of elementary education in England and Wales between the years 1870-1891? [D]. Utrecht: Univ. of Utrecht, 2016.

[7] MUNKERS A. History, status, and outlook of the nursery school movement[D]. Boston: Univ. of Boston, 1927.

[8] PAYNE D E. Children of the poor in London 1700-1780[D]. Hatfield: Univ. of Hertfordshire, 2008.

八、英文报告

[1] Executive Committee of the international sunday school association. The development of the sunday-school 1780-1905[R]. Boston, Mass: Samuel Usher, 1905.

[2] Final report of the commissioners appointed to inquire into the

Elementary Education Acts[R]London：H. M. Stationery Office，1888.

[3] First report of the montreal infant school society，for 1830[R]. Montreal：Canadian Courant Office，1831.

[4] HADOW W H. Report of the consultative committee on infant and nursery schools[R]. London：H. M. Stationery Office，1933.

[5] Report of the commissioners appointed to inquire into the state of popular education in England[R]. London：H. M. Stationery off，1861.

[6] Report of the commissioners appointed to inquire into the state of popular education in England，Vol. 1[R]. London：H. M. Stationery office，1861.

[7] Report of the committee of council on education 1866-1867[R]. London：H. M. Stationery Office，1867.

[8] Report of the committee of council on education 1868-1869[R]. London：H. M. Stationery Office，1869.

九、英文报纸

[1] Accrington road day schools[N]. Burnley Gazette，1885-7-25(7).

[2] Ardrossan infant school[N]. Ardrossan and Saltcoats Herald，1896-11-20(3).

[3] Birmingham infant school society[N]. Aris's Birmingham Gazette，1854-12-18(3).

[4] Chesterfield infant school[N]. Derbyshire Courier，1868-12-19(3).

[5] Examination of the infant school[N]. Montrose，Arbroath and Brechin Review，1868-7-3(1).

[6] George Heriot's Hospital Schools[N]. The Scotsman, 1852-7-19(1).

[7] Horne lane infant school[N]. Bedfordshire Mercury, 1891-11-21(3).

[8] Infant school[N]. Perthshire Advertiser, 1897-1-6(5).

[9] Infant school[N]. Shetland Times, 1894-6-9(3).

[10] Infant schools[N]. Morning Chronicle, 1824-6-8(2).

[11] Infant school annual examination[N]. Stirling Observer, 1861-7-4(2).

[12] Infant school mistress wanted[N]. Reading Mercury, 1866-5-12(6).

[13] Infant school teaching, interesting conference at Cardiff[N]. South Wales Daily News, 1898-7-4(3).

[14] Irish peasantry society[N]. Morning Chronicle, 1825-6-3(1).

[15] Lasswade school board[N]. The Scotsman, 1898-10-4(4).

[16] Lord londonderry on education[N]. The Scotsman, 1898-8-27(1).

[17] Middle-class infant school, southampton terrace, reading[N]. Reading Mercury, 1875-6-5(6).

[18] New infant school at Newport, Barnstaple[N]. Exeter and Plymouth Gazette, 1895-9-26(4).

[19] Newcastle infant school society[N]. Newcastle Journal, 1863-5-20(2).

[20] Obituary[N]. The Examiner, 1866-3-24(11).

[21] Opening of the new infant school by the lord Bishop of Oxford[N]. Windsor and Eton Express, 1896-3-14(3).

[22] Pocklington infant school-wanted[N]. Leeds Intelligencer,

1856-5-10(4).

[23] Prize distribution at the lower infant school[N]. Watford Observer, 1895-1-26(5).

[24] Salisbury infant school[N]. Salisbury and Winchester Journal, 1869-11-03(5).

[25] Stirling infant school[N]. Stirling Observer, 1856-6-12(2).

[26] Teacher (Certificated) wanted [N]. The Scotsman, 1875-5-5(1).

[27] Teacher for the infant school [N]. The Scotsman, 1895-6-29(3).

[28] Teacher (infant school) wanted [N]. The Scotsman, 1869-3-10(1).

[29] Teacher (infant school) wanted [N]. The Scotsman, 1869-3-12(1).

[30] The elgin infant school[N]. Elgin Courant, 1854-5-26(3).

[31] The fourth of a series of letters on the temporal advantages, social hearing, and religious aspect of this institution[N]. Weston Super Mare Gazette, 1856-8-23(2).

[32] The Jews' infant school[N]. Morning Post, 1872-4-12(7).

[33] The new infant school[N]. Hamilton Herald and Lanarkshire Weekly News, 1898-2-4(6).

[34] The new infant school[N]. Hendon & Finchley Times, 1896-8-21(6).

[35] The new infant school[N]. Sevenoaks Chronicle and Kentish Advertise, 1892-11-11(8).

[36] The proposed central infant school [N]. Montrose, Arbroath and Brechin review, 1893-1-27(6).

[37] The proposed infant school at Netherton[N]. Maryport Advertiser, 1893-5-13(8).

[38] The Wilderspin testimonial [N]. Manchester Courier and Lancashire General Advertiser, 1846-9-30(6).

[39] Victoria infant school[N]. Bath Chronicle and Weekly Gazette, 1893-11-2(2).

[40] Victoria infant school, bathwick[N]. Bath Chronicle and Weekly Gazette, 1884-3-20(7).

[41] Wallacetown Infant School [N]. Dundee Courier, 1892-12-6(6).

[42] Warkham infant school[N]. Dorset County Chronicle, 1854-7-20(1).

十、其他

[1] BANERJEE J. Captain Coram and the foundling hospital[EB/OL]. (2016-5-11)[2019-2-1]. http://www.victorianweb.org/history/orphanages/coram1.html.

[2] BOOS FLORENCE S. The Education Act of 1870: before and after[EB/OL]. (2015-04)[2019-8-24]. https://www.branchcollective.org/?ps_articles=florence-s-boos-the-education-act-of-1870-before-and-after.

[3] Cross Report (1888)[EB/OL]. (2019-5-5)[2019-8-7]. http://www.educationengland.org.uk/documents/cross1888/index.html.

[4] Foundling Hospital. What were conditions like for children in the care of the Foundling Hospital? [EB/OL]. [2019-1-29]. http://www.nationalarchives.gov.uk/education/resources/foundling-hospital.

[5] GILLAR D. Education in England:a history[EB/OL].(2018-5-16)[2019-06-09] http://www.educationengland.org.uk/history/chapter05.html.

[6] HARRIS R. The Foundling Hospital[EB/OL].(2012-10-5)[2019-2-1]. http://www.bbc.co.uk/history/british/victorians/foundling_01.shtml.

[7] KAMERMAN S B. A global history of early childhood education and care[C/OL]. 2006[2019-1-5]. Education for all global monitoring report 2007. https://docplayer.net/15776804-A-global-history-of-early-childhood-education-and-care.html.

[8] KEARLEY S. It's a Hard-knock life in victorian workhouses [EB/OL]. British Heritage travel, 2015(10),[2019-3-3]. https://britishheritage.com/history/victorian-workhouses.

[9] Look at the history[EB/OL].(2011-1-30)[2019-7-3]. http://richardjohnbr.blogspot.com/2011/01/state-intervenes 1833-1862.html.

[10] Revised Code of minutes and regulations of the committee of the privy council on education, 1862[EB/OL].(2016-4-30)[2019-7-7].

[11] Samuel Wilderspin's garden and playground[EB/OL].[2019-5-3]. http://www.wilderspin-school.org.uk/garden-and-playground-background.

[12] The foundling hospital[EB/OL]. British history online,[2019-2-1]. https://www.british-history.ac.uk/survey-london/vol24/pt4/pp10-24.

[13] The Glasgow story. Dundas vale teachers' Centre[EB/OL].[2019-4-6]. https://www.theglasgowstory.com/image/?inum=TGSA02525. http://www.educationengland.org.uk/documents/cce/revised-code.html.

[14] WEST M. State Intervention in English education, 1833-1891: a public goods and agency approach [EB/OL]. Discussion Papers in Economic and Social History, October No. 37 2000, https://www.researchgate.net/publication/5201296_State_Intervention_in_English_Education_1833-1891_A_Public_Goods_and_Agency_Approach.

[15] What is a foundling? [EB/OL]. The Foundling Museume, [2019-2-19]. https://foundlingmuseum.org.uk/about/our-history/what-is-a-foundling.

后　　记

着手写后记，意味着论文写作即将画上句号。人生有很多个节点，每个节点都是一场告别，同时也是一个新的起点。攻读博士学位无疑是我人生中重要的节点之一，此刻要将三年来的种种感受浓缩成一段段文字，思绪纷繁，一时无从下笔。我试图按图索骥，顺着时间的线索回忆几年来的点点滴滴，在回忆过程中大脑触发了情感的神经，欣喜、苦恼、无助、迷茫、兴奋交织在一起，五味杂陈，百感交集。

许多老生常谈、平淡无奇的话只有在自己经历过才能体悟其要义。刚入学时，孙俊三老师就告诉我们："读博要学会坐冷板凳。"当时我只能从认知的层面去理解读博要心无旁骛、持之以恒，但真正开始论文写作，才深刻地感受到这"板凳"的冷。长沙这座现代而又充满活力的城市总是有太多的地方吸引着年轻人去追逐快乐，然而选择读博就意味着远离这热闹的生活。在灯火通明的城市中，为你点亮的永远只是书桌前的台灯。有人说："读博才是学术的入门。"经过硕士阶段的学习和多年高校工作的经验，我以为自己已了解什么是学术，但在学习博士课程、听学术讲座、发表期刊论文和撰写学位论文的过程中，我才体悟到与"学术"二字的差距。"学术"既是"学"习"术"，也是"学＋术"。"学"习"术"就是掌握专业研究的基本规范和方法，经过这三年，我才初步了解何为研究问题，如何撰写文献综述，如何选择研究方法及进行规范的写作。"学＋术"是指"学"与"术"要和谐并进。"学"从对象方面是指向书本、他人，这也要求我时刻保持谦逊的心态；从时间方面意味着持续、学无止境，这正是做学术所需要的，不能因掌握了“术”就忘记了“学”。整体而言，“学术”对我意味着更加谦虚的态度、严谨的表达和深入勤快的思考。

历史和幼儿教育一直是我感兴趣的方向，19 世纪英国的幼儿学校作为现代幼儿教育的起源，引发了我极大的探索兴趣。但当我兴致勃勃、充满自信地走近这段历史时，我才发现它是那么的模糊和遥远。一是纠结于如何对这段历史进行分期，以清晰地反映出英国幼儿学校的发展脉络。二是困惑于如何选择和组织历史资料来回答研究提出的问题。在写作过程中，我的思路逐渐清晰，但新问题又接二连三地出现，在这种出现问题—解决问题—再次出现问题的多次循环中，我勉强完成了学位论文的写作，虽竭尽所能，但仍觉得有许多不足之处：英国幼儿学校百年来的历史过于庞大和复杂，论文难免带有宏大叙事的痕迹，对于历史中鲜活的人物、事件关注不足，一些问题难以聚焦，每当想起这些我就惴惴不安。三年的时间很短，想把百年的历史梳理清楚也着实困难，但撰写论文，证明自己确实对西方教育史感兴趣并找到一个可探索的领域，也算是不小的收获。

攻读博士学位是一段难忘的经历，要感谢的人太多。首先要感谢治学严谨、平易近人、时刻为学生着想的易红郡老师，他不仅“言传”更加“身教”，正是在他耐心细致的指导和以身作则的示范下，我才得以完成论文的写作。他的好学指引着我，他的勤奋感染着我，无论是在做学术还是为人处世方面都让我受益匪浅。论文的框架从整体构思到具体文字表达，修改的次数盈千累万，在一次次的讨论中我的思路逐渐清晰。每当我看到满是批注的论文时，内心总是充满着愧疚与感动。小时候我曾读过《送给加西亚的信》，那时并不理解此书的奥义。这三年易老师给我制订了严格的写作计划，每个月都要“没有理由”地完成计划，我想这就是“使命必达”之精髓吧。正是在这种看似机械甚至“严苛”的计划下，我才得以按部就班地完成论文的写作，从选题到答辩，每一个环节都能有条不紊地进行。

其次要感谢湖南师范大学教育科学学院其他博学的导师。湖南师范大学教育科学学院汇集了众多学识渊博、治学严谨的学者和老师。感谢刘铁芳教授、孙俊三教授、刘德华教授和张传燧教授在课堂上给我的启发，让我对“教育”有了更加深刻的认识。感谢王卫华和容中逵两位教授在博士论文开题和预审中给予的指导，引发我对论文更深入的思考。

再次要感谢稂建中、黄蓝紫、缪学超、陈瑶、周亦斌、张燕、刘欢、孙娜和姜远谋等同门的热心帮助。特别要感谢黄蓝紫同学，她在学业方面为我耐心解答，给我提供一些参考资料，并在写作的过程中一直鼓励和激励我。

最后要感谢我的家人，是他们的鼓励和支持让我没有后顾之忧。感谢妻子对我的包容和为家庭的牺牲，我在写作过程中产生过焦虑和不安，她总能理解并及时开导我。她良好的文字功底和严谨的思维为我提供了莫大的帮助。感恩之情无以言表，唯有祝福家人身体健康，希望未来可以有更多的时间陪伴他们。

攻读博士学位是一场修行，充满着艰辛与隐忍，当然也充满着发现的快乐。每当我感到无助时，都会回顾张世英先生的一席话：“人生往往是主客关系与超越主客关系两种态度交织在一起的，敢于面对主客关系的日常生活而又能从中挣脱出来（不是逃避），以无底深渊的整体为人生的家园，这需要有胸怀、有勇气，其间既包含愉悦，也包含忍受，而不是轻松，但只有与忍受相结合的愉悦，才是深刻的和崇高的。”在未来的生活和学术道路上，“痛苦”的情况势必会多次出现，但乐观的态度可以让我从“痛苦”中感受到更多的崇高与快乐。